AUS DEM LEBEN EINES BASTARDS

UWE
VON TROTHA

AUS DEM LEBEN EINES BASTARDS

CHECKPOINT CHARLIE VS. BRD

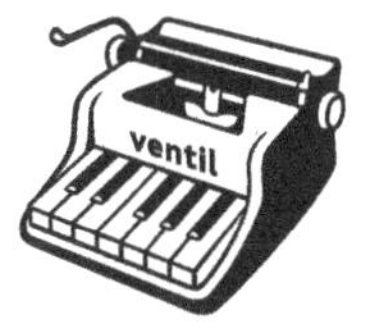

Uwe von Trotha, 1941 in Insterburg/Ostpreußen geboren. 1953 Flucht nach Westdeutschland. Musikalisches Initiationserlebnis in den 1950ern durch »Rock around the clock« von Bill Haley. Mit 17 Beendigung der Schulzeit durch Rauswurf. 1959 Aufnahmeprüfung für die Theaterklasse der Musikhochschule Heidelberg. Nach dem Studium erste Engagements in Heidelberg und Stuttgart. 1967 Gründung von Checkpoint Charlie. Als Frontmann und Textschreiber der Band mit Unterbrechungen bis Anfang der 1990er unterwegs. Aktuelle Tätigkeiten sind die Malerei und die Gartenarbeit.

© Ventil Verlag UG (haftungsbeschränkt) & Co. KG,
Mainz 2024. Alle Rechte vorbehalten

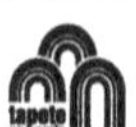

In Kooperation
mit Tapete Records

1. Auflage Juli 2024
ISBN 978-3-95575-222-4

Gestaltung und Satz: Oliver Schmitt
Druck: maincontor GmbH

Ventil Verlag, Boppstr. 25, 55118 Mainz
www.ventil-verlag.de

INHALT

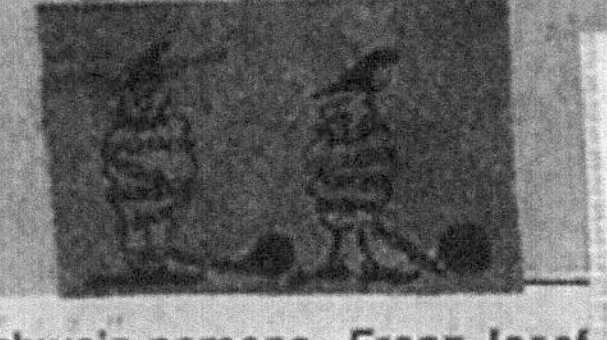

Obszöne Texte führten zum

Eklat beim Jazz- und Lyrikabend der Woche der Jug

pt./G. K. Für den Eklat der „Woche der Jugend" sorgte die Band „Uwe von Trotha und die Checkpoint-Charlies" beim Jazz-Lyrik-Abend in der ...

Provo-Rock

„Checkpoint Charlie"

Schwein namens »Franz Josef

Rock-Konzert mit Nachspiel

unge Union über unflätige Polit-Texte der Gruppe »Checkpoint Charlie« empört

Landrat Mauer: »Wir werden keine Initiativen ergreifen«

RB-MÜHLEN/FREUDENSTADT (mz). Daß die Rockgruppe »Checkint Charlie« kein Blatt vor den Sänger-Mund nimmt, ist zweifellos ch eine recht dezente Umschreibung ihres Sprachstils. Mitunter sind Polit-Texte der Karlsruher Band wohl eher als unflätig zu bezeichn, etwa wenn sie Bundespräsident Karl Carstens mit gewissen Köröffnungen »braungebrannter Backhähnchen« in Verbindung bringt. Junge Union zeigte sich denn auch empört, nachdem sie von solen Anwürfen im »Checkpoint Charlie«-Konzert am 20. Januar in der hlener Turnhalle erfahren hatte. Sogar Landrat Gerhard Mauer rde der »Skandal« nach Freudenstadt gemeldet, doch der winkte stern gegenüber unserer Zeitung ab: »Wir werden keine Initiativen greifen«. Unterdessen will die Junge Union, wie Hans-Michael eiß erklärte, noch beim Veranstalter des Konzerts, dem Jugendclub hlen, nachfragen, ob er sich mit den »Charlie«-Aussagen identifire. Dazu wiederum Jugendpfleger Hans-Werner Schulz: »Das könnte die Junge Union ein Schuß nach hinten werden.« Offenbar ein Kont, das im nachhinein mehr Interesse fand und größeres Getöse chte als vor Ort.

Nach Rock-Konzert Kripo eingeschaltet

Delmenhorst (wig). Nach einem Konzert der Initiative „Rock gegen Rechts" am Sonnabend in den DLW-Festsälen ist die Delmenhorster Kriminalpolizei aktiv geworden. Wie es gestern hieß ... der Polizei konkrete Info... daß im Verlauf d... Beleidigun...

Wieder Polizeiaktionen

Rock gegen alles
fast

K

Auch Nixon muß wixen

Werner Hesse, Schlagzeug – Joachim Krebssalat, Orgel – Harald Linder, Gesang – Uwe von Trotha, Sprache

Am Rand der Schmerzgrenze

heckpoint-Charly" bot harten Rock und beißende Texte

Unter den Augen des Gesetzes

Das Publikum bestand aus Menschen, die auch tagsüber Zeit haben: Künstler, Schwabinger, Kinder und Omas. Die Omas gingen aber weg, als die Berliner Gruppe „Check Point Charly" ihre Rock-Operette „Scheiße" begann. Die ...

hatte, ging ins große M... dem das demokr... sichtbar waltet... sitzen die K... Bilder...

Musik, politische Agitation und Sex und dazu eine zertrümmerte Gitarre

„Musik ... für progressive Musik" – Uwe v. Trotha ... Collagen in Tön...

Erste Veranstaltung des „Clubs für progressive Musik" ... die Checkpointcharlies boten Montage-Songs, ... Happening – Das vorwiegend jugendliche Pub...

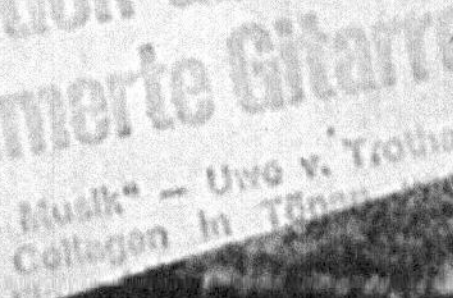

Draußenbleiben! Ihr stinkt ja wie die Zie... Erst müßt

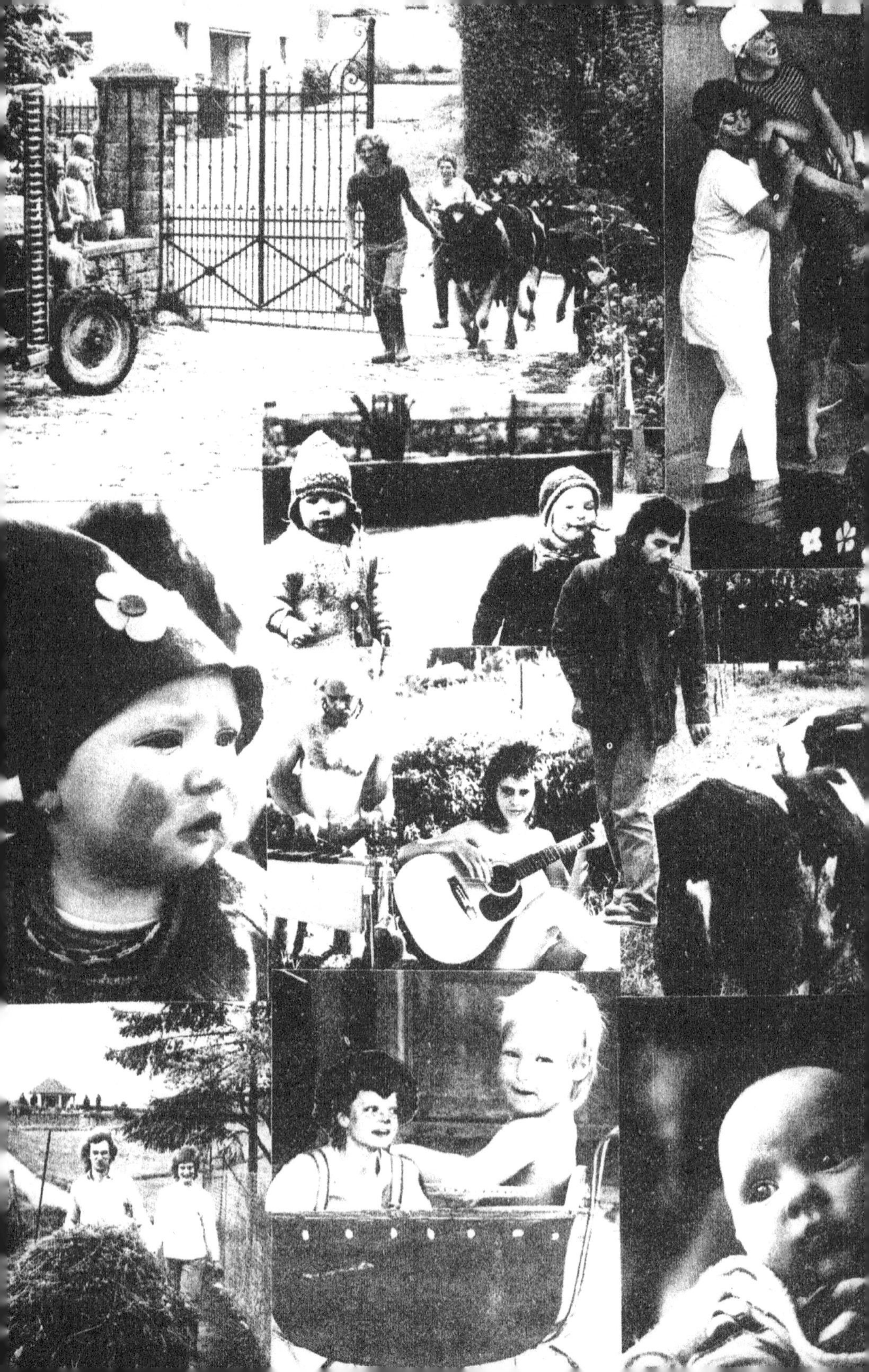

1

Die Soldaten saßen in unserem großen Obstgarten hinterm Haus auf den Bäumen und ließen sich die Birnen schmecken, Gute Luise und Kalebassen. Dieses Bild ist eine meiner frühkindlichen Erinnerungen, verbunden damit, dass die Männer von den Bäumen herunterstiegen und die zwei Toiletten der Villa blockierten. Die Mägen der armen Kerle, nur an Kommissbrot gewöhnt, streikten. Das muss sich im Sommer 1944 zugetragen haben. Mein Onkel Otto Gebhardt, kurz »OGeb«, war als Hauptmann Kompaniechef und hatte einigen seiner Soldaten vor ihrem Heimaturlaub gesagt: »Wenn ihr euch an Obst sattessen wollt, geht zu meinem Vater und bestellt schöne Grüße.« Die entscheidenden Prägungen ereignen sich in den frühen Jahren der Kindheit. Daher erkläre ich mir viele meiner späteren Ansichten und Überzeugungen aus diesem Ereignis.

Aus einem Geschlecht des Uradels stammend, seit Jahrhunderten daran gewöhnt, seine Söhne als Helden auf dem Feld der Ehre zu opfern, und als Kind beeindruckt von einem großen Schlachtengemälde mit dem Titel »Tod des Rittmeisters von Trotha in der Schlacht von …« (weiß ich nicht mehr), der mit erhobenem Säbel und rotem Blutfleck auf der Brust ein heroisches Ende findet, war mir das Bild der armen, dünnschissigen, hungrigen Soldaten ein Wegweiser zur späteren pazifistischen Haltung, ja vielleicht sogar zu meiner linksgeprägten Einstellung, wie sie später im Checkpoint-Charlie-Text »Laß mich Deinen Dünnschiß gurgeln, sagte der Bundeskanzler und steckte seine Rübe in den Arsch des Großindustriellen« zum Ausdruck kam.

Blankenburg am Harz ist ein kleines Kurstädtchen, umgeben von dichtem Wald. Früher wurde in der Gegend Erz abgebaut und der Ortskern mit seinen mittelalterlichen kleinen Fachwerkhäusern strahlte eine unrealistische Idylle aus. Im Tal gelegen, erhob sich auf einem terrassenförmig ansteigenden Berg das Schloss, im Besitz der Herzöge von Braunschweig, mit großem Park, mehreren von einer Quelle gespeisten Teichen und uralten Bäumen. Die Terrassen waren im Winter die spannendste Rodel- und Skibahn. Am Fuß des Schlossberges und in den Randbezirken des Städtchens, direkt am Wald, standen Villen im englischen Landhausstil mit Veranden und Gärten.

Das in Braunschweig ansässige Adelsgeschlecht der Welfen, mit dem englischen Königshaus verwandt, verbrachte seine Ferien und Freizeit in Blankenburg und zog seine Beamten und Angestellten, wenn diese in Pension gingen, hinter sich her, die sich dort besagte Architektur bauen ließen. Von den Welfen weiß heute keiner mehr was. Der Einzige, von dem man in der Boulevardpresse etwas hört, ist der »Pinkelprinz«, der sich oft mit Reportern rumschlägt und öffentlich bei großen Events in der Gegend rumpinkelt. Aber man sollte nicht vorschnell urteilen. Wäre man selbst heute von Beruf Prinz, was für Macken würden sich dann wohl einstellen?

Passend zu den Pensionären gab es einen Kurbetrieb für Rheumakranke, die hauptsächlich in Badewannen voller Moor badeten und hinterher mit scharfen Wasserstrahlen abgespritzt wurden. Im Volksmund galt der Ort als »Schlammbad«, er hatte auch einen leicht verwilderten Kurpark mit Konzertmuschel, also alles, was zu einer Kurstadt dazugehört. Von 1941 an, fast unbeachtet vom Krieg, und danach bis zu meinem 10. Lebensjahr, bin ich dort aufgewachsen. Die ersten vier Jahre fallen noch in die Kriegszeit und sind in der Erinnerung stärker mit Ereignissen, Atmosphären, Situationen und Abenteuern verknüpft, als mit einzelnen Menschen. Alles intensiv und spannend. Es gab sicherlich auch nicht so prickelnde Geschichten, aber das kleine Kind, das noch nicht gelernt hat, sich zu schützen, und noch keine selektive Wahrnehmung entwickelt hat, schickt das in die Neurosenkammer des Unterbewussten.

Man weiß nie genau, was man wirklich erlebt hat und was einem erzählt wurde. Wobei ich mir sicher bin, dass das aufgerissene, mit spitzen Reißzähnen bestückte Maul eines Leopardenkopfes mit Fell und Krallentatzen und ein Zebrafell, sowie die vielen Gehörne von Antilopen, Gnus, Kaffernbüffeln, Springböcken, außerdem Pfeil und Bogen, Speere, Masken und Schmuck authentische Eindrücke früher Kindheit waren. Mein Großvater hat 20 Jahre als Farmer in der ehemaligen Kolonie Deutsch-Südwestafrika gelebt und sie von dort mitgebracht. Diese Utensilien zierten sämtliche Flure des Hauses. Herausstechend war ein etwa zwei Meter großes Gemälde meines Urgroßvaters in Generaluniform mit einer blauen Binde schräg über dem Oberkörper und einem goldenen Schlüssel, der ihn als königlich-preußischen Kammerherrn auszeichnete. Ein bleibender Eindruck vor allem, weil sich dieser etwa 30 Zentimeter große Schlüssel tatsächlich im Sekretär meines Großvaters

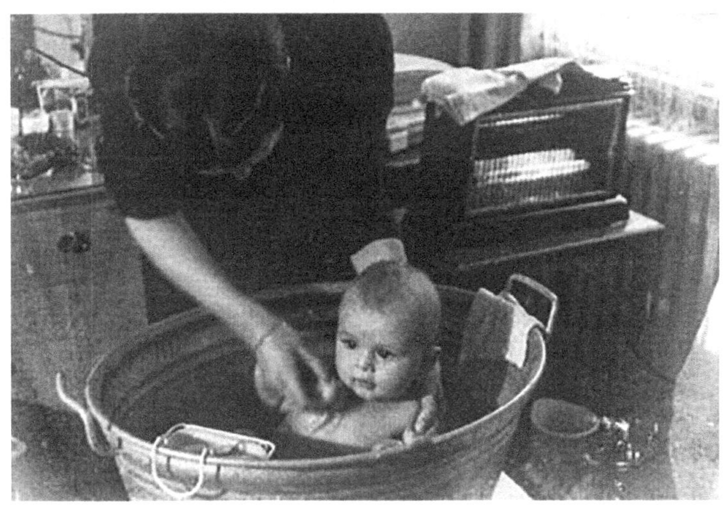

befand. In meiner aus der Märchenwelt gespeisten Vorstellung musste ein Kammerherr den König an- und ausziehen und den Nachttopf ausschütten. Dies fand ich in Verbindung mit dem goldenen Schlüssel äußerst merkwürdig.

Das Haus wurde belebt von meinem Großvater, meiner Großmutter, meiner Mutter und von Tante Ilse, der jüngsten der vier Geschwister meiner Mutter. Zwei weitere Schwestern waren schon verheiratet und aus dem Haus. Tante Inge wohnte in Berlin, Tante Gudrun lebte mit ihren beiden Kindern zwei Straßen weiter, mein Vetter Kläuschen, der so alt war wie ich, und meine Cousine Ute, die ein Jahr älter war. Als Kinder spielten wir oft zusammen und waren wie Bruder und Schwester. Dann gab es noch mein Kindermädchen Magdalenchen und eine Haustochter.

Blankenburg blieb fast bis zum Kriegsende unberührt. Doch dann fielen Bomben in den Stadtkern und zerstörten ein großes Hotel und andere Gebäude des Kurbetriebes. In den Wäldern um Blankenburg hatten sich Nazis festgesetzt, die sich als »Organisation Werwolf« bezeichneten. Sie wollten den »Endkampf« führen. Mich berührte das nur insofern, als bei einem Bombenabwurf mehrere Fenster zersprangen und sich im Kinderzimmer die Scherben rund um mein Bett ausgebreitet hatten, allerdings ohne mich zu verletzen oder aufzuwecken. Wach wurde ich erst in den Armen meiner Mutter; für sie war ich von da an ein Wunderkind – schon vorher war ich ein Sonntagskind, das, wie meine Mutter sagte, etwas ganz Besonderes sei und manchmal Elfen und Zwerge sehen konnte.

Ein anderes Mal gab es rechtzeitig Bombenalarm und wir liefen zu einem Bunker in einem Park in der Nähe. Für uns Kinder was das toll. Uns wurde vorgelesen und wir spielten im Halbdunkel, bis wir vor Müdigkeit einschliefen. Viele damals unerklärliche Erinnerungen haben sich eingeprägt: Das Bild meines Großvaters, mit der Hand hinter dem Ohr ganz nah am Radioapparat, der BBC London hört und über den Anstreicher schimpft – eine Bezeichnung für Hitler, der als Bewerber an der Kunstakademie Wien gescheitert war. Oder ein Riesenkrach beim Fronturlaub von Onkel OGeb, als er sagte, dass der Krieg verloren sei und meine Tante, die als BDM-Führerin und hundertprozentige Nazi-Anhängerin damit drohte, ihn anzuzeigen, woraufhin wiederum mein Großvater brüllte, er würde sie verstoßen, sie wäre dann nicht mehr seine Tochter. Also, sie hat es nicht getan und mein Lieblingsonkel wurde weit über 90 Jahre alt.

Dann war da noch das Jahr, in dem mein Großvater zusammen mit meiner Mutter als sogenannter »Landwirtschaftsführer« in der Ukraine tätig war und die Freude über die Rückkehr meiner Mutter groß war. Mitten in der Nacht stand sie im braunen Uniformmantel mit Schiffchenmütze in meinem Zimmer, nach Kälte riechend, und hüllte mich ein in Wärme und wirkliches Glück. Später erkrankte ich im Herbst und Winter immer wieder an Asthma, was ich auf ihre Abwesenheit zurückführe. Dem Umstand verdanke ich aber auch schöne Kurzeiten an der Ostsee, mit frisch vom Fischkutter gekauften und dann gebratenen Heringen. Nichts hat mir jemals wieder so gut geschmeckt. Die Asthma-Anfälle hatte ich nach der Pubertät überwunden.

Immer öfter hörte man den Spruch: »Genießt den Krieg, der Frieden wird fürchterlich.« Es muss Ende 1944, Anfang 1945 gewesen sein. Plötzlich war das ganze Haus voller Flüchtlinge. Die waren ausgebombt oder aus den Ostgebieten vertrieben worden. Auch meine Tante Inge mit meinen Vettern Wolfgang und Michael, ein und zwei Jahre älter als ich, kamen aus Berlin. Ansonsten kannte ich niemanden. Mutti und ich mussten unser Zimmer räumen und zogen in ein viel kleineres Dienstbotenzimmer unter dem Dach. Von den Flüchtlingen, einigen Frauen mit Kindern, bekam man nichts mit. Die hielten sich, wie von einem Geheimnis umgeben, in ihren Räumen auf. Überhaupt legte sich mit der Veränderung unseres Alltags eine gedämpfte, wie in Watte gepackte

Atmosphäre über den Haushalt. Wir durften nicht mehr im Wald spielen, sondern nur noch im Haus und Garten.

Eines Tages waren zuerst in der Ferne Donnergeräusche und später in der Nähe eine laute Knallerei zu hören. Hinter zugezogenen Gardinen saßen wir im Zimmer und wurden irgendwie von unseren Müttern abgelenkt, als plötzlich ein ohrenbetäubendes Krachen und Rattern ertönte. Es kam von einem russischen Panzer, der den gepflasterten Bürgersteig unseres Sträßchens in einen Schotterweg verwandelte.

In meiner Erinnerung ist eine Lücke bis zu dem Moment, in dem russische Soldaten mit unverständlichem Gebrüll ins Haus einbrachen. Schränke, Truhen und Schubladen wurden aufgerissen, die Sachen verstreut und zerstört.

Das Nachkriegsjahr begann mit dem urfreudigen Gefühl von Freiheit, als ich während der ersten warmen Ostertage 1946 kurze Hosen anziehen durfte. Wir Kinder waren damals in der kalten Jahreszeit in unmögliche Unterwäsche, genannt Hemdhose, verpackt. Dazu trug man noch sogenannte »Leibchen«, woran mit Knöpfen und Laschen gestrickte lange Strümpfe befestigt waren. Dies wirft ein Schlaglicht auf den komplizierten Bezug der Zeitgenossen zu ihren Verdauungsorganen und öffnet das Verständnis für die Erfahrung absoluter Freiheit eines Buben, der erstmals kurze Hosen tragen durfte. Das Gefühl der warmen, vibrierenden Luft der Frühlingstage um meine nackten Knie war eins mit den überall blühenden Blumen, den Rosen, dem Flieder, den Forsythiensträuchern, den Obstbäumen, den Bienen, Hummeln, Schmetterlingen und dem Singen und Jubilieren der Vögel, die mich abends als letzte in den Schlaf begleiteten und die mir am Morgen als erste ihre Aufwachmelodie zwitscherten. Wir Kinder waren fast immer draußen. Schon der Garten war für uns spannend, hatte er doch außer alten Birnen-, Apfel- und Pflaumenbäumen, Süß- und Sauerkirschen auch rote, weiße und schwarze Johannisbeeren, zwei Sorten Stachelbeeren sowie Himbeeren.

Es gab auch ganz versteckt ein Gartenhäuschen mit einem Sandkasten davor, umgeben von Schneebeerenbüschen und einige verwilderte Ecken, für uns genug Reizvolles zum Spielen, Klettern und Verstecken. Ich konnte aber auch gut alleine sein. Den größten Spaß machte es mir, die Vögel zu beobachten. Ich wusste immer, wo sie ihre Nester hatten. Einmal bauten sich Zaunkönige in der Ligusterhecke ihr Nest, die Haus und Vorgarten vom Blumen- und Obstgarten trennte. Vorsichtig und gespannt beobachtete ich die ganze Entwicklung vom Brüten bis zum Flüggewerden der Zaunkönigsjungen. Selten habe ich Liebenswerteres gesehen, als diese kugelflauschigen Küken.

Ebenfalls unvergesslich ist mir ein anderes Erlebnis. Im Zentrum des Gartens befand sich eine von Rosen umgrenzte Rasenfläche, in der sich Maulwürfe zeitweise sehr wohl fühlten – zum Ärger Großpapas. Ich verbrachte ziemlich viel Zeit lauernd hinter einem Busch versteckt, um so ein Tierchen zu sehen. Eines Morgens, ich hatte mein Vorhaben schon aufgegeben, bewegte sich der Rasen und ein Erdhaufen schob sich in die Höhe. Ich grapschte beherzt in den Hügel und hielt eine kleine strampelnde, samtweiche Kreatur mit Schnüffelnase und Schaufelfüßen in der Hand. Ein in der Nähe stehender, mit Erde gefüllter Blumenkübel schien das richtige Quartier. Blitzschnell wühlte er sich hinein. Mein Vorhaben, das Leben des Maulwurfs weiter zu beobachten, endete damit, dass ich am nächsten Tag beim Anblick eines Hügels auf dem Blumenkübel fragte: »Maulwurf, wo bist du?« Nach zaghaftem Buddeln warf ich den Kübel um. Da war nichts. Über Nacht hatte er sich davongemacht. Es war eine leichte Enttäuschung. Nachträglich wünsche ich ihm alles Gute und ein langes Leben mit köstlichen Regenwürmern.

Zusammen mit meinen Vettern und Cousine Ute dehnten wir unseren Erlebnisraum so weit wir konnten über den Garten hinaus. Der gegenüberliegende Park, der in den Schlosspark überging, durfte erkundet werden. Der den Park und die Stadt umgebende Wald war tabu. Man hörte, dass sich dort spielende Kinder mit explodierender Munition verletzt hatten. Es gab aber schon im Park so viel zu erkunden, sodass dies für uns keine Einschränkung bedeutete.

Allein die drei Schlossteiche waren für uns eine spannende Expedition in eine geheimnisvolle Welt. Da gab es Stichlinge, kleine Fische, deren Männchen mit roten Bäuchen prunkten, Kammmolche, die mit ihren Rückenkämmen an kleine Drachen erinnerten, Libellen und Kaulquappen. Das waren nur einige der Lebewesen, die wir dort beobachteten und auch fingen. Ein altes Sieb sowie ein aus einem alten Seidenstrumpf gefertigtes Netz mussten dafür herhalten. Große Einmachgläser aus dem Keller statteten wir mit Wasserpflanzen und Wasser aus und setzten die Tiere herein, um sie genau beobachten zu können. Sehr artgerecht war das leider nicht. Schon ein oder zwei Tage später schwammen einige Tierchen tot an der Oberfläche. Meine Mutter erklärte uns, warum die

Tiere in den Gläsern nicht leben konnten und wir brachten die Überlebenden zurück in ihren Teich.

In den Einmachgläsern befanden sich aber schon bald neue Bewohner: Die Maikäfer. Unauslöschlich in mein Gedächtnis eingebrannt, weil ein Nachbarjunge aufgrund einer Wette einem armen Käfer für drei große Glasmurmeln den Kopf abbiss und verschluckte. Wir sammelten auch Wolfsmilchraupen, von uns so benannt, weil sie auf Wolfsmilchpflanzen lebten. Das waren prächtige Lebewesen, dunkelgrün mit violetten Kreisen an den Seiten und einem Stachel auf dem Hinterteil. Ihnen dabei zuzusehen, wie sie die nadelförmigen Blätter in schnellem Tempo ratsch, ratsch herunter fraßen, war ein Vergnügen. Irgendwann verpuppten sich die Raupen, aber die Verwandlung zum Schmetterling konnte ich nie beobachten. Diese Raupenart konnte ich bis heute nie wieder beobachten und auch seine Schmetterlingsart bleibt ein Geheimnis für mich.

Ereignisse des Sommers und Winters 1945/46 reihen sich wie Perlen auf einer Schnur hintereinander auf. So unauffällig wie sie gekommen waren, verschwanden die Flüchtlinge wieder. Sehr verwunderlich war, dass eines Tages der Rasen umgegraben wurde. Ich rannte gerade aus dem Park nach Hause, als ich in ein Wespennest trat und schreiend in den Garten kommend sofort von Mutti und Oma ausgezogen und mit feuchter Erde überhäuft wurde. Anscheinend ein altes Hausmittel. Es hat gewirkt und bleibenden Eindruck hinterlassen.

Im weiter bearbeiteten Rasen wurden verschiedene Gemüsesorten ausgesät, wohl im Hinblick auf die mageren Zeiten. Noch merkte man davon nichts. Einmal ging ich sogar mit meiner Mutter mit dem Handwagen und einem Eimer voller Erbsensuppe zu einer am Rande von Blankenburg gelegenen Kaserne, die von einer Mauer umgeben war. Darauf saßen deutsche Kriegsgefangene, die meiner Mutter Komplimente zuriefen. Dann ließen sie ein Seil mit einem Haken herunter und zogen den Erbsensuppeneimer hoch.

Den ganzen Sommer und Herbst über war im Garten und in der Küche viel los. Es wurden Pilze, Bucheckern, Hasel- und Walnüsse, Heidelbeeren, Hagebutten gesammelt. Hagebuttenmarmelade ist bis heute noch mein Favorit. Manchmal gab es auch Brennnesselspinat – bereits eine Ankündigung karger Zeiten, aber uns Kindern schmeckte eigentlich alles. Nur der Lebertran, von dem meine Mutter eine zu meinem

Glück endliche Menge aufgetrieben hatte und von dem ich, wegen der Vitamine, eine Weile jeden Tag einen Esslöffel einnehmen musste, war das Widerlichste was ich jemals, und das bis heute, geschmeckt habe.

Ganz neu waren Lebensmittelkarten. Da konnte man einige Dinge gegen Marken bekommen, wie z. B. Molke und Magermilch. Molke mit Heidelbeeren war lecker.

Dann kam der Winter. So kalt, dass morgens am Fenster Eisblumen blühten und sich auf dem Wasser im Krug und im Waschbecken eine dünne Eisschicht gebildet hatte. Meine Mutter legte mir abends eine der damals üblichen blechernen Wärmflaschen ins Bett. »Du verweichlichst den Jungen«, sagte mein Großvater dazu. Ich hatte ein dickes Federbett und habe nie gefroren.

Nicht vergessen habe ich noch ein Erlebnis aus der Vorschulzeit, das mit einem öfter gehörten Satz zusammenhing: »Die Bauern legen ihren Kuhstall mit Perserteppichen aus«. Einige Male war ich mit meiner Mutter und anderen Frauen und deren Kindern in umliegenden Dörfern zum »Hamstern« unterwegs. Da wurde alles Mögliche, von Kinderwagen, Tafelsilber, Schmuck etc. gegen Kartoffeln, Rübensirup und andere Lebensmittel getauscht. Teppiche waren auch dabei, aber meinem neugierigen Blick in einige Kuhställe blieben sie verborgen. Auf einem Nachhauseweg wurden wir von Uniformierten kontrolliert, die die Sachen beschlagnahmen wollten. Es gab einen riesigen Auflauf und Geschrei, bis eine der Frauen einem Soldaten einen ganzen Eimer mit Rübensaft über den Kopf stülpte. Unter großem Gelächter zogen die Männer Leine.

Manchmal lohnt es sich, mutig zu sein.

Auch mein Kindermädchen Magdalenchen, die eine Bauerntochter war und sich bei Kriegsende nach Hause verzogen hatte, begegnete mir bei so einer Hamstertour. Irgendwie war unsere Verbindung abgebrochen. Sie war sehr gläubig, eine emsige Beterin und Kirchgängerin. Kurz vor ihrem Abschied war ich mal ärgerlich auf sie und schockierte sie mit dem Satz »Gott ist blöd«. Sie erzählte das meinem Großvater, was scharfen Tadel zur Folge hatte. Weitergehend liegt da schon eine Ursache für einen Gottestext, den ich mit fünfundzwanzig Jahren, nach meinem Austritt aus der Kirche, schrieb:

SCHÖPFUNGSGESCHICHTE

Gott schuf die Welt im Hass auf sich selbst, denn seine Einsamkeit war unendlich, denn es war eine göttliche Einsamkeit und unbegreiflich.

Gott war allein in dem kosmischen Bewusstsein seiner Nichtexistenz und er sprach: »Es werde Licht.« Und das Licht leuchtete auf in der Finsternis, aber niemand war da, der Gott sehen konnte.

Da sprach Gott: »Ich bin allein, und alle, die da kommen werden, werde ich hassen in Ewigkeit, denn da ich Euch erschaffen muss, um Eure Liebe zu erfahren, so werde ich niemals um meiner selbst Willen geliebt werden, sondern nur weil ich als Gott das Größte und einzige kosmische schwarze Arschloch bin, welches jeden in sich aufnimmt, wenn der Tod an ihn herantritt.

Denn der Mensch muss sterben, da er böse und voller Sünde ist, böse wie ich, mein Spiegelbild in kosmischer Einsamkeit und ungeliebt.

Also werde ich erschaffen, den Menschen im Zwang, mich zu lieben, wenn ihm denn auch die Pisse zu Eis wird und das Wasser im Arsch kocht.«

»Liebet mich«, sprach Gott, »auch wenn Ihr sterben müsst, denn sterben müsst Ihr, als Symbol und Hoffnung meiner eigenen unmöglichen Sterblichkeit, als sadistisches Monument meiner unsterblichen Hoffnung auf den Tod, denn die Langeweile der Ewigkeit ist die Unendlichkeit.«

Also erschuf Gott den Menschen, um ihn zu töten. Und so gab sich Gott seinen ersten Namen, und seiner Namen sind viele. Und dieser erste Name war Massenmörder.

Und Gott erschuf zuerst die Schönheit und die Hässlichkeit und alles, was da ist und lebt und zuletzt schuf er die Menschen und er sprach zu ihnen: »Macht Euch die Erde untertan«, und so schuf er das Böse. Und diese ersten Menschen waren ein Mann und ein Weib und als er merkte, dass sie miteinander ficken wollten, sprach Gott: »Und wer fickt mich?« Und keine Stimme antwortete ihm.

Da ließ Gott einen Apfel wachsen, und gab dem Apfel den Namen Erkenntnis des Guten und Bösen und sprach: »Von diesem Apfel sollt Ihr nicht essen, sonst werdet Ihr des Todes sterben.«

Doch die Menschen aßen von dem Apfel, weil sie nicht wussten, was der Tod ist, denn sie waren die ersten Menschen und hatten noch niemanden sterben sehen. Und als sie von dem Apfel gegessen hatten, schämten sie sich, dass sie so schön geil miteinander gefickt hatten, und hängten sich Blätter vor die Geschlechter und fickten nur noch heimlich hinter den Büschen, wenn sie glaubten, dass Gott ihnen nicht zuschaute, und sie konnten sich nicht mehr richtig freuen auf ihre Lust.

Das allein, meine Brüder und Schwestern, ist unsere Erbsünde. Seit es Menschen gibt, hat sich der Mensch zu wenig gefreut.

Gott aber, dessen Name Zebaoth ist, hatte diese Menschen nach seinem Bilde erschaffen, aber er hatte noch etwas hinzugefügt, denn Gott ist geschlechtslos, was er nicht begreifen konnte, weil Gott nicht begreifbar ist, und er machte die Lust zur Sünde, weil die Einsamkeit keine Lust hat, sich selbst zu ficken.

So schaute Gott Adam und Eva beim Ficken zu, und seine Gedanken formten jene unendliche Blase, die wir Menschen Kosmos nennen, jene unzerstörbare Blase, die niemals zerspringen kann, denn der Orgasmus ist der Tod Gottes.

Aus heutiger Sicht würde ich das etwas modifizieren, jetzt ist ein gewisses Mitleid für Gott vorhanden.

Mit der Frage »Name des Vaters?« kündigte sich bei meiner Einschulung erstmals ein Problem an, das mich lange begleiten sollte. Es hatte mich zwar zuvor schon gewundert, dass andere Kinder einen Vater als zentrale männliche Figur hatten und ich einen Großvater. Das war mir aber nicht wichtig. Kinder haben ein feines Gefühl für ein ablehnendes Verhalten von Erwachsenen und so hielten sich Fragen nach meinem Vater in Grenzen. Bis ins Jugendalter erfuhr ich darüber nur fragmentarisch.

1940 war meine Mutter zu Besuch bei Verwandten auf Schloss Skopau gewesen. Dort war Militär einquartiert. Mit einem dieser Männer kam es zu meiner Zeugung. Der Erzeuger war, wie sich bald herausstellte, verheiratet und hatte Kinder.

Bedenkt man die Stellung der Frau in der damaligen Zeit, bedeutete das für meine Mutter und die Familie den absoluten Supergau und das sollte dramatische Auswirkungen haben. Sie wurde der Aufmerksamkeit ihres näheren Umfeldes entzogen und auf das Gut von Onkel Hans geschickt, dem Bruder meines Großvaters. Daher wurde ich im ostpreußischen Insterburg geboren.

Es wurde dann eine Ehe arrangiert, die bereits nach zwei Jahren wieder geschieden wurde. Die Gründe liegen im Dunkeln. Dieser Mann war dann an der Front und soll gefallen sein, und das, ohne vorher die Adoption vollzogen zu haben. Ich habe ihn nie gesehen.

Wir waren einige Zeit später wieder in Blankenburg und die Frage nach dem Namen meines Vaters bei meiner Einschulung löste in mir eine Menge von Fantasiefiguren aus, da niemals über die uneheliche Geburt gesprochen wurde. Noch war das alles kein Problem.

Spannende Veränderungen hatten sich eingestellt. Blankenburg erwachte als Kurstädtchen wieder zum Leben. Die Kurverwaltung fragte bei meinem Großvater an, ob er sich vorstellen könne, in seinem Haus eine Pension für die Werktätigen einzurichten, die sich dort in monatlichem Wechsel erholen könnten. Er stimmte sofort zu, denn mit den vierzehn Gästen, die sich monatlich ablösten, war die Verpflegung der ganzen Familie gesichert. Es kamen auch noch zwei Mitarbeiterinnen dazu, sodass sich die Arbeit in Grenzen hielt.

Was Großpapa machte, war sowieso rätselhaft. Außer zu den Mahlzeiten und um irgendwelche Gänge im Städtchen zu erledigen, sah man ihn selten. Manchmal nahm er mich mit, da kamen ständig Leute vorbei, die grüßten und wenn er den Hut hebend zurückgrüßte, musste ich auch »Guten Tag« sagen. Bei ihm war des Öfteren von mir damals unbegreiflichen Begriffen wie »Anstand« und »Vorbild« die Rede. Den Spruch »Man muss sich mit Anstand langweilen können«, habe ich öfters, nicht ganz ernst gemeint, beim eigenen Nachwuchs eingesetzt.

Von heute auf morgen veränderte sich unser Alltag. Außer zu Weihnachten war das Haus immer voll. An den Wochenenden wurden Ausflüge mit dem Bus gemacht. Manchmal durfte ich mitfahren und so habe ich schon als kleiner Junge die magischen Wälder, die sagenhaften und märchenhaften Orte des Harzes, kennengelernt. Die Rosstrappe, das Bodetal, den Brocken mit seinem Hexenkult, die Rübeländer Tropfsteinhöhlen und vieles mehr.

Die Kurgäste staunten natürlich auch über die vielen afrikanischen Relikte. Um den ständigen Fragen auszuweichen, erklärte Großpapa gleich zu Kurbeginn einen Abend im Monat zum »Afrikanischen Abend«. Von 20 bis 22 Uhr erzählte er da von seinen Erlebnissen. Das Sensationelle daran war, dass Kinder, Vettern und Cousinen und sogar meine zwei besten Freunde Siggi und Heiner mit dabei sein konnten. Keiner dieser Abende war gleich. Jeder glänzte mit neuen spannenden Erinnerungen. Großpapa hatte sein Farmhaus gebaut, mit der Wünschelrute nach Wasser gesucht, gefunden und eine Wasserstelle eingerichtet. Er züchtete Strauße, deren Federn in Europa angesagt waren, sowie Karakulschafe, Rinder und Rassenpferde. Das konnte er nur mit der Hilfe eines ganzen Dorfes der Schwarzen Bevölkerung, die er mit Waren aus Windhoek, der Hauptstadt, wie Zucker, Mehl, Glasperlen und mehr vergütete. Außerdem versorgte er die Einheimischen mit Fleisch, denn Wild gab es überall. Riesige Herden verschiedener Antilopen, Kaffernbüffel und Springböcke durchzogen die Gegend, die er mit seinen Gewehren leichter erlegen konnte als die Bevölkerung mit Pfeil und Bogen.

Die Bemerkung Großpapas, das Töten von Tieren sei nur berechtigt, wenn es der Nahrung diene und eines so wunderbaren Lebewesens wie eines Elefanten besonders verwerflich, verstärkte unser Heldenbild von ihm und erhöhte seine moralische Kompetenz.

Unsere afrikanischen Tausendundeine-Nacht-Geschichten bräuchten ein eigenes Buch. Eine Story der merkwürdigen Art aber führte selbst bei uns Kindern zu existenziellen Grübeleien. Onkel Hans, der Bruder meines Großvaters hielt sich auch zeitweise in »Südwest« auf und drehte einen Film mit dem Titel »Sonnenland Deutsch-Südwestafrika«. Dieser wurde später überall in Deutschland gezeigt und brachte viel Geld ein. Davon kaufte er sich jenes Gut, auf dem meine Mutter später den größten Teil ihrer geheimen Schwangerschaft verbrachte.

Onkel Hans war so eine Art Outsider. Das schwarze Schaf der Familie, was durch sein Äußeres noch unterstrichen wurde. Lang und dürr mit einer Größe von 206 cm unübersehbar. Meine Großmutter war gar nicht gut auf ihn zu sprechen. Er tauchte des Öfteren auf der Farm auf, um sich dreckig und voll bekleidet wortlos aufs Bett zu schmeißen und dieses laut schnarchend erst nach zwanzig Stunden ausgeschlafen wieder zu verlassen. Ärger machten auch seine zahmen Tiere, ein Gepard, der derweil neben dem Bett lag, und ein Adler, der auf dem Ende des Bettgestelles geparkt wurde und der eine Menge Vogelkot auf dem Fußboden hinterließ.

Nicht nur dies erregte aber unsere besondere Aufmerksamkeit, sondern die Erzählung, dass Onkel Hans zu Hause in Deutschland in seinem eigenen Sarg schlafen würde, weil er Angst hatte, wegen seiner Größe zusammengepresst zu werden nach seinem Ableben. Das warf bei uns die Frage auf, ob man es sich in einem Sarg bequem oder gemütlich machen könnte. Ob es stimmt, dass er auch einen Klingelzug für Scheintote eingebaut hatte, oder ob das der Neigung Großpapas zu Ausschmückungen entstammt, weiß ich nicht.

Die afrikanischen Abende zusammen mit Märchen- und Indianergeschichten bildeten die Grundlage unserer Spiele.

Heiner und Siggi waren meine Blutsbrüder. Dazu ließen wir jeder einen Blutstropfen in einen Becher mit Wasser fallen, der dann abwechselnd schluckweise ausgetrunken wurde. Bei den Blutstropfen taten wir natürlich nur so, als ob. Indianernamen hatten wir auch. Ich hieß »Kleiner Bär«, weil ich gut klettern konnte. Wir bastelten uns Pfeil und Bogen, Speere und Keulen aus Ästen, in deren Rinde mit dem Taschenmesser Muster geschnitzt und die mit zum Glühen gebrachten Drähten verziert wurden.

Wir belästigten unsere Umwelt auch mit allen möglichen Streichen. Eine alte Dame in der Nachbarschaft beschwerte sich des Öfteren über unser lautstarkes Treiben. Das Klauen von süßen, saftigen Eierpflaumen aus ihrem Garten spitzte das zu und führte zu einer Beschwerde und für uns zu Hausarrest. Deshalb brüteten wir einen Racheplan aus. Wir sammelten frische Pferdeäpfel. Eine matschigere Kacke hätten wir lieber genommen, aber mangels Auswahl mussten wir uns mit Pferdeäpfeln begnügen – die von einem Hund gab es nicht, denn nach dem Krieg konnten die meisten Leute keine Hunde durchfüttern. Katzen schon gar nicht, diese armen, als Dachhasen bezeichneten Tiere, waren dem Hunger der Leute zum Opfer gefallen. Die Pferdeäpfel wurden nun, gekrönt mit zusammengeknülltem Papier, der Frau vor die Haustür gelegt und angezündet. Wir klingelten, sie öffnete die Tür und um das Feuer auszutreten, trampelte sie voll in die Kacke. In unserem Versteck kriegten wir uns vor Lachen kaum mehr ein. Folgen hatte das, anders als bei anderen Streichen, nicht.

Die Hecke, die unser Grundstück teilte, wurde von Großpapa immer sorgfältig gepflegt, geschnitten und täuschte in ihrer geometrischen Perfektion meinen Realitätssinn derart, dass ich mir einbildete, ich könne darauf entlanglaufen. Meine Freunde schätzten das besser ein und wir wetteten um irgendwas. Ich kletterte an einem Wäscheleinenpfosten am Ende der Hecke hoch, betrat diese und sackte sofort bis zur Hüfte ein. Trotzdem bewegte ich mich robbend und einsinkend etwa bis zur Hälfte voran, als ausgerechnet zu dem Zeitpunkt Großpapa zurückkehrte und mich, inzwischen bis zur Brust in dem Gestrüpp steckend, entdeckte. Um mir den »Hosenboden zu versohlen«, wurde ich in die Waschküche befohlen. Da ich noch nie geschlagen worden war, gaben mir die Freunde den Ratschlag, mir ein Kissen in die Hose zu stecken. So ausgerüstet und mit ziemlichem Schiss begab ich mich an den unheilbringenden Ort, wo mich Großpapa mit einem Kochlöffel in der Hand erwartete. Übers Knie gelegt drosch er mir einige Male auf den Hintern und schickte mich dann, in Lachen ausbrechend, aus dem Raum. Dies, zusammen mit einem anderen Erlebnis, das sich mit ihm bei einem Zirkusbesuch ereignete, bei dem sich ein Elefant, einem natürlichen Bedürfnis folgend, erleichterte und ich dies mit dem lauten Ausruf: »Schau Großpapa, der Elefant macht große Pferdeäppel«, kommentierte, führte zu wiederholten Erzählungen, wohl mit einem gewissen Stolz auf die Pfiffigkeit seines Enkels.

Siggi stand besonders auf Ritterspiele. Dabei wurde ständig mit Stöcken gefochten. Einmal fing ich mir einen Stich ins Auge ein. Das tat verdammt weh und brachte mir einen Riss in der Pupille und später frühe Kurzsichtigkeit ein. In der Folge mit einer Augenklappe gerüstet, war ich der König beim Seeräuberspielen. Verkleidungen und Rollenspiele waren ein unerschöpflicher Brunnen unserer Fantasie. Bei mir wohl schon der Anreiz zu meinem späteren Beruf als Schauspieler.

Manchmal vermischte sich auch die Realität mit der Vorstellungskraft und führte mich in eine äußerst peinliche Situation. Immer wieder tief von Märchen berührt, identifizierte ich mich mit der Figur des Prinzen und erzählte meinen Freunden, wir würden in zwei Tagen hoch aufs Schloss umziehen. Heiner und Siggi dürften mich dann als Edelmänner begleiten. Ich verkleidete mich entsprechend mit bunten Tüchern, streute mir aus dem Nähkästchen meiner Mutter kleine Glasperlen auf den Kopf und legte alten Familienschmuck aus ihrer Schmuckschatulle an.

Ein etwas älterer Junge, der sich manchmal zu uns gesellte, brach in unsere Ausmalungen ein, was wir alles auf dem Schloss treiben wollten. Er bezweifelte meine Fantastereien mit tunnelförmigem Realitätssinn und brachte mich in eine peinliche Situation. Später schlossen wir ihn aus unserer Gemeinschaft aus, weil er immer alles besser wusste. Kinder leben im Jetzt und irgendwie löste sich das Ganze ohne Nachwirkungen auf, außer in meiner Erinnerung an frühkindliche Peinlichkeiten.

Gerne hätte ich mich noch lange im freien und grenzenlosen Kosmos der Kinderwelt herumgetrieben, die mir auch noch heute in meiner Meditation und Malerei zauberhafte Geschenke macht.

2

Die Äußerung meiner Mutter: »Uwilein, möchtest du einen neuen Vati?«, löste ein diffuses Unverständnis aus, zumal ein alter Vati ja gar nicht vorhanden war. Diesen »Vati« hatte Mutti als Kurgast bei uns kennengelernt. Für mich unterschied er sich nicht groß von den anderen Gästen, die immer sehr freundlich zu uns Kindern waren und auch Scherze machten, die aber meistens nur sie selbst lustig fanden. Wir waren es gewohnt, dass der Krieg auch äußerlich seine Spuren hinterlassen hatte. Es kamen öfter Kriegsversehrte mit Arm- oder Beinprothesen, Lederhänden und Narben. Dazu gehörte auch dieser als »neuer Vati« bezeichnete Mann, dessen Augenausdruck, nach erster Verunsicherung, durch Heiners geflüsterte Bemerkung: »Der Mann hat ein Glasauge«, seine Erklärung fand. Mein Urteil über ihn hatte sich noch nicht gebildet. Mutti bekam eine ausweichende Erwiderung. Dieser Mann, er war Ingenieur, war mir nicht unsympathisch. Er suchte den Kontakt und bastelte mir aus den mit Draht zusammengebundenen Spanten eines Regenschirmes einen Flitzebogen, der unglaublich effektiv meine Pfeile viel weiter schoss als die meiner Freunde. Es entspann sich unter uns ein Gespräch darüber, ob »neuer Vati« mit dem Glasauge sehen könne.

Mein Auftrag war, ihn danach zu fragen. Mein Versprechen, das zu tun, verlangte einiges an Überwindung, und um die Frage etwas abzumildern, fragte ich ihn, wie weit er mit dem Auge sehen könne. Er erklärte mir, warum man mit einem Glasauge nicht sehen könne und auf Nachfragen meinerseits nahm er dieses heraus und ließ mich durchschauen. Nach kurzem Durchblick faszinierte mich aber viel mehr die leere Augenhöhle, bis diese wieder mit dem Auge ausgefüllt wurde. Dieser Vorgang löste bei mir ein unheimliches Gefühl aus, das zu einer Distanzierung führte. So ging ich ihm während dem Rest seines Kuraufenthaltes aus dem Weg.

Leider blieb es nicht bei dieser Episode. In den folgenden Jahren tauchte die »Neuer Vati«-Frage immer wieder auf. Meine arme Mutti stand unter dem ständigen Druck, zu heiraten und damit auch meine Existenz als uneheliches Kind durch Adoption zu legalisieren. Die fehlende Wertschätzung der Frauen in dieser Zeit spitzte sich zur Frauenfeindlichkeit zu. Folglich musste sie ständig nach dem »Richtigen« Ausschau halten.

Sie war eine schöne Frau und es mangelte nicht an Bewerbern. Lange klappte da gar nichts. Meine Reaktionen müssen da auch ihren Beitrag geleistet haben. Kinder sind konservativ. Ich brauchte keinen »Vati« und woanders hinzugehen, fand ich überhaupt nicht wünschenswert. Dies änderte sich nicht bis zu dem Tag, an dem Kurgast Lutz Schl. erschien. Seinen vollständigen Namen will ich hier nicht nennen. Er ist zwar schon lange tot, doch es gibt noch viele Familienangehörige. Dieser Lutz fiel von Anfang der Kur an durch seine ständige stimmliche Präsenz auf. Immer auch bei den Ausflügen in das Harzer Umland war er schon von weitem aus der Menge heraus zu hören. Das fiel mir zwar auf, doch damals konnte ich das nicht einschätzen und es war mir im Grunde gleichgültig. Später, als diese Eigenschaft sich als die aufgeblasene Angeberei eines Seifensackes entpuppte, war der Käse schon gegessen.

Auch bei ihm tauchte nun wieder die »Vati«-Frage auf und ich reagierte wie üblich uninteressiert. Dieser Herr Schl. wollte es aber wissen. Er verwickelte mich ständig in Gespräche, in denen er meine Vorlieben und Wünsche in Erfahrung brachte. Bei ihm war einiges anders als bei seinen Vorgängern. Seine Anwesenheit endete nicht mit seinem Kuraufenthalt. Periodisch tauchte er das Jahr über immer wieder zu Besuch auf. Einer meiner großen Wünsche war es, einen Hund zu haben, was er mir sofort versprach und dazu noch ein Segelboot, womit ich dann auf dem Müggelsee, der in der Nähe seines Hauses in Berlin lag, segeln könne. Er lockte mich sogar damit, dass meine Freunde mich in den Ferien besuchen könnten, was diese auch spannend fanden. Allmählich träumte ich von einem großen Abenteuer. Die »Vati«-Frage wurde jetzt akzeptiert. Mutti verlobte sich und Weihnachten 1949 wurde mit einer Haustrauung die Beziehung legalisiert. Kurz danach fuhr der Mann ab, um unsere Ankunft in Berlin vorzubereiten. Mutti packte die Koffer und eine Woche später folgten wir ihm. Er holte uns am Bahnhof Berlin-Bisdorf ab und was jetzt geschah, war ein Erlebnis der ganz besonderen Art. Sein Haus entpuppte sich als ein durch eine Schrankwand geteilter Kellerraum mit zwei Betten, einem Tisch und ein paar Stühlen, der sich im Haus eines Kriegskameraden befand, dem er angeblich das Leben gerettet hatte. Sein Haus gab es zwar, das bewohnte jetzt aber seine geschiedene Frau mit zwei seiner Kinder. Er gab im Andenken an sein dortiges »chinesisches Zimmer« mit einem 20 cm großen Messingdrachen an – später natürlich, als seine Prahlerei ungeahnte Höhen erreichte.

Beim Anblick dieser Örtlichkeit fiel Mutti erst einmal in eine Art Schockstarre. Dann griff sie nach dem Koffer, nahm meine Hand und wollte sofort wieder abreisen. Mir fehlte jede Möglichkeit der Einordnung. Nach Struwwelpeter-Art blickte ich stumm im ganzen Raum herum.

Wenn Schl. etwas konnte, dann war das Reden. Damit überschüttete er uns jetzt. Der Zustand wäre nur vorübergehend, ganz kurz, da sich der Termin für den Einzug in eine sehr schöne, andere Wohnung nur verschoben habe. Er sei davon ausgegangen, uns dort zu empfangen usw. Mutti ließ sich überzeugen und damit wurde dieser zweigeteilte Keller für einige Monate unser Zuhause. Auf der einen Seite der Schrankwand schlafend, bleibt mir nur die Erinnerung an ein stumpfdummes, nicht einzuordnendes Schnaufen des Kerls. Von Mutti hörte ich nichts. Im Nachhinein bezweifle ich, dass sie jemals Spaß dabei hatte, geschweige denn, dass Liebe mit im Spiel war.

Bei aller Berücksichtigung seines Hintergrundes und der damaligen gesellschaftlichen Konventionen, wirft das Verhalten meines Großvaters einen schwarzen Schatten auf mein Vorbild. Bei seiner Menschenkenntnis hätte er uns vor dem Kerl schützen können. So opferte er uns einem blöden Ehrenkodex.

Nach einem halben Kellerjahr war von der neuen Wohnung keine Rede mehr. Es wurde viel gestritten, was schlauchte.

Glücklicherweise gefiel es mir dort auf der Schule. Es gab Schulspeisung und vom Unterricht bleibt mir ein Vorgang in Erinnerung: Für die einzelnen Fächer wurden vier Schüler als Team zusammengestellt. Ein sehr Guter, ein Guter, ein Mittlerer und ein Schlechter. Diese wurden nun als Gruppe benotet. Dies führte oft zu sehr guten Ergebnissen, die manchmal auch belohnt wurden, wie z. B. Besuche von Sportveranstaltungen, Kino oder Ausflügen. Außerdem gab es für die verschiedenen Interessengebiete Arbeitsgemeinschaften, wie Junge Biologen, Junge Mathematiker und vieles mehr.

Das war in den Anfängen der DDR. Man spürte, dass die idealistischen Ideen des Sozialismus lebten und noch nicht von ideologisierten Kleinbürgern und Spießern übernommen worden waren.

Dann war da auch noch der vom Tode errettete Hausbesitzer, der mich oft in seinen Obstgarten rief und mir erlaubte, dort zu futtern, so viel ich wollte. Diesen fand ich aber eklig. Er trug kurze Hosen und bei bestimmten Stellungen seiner Gartenarbeit hing ihm ein runzeliger

Hodensack aus einem Hosenbein. Wie sich später herausstellte, wollte er sich bei mir nur einschleimen. Er gab sich meiner Mutter gegenüber auch immer sehr freundlich und lud sie oft, während der Schl. auf Arbeit war, hoch in seine Wohnung zu Kaffee und Kuchen ein. Eines Tages muss es dann zu Übergriffigkeiten gekommen sein. Dies und andere mir nicht erschlossene Gründe haben dazu geführt, dass ich mir mehrere Schichten Kleider anziehen musste, ein paar Koffer gepackt wurden und wir uns in der S-Bahn nach Blankenburg befanden. Nach Blankenburg deshalb, weil der Umsteigebahnhof dorthin, der Bahnhof Friedrichstraße, gleichzeitig die letzte Station vor dem Westen war. Dort wurde oft von der Ostpolizei kontrolliert und wenn man erwischt wurde, gab es Schwierigkeiten. Wir fuhren durch und der Westen zeigte sich sofort als eine andere Welt. Noch nicht als Konsumparadies kommender Jahre, aber auf der Fahrt zu einer Flüchtlingsmeldestelle beeindruckten in Schaufenstern dargebotene Südfrüchte, helle Beleuchtung und ein vom Verkehr herrührender Lärm. Wir wurden dann in ein Lager im Stadtteil Tempelhof eingewiesen. Das stellte sich als stillgelegter Flughafen mit riesiger Halle heraus, in der 6.000 Strohsäcke in langen Reihen rechts und links eines Mittelganges lagen. Männer, Frauen, Kinder, alt, jung, breiteten sich sitzend und liegend auf diesen Säcken aus. Es herrschte ein ständiger Geräuschpegel. Selbst nachts war nie Stille.

Das wurde noch unterstützt durch wiederkehrende Lautsprecherdurchsagen irgendwelcher Nachrichten und Musik, eine Art Schlagermusik mit Liedern wie: »Ja, das ist Berliner Luft, Luft, Luft, mit dem ganz besonderen Duft«, und ähnliches. Dieser Ort war für etwa sechs Monate unsere Unterkunft. Obwohl es dort Kinder gab, entsinne ich mich an keinen einzigen Kontakt mit ihnen. Die normalen Alltagstätigkeiten wie waschen, essen oder Toilettengang waren alle aufgrund der Menschenmassen wie ein ständiger Hindernislauf. Die Waschanlagen, ein fünfzig Meter langes Rohr, aus dem in kurzen Abständen aus kleinen Rohren das Wasser floss. Überall musste man anstehen. Die Essensausgabe am Eingang der Halle war fast immer frequentiert. Das Gelände war mit einem hohen Zaun umgrenzt. Kinder konnten nur in Begleitung der Eltern und nach Vorlage des Flüchtlingsausweises hinaus. Meine Mutter hatte eine alte Tante mit einer großen Wohnung in Berlin. Bei ihr konnten wir bei einem wöchentlichen Besuch baden.

3

Diese Zeit im Lager war wie eine Art Gefängniserfahrung, in der ich die Realität ausblendete und in einer Traumwelt lebte. Ich erfand Geschichten, die sich fast ausschließlich in Blankenburg abspielten und märchenhafte Dimensionen erreichten.

Zu Frühlingsbeginn kämpften sich ein paar Löwenzahnpflanzen durch die Risse im Beton der morschen Flugbahnen, die die Halle umgaben. Diese Blüten lösten einen wahren Gefühlsstrom warmer, hoffnungsvoller, unbeschreiblicher Verbundenheit aus und einmal habe ich eine Elfe gesehen, vielleicht war es aber auch ein Schmetterling.

Bei den Zuständen der zusammengepressten Menschenmassen im Lager hoffte jeder, möglichst bald da rauszukommen. Das hing von verschiedenen Kriterien ab. Die Flüchtlinge wurden in unterschiedliche Kategorien eingeteilt. Die günstigste war es, politischer Flüchtling zu sein. Der Schl. versuchte alles, um diesen Status zu erreichen. Als geübter Schaumschläger erfand er sich als edlen politisch Verfolgten. Das ging schief und wir mussten fast ein halbes Jahr warten, bis wir nach Frankfurt am Main ausgeflogen wurden.

Bis dahin wurde ich einmal schwer krank, mit Grippe und Asthma ging es in eine der Krankenbaracken. Darin befanden sich mehrere zu Zweiergruppen zusammengestellte Betten. Neben mir lag eine alte Frau, aus deren verrunzeltem Gesicht eine spitze Nase hervorragte, wie bei einer Vogelscheuche. Sie hatte immer die Augen geschlossen. Außer einem gelegentlichen Röcheln war nichts von ihr zu hören. Meine Mutter war oft bei mir, las vor und brachte Obst und andere Lebensmittel. Die alte Frau bekam nie Besuch. Ich kann mich auch nicht entsinnen, dass sie mal etwas gegessen oder getrunken hat. Nach zwei oder drei Tagen verstärkte sich plötzlich das Röcheln und begleitet von einem starken Zucken muss sie neben mir gestorben sein. Starr, mit offenem Mund lag sie längere Zeit da, bevor sie von zwei Männern auf einer Bahre hinausgetragen wurde.

Meine Emotionen in dieser Situation waren bestimmt tiefergehend, war es doch meine erste Konfrontation mit dem Tod. Das ist mir heute nicht mehr begreifbar. Klare Gefühle dagegen, nämlich ein tiefes Mitleid, löste bei mir die Konfirmation von ungefähr fünfzig mit dunklen Trainingsanzügen bekleideten Jungen und Mädchen aus, die am Ende der Riesenhalle vollzogen wurde.

Noch ein letztes unvergessliches Ereignis muss berichtet werden. In der Schlange stehend, um Essen abzuholen, rutschte ich kurz aus und merkte, dass ich in Scheiße getreten war und das nicht als Einziger. Bei näherer Betrachtung zeigten sich immer wieder auf dem Weg zur Essensausgabe solche Ablagerungen. Da ich eine Viertelstunde anstehen musste, war auf dem Rückweg, als Folge der vielen Trampler, von den Hinterlassenschaften nichts mehr zu sehen.

Schon in meiner frühen Lebensphase scheint Scheiße irgendwie einen wichtigen Platz zu beanspruchen und taucht auch später im Checkpoint-Charlie-Programm »Rockoperette Scheiße« und anderen Texten wieder auf. Daher empfehle ich dem Leser bei tiefergehendem philosophischem und psychologischem Interesse den Essay des Malers Friedensreich Hundertwasser »Scheißkultur – Die heilige Scheiße«.

Raus aus dem Lager in Berlin. Was auf dem Flug von Berlin nach Frankfurt passierte, verliert sich im Nebel. Er blieb mein einziger Flug bis zum heutigen Tag. Auch sonst haben Reisen nur im beruflichen Zusammenhang eine Rolle gespielt. Alles Touristische war bei Checkpoint Charlie von Anfang an spießerverdächtig, da es nur als Teil des manipulativen Konsumterrors verstanden werden konnte.

Die vorgegebenen Reiseführerrouten, Billigtouren ans Ende der Welt, z. B. »Dom Rep. all inclusive«, Hochhäuser auf dem Meer, »Traumschiffe«, das millionenfache Anglotzen des »Schiefen Turms von Pisa«, von Ballermann und anderen Saufgelagen auf südlichen Inseln mal ganz abgesehen. Dieses Thema taucht zusammen mit der Kritik am Globalisierungsirrsinn in unseren späteren Texten immer wieder auf. Der weltweite Tourismus ist im Grunde die fehlgeleitete, kompensierte Suche nach einer Verbindung mit der Natur.

Wenn man Kinder bei ihrem Interesse an dem sie umgebenden Leben und einem behutsamen Umgang damit nicht behindern würde, könnte sich ein Bewusstsein über die unendliche Vielfalt ihrer Heimat entwickeln. Wir sind umgeben von einer großen Vielfalt an Bäumen, Pflanzen und Tieren, von denen jeder und jedes nicht weniger wert ist als der Mensch und das gleiche Recht auf Leben haben sollte, und doch kennen die meisten Menschen nicht mal ihre Namen. Das sagt alles über die Achtsamkeit, die sie ihnen entgegenbringen. Nicht jeder hat die Größe und Radikalität einer Greta Thunberg, doch etwas mehr, als sich lediglich biologisch zu ernähren und in der Welt herumzufliegen, sollte man von sich selbst erwarten.

Vielleicht kann auch meine privatwissenschaftliche Schrift über die Entwicklung der Menschheit etwas beitragen. Sie steht kurz vor ihrem Abschluss und definiert die Evolutionstheorie aus einer völlig neuen Sichtweise. In meiner jahrelangen, vor allem archäologischen Forschung ist mir die gedankliche Beweisführung gelungen, dass die Menschheit sich schon einige Male durch Degeneration und kulturellen geistigen Verfall an den Rand der Selbstvernichtung gebracht hat. Das letzte Mal war dieser Zustand vor 200.000 Jahren erreicht. Die damals etwa 100.000 Übriggebliebenen flüchteten sich etwa zur Hälfte in die wenigen noch vorhandenen Wälder und leben dort bis heute als Affen. Eine edle Weiterentwicklung des Menschen. Jetzt schon wieder von der anderen dummen, nicht lernfähigen Menschenhälfte bedroht. Diese ursprünglichen Brüder und Schwestern müssen ihnen heute als Zombies oder Vampire erscheinen.

Mein Buch »Die Theorie des Affinismus« hoffe ich bis zur nächsten Buchmesse vorstellen zu können. Um das Ganze aus kosmischer Sicht zu veranschaulichen, hier die Geschichte vom Treffen zweier Planeten: Sagt einer zum anderen: »Wie geht es dir? Du siehst nicht gut aus.« Der andere antwortet: »Du hast Recht. Mir geht es schlecht. Ich hab' Menschen.« »Ach, das hatte ich auch schon«, sagt darauf der eine, »das geht wieder vorbei …«

In Frankfurt gelandet wurden wir in das Lager Balingen im Schwäbischen eingewiesen. Vom Platz her großzügig, im Vergleich zu Berlin teilten sich hier zwei bis drei Familien eine Baracke. Das Gelände war nicht eingezäunt. Man konnte sich verhältnismäßig frei bewegen und ich ging dort zur Schule. Nach einem Monat in einer überfüllten Klasse mit etwa fünfzig Kindern, ohne eines davon näher kennengelernt zu haben, wechselten wir in einen Ort namens Weinsberg. Vom Platz her keine große Veränderung. Barackenlager und eine überfüllte Schule. Die Flüchtlinge bekamen alle eine Art Taschengeld. Darum gab es immer wieder Streit zwischen meiner Mutter und dem Alten. Das war inzwischen sein Name in Gesprächen zwischen meiner Mutter und mir. Überhaupt weiß ich nicht, wie ich ihn in den sieben Jahren des Zusammenlebens angesprochen habe. Es gab zwischen uns so gut wie keine Kommunikation und meine Haltung blieb ablehnend, uninteressiert und steigerte sich später bis zum Ekel. Die Streitereien waren extrem peinlich. Anders als in dem Berliner Riesenlager, wo es fast schon normal war, dass irgendwo lautstarke Auseinandersetzungen abliefen, fand das Ganze hier in der Nähe der Mitbewohner statt, sodass ich am liebsten unsichtbar gewesen wäre. Hier zeigte sich eine der Haupteigenschaften des Alten, nämlich Geiz. Meine Mutter musste um jede Mark kämpfen und drohte mit Scheidung, um sich zum Beispiel eine Nivea-Creme, ein Parfüm 4711 oder für mich eine Tafel Schokolade zu kaufen. Die meiste Kohle ging für seine Zigaretten drauf. Mit sechzig Zigaretten am Tag war der Kerl Kettenraucher. Außerdem machte er an jedem Aufenthaltsort sofort eine Kneipe mit Stammtisch ausfindig, wo er seine großen Reden schwingen und Skat spielen konnte, bis er, nach Alkohol stinkend, zurückkam. Der absolute Hammer ereignete sich, als meine Mutter Lotto spielte und ihm den Zettel zur Besorgung mitgab. Anscheinend war er gerade klamm und kaufte sich, statt den Schein abzugeben, Zigaretten. Die Freude, die wir erlebten, als meine Mutter im Radio hörte, dass sie einen Sechser hatte und den nachfolgenden Frust, erspare ich mir zu beschreiben.

Von Weinsberg ist mir noch die Geschichte von den klugen Frauen in Erinnerung. Der Sage nach soll die Burg oberhalb des Ortes einmal belagert worden sein und nachdem die Besatzung und die Bewohner des Städtchens hinter den dicken Mauern sich lange tapfer verteidigt hatten, waren alle Vorräte aufgebraucht und der Hunger so groß, dass sie beschlossen, sich unter bestimmten Bedingungen zu ergeben. Sie schickten also Unterhändler zu den Feinden. Diese, zermürbt durch die monatelange Belagerung und ebenfalls am Beginn einer Hungersnot, da die ganze ausgeraubte Umgebung nichts mehr hergab, waren bereit zu verhandeln. Sie einigten sich auf freien Abzug der Frauen, während die Männer sich in Gefangenschaft begeben mussten. Die Zusicherung, dass keiner sein Leben verlieren solle, war in dieser Situation das Beste, was ausgehandelt werden konnte, neben der Zusage, dass die Frauen mitnehmen durften, was sie tragen konnten.

Zum vereinbarten Termin wurde das Burgtor geöffnet, die Zugbrücke herunter gelassen und heraus kamen die Frauen. Auf dem Rücken trugen sie ihre Männer. Die Belagerer staunten nicht schlecht. Sie waren für damalige Verhältnisse immerhin gerecht und ließen die Leute in

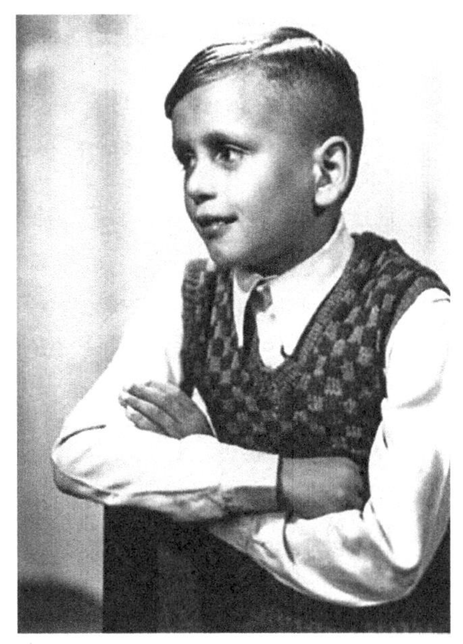

Frieden abziehen. Die Geschichte dieser mittelalterlichen Powerfrauen hat sich mir eingeprägt.

Das Lager in Hechingen war wie die vorherigen und sollte unser letztes sein. Der Alte bekam in Sigmaringen in Schwäbisch Hohenzollern eine Arbeit als Buchhalter. Es wurde in der Nähe, im kleinen Dorf Hettingen, eine Wohnung im ersten Stock eines Neubaus am Waldrand gemietet. Im Harzer Wald aufgewachsen, brachte mir das ein Gefühl von Heimat zurück. Das Haus gehörte einem älteren kinderlosen Schreiner mit Frau, der seine Werkstatt und Wohnung im Erdgeschoss hatte, und bei dem sich der Alte sofort einen selbstentworfenen Wohnzimmerschrank mit Glasvitrine und eingelassenen echten Angebergoldstreifen bestellte. Bereits kurz nach unserem Einzug bekam er mit dem Schreiner einen Besserwisserstreit über die Konstruktion des Schrankes.

Da es Mitte des Jahres war, musste ich noch ein paar Monate die Dorfschule besuchen, bis ich eine Aufnahmeprüfung für das sechs Kilometer entfernte Progymnasium in Gammertingen absolvieren konnte. Die Dorfschule bestand aus zwei Klassen und zwei Lehrern und eröffnete mir völlig neue Erziehungsmethoden. Eine »Tatzen« genannte Form bestand darin, dass der ungelehrige Schüler die Hand ausstrecken musste und ein Lehrer mit einer Rute darauf schlug. Dies ließen die armen Bauernjungs oft mit Scham erfülltem rotem Kopf über sich ergehen. Ich empfand dabei immer ein starkes Mitleid. Eine andere pädagogisch zweifelhafte Maßnahme vollzog sich, indem der Lehrer mit angewinkelten Fingerknöcheln vom Nackenansatz an mit festem Druck aufwärtsfahrend seine Strafe vollzog.

Das Bildungsniveau war rudimentär. Der Deutschunterricht ähnelte dem Erlernen einer Fremdsprache. Der Dorfjugend, mit urschwäbischem Dialekt aufgewachsen, war das Hochdeutsch im Lesebuch fremd. So spielte sich der Unterricht als eine Art Übersetzungsarbeit ab. Ich meldete mich ständig bei den Fragen des Lehrers zu unverstandenen Wörtern als Dolmetscher. Weil ich oft der Einzige war, ging dem das wiederum auf den Wecker. Er wollte es ja von den anderen wissen und ich bekam Meldeverbot. Dadurch und durch mein Hochdeutsch, das er selbst nur unvollkommen beherrschte, sowie meinen adligen Namen, war ich ihm nicht ganz geheuer. So blieben mir seine Strafmaßnahmen erspart.

Das Dorfleben zeigte sich immer wieder von neuen, unbekannten Seiten. Die Gegend war streng katholisch. Ein Kirchenbesuch nicht nur am Sonntag, sondern auch zu Feiertagen, sowie Andachten gehörten zur Normalität. Im Mai fanden jeden Tag Gottesdienste für Maria statt. Der Pfarrer war die wichtigste Person und musste bei Begegnungen mit dem Satz »Gelobt sei Jesus Christus« gegrüßt werden, worauf er »In Ewigkeit Amen« antwortete. Bei meinen ersten Gängen durch das Dorf wurde ich ständig mit der Frage »Wem gehörscht« angesprochen. Später sagte ich: »Dem Trotha«, was wohl irritierte.

Flüchtlinge galten als »Neigschmeckte, dene wirds Geld nachgschmisse«. Die Einwohner waren Bauern. Selbst Handwerker wie der Bäcker, der Schuster, der Schreiner oder die Wirte hatten zur Selbstversorgung eine kleine Landwirtschaft. Bei 200 Einwohnern gab es vier Wirtschaften.

Nahrungsmittelerzeugung war in den fünfziger Jahren hauptsächlich auf regionale Versorgung ausgerichtet. An Nahrungsmittel als Güter der Profitmaximierung, die an Orte irgendwo auf dem Erdball transportiert werden, wo sie gar nicht gebraucht werden, dachte damals noch niemand. Chemie für die Felder und künstliche Futtermittel, Hilfsmittel zur Massenproduktion wie Insektizide und Pestizide, waren noch weitgehend unbekannt.

Selbst die Dorfstraßen waren größtenteils unversiegelt. Bei Regen verwandelten sie sich in Matsch, in dem von Kühen gezogene Heuwagen und anderes Gefährt tiefe Spurrillen hinterließen und in dem auch die Schuhe bis zu den Knöcheln einsackten. Damals wurde wahrscheinlich nachhaltiger und biologischer gewirtschaftet, als es jemals wieder erreicht wurde. Dies allerdings nur mangels anderer Möglichkeiten; die Menschheitsentwicklung hat von Beginn an wenig Rücksicht auf die sie umgebenden Lebewesen genommen und diese nach ihren Nützlichkeitskriterien ausgebeutet. Böse Zungen reden von der Menschheit als einer Fehlentwicklung der Evolution.

Der fehlende Bezug der Dorfbevölkerung zur Natur offenbarte sich mir bei den sonntäglichen Spaziergängen auf der asphaltierten Landstraße, die möglicherweise dazu dienten, die wenigen vorbeifahrenden Autos neugierig als Sensationskitzel zu genießen. Im schönen Lauchertal und dem das Dorf umgebenden alten Wald dagegen habe ich nie jemanden spazieren gehen gesehen. Es brauchte eine Weile, bis sich mir das Leben im Ort erschloss. Das grelle Quieken einer Sau, die mit einem Bolzenschussgerät getötet wurde und der danach in einem Trog, einer sogenannten Saumulde, mit kochendem Wasser überschüttet die Borsten abgeschabt wurden, löste ein gruseliges Staunen aus. Das gehörte aber zum Alltag. Jede Bauernfamilie schlachtete ein bis zweimal im Jahr unter grässlicher Quietscherei eine Sau für alle sichtbar im Hof oder vor dem Haus. Nachbarn und gute Bekannte bekamen dann Wurstsuppe und ekliges, fettes Wellfleisch.

Bemerkenswert war mir auch das »Gute Zimmer« in den Häusern. Dieses wurde nur an hohen Feiertagen bewohnt. Der Dielenboden war mit weißem Sand bestreut, der nach Benutzung des Raumes ausgefegt wurde. Das bäuerliche Leben spielte sich sonst in der Küche ab.

Meinem Freund Achim begegnete ich bei der Ausleihe eines Karl-May-Buches in der Bücherei im Pfarrhaus. Da gab es nur die gesammelten Karl-May-Bände und noch irgendeine Reihe von Pfadfindergeschichten. Bis auf den letzten Band, bei dem Karl May anscheinend in einen religiösen Wahn verfiel, verschlang ich diese Bücher. Meine Vorstellung von Gut und Böse wurde jedenfalls stark von den Helden dieser Bücher und ihren Gegenspielern beeinflusst. Die christliche Grundhaltung Old Shatterhands konnte ich aber mit dem bald folgenden religiösen Geschehen nicht in Einklang bringen.

Achim war gleichaltrig und ging schon in die erste Klasse des Progymnasiums in Gammertingen. Obwohl er Schwabe war, galt er, aus einer anderen Gegend kommend, auch als »Reingschmeckter«, was gleich eine gewisse Vertrauensebene herstellte. Er blieb in den drei Jahren in Hettingen und auch darüber hinaus ein enger Freund und wir hatten viel Spaß. Positiv war in dieser Zeit auch die periodische Abwesenheit des Alten, da er nach einigen Monaten auf eine Stelle im Statistischen Landesamt in Stuttgart versetzt wurde und nur noch am Wochenende auftauchte. Hurra, die große Freiheit lag in der Luft. Trotzdem schaffte er es vorher noch, sich im ganzen Ort unbeliebt zu machen.

Eine Bürgermeisterwahl stand an. Gegen den alteingesessenen Bürgermeister bewarb sich ein Zugezogener, von Beruf Vertreter für Delikatessenkonserven, der durch die Besonderheit des Autobesitzes hervorstach. Diesen Mann nun lernte der Alte bei einem Kneipenbesuch kennen. Sie veranstalteten in allen vier Dorfkneipen Wahlkampfabende, bei denen sie in ihren Reden kein gutes Haar an ihrem Mitbewerber ließen. An den Wochenenden hörten die Bauern zu, und glotzten Bier saufend den mit einem Berliner Akzent redenden Alten – mit Krawatte eher die Verkörperung von Fremdartigkeit – an. Doch eigentlich wollten sie, vom Krieg traumatisiert, vom verlorenen bäuerlichen Blut-und-Boden-Nazidummherrenrassentum verstört und im Zustand des Verdrängens, ihre Ruhe und alles andere als Streitereien.

Die Wahl endete mit einer krachenden Niederlage für den Konservenvertreter. Der Alte hatte es im Dorf verschissen und wurde nicht mehr gegrüßt. Sein Abflug kam zum richtigen Zeitpunkt. Meine Mutter hatte bei einer dieser abstrusen Veranstaltungen die Wirtin der »Sonne« kennengelernt. Das war Frau Dezelak, aus dem Rheinland stammend, von auswärts also, und durch Heirat in Hettingen gelandet. Die erste Erwachsene, die mir gegenüber seit Blankenburg ein warmes Interesse zeigte. Sie war etwas älter und ihre Kinder gerade aus dem Haus. Mutti hatte eine Halbtagsarbeit in einer Textilfabrik gefunden, die erst kürzlich auf einer grünen Wiese vor dem Dorf errichtet worden war.

Manchmal, wenn meine Mutter länger arbeiten musste, konnte ich in der »Sonne« zu Mittag essen und saß dann neben der Theke und dem Mesner, der rot-knollennasig regelmäßig täglich zur Mittagszeit einen Literhumpen gewärmtes Bier in sich herein goss. Einen Spruch von ihm weiß ich noch. Der besagte, dass er nicht zu vespern brauche, da ein Liter Bier so und so viele Scheiben Brot ersetze. Frau Dezelak schenkte mir auch öfter was Süßes, wie Storck-Bonbons oder Kaugummi.

Es gab aber auch eine unangenehme Geschichte, die durch die Beziehung zu ihr im wahrsten Sinne des Wortes eingeläutet wurde. Was den strenggläubigen Katholizismus betraf, unterschied sie sich nicht von den Dorfbewohnern. Sie entwickelte im Zusammensein mit meiner Mutter einen messianischen Eifer, um sie zum »wahren Glauben« zu bekehren. Sie organisierte auch Treffen im Pfarrhaus, wo der Pfaffe wahrscheinlich versuchte, sich durch seine Überzeugungsarbeit einen Platz im Himmelreich zu sichern. Eine Erklärung für das Verhalten meiner Mutter sehe ich in ihrer emotionalen Notlage, in der sie sich seit dem Weggang von Blankenburg befand. Es muss ihr gut getan haben, dass es wieder Menschen gab, die sich um sie kümmerten. In der Folge fing sie plötzlich an, sich übertrieben zu bekreuzigen. Während die Katholiken das eher auf schnelle wuschelige Art, Stirn – Brust – rechts – links, abhandelten, zeigte meine Mutter überdeutlich langsam diese Bewegungen bis zum äußersten Schultergelenk und links das Gleiche. So etwas war mir selbstverständlich peinlich.

Dazu kam, dass ich überredet wurde, ebenfalls in den Religionsunterricht zu gehen. Mir war das an sich wurscht. Mutti und Frau Dezelak zuliebe ging ich dann hin. Damit verbunden waren auch Kirchenbesuche, die unbequem kniend, sitzend, stehend, Texte runterleiernd, teilweise lateinisch und mit unmelodisch singenden Liedern vollzogen wurden. Glücklicherweise waren diesen ätzenden Ritualen Grenzen gesetzt. Einräucherungen von Weihrauch beim Gottesdienst erzeugten bei mir so starke Übelkeit, wohl aus einem inneren Widerstand gegen das klerikale Theater, dass ich rausgehen musste. Dem Ganzen wurde ein Ende gesetzt, als ich bei einem zweiten Kirchenbesuch mit letzter Kraft den Ausgang erreichend neben die Kirchentür kotzte.

Anschließend ging ich auf gutes Zureden hin noch ein paar Mal zum Religionsunterricht. Dabei ging es im Zusammenhang mit der evangelischen Konfession um Martin Luther. Dieser, so der Pfarrer, wäre vom Teufel besessen gewesen. Schon durch die Identifikation mit meiner Familie in Blankenburg, die alle evangelisch waren, muss das zur endgültigen Verweigerung des Katholizismus geführt haben. Solch unangenehme Erfahrungen wurden aber durch viele positive spannende Erlebnisse in den Hintergrund gedrängt.

Mit Achim strolchte ich oft im Wald herum. Es gab kein Fernsehen, Radio hatte in dieser Zeit keine Bedeutung. Unsere Medien waren Bücher und diese, reduziert auf Karl May und Pfadfinder-Geschichten aus der Pfarrei, bildeten den Hintergrund unserer Spiele, mit denen wir den Wald in der Umgebung erforschten. An warmen Tagen badeten wir abseits vor dem Dorf in der Lauchert, einem Flüsschen mit kristallklarem Wasser und vielen Wasserpflanzen, die sich fächerförmig wie Nixenhaare in Harmonie mit der sanften Strömung bewegten. An tieferen Stellen konnte man manchmal Forellen schwimmen sehen. Unter den Uferböschungen lebten Krebse.

In bestimmten Abständen befanden sich Wehre, deren Holzplankenwände die Bauern in Trockenzeiten herunterließen, um mit dem angestauten Wasser die umliegenden Felder und Wiesen zu bewässern.

Da der Fluss an tieferen Stellen nur eineinhalb Meter tief war, nutzten wir diese Vorrichtungen, um uns einen schwimmfähigen Bereich einzurichten. Das war natürlich verboten, aber außer einmal, als ein Bauer uns mit dem Gebrüll: »Ihr Saubube, ihr elende«, verjagte, konnten wir uns ungestört verlustieren.

Wir bekamen auch einen neuen Kumpel namens Horst und zufällig gleichzeitig eine neue Jugendliteraturart, die nur von einem Jungen namens Horst handelte. Die Titel lauteten »Horst wird Förster« oder »Horst geht zelten«. Die Identifikation unseres Horsts mit dem Horst dieser Bücher bildeten zusammen mit seinen karottenroten Haaren eine gute Grundlage für Verarschungen.

Seine familiäre Situation war im Grunde ziemlich traurig. Sie wohnten in einem Neubau direkt neben mir, seine Eltern waren selten außer Haus. Die Mutter hatte einen kugelrunden Kopf mit schütterem Haar, das als tennisballgroßer Knoten am Hinterkopf klebte. Den Vater, einen skelettartigen abgemagerten Mann, der nur schwerfällig laufen konnte, habe ich nur einmal gesehen. Ebenfalls Flüchtlinge aus weit abgelegenen Ostgebieten der ehemaligen »Heim ins Reich«-Gegenden stammend, hatten sie es noch schwerer, sich einzugliedern. Woher sie genau kamen, erfuhren wir nie. Manche Rufe der Mutter, wie »Horsten, wirst rauf kommen tun – wirst essen tun«, trugen auch nicht zu einer näheren Bestimmung bei.

Weit entfernt vom Durchblick der diversen Verläufe der Nachkriegsgesellschaft und völlig naiv, beteiligte sich die Familie an einem Preisausschreiben, dessen Fragen wie üblich nur den minimalsten Anspruch an die Allgemeinbildung stellten. Horst kam an und erzählte, sie würden bald in ein eigenes Haus umziehen. Auf Nachfrage stellte sich heraus, sie hätten 100.000 DM gewonnen. Das glaubten sie, weil sie die Fragen richtig beantwortet hatten. Dies war wohl der zarte Beginn der Verblödung durch die Konsumindustrie und die Enttäuschung groß.

Mit Horst hatten wir nicht mehr lange zu tun. Innerhalb weniger Monate starben erst sein Vater, dann seine Mutter und er kam ins Pfarrhaus. Wir sahen ihn kaum noch, selbst im Winter nicht, als sich viele Kinder beim Schlitten- und Skifahren trafen. Wir hörten nur, dass er im Gottesdienst Ministrant war. In der Schule war ich nach einigen

Kontaktversuchen an seiner Zurückhaltung gescheitert. Hoffentlich hat sich sein Berufswunsch, wie in »Horst wird Förster« beschrieben, erfüllt. Von Herzen wünsche ich ihm, dass er das, ohne zu viel Knierutschen und Sündenbeichten, erreicht hat.

Im Frühjahr bestand ich die Aufnahmeprüfung auf das Progymnasium. Dort begannen die besten drei Jahre meiner Schulzeit. In den vier Klassen gab es eine überschaubare Anzahl von Kindern. Wir waren nur zwölf, in den anderen Klassen zwischen vierzehn und achtzehn Schüler. Diese Anzahl erklärte sich aus der dörflichen, bäuerlichen Gegend, in der die »gebildete Schicht« sehr klein war. Sie beschränkte sich auf die Kinder von Arzt, Apotheker, Lehrer usw. Achim als Bahnarbeitersohn war eine der wenigen Ausnahmen. Die wenigen Schüler, zusammen mit engagierten kinderliebenden Lehrern, waren ein Glücksfall und bildeten die ideale Grundlage für guten Unterricht. Ich bin dankbar, dort die besten der wenigen guten Pädagogen meiner Schulzeit erlebt zu haben. Ohne sie wäre eine später menschenverachtende Haltung meinerseits wohl unvermeidbar gewesen.

Das erste Jahr verlief locker, ohne besondere Vorkommnisse. Wir waren alle in den Fächern mehr oder weniger gute Schüler. Unser Lieblingslehrer war der ältere, immer mit Knickerbockern bekleidete Herr Gögelein, der Biologie und Erdkunde unterrichtete. Oft ging er mit uns in die nahegelegenen Felder, Wälder und Wiesen, um uns einen direkten Zugang zur Natur zu vermitteln. Das konnte er so gut, dass wir immer Freude hatten. Außerdem gab es bei ihm nur gute Noten. Wenn eine Klassenarbeit schlecht ausfiel, konnte man sie durch eine freiwillige Hausarbeit wieder ausgleichen. In Biologie bestand diese aus dem sorgfältigen Zeichnen einer Pflanze, in Erdkunde z. B. einer Landkarte. Diese Sonderarbeit wurde dann immer mit »gut« oder »sehr gut« bewertet.

Kinder aus den umliegenden Dörfern, auch auswärtige Schüler genannt, kamen mit dem Zug bis zu einer Stunde vor Unterrichtsbeginn an. In einem Aufenthaltsraum ging es dann oft ziemlich rund. Manchmal auch mit schnellem Hausaufgabenabschreiben. Meister darin war Gerhard, ein langer, zwei Jahre älterer, hektischer Typ, Sohn eines Fabrikanten aus dem über zwanzig Kilometer entfernten Hechingen. Er hatte immer Geld und bezahlte das Abschreiben der Aufgaben je Fach mit zwei DM.

Seine Erzählungen drehten sich fast ausschließlich um Filme, die er im Kino in Hechingen gesehen hatte. Film war für uns Landkinder noch etwas Neues. Da er gut erzählen konnte, hörten wir gerne zu. Groß und älter wirkend hatte er wohl alle möglichen Filme gesehen. Er verbreitete während des Unterrichts, an dem er sich fast nie beteiligte, eine vibrierende, unterdrückte Atmosphäre der Erwartung auf den nächsten Film. So war Gerhard ein frühes Opfer der freiwilligen Medienüberflutung.

Obwohl er andernorts schon zweimal sitzen geblieben und einmal vom Gymnasium geschmissen worden war, wurde er, obwohl er wahrscheinlich der schlechteste Schüler während meiner Zeit dort war, zwei Mal versetzt – ein weiteres Beispiel für die warmherzige Toleranz dieser einmaligen Schule. Der Beobachtung von Achim war es zu verdanken, dass wir die Ablage des Schlüssels zum Lehrerzimmer entdeckten. Er sah, wie Fräulein Studienrätin Schneider, sie unterrichtete Deutsch und Französisch, diesen auf dem Türrahmen ablegte, ahnungslos, zu was für gewitzten illegalen Taten ihre Schüler sich hinreißen lassen könnten. Die immer freundliche, wenn auch ohne besondere weitere Eigenschaften, Studienrätin Schneider bevorzugte es, sich auch außerhalb des Unterrichts in der Schule aufzuhalten und unter anderem auch die Klassenarbeiten dort vorzubereiten. Die Auswärtigen unserer Klasse, die fast eine Stunde früher in der Schule waren, setzten die theoretisch durchgespielte Erkundung des Lehrerzimmers auch in die Praxis um. In der Folge wussten wir fast das ganze Jahr jeweils vorher über die Klassenarbeiten in Französisch und Deutsch Bescheid.

Auch bei anderen Fächern fiel noch die eine oder andere Information ab. Dies regte bei uns das Gegenteil von Tugenden wie Fleiß und Strebsamkeit an. Unbehelligt davon entwickelten wir uns zur Vorbildklasse. Um nicht aufzufallen, mussten wir immer überlegen, wer welche Noten schreiben wird. Es musste ein glaubhafter Wechsel zwischen guten und weniger guten Noten sein. Das kriegten wir hin, ohne aufzufallen. Fräulein Schneider bemerkte nur, »unsere Mitarbeit ließe zu wünschen übrig« und beklagte unsere Maulfaulheit.

Im Sommer gingen wir oft gleich nach der Schule ins Schwimmbad. Ohne Sorgen und von Gerhards Abschreibegeld Eis schlotzend, verbrachten wir herrliche Zeiten, zumal wir dort auch die Anwesenheit von Mädchen bemerkten. In der Klasse hatten wir nur zwei, die immer sehr zurückhaltend und unauffällig waren und bei unserem Treiben keine Rolle spielten. Immerhin hielten sie beim Betrug der Klassenarbeiten dicht, denn unsere Vorhaben konnten ihnen nicht entgangen sei. Im

Gegensatz zu den Mitschülerinnen lösten die Mädels im Schwimmbad bei uns Buben irrationale Regungen aus, die mal zu klemmigen oder eher leicht ordinären Sprüchen führten. Mein Frauenbild dieser Zeit war weitestgehend geprägt von Prinzessinnen und Feen in Märchen oder vielleicht noch von Winnetous Schwester. Dies führte in der Kombination des Lächelns eines hübschen Mädchens und dem verbotenen Lesen in einem Liebesroman meiner Mutter – der mit dem Satz endete »und es kam was kommen musste« – zu ungeahnten Sexualfantasien.

4

Gerne hätte ich dieses Leben noch lange weitergeführt, doch das Schicksal hatte anderes im Sinn. Eines Tages eröffnete der Alte uns, er habe in Stuttgart eine schöne Wohnung gefunden und außerdem die Stelle des Abteilungsleiters im Statistischen Landesamt. Es gäbe also keinen Grund mehr für einen Aufenthalt in Hettingen. Mutti und ich hatten uns gut eingelebt. Die Anwesenheit des Alten an den Wochenenden beeinflusste unser Wohlgefühl nur peripher. Ich sah ihn meistens sowieso nur zu den Mahlzeiten, was aber genügte, meine Abscheu ihm gegenüber aufrecht zu erhalten. So durfte ich zum Beispiel nicht selber Brot schmieren. Das musste meine Mutter machen. Wenn sie nach seiner Meinung zu viel Margarine oder Belag darauf strich, trommelte er leise, »Dagmar, Dagmar«-rufend mit den Fingern auf den Tisch, verbunden mit einem leichten Stöhnen. Meistens saß er herum und löste Kreuzworträtsel. Eine Tätigkeit, die sich meiner Meinung nach paradoxerweise stark mit Unwissen verbindet. Unerklärlich blieb mir eine Weile, warum er bei dieser Raterei immer mit den eingebogenen Fingern der linken Hand unter seiner Nase hin und her strich. Das Warum offenbarte sich mir, als ich sah, wie er mit den Fingern hinter die Anzughose und zwischen die Arschbacken fuhr. Dass er sich dann an dem Geruch ergötzte, war des Rätsels Lösung.

Gleichzeitig mit diesen Tätigkeiten ging oft ein pseudofröhliches Gepfeife einher. Dieses rief bei mir bis ins fortgeschrittene Alter ein so aggressives, unangenehmes Gefühl hervor, sodass alle Menschen meiner Umgebung sich davor hüten mussten zu pfeifen, weil Wutausbrüche die Folge waren.

Die unsympathischen Eigenheiten des Alten waren immer noch steigerungsfähig. So besaß er zwei Kammgarn-Anzüge, die meine Mutter im Wechsel bügeln musste. Es wurden feuchte Tücher draufgelegt und wenn die Hose im Schritt gebügelt wurde, stank das ganze Zimmer nach Pisse. Streitereien und diese Zustände führten dazu, dass meine Mutter oft mit mir über Scheidung redete. Leider sollte es noch fünf Jahre dauern.

Ein Jahr war ich schon aus dem Haus, als sich die Scheidung durch sein Ableben erledigte. Der Lungenkrebs setzte seinem Leben als Kettenraucher ein Ende. Warum meine Mutter eine Trennung nicht schaffte, kann man nur begreifen, wenn man die totale Abhängigkeit der Frauen von ihren Männern in den fünfziger Jahren sieht, als Mütter und Hausfrauen definiert, um dem Mann ein gemütliches Heim zu schaffen. Sich finanziell selbst zu versorgen und einer Arbeit nachgehen zu können, war von der Erlaubnis des Mannes abhängig. Noch viele andere Einschränkungen machten den Frauen das Leben schwer. Eine Frau zum Beispiel, die ohne männliche Begleitung ein Lokal betrat, wurde fast schon als »Prostituierte« beleumundet.

Der Übergang von Hettingen nach Stuttgart ist emotional aus meinem Gedächtnis gelöscht. Plötzlich befand ich mich in Stuttgart-Zuffenhausen, einer in Quadrate aufgeteilten Arbeitervorstadt. Viele arbeiteten bei naheliegenden Großfirmen wie Mercedes oder Bosch. Die Gegend mit gleichförmigen Ein- und Zweifamilienhäusern fast ohne Bäume und Gärten lässt sich als »charakter- oder seelenlos« beschreiben. Nur in der Hauptstraße gab es große Bäume und alte Bürgerhäuser mit Gärten. In den Erdgeschossen befanden sich Geschäfte mit Schaufenstern, Arztpraxen, Büros, Sparkassen und am Ende der Durchgangsstraße jeweils ein Kino. Wir bezogen in einer Nebenstraße im ersten Stock eine Dreizimmerwohnung mit Küche und Bad. Vor der Korridortür war noch ein kleiner Raum. Das wurde mein Zimmer und sollte sich noch als sehr vorteilhaft erweisen, da ich dort der Kontrolle weitestgehend entzogen war.

Der Übergang in die neue Schule konnte kontrastreicher nicht sein. Gegenüber dem eher großfamiliären Gebäude in Gammertingen, bot sich mir der Anblick eines bedrohlichen, an ein Gefängnis erinnernden Viereckbaus mit vielen kleinen Fenstern und einem riesigen Eisentor zwischen Mauern, durch das sich große Mengen von Schülern drückten. Bei der Einführung in die Klasse tauchte natürlich wieder die Vaterfrage auf und ich erfand einen Hans von Trotha, der im Krieg gefallen sei. Mein

Status war der eines so genannten »Außerordentlichen Schülers«. Das hörte sich nach etwas ganz Besonderem an, bedeutete aber nur, dass der Unterricht einer Fremdsprache in den ersten drei Gymnasialjahren vom Besatzungsgebiet abhing. In Schwäbisch-Hohenzollern, also Gammertingen, saßen die Franzosen. In Stuttgart die Amis. Ich sollte jetzt innerhalb eines Jahres drei Jahre Englisch nachholen. Man sollte jetzt meinen, dass immerhin mein Vorsprung in Französisch zum Tragen käme, aber durch unsere Lehrerzimmer-Aktionen war mein Wissen überschaubar.

Der erste Tag in meiner neuen, fast vierzigköpfigen Klasse, fremdelnd und wenig prickelnd, sollte sich später als Glückstag herausstellen. Der mir zugewiesene Sitznachbar entwickelte sich zu meinem besten Freund. Sein Name war Florian, genannt Floh, eine Verniedlichung seiner athletischen Figur, die er sich, wie ich später erfuhr, durch Sport und tägliche Liegestützen antrainiert hatte. So bildete er zu meiner schmalen Handtuchgestalt und chronischen Unsportlichkeit einen starken Gegensatz, was der Entwicklung unserer Freundschaft aber keinen Abbruch tat.

Sein Einfluss führte sogar kurzfristig dazu, dass ich mir ein Kraftgerät kaufte, das wahre Wunder für die Muskelentwicklung versprach. Dieses Instrument aus einem halbkreisförmig nach innen gebogenen Metall mit einem Griff an beiden Enden, musste nun zusammengedrückt werden, wodurch ein Zeiger bei Erreichen einer hohen Zahl auf der Bogenskala ein rotes Licht aufleuchten ließ. Das kostete mich mein lange gespartes Taschengeld. Ob es an der fehlenden Ausdauer oder am Gerät lag, ist unklar: Eine stärkere Muskelentwicklung war nicht festzustellen. So musste ich im Schwimmbad, anders als Floh, Komplexe eben ertragen.

Auch die Lehrerschaft unterschied sich fundamental von meinen vorherigen Erfahrungen. Schon nach ein paar Wochen verfestigte sich eine ablehnende Haltung, die ich mit den meisten Schülern teilte. Das war kein Wunder, da diese Lehrer, verzweifelt um Autorität bemüht, die Beziehung zu uns eher feindselig gestalteten, da sie um Kontrollverlust fürchteten. Die Ursachen dafür – damals für mich noch nicht reflektierbar – lagen in den körperlichen und geistigen Schäden, die die meisten mit sich herumschleppten. Im Gegensatz zu den Kriegsversehrten in Blankenburg, die ich mit positivem Interesse kennengelernt hatte, würde ich diese Lehrer eher als Seelenkrüppel bezeichnen.

Gleich am ersten Schultag erlebte ich unseren Erdkunde- und Geschichtslehrer. Nach dem ersten Schreck über ein durch Narben entstelltes Gesicht mit Sonnenbrille und einer breiten gelben Armbinde mit drei dicken schwarzen Punkten drauf, war klar, dass er blind war. Hereingeführt wurde er von einer kleinen, grauen, unscheinbaren Frau mit Haarknoten. Der Unterricht war nur in ständigem Austausch mit ihr möglich, der sich durch wiederholtes Tuscheln in sein linkes Ohr vollzog.

Bekanntlich führt der Ausfall eines Sinnesorgans dazu, die anderen Wahrnehmungsfähigkeiten zu verstärken, weswegen sein Gehör schon die leisesten Geräusche in der Klasse registrierte und er in kurzen Abständen die Fragen »Wer war das?« oder »Was ist das?« in den Raum rief. Worauf sie, nicht mit Supergehör ausgestattet, die Ursache der Geräusche meistens nicht orten konnte. Das führte dann zu vermehrtem Tuscheln in sein linkes Ohr und lauten unwilligen Erwiderungen von ihm. Die Schüler nutzten diesen Zustand dazu, die irrationalsten leisen Geräusche zu erzeugen, wie Knattern mit einem Stück Lineal, Knittern, Piepsen, Krächzen, ja sogar Furzen.

An meinem ersten Schultag war besonders viel los, da die Klasse mir ihre Qualitäten präsentieren wollte. Das regte den armen Mann bis an den Rand des Nervenzusammenbruchs auf. Wurde mal ein Unruhestifter erwischt, gab es eine saftige Strafarbeit. Außer der geflüsterten Lageberichterstattung war die Kontrolle der Hausaufgaben und die Aufsicht beim Schreiben der Klassenarbeiten die Aufgabe der Frau. Dabei schrie sie die Infos und Beurteilungen durch das Klassenzimmer. Wenn ihr Mann seinen mehr als langweiligen Unterricht herunterleierte, saß sie strickend neben ihm. Nach einem Jahr wurden wir von ihnen erlöst. Es hieß, sein Nervensystem sei kollabiert und er in eine Klinik eingewiesen worden.

Die meisten anderen Glieder des Lehrkörpers lernte ich in den kommenden Tagen kennen und auch sie ließen keinerlei Achtung oder Respekt aufkommen. Der Mathe- und Physiklehrer, ein igelfrisuriger, steifer, mit viereckigem, blockartigen Oberkörper und linker Lederhand gekennzeichneter Mann, machte von Beginn an Probleme. Die Grundlage seiner Pädagogik schien eine besondere Form von Sadismus zu sein. Sie äußerte sich darin, dass er es schaffte, durchaus mit Einfühlungsvermögen, die schlechtesten Schüler an die Tafel zu holen. Ihnen wurde dann eine für sie unlösbare Aufgabe gestellt. Mit einer sechs benotet wurde man unter sardonischem Lächeln des Paukers wieder auf seinen Platz geschickt. Wenn geschwätzt wurde, warf er mit Kreidestücken. Am Kopf getroffen, konnte das manchmal ganz schön weh tun.

Das begleitete er mit einer schwer zu beschreibenden Sprechweise, als ob er einen Kloß im Mund herumwälzte, manchmal triumphierend mit dem Satz »Chielen habe isch im Krieg schelernt«. Bei mir hörte sich das etwa so an: »Chtotha raus ant Schtalfe, so schreib«. Dann folgte bei der von mir niemals gelösten Aufgabe der Satz: »Chtschota werd Schteinklopfer.« Schließlich konnte ich wieder, nachdem sich das mehrmals wiederholte und in der Klasse höchstens noch ein müdes Lächeln hervorrief, auf meinen Platz zurück.

Die Spitze der Lächerlichkeit aber war ein sächsischer Französischlehrer, der dieser ohnehin melodiösen Sprache noch ein ganz besonderes Timbre verlieh und unsere Lachmuskeln mehr als einmal in Schwingungen versetzte. Dies war der einzige Lehrer meiner gesamten Schulzeit, der ab und zu vom Krieg erzählte. Er hatte einige Zeit als Gefangener in Sibirien unter härtesten Umständen verbracht. Bei Zwangsarbeit und in grausiger Kälte wäre er fast verhungert. Wir waren durchaus interessiert, aber durch Sprüche wie: »Euch gehts viel zu gut, ich habe in Wogrutta Gohlen geschippt«, wobei er in tiefes Sächsisch verfiel, distanzierte er sich zwangsläufig wieder von uns. Er war aber verhältnismäßig harmlos und wenn auch nicht gerade vorbildhaft, hatte er zu uns ein erträgliches Verhältnis. Das war sein Glück, denn meine Klasse stellte sich als enorm eigenwillig und unzähmbar heraus.

Man könnte meinen, dass doch wenigstens die musischen Fächer etwas Freudiges, Lustgewinnendes bereithalten würden. Bei unserem Musiklehrer aber erwartete uns Gegenteiliges. Der Unterricht bestand im Wechsel aus Notenschreiben, -lernen und -vorsingen. Beides wurde nach Prüfung bewertet. Notenschreiben als Klassenarbeit. Beim Vorsingen saß der Lehrer am Flügel und der Schüler musste ein Lied, das zuvor in der ganzen Klasse geübt worden war, als Sologesang vortragen. Das waren Lachnummern der Extraklasse, verstärkt noch von den durch die Pubertät erzeugten Stimmbruchvariationen. Auch das wurde benotet. Ich weiß gar nicht, wie meine Zeugnisnoten ausfielen. Ich kann mich nicht erinnern, dass da mal einer schön gesungen hat.

Außer dem Deutschlehrer, der spannend erzählen konnte und uns auch durch sein Alter und seine natürliche lockere Art näherkam, blieben die Lehrer Wesen aus einer fremden Welt, zu denen uns jeder Zugang fehlte. Es fehlte auch die Motivation, diesen zu suchen. Wir wissen, dass die ganz große Mehrzahl der Lehrer überzeugte Nazis waren, die viele

Schüler in nationalistischer Raserei mit Notabitur in den Tod geschickt hatten. Erfreulicherweise führte die Ausstrahlung dieser Lehrer bei Floh und mir nur dazu, unseren gemeinsamen Humor zu entdecken. Während der gesamten Schulzeit waren sie nicht in der Lage, dem oft eruptiv ausbrechenden Gelächter Herr zu werden. Disziplinarmaßnahmen, wie Strafarbeiten, Klassenbucheinträge und zeitweiliges Auseinandersetzen, blieben ohne Wirkung.

Die Verhältnisse in unseren beiden Familien sorgten für eine weitere Verbindung. Die Chemie stimmte einfach von Beginn an, wir sprachen über alles, was uns beschäftigte. Schon ein paar Tage nach unserer ersten Begegnung trafen wir uns bei ihm. Er wohnte an der Hauptstraße im obersten Stock der großen Gründerzeitvilla seines Großvaters. Floh hatte seine Mutter im Alter von zehn Jahren durch einen schlimmen Unfall verloren, für den er indirekt seinen Vater verantwortlich machte. Dieser war ein bekannter Maler, damals schon von einer beginnenden Parkinsonerkrankung gezeichnet, der ein großes Atelier mit Dachterrasse bewohnte. Die Flure des Hauses waren mit ca. zwei Meter großen Ölbildern behängt, aus denen einem irgendwelche Tiertotenschädel entgegensprangen. Später, mit fortgeschrittenem Parkinson und eingeschränkter Motorik, malte er nur noch kleine, surreale Landschaftsbilder in dunklen Pastellfarben. Er hielt sich meistens im Atelier auf. Der Eintritt für andere war tabu. Die Begegnung war auf eine gemeinsame Mittagsmahlzeit minimiert, was auch nicht für eine Intensivierung der Vater-Sohn-Beziehung sorgte. Er hatte wieder geheiratet. Eine viel jüngere Frau, von der auch zwei kleine fünf- und siebenjährige Halbgeschwister, Mädchen und Junge, herumsprangen. Floh hatte außerdem noch eine etwas ältere Schwester. Mit ihr bewohnte er zwei kleine, nebeneinander liegende, schmale, ehemalige Dienstbotenzimmer. Sie hieß Angelika und musste durch Flohs Zimmer, um in ihres zu gelangen, was zu Reibereien beitrug. Gleich bei meinem ersten Besuch fiel mir ein Schild an ihrer Tür auf, mit der Aufschrift »Cave Canem«, was, wie ich mir sagen ließ, »Warnung vor dem Hunde« hieß. Also harmonisch ging es bei den beiden selten zu. Sie war sehr hübsch. Ich hätte sie gerne näher kennengelernt, aber jeder Annäherungsversuch wurde von Floh sabotiert. Eine seiner wenigen unangenehmen Eigenschaften.

In einem anderen Stockwerk wohnte die geschiedene Großmutter. Im Erdgeschoss befanden sich ein Bekleidungsgeschäft und die Arztpraxis des Großvaters. Dieser wohnte in einem luxuriös anmutendem Neubau im Garten hinter dem Haus zusammen mit seiner zweiten, über zwanzig Jahre jüngeren Frau und mit seinem, mit Floh gleichaltrigen, Sohn, Momm genannt. Dieser Momm war nun verwandtschaftlich gesehen der Bruder von Flohs Vater und somit sein Onkel.

Was das vorherrschende Empathieniveau in diesem Familienverband betraf, war das für Floh sehr bescheiden. So hatte sich bei ihm eine mehr sachbezogene Haltung ausgebildet. Eine immer funktionierende Geldquelle war der Besuch bei seiner Großmutter, verbunden mit Lästereien über den Großvater und seine zweite Frau. Über den Umweg der Beziehung zu Momm gab es auch immer wieder was zu holen. Als Spätgeborener wurde er besonders verwöhnt, war sehr schüchtern und wurde von uns als »Mamakind« kategorisiert. Immerhin bekam er jeden Wunsch erfüllt und wurde vorausschauend von seinen Eltern sogar mit Freunden versorgt. Sein Vater war ziemlich reich. Im Hof standen ein Ami-Schlitten mit riesigen Rücklichtflügeln, eine Corvette und ein Jaguar. In München besaß er ein Haus in bester Wohngegend am Nymphenburger Kanal, das in späterer Zeit für uns bedeutsam wurde, und außerdem noch ein Ferienanwesen am Steinhuder Meer in Norddeutschland. Dort verbrachte Floh einen Teil seiner Ferien oft mit dem fanatischen Angler Momm. Die zwei hatten keinen besonderen Draht, denn auch hier schien der Nutzen die Freundschaft zu übertreffen. Es fielen immer eine Menge brauchbarer Dinge wie Fahrrad, Satteltasche, Zelt und ähnliches ab. Später steigerte sich das noch bis zur Bezahlung des Mopedführerscheins und dem Besitz des besten, fast schon wie ein Motorrad aussehenden Mopeds, eine »Kreidler Florett«. Damit konnten wir dann, mit mir auf dem Rücksitz, in der Gegend herumfahren. Das endete nach einem Ausflug auf die Stuttgarter Rennstrecke Solitude, wo Floh alles aus der Karre herausholte und sich erst nach meinen Angstschreien zu einem langsameren Fahren bewegen ließ. Das kann meinen Bezug zu derartigen Maschinen beeinflusst haben; einen Führerschein habe ich nie gemacht.

Außer der erzwungenen – mehr oder weniger lustvollen – Beschäftigung mit seinem gleichaltrigen Onkel, verbrachten Floh und ich die außerschulische Zeit fast immer zusammen. Von Anfang an machten sein Plattenspieler und seine vielen Alben einen großen Eindruck auf mich. Seine Lieblingsmusik, bald auch meine, war Boogie-Woogie. An Jazz hörten wir das Dave Brubeck Quartett, aber auch Klassik wie

»Hummelflug« von Rimski-Korsakoff, die Mondscheinsonate und etwas später dann die ersten Rock'n Roller wie Bill Haley & His Comets. Dieser sollte später bei mir, während der Filmvorführung des Jugenddramas »Die Saat der Gewalt« mit der Titelmusik von »Rock Around the Clock«, ein nachhaltiges Initiationserlebnis auslösen.

Die Älteren reagierten auf die sich langsam in der Jugend ausbreitende Rockmusik mit völligem Unverständnis. In der nach dem Krieg verbliebenen kärglichen Restmoral von Ordnung und Sauberkeit wurde das befreiende Lebensgefühl als unbegreiflich empfunden. Ereignisse wie eine Deutschlandtournee von Bill Haley, bei der mehrere Konzertsäle zerlegt wurden – in Stuttgart war es die Liederhalle, wo kein Stuhl oder Fenster seine ursprüngliche Form behielt – trugen auch nicht zur Imagepflege bei.

Im aufkommenden Wirtschaftswunder war die Identifikation der meisten auf das Objekt Auto fixiert. An den Wochenenden konnte man oft Leute beim Autoputzen beobachten. Anhand der jeweiligen Automarken waren die sozialen Schichtungen der Gesellschaft zu erkennen. Es gab Kleinwagen wie das Goggomobil, wo eng gepresst vier Personen Platz hatten, oder die Isetta, ein an eine Flugzeugkabine erinnerndes dreirädriges Gefährt, das aufgeklappt zwei Personen den Einstieg ermöglichte. In der Hierarchie langsam aufsteigend kamen dann die Typen Volkswagen, Opel Kadett, Opel Kapitän und Opel Admiral. Selbst in der allgemeinen Kriegsverdrängungsweltmeisterei konnte auf militärische Bezeichnungen nicht verzichtet werden. Als Krönung kam dann der Mercedes. Außerdem gab es noch einige andere Arten, die sich mir, an Autos völlig uninteressiert und bis heute ohne Führerschein, nicht eingeprägt haben.

Nicht vergessen werden darf ein Gefährt namens Lloyd, das sich aus in Rahmen gepresster, dicker Pappe zusammensetzte und im Volksmund als »Flüchtlingsporsche« bezeichnet wurde. Dass am Rande von Zuffenhausen ein großes Kasernengelände von Amis bewohnt wurde, konnte sich jeder denken, der jene immer wieder unglaublichen, flugzeugträgerhaften Fahrzeuge mit Rädern und flügelhaften Rücklichtern die Hauptstraße rauf- und runterschweben sah. Diese waren in ihren grellen, unnatürlichen Lackierungen für den sich in gleichförmiger Masse wohlfühlenden deutschen Spießbürger zu individuell und wurden mit einem verklemmten Lächeln bedacht.

Um auf die Autoputzerei zurückzukommen: Man konnte den Eindruck gewinnen, dass sich die Liebesfähigkeit der Leute auf ihre Autos übertragen hatte. Das Abspritzen mit einem Gartenschlauch stellte nur die grobe Grundreinigung dar. Es folgte sorgfältigstes Polieren mit Autowachs und diversen anderen Glanzmitteln. Dabei mit dem Gesicht nur wenige Zentimeter über dem Autoblech, blieb kein Fliegenschiss unentdeckt. So war manchmal das Bild des sein Auto ableckenden, stolzen Autobesitzers durchaus realitätsnah. Dieser Zustand war um 1967 herum unverändert und bildete die Inspiration für einen der ersten Checkpoint-Charlie-Texte auf der LP »Grüß Gott mit hellem Klang«: »Die Geschichte von Herrn Müller, wie er seinen VW ins Auspuffrohr fickte«.

Solcherlei Ereignisse vollzogen sich etwa Mitte der fünfziger Jahre. Angeführt von einem faltenreichen katholischen Greis namens Konrad Adenauer, an seiner Seite der dicke, Zigarrenrauchende Wirtschaftsminister Ludwig Erhard, wurde der Gesellschaft eine Glücksspritze verpasst. Mit dem Beginn der Konsumgesellschaft, die sich anfangs noch teilweise daran orientierte, sich Dinge zu kaufen, die einen Brauchbarkeitssinn ergaben, steigerte sich dies bis heute in die totale Bewusstseinsmanipulation der Überfluss- und Wegwerfgesellschaft, welche die Menschheit langsam aber sicher dazu verdammt hat, auf einer Müllkippe zu leben. Über die Anschaffung von Autos, Küchengeräten, überhaupt Waren jeder Art und Urlaubsfahrten, hauptsächlich nach Italien, wo sich die Leute wie Sardinen in der Dose an den Stränden herumdrückten, wurde das Gefühl »Wir sind wieder wer« und damit eine neue Identität als Gegensatz zum Herrenmenschenspießer der Nazizeit herausgekitzelt. Die 1954 gewonnene Fußballweltmeisterschaft war das Sahnehäubchen darauf.

Alles was diese Verhaltensweisen irgendwie in Frage stellte oder lächerlich machte, wurde mit Hass und Abwertung verfolgt. Für viele der Jugendlichen, die im Gespräch kaum eine gleichberechtigte Ebene mit der Elterngeneration erlebten und denen die Ansage »So lange du deine Beine unter meinen Tisch streckst, machst du, was ich sage« Leitbild sein sollte, war das Finden von Vorbildern unmöglich. Daher war die Jugend der Fünfziger unpolitisch im Sinne einer Anteilnahme am allgemein gesellschaftlichen Geschehen. Musikalisch untermalt wurde das Ganze von Schlagern von Bully Bulhan, Willi Hagara und Fred Bertelmann, deren Namen begründen, warum ihren Liedern nichts hinzuzufügen ist.

Die Rockmusik war mit ihrem »Krach«, der gegen den eisernen Vorhang des Unverständnisses und der Ignoranz anbrüllte, unsere lustvolle emotionale Reaktion. Wie im Zitat des Beatpoeten Tuli Kupferberg: »Wenn die Rockmusik erklingt, erzittern die Mauern der Städte«.

Diese Energie war die Grundlage dafür, die Stuttgarter Jahre im Zusammensein mit meinen Freunden, trotz des zeitweiligen familiären und schulischen Psychostresses, einigermaßen freudvoll durchzustehen. Der mit dem urschwäbischen Nachnamen Brüstle benannte Volker »Vocke«, als Sohn unserer Vermieterin im selben Haus lebend und gleichaltrig, wurde mein zweitengster Freund. Zum Zeitpunkt unseres Kennenlernens ging er noch auf die Volksschule, um dann später eine Lehre als Werkzeugmacher zu beginnen, die ihn glücklicherweise nur in den ersten Monaten, wegen Überarbeitung und Schlappheit, völlig aus dem Verkehr zogen. Vockes Vater war zwei Jahre zuvor in alkoholisiertem Zustand die Kellertreppe heruntergestürzt und hatte sich das Genick gebrochen. Davor hatte er zusammen mit seiner Frau im nahegelegenen Neubaugebiet Zuffenhausen-Roth eine Weinstube geführt, die nach seinem Tod von ihr weiter bewirtschaftet wurde. Dies sollte sich als großer Vorteil für unseren Spieltrieb herausstellen. Sie kam sehr spät nach Hause, schlief bis zum Mittag und verließ die Wohnung wieder um 18 Uhr. Vockes Beziehung zu seiner Mutter brannte also schon aus rein zeitlichen Gründen auf Sparflamme. Wie sich in einigen flapsig hingeworfenen Bemerkungen zeigte, waren Begriffe wie Liebe oder Respekt für seinen Vater ungeeignet erschienen. Der emotionalste Haushalt wurde von seiner im ersten Stock wohnenden, verwitweten Großmutter aufrechterhalten. Sie versorgte ihn und seine jüngere Schwester mit Mahlzeiten, Hausaufgabenhilfe, Taschengeld und allem, was sie brauchten. Man kann sagen, sie verwöhnte ihre Enkel. Vocke hatte schon mit dreizehn ein tolles Fahrrad, ein Zelt mit Ausrüstung und einiges mehr.

Gleich am ersten Tag unserer Bekanntschaft lud er mich in sein Zimmer in der Wohnung seiner Mutter im Erdgeschoss ein. Die Wände dieses Raumes waren von oben bis unten mit Illustriertenbildern von Filmstars bepflastert. Er sollte sich als manischer Kinogänger herausstellen. Das Zimmer wirkte unbewohnt, da er sich tagsüber bei seiner Großmutter aufhielt. Nach einem flüchtigen Blick in sein Zimmer erkundeten wir die übrige Wohnung, die sich als weit interessanter erwies. Eine starke Erregung unserer Vorstellungskraft löste ein Gerät aus, das damals noch selten in Privatbesitz war: ein auf einem Schreibtisch stehendes, schwarzes, klobiges Telefon. Wen könnte man damit alles anrufen, als was sich ausgeben, welche verqueren unmöglichen Aussagen wären möglich? In Vorbereitung zur praktischen Ausführung der Gespräche steigerten wir uns in Lachausbrüche bis zur Atemlosigkeit. Außerdem erregte auch noch eine Vitrine mit alkoholischen Getränken unsere Aufmerksamkeit. Der darin enthaltene Cognac sollte später noch eine Rolle spielen.

Familiär und schulisch spitzte sich die Lage gegenüber der relativ geerdeten Zeit in Hettingen bald immer mehr zu. Schon beim Betreten des Hauses hörte ich manchmal die lauten Stimmen des Alten und meiner Mutter. Peinlicher ging es nicht. Meistens war der Auslöser der Streitereien sein Geiz, weil er an allem sparen wollte und das Haushaltsgeld nicht reichte. Dabei verdiente er genug. Zur Fußballweltmeisterschaft gehörten wir zu den wenigen, die einen Fernseher hatten.

Ein weiterer Grund war seine ständige Eifersucht auf mich, vielleicht sogar mit einer gewissen Berechtigung. Ihr Uwilein stand auf der Beliebtheitsskala meiner Mutter ganz oben. Dann kam lange nichts, dann nochmal nichts und dann der durch ihr lange verdrängtes Standesbewusstsein als Prolet bezeichnete Alte. Mir half dieser Dünkel ebenfalls, wenn Leute, die mir keinerlei Respekt einflößten, Druck auf mich ausüben wollten. Sprüche meines Großvaters wie »Du trägst einen großen Namen, Du bist etwas Besonderes, Du musst immer Vorbild sein«, verhalfen mir oft, aus überhöhter Position die handelnden Personen mit einer gewissen Distanz zu betrachten. Dieses Elitedenken half zwar, mein Selbstbewusstsein nicht allzu sehr zu beschädigen, führte aber in meinem Leben noch oft zu Konflikten in Gruppenzusammenhängen, die ich aber hoffentlich durch Reflektionsfähigkeit bis heute weitestgehend abgebaut habe. So aber konnten diese von mir nicht als unbedingt positiv angesehenen Eigenschaften eine große Hilfe sein, die Anpassung an die 08/15 Normgesellschaft scheitern zu lassen. Dieser Tick taucht später noch in der Verfassung der 1982 gegründeten »Freien Republik am Donnersberg« auf, wo es heißt »Freiheit – Besonderheit – Brüderlichkeit« (siehe Seite 278). So kann es trotz ähnlicher Betrachtungsweisen zu ganz unterschiedlichen Reaktionen führen, beispielsweise bei der von mir sehr geschätzten Jutta Ditfurth, die ihren Adel abgelehnt hat.

Zurück zur problematischen häuslichen Lage, die bei einem Besuch im Bekleidungshaus Breuninger in Stuttgart-Mitte mal wieder ihren

Ausdruck fand. Meine Konfirmation lag an. Dazu braucht man bekanntlich einen dunklen, meistens blauen Anzug. Der Alte fing nun im vollen Kaufhaus eine Diskussion über solche Anzüge an, die er als sinnlos betrachtete, da sie im Alltag keine Verwendung fänden. Er wollte mir unbedingt ein braunes Teil oder eine Kombination aus halbbeigem Sakko und einer Hose in dunkelbeige einreden. Für mich war das der existenzielle Fallout. Als einziger unter lauter blauen Anzügen. Das überforderte dann doch mein Selbstbewusstsein. Das Gespräch, in der Hauptsache geführt zwischen meiner Mutter und dem Alten, steigerte sich zu einer Lautstärke, die zu einer Ansammlung von Leuten führte und zur Aufforderung eines Verkäufers, sich in der Lautstärke zu mäßigen. Vielleicht führte die sich verdichtende Peinlichkeit endlich dazu, den gewünschten blauen Anzug zu bezahlen. Nach mehreren Wochen Vorbereitung durch einen langweiligen, inhaltlich völlig vergessenen Religionsunterricht, endete dieser mit der Konfirmation in der Kirche mit dem Aufsagen von Bibelsprüchen. Meiner hieß: »Der Herr ist mein Hirte, mir wird nichts mangeln ...«. Am nächsten Tag machte die ganze Truppe mit dem Pfarrer einen Ausflug nach Bad Cannstatt in den Zoo »Wilhelma«. Noch einmal im dunkelblauen Anzug und mit Silberkrawatte bekleidet, schwitzend, mit Engegefühlen, unfähig den schönen Tag zu genießen, schoben wir uns an Gittern und Glasscheiben vorbei, hinter denen Tiere gefangen gehalten wurden. Beim Bezug, den die Menschen zu Tieren haben, kann man nur die Frage stellen was kränker ist, wilde Tiere einzusperren oder Haustiere in Massenhaltung in Ställe zu pressen.

Dieser Ausflug bleibt einerseits in unguter Erinnerung, andererseits erwies er sich bis in die Jetztzeit als ästhetischer Wegweiser: Der Anzug blieb der letzte Anzug meines Lebens. Die silberne Krawatte ebenso. Selbst in den sieben Jahren am Theater blieb ich von Rollen verschont, für die ein solcher Anzug nötig gewesen wäre.

An den vielen Krawatte tragenden Politikern, die bis heute diesen den Hals beengenden nichtssagenden Stoffstreifen auf die Hemdbrust baumeln lassen, ist abzulesen, dass diese den Anforderungen moderner Zeiten nicht gewachsen sind.

Einen scharfen Schnitt bedeutete auch der Friseurbesuch vor der Konfirmation. Danach wurde das Haareschneiden nur noch von meiner Mutter, später wenn unbedingt nötig von Freundinnen vollzogen. Über Jahrzehnte kein Thema, da die Haare wachsen konnten, wie sie wollten. Erst im fortgeschrittenen Alter wurde dem durch Haarausfall eine natürliche Grenze gesetzt. Kahler werdende Stellen, die auch durch geschicktes Kämmen nicht mehr verborgen blieben, führten auch durch Überzeugungsarbeit meiner Freundin Angelika dazu, mir durch konsequentes Abrasieren eine Glatze zu verpassen. Die Alternative wäre die Frisur des damals sehr bekannten Fernsehmoderators Hans Mägerlein gewesen. Der zog sich direkt über dem linken Ohr einen Scheitel und kämmte von da aus seine restliche Haarfülle über die Glatze. Diese Formgebung zu übernehmen hätte Selbstironie in übermenschlicher Ausprägung bedeutet.

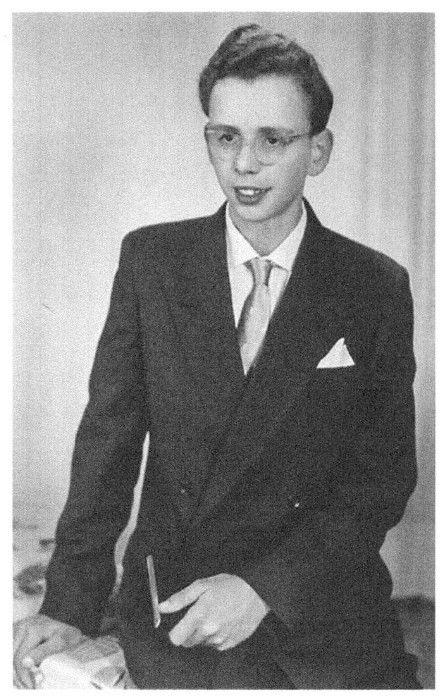

Einen unbedeutenden Rückfall in die Spießigkeit zeitgenössischer Kleidungskonventionen hätte ich beinahe vergessen: In der Schule wurde angeregt, sich für die Tanzschule anzumelden. Warum ich da mitmachte, ist mir entfallen. Floh fand das öde. Es könnte die Erwartungshaltung gewesen sein, eine Freundin zu finden. Vielleicht hat meine Mutter mich beeinflusst, die manchmal von wunderschönen Bällen schwärmte, auf denen sie als junge Frau getanzt hatte. Für die Tanzstunde brauchte man entsprechende Kleidung. Dies konnte auch ein Sakko sein. Also Hose und Jacke in verschiedener Farbe. Diesmal besorgten Mutti und ich heimlich und ohne Stress diese Kombination.

5

In der Tanzstunde traf sich nun eine Schar mehr oder weniger verklemmter Jugendlicher. Die Jungs mit den ersten Haaren im Gesicht, die Mädels mit langsam knospenden Brüsten. Zu Beginn des Kurses lernten wir neben Standardtanzschritten zu Foxtrott, Walzer usw. auch die Aufforderung zum Tanz. Nach den ersten Stunden entwickelte sich das manchmal, trotz Ermahnung der Tanzlehrerin, zu einer Art Wettrennen, da jeder das Mädchen seiner Wahl als erster erreichen wollte. Schon in einer der ersten Unterrichtsstunden passierte mir ein Malheur. Ich stolperte und gab mich, über den Parkettboden rutschend, der Lächerlichkeit preis, die auch weiterhin, vielleicht auch nur aufgrund meiner Einbildung, an mir haften blieb. Mit einem Kopf wie ein roter Luftballon tanzte ich dann mit dem übrig gebliebenen Mädel. So einen roten Kopf konnte man übrigens öfter unter den Teilnehmern erblicken, was dem mit Scham besetzten Treiben geschuldet war. Zusammen mit diesem Ereignis und meiner Unlust und Unbegabtheit, Tanzschritte zu erlernen, deutete sich ein Ende der Unternehmung an. Dazu kam, dass das Mädchen, das mir am besten gefiel, ungeachtet meiner Bemühungen keine Zuwendung zeigte. Trotz Annäherungsversuchen in einer Milchbar, die wir nach dem Tanzkurs aufsuchten, ergab sich kein Fortschritt in der Kommunikation. Kurz vor dem Zwischenball fragte ich, ob sie zu diesem Anlass meine Partnerin sein wolle und musste mich damit abfinden, dass sie schon vergeben war. Wenn ich mein Outfit auf einem Foto mit fünfzehn, sechzehn betrachte, hat sie mein Verständnis. Manchmal gab es auch Damenwahl, bei der ich immer von einem Mädchen aufgefordert wurde, dem ich nur widerwillig auf die Tanzfläche folgte. Das war's dann damit.

Nicht aber mit der wie unter einer dicken, schalldichten Decke vor sich hin vibrierenden Sexualität der Pubertierenden. Da weder im Elternhaus, noch in der Schule so etwas wie Aufklärung erfolgte, war von diesem Thema über die als »ficken« bekannte organische Zusammenführung der Geschlechter hinaus nichts bekannt. Während der gemeine Spießer seine Kompensation im Autoablecken finden konnte, mussten wir mit unserem Trieb alleingelassenen Jugendlichen unser Wissen über die Beziehung zwischen Männern und Frauen aus allen möglichen theoretischen Quellen zusammensuchen. Die Praxis war in den fünfziger Jahren in unserer Altersgruppe die absolute Ausnahme. Wie immer im Kapitalismus macht sich die Wirtschaft jedes Nichtwissen zunutze, um Sachen, die man nicht braucht, zu verkaufen. Vor allem die Filmindustrie machte mit tabuisierter Sexualität und an Banalität nicht zu überbietenden Streifen eine Menge Kohle. Titel wie »Und ewig lockt das Weib« mit Curd Jürgens und Brigitte Bardot oder »Liane, das Mädchen aus dem Urwald« mit Marion Michael lösten einen Run aus. Floh und mir gelang es, trotz der Zulassung erst ab achtzehn, Karten zu ergattern. Mit geballter Spannung auf die angeblich heiße Nacktheit enttäuschten uns beide Filme ganz böse. Im ersten Film beschränkte sich die Nacktheit auf einen kurzen Blick auf die Hinterseite von Brigitte Bardot. Im zweiten sah man nur ein paarmal, wie sich Marion Michael nackt an Lianen durch den Urwald schwang, wobei ihre Nacktheit nur eine Ahnung war, da sie meistens von ihren langen Haaren oder irgendwelchen Urwaldgewächsen verdeckt wurde. Außerdem trug sie noch eine Tiger- oder Leopardenunterhose.

Die unbefriedigende Lage der sexuellen Befindlichkeit löste immer wieder unglaubliche Gerüchte und Behauptungen aus. Floh und ich kamen bei unserem häufigen Flanieren, rauf und runter auf der Zuffenhausener Hauptstraße, manchmal mit einer Gruppe von Halbstarken ins Gespräch. Halbstarke waren aus bildungsfernen Schichten stammende Jugendliche, die mit Kleinkriminalität, Schlägereien und Pöbeleien dem Generationskonflikt Ausdruck verschafften. Die ersten, die mit »Brisk«-Pomade gestylter Elvisfrisur, das heißt Tolle und Koteletten, Lederjacke und Mopeds die Gegend unsicher machten. Auch dafür gab es natürlich Vorbilder in Filmen wie »Die Halbstarken« mit Horst Buchholz oder »Die Saat der Gewalt«. Für uns war alles von der Alltagsnorm abweichende von kolossalem Interesse. Jeder Penner, jeder Besoffene konnte unserer Aufmerksamkeit sicher sein. So lauschten wir auch den Angebereien der Halbstarken mit großem Interesse. Manche hatten schon Erfahrungen mit Jugendknast und Erziehungsheimen. Sprüche von ihnen etwa vor Gericht, wo sie dem Richter duzend ohne jeden Respekt sagten: »Du Schafsäckel gehscht mir am Arsch vorbei; Du hascht mir gar nichts zu sagen«, regten unsere Lachmuskeln an. Einer brüstete sich damit, zu einem Richter, der ihm den Begriff GV als Geschlechtsverkehr übersetzen musste, gesagt zu haben: »He Alter, sag doch gleich ficken«. Ficken war sowieso ihr Hauptthema. Einmal fiel uns auf, dass die Jungs am Revers ihrer Lederjacken Stecknadeln mit bunten Knöpfen trugen. Die Antwort, nach der Bedeutung gefragt, war, es handele sich um eine Vorsorgemaßnahme, da Mädchen beim Ficken einen »Fotzenkrampf« bekommen könnten und man dann steckenbleiben würde.

Als Beispiel wurde uns eine Geschichte verpasst, die sich in einem unserer Kinos ereignet haben soll. Während eines Westernfilms soll ein Mädchen in der Loge mit einer Colaflasche onaniert haben, sich beim Revolverknallen erschreckt und besagten Fotzenkrampf bekommen haben. Sie sei dann vom Krankenwagen abgeholt und auf einer Bahre hinausgetragen worden. Ein anderes Gerücht drehte sich um Pralinen, die, als Geschenk verabreicht, die Mädchen so scharf machen würden, dass man sich kaum noch vor ihnen retten könne. Diese Pralinen boten uns die Halbstarken zum Preis von 20 DM zum Kauf an. Auch eine Brille, mit der man durch die Kleider sehen könne, hatten sie gegen Vorauszahlung im Angebot.

Ganz so unbedarft, wie sie dachten, waren wir dann doch nicht. Immerhin lasen wir schon Bücher von Flohs Lieblingsdichtern Dostojewski, Hesse und Wolfgang Borchert. Dessen Gedichte und das Kriegsheimkehrer-Theaterstück »Draußen vor der Tür« förderte eine undifferenzierte mitleidslose Erbarmungslosigkeit gegenüber unseren Lehrern.

Die höhere literarische Bildung schützte uns allerdings nicht vor sexueller Idiotie. Wir hatten uns bei Floh im Keller eine Art Partyraum eingerichtet, mit rotem Licht, alten Matratzen, Plattenspieler und Fotos unserer Lieblingsstars an den Wänden. Die Partys blieben leider auf uns zwei beschränkt. Von diesem Keller führte schräg nach oben ein Lichtschacht, der auf der Gehwegebene von einem Gitter abgeschlossen wurde. Das Trottoir war durch vorbeigehende Leute sehr belebt, was von unten zu beobachten war. Wer von uns auf die abwegige Idee kam, Frauen, die über das Gitter gingen, mit Hilfe einer Taschenlampe unter den Rock zu leuchten, ist mir entfallen. Dieses Vorhaben scheiterte allerdings daran, dass selten ein weibliches Wesen so nah an der Hauswand entlanglief, um sich über dem Gitter aufzuhalten und dieses dazu noch mit ein bis zwei Schritten überquerte. So verlor sich der Lichtstrahl unserer Taschenlampen praktisch im Nichts.

Ein unüberbietbares Scheitern kann manchmal auch zu großem Vergnügen führen. Von der Tabuisierung der Sexualität in den fünfziger Jahren bis zur Entstehung des Checkpoint-Charlie-Textes »Die Geschichte vom Fritzle« waren nur kleine Schritte in Richtung eines freieren Umgangs gemacht worden. Die ab 1961 eingeführte Antibabypille war mit Frauendiskriminierung verbunden, u. a. weil diesen die alleinige Verantwortung der Verhütung aufgedrückt wurde. Lange war der Gebrauch nur in der Ehe erlaubt und der Papst »Pillen Paule« war grundsätzlich dagegen.

Erst ab 1968 sorgten Filme von Oswald Kolle wie »Das Wunder der Liebe – Sexualität in der Ehe«, »Deine Frau, das unbekannte Wesen« und »Dein Mann, das unbekannte Wesen« zu einem etwas weniger verkrampften Umgang. Dass damit nur graduell etwas gewonnen war, zeigten untergründig verklemmte Filme wie »Ritter Orgas muss mal wieder« oder »In der Lederhose wird gejodelt«, die die Kolle-Filme konterkarierten und deren Titel man nichts mehr hinzufügen muss. Erst mit der Politisierung der Jugend der Achtundsechziger, der Hippiebewegung mit dem Aufruf »Make Love Not War« und einigen Büchern zu Thema, herausragend die Schriften von Wilhelm Reich, gab es wirklich Bewegung. Mit dem Zusammenhang verfremdeter fehlgeleiteter Sexualität auf sinnlose Dinge der Konsumgesellschaft haben sich kompetentere Menschen auseinandergesetzt. Der 1977 verfasste Text »Die Geschichte vom Fritzle« auf der LP »Frühling der Krüppel« beleuchtet meine damalige Sicht in Bezug auf den Kriegsdienst.

DIE GESCHICHTE VOM FRITZLE

Als Fritzle noch ein kleines Baby war, hatte er große Freude an den Brustwarzen seiner Mami zu suckeln.

Etwas älter, kraulte er sich manchmal seinen Pimmel und stieß ein wollüstiges niedliches Grunzen aus, denn Kinder haben bekannterweise schon ein liebes, kleines Sexualleben. Mami aber meinte Sexualität sei nichts für Babys und sagte: Pfui, pfui Fritzle und klopfte ihm auf die Finger.

Damals bekam Fritzle große Angst. Trotzdem machte ihm sein Pimmel immer wieder zu schaffen. Als er etwas älter wurde, bemerkte er, dass auch andere Jungs so was haben. Mit großem Erstaunen entdeckte er auch, dass die kleine Susi von nebenan da ganz anders aussah als er.

Das alles spielte sich ganz heimlich ab, denn Fritzle hatte große Angst erwischt zu werden.

Als sein Vater ihn einmal beim Doktorspielen erwischte, brüllte er gleich rum: Du Ferkel, wenn Du das nochmal machst wird er Dir abgeschnitten.

Da bekam Fritzle wieder eine große Angst.

Als Fritzle in die Pubertät kommt, ist es ihm kaum noch möglich, sich mit etwas anderem als mit Schule, Fußball und Fernsehen zu beschäftigen.

Seit seine Mutter ihn mit Monika, seiner ersten Freundin, ertappte, beobachtete sie ihn ständig und verlangt von ihm, dass er früher zu Hause sein muss und mehr lernen soll.

Da für seine Eltern seine sexuellen Bedürfnisse etwas Schlechtes sind, kam er nur noch manchmal heimlich und leise und muss außerdem noch aufpassen, dass er keine Flecken auf das Bettlaken macht.

Deshalb hat Fritzle eine sehr, sehr große Angst.

Pro Jahr werden in der Bundesrepublik Deutschland zirka hundert Kinder von ihren Eltern totgeschlagen. Nur fünf Prozent der Kindesmisshandlungen werden bekannt. Die Dunkelziffer beträgt 95 Prozent.

300 Verfahren wegen Kindesmisshandlung werden im Jahr in der Bundesrepublik durchgeführt.

Man schätzt, dass pro Jahr 30.000 Kinder schwer misshandelt werden. Die Tatwerkzeuge und Misshandlungen sind Boxen gegen den Bauch und Kopf, Schlagen mit Stöcken und Äxten und Stuhlbeinen. Treten gegen Bauch und Gesäß, Schlagen mit Riemen und Peitschen, Kopfstoßen, Schlagen, Schleudern gegen Bettgestelle, den Boden, die Wand, die Tür und den Ofen.

Einsperren, Brennesseln, Glieder brechen, Verrenken, Fesseln, Quetschen, Kneifen, Beißen und Kratzen, Umstoßen, Strangulieren, Würgen, Schlagen mit Waschholz, auf den Boden werfen oder auf Gegenstände. Scheiße essen lassen.

Fritzle hat nun allmählich begriffen, dass es schlecht ist, dass zu tun, was Spaß macht. Da er ein abhängiges Kind ist und keine Chance hat, sich gegen seine Eltern aufzulehnen, gewöhnt er sich immer mehr daran, den Befehlen seiner Eltern und Lehrer zu gehorchen, weil er dann ganz sicher ist, nichts falsch zu machen.

Fritzle hat jetzt eine große Angst vor seinem Pimmel, der ihn immer wieder juckt und ihn in Gefahr bringt, bestraft zu werden. Fritzle gibt sich jetzt richtig Mühe, seinen Vorgesetzten zu gehorchen. Je besser er ihre Anweisungen befolgt, desto weniger braucht er Angst zu haben, bestraft zu werden.

Fritzle hat jetzt große Lust, Befehle auszuführen, das befriedigt ihn und Fritzle hat große Angst, einen Befehl nicht richtig auszuführen, weil es dann Strafe gibt.

Er gewöhnt sich jetzt das Denken ab.

Mit 16 Jahren ist aus Fritzle ein saudummer Fritz geworden.

Mit 18 Jahren geht Fritz selbstverständlich zum Bund. Wie jeder gute Soldat hat auch er 'ne schlaffe Weißwurst zwischen den Schenkeln, die er in einer olivfarbenen Armeeunterhose verbirgt. Er kann pinkeln wie jeder Andere, nur mit dem Unterschied, dass er sich dabei vorher bei seinem Vorgesetzten abmelden muss.

Er ist jetzt ein Mann und freut sich riesig, dass hier alles so wunderbar für ihn geregelt ist. Er braucht nur Befehlen zu gehorchen sonst braucht er sich um nichts mehr zu kümmern.

Freudig und perfekt führt er jeden Scheiß aus. Er lernt auch das morden und auch das macht ihm großen Spaß, denn er braucht ja nur Befehle zu befolgen.

Manchmal nach einem Einsatz hat seine Hose gelbliche Flecken, dann schmeißt er sie heimlich fort, auch beim Gewehrputzen spritzt er öfter mal heimlich einen ab. Schon kurz nach der Grundausbildung ist aus Fritz ein richtig guter Soldat geworden.

Mit 20 Jahren schiebt er öfter mal freiwillig Wache. Es macht ihm immer Spaß. Als jedoch plötzlich eines Abends drei Mädchen vor ihm stehen und ihn ganz lieb anschauen, da weiß er nicht, was er machen soll. In seiner olivfarbenen Armeeunterhose rührt sich schon seit Langem nichts mehr. Plötzlich huscht ein Leuchten über seine Züge. Nach einem kurzen intensiven Gebet, bei dem er auch an seine Mutter denkt, reißt er die MP von der Schulter und killt alle Dreie mit zuckenden roten Feuerstößen.

Nach einem Jahr der totalen Unlust auf der neuen Schule war jetzt der Wurm drin. Mein Status als »außerordentlicher Schüler« war beendet, ohne, dass Lernstoff nachgeholt worden war. Bar jeder Motivation saß ich die Unterrichtsstunden ab, nur positiv unterbrochen durch eine Menge Unsinn, den ich mit Floh veranstaltete. Die ständige Reizung der Lachmuskeln hielt immerhin ein optimistisches Lebensgefühl aufrecht. Was meine schulischen Leistungen betraf, gab es zum Lachen keinen Grund. Das erste Versetzungszeugnis enthielt zwei Fünfen in Mathe und Physik, die ich mit einer Zwei in Deutsch ausgleichen konnte. Alle anderen Fächer spielten sich im Bereich mittel bis gerade noch ausreichend ab. Dass sich die Kommunikation des Alten mit mir auf wenige Sätze beschränkte, wie zum Beispiel »Wer nicht rechnen kann, wird es im Leben zu nichts bringen«, trug auch nicht zur Verbesserung der Lage bei.

In den kommenden drei Jahren schaffte ich es immerhin durch trickhaftes Verhalten, Spickzettel, Abschreiben usw., dass ich es bis über die mittlere Reife hinaus ohne Sitzenzubleiben auf dieser Kackschule aushielt. Ich erarbeitete mir sogar mit einer gewissen überheblichen Arroganz eine befreiende Distanz gegenüber manchen Lehrern. Wenn in Mathe oder Physik keine Möglichkeit bestand, die Klassenarbeiten mit illegalen Methoden zu bewältigen, gab ich oft schon nach fünf Minuten Übersicht das leere Heft ab, was Gelächter in der Klasse und eine glatte sechs bedeutete. Einmal schaffte ich es sogar durch Betrug, ein Befriedigend in Mathe im Halbjahreszeugnis zu erreichen. Sonst blieb es bis zu meinem Schulabgang bei den zwei Fünfen, die ich jedes Mal mit gut oder sehr gut ausgleichen konnte.

Eine besondere Position konnte ich durch das dramatische Vortragen von Balladen besetzen. Dadurch konnte ich beim Deutschlehrer voll punkten, der mich dann den anderen Lehrern, die mir gegenüber im besten Fall unwillig eingestellt waren, mit dem Argument einer »starken einseitigen Begabung« verteidigte. Diesen Verteidigungseinsatz sollte ich auch einmal wirklich brauchen.

Eine meiner früheren Eigenschaften war Jähzorn. Es brauchte lange, aber wenn die Reizung anhielt, konnte das zu eruptiven Ausbrüchen führen. Ein Mitschüler, mit dem ich sonst wenig zu tun hatte, schien es lustig zu finden, meinen Namen in »Truthahn« zu verballhornen. Außerdem nannte er mich öfter wegen meiner zwei etwas vorstehenden Schneidezähne »Stoßzahn«, dabei blöde vor sich hin lachend. Das war schon einige Wochen so gelaufen, als er einmal nach der Schule – ich zog gerade mein Fahrrad aus dem Ständer – neben mir wieder diese Sprüche vom Stapel ließ. Eine heiße Wut stieg in mir hoch, ich ergriff die Luftpumpe und plättete sie ihm voll über den Schädel. Das ergab eine blutige Platzwunde. Mich auf das Rad schwingend, ließ ich den vor Schreck erstarrten Jungen hinter mir zurück.

Das hatte natürlich Folgen. Meine Mutter wurde einbestellt. Nach Entschuldigungen, Rektorpredigt und Arrest war ich froh, an einem Rauswurf gerade eben vorbeigeschrammt zu sein. Das Ganze lief parallel zu den Zuspitzungen, die zu Hause immer häufiger vorkamen. Die ständigen Streitereien hinterließen bei meiner Mutter immer heftigere Spuren. Im Grunde ihres Wesens fröhlich und optimistisch eingestellt, wurde sie depressiv. Sie aß nur wenig, magerte ab und wenn wir früher zusammen oft etwas zu lachen hatten, hing jetzt über allem dieser Schleier von Traurigkeit. Sie ging auch, wie man damals sagte, zum Nervenarzt, der ihr Pillen verschrieb, von denen ich nicht weiß, wie sie ihr Wesen beeinflussten. Sie hatte ja keinen Beruf erlernt und ein Leben als Hausfrau, verheiratet mit einem Spießer der Extraklasse, muss bei ihrem Hintergrund frustrierend gewesen sein.

Der damit zusammenhängende Stress, meine Adoption betreffend, ließ auch nicht nach. Im Briefwechsel mit ihren Eltern stellte mein Großvater immer wieder die Frage, wann das jetzt endlich passieren würde. Deswegen hatte er bei mir inzwischen einiges an Respekt verloren. Trotz des üblen Verhältnisses zum Alten war meine arme Mutti an die Normen ihrer Herkunft gefesselt, sodass sie immer wieder versuchte, mich mit

Sprüchen wie »Uwilein, bitte tu es doch mir zuliebe« zu überreden. Doch da war der Ofen kalt, kälter geht es nicht. Ich weigerte mich strikt.

Versuche, meine Mutter positiver zu stimmen, klappten nur selten. Gutem Zureden sind Grenzen gesetzt und sie zum Lachen zu bringen war nur wenig erfolgreich. Im Hause hielt ich mich daher meistens in meinem Zimmer auf. Ich versuchte, obwohl mir der permanente Unfriede ganz schön zu schaffen machte, mir eine dicke Haut zuzulegen.

Eines Nachts wurde ich durch lautes Geschrei aufgeweckt. Ich lief in die Wohnung. Da stand meine Mutter weinend, aus der Nase bis auf ihr Nachthemd voll geblutet und stammelte: »Der hat mich geschlagen.« Das war der Auslöser, mich auf den Kerl zu stürzen und in wildem Zorn auf ihn einzuprügeln. Der lag auf dem Sofa und strampelte, hilflos vor diesem irren Überfall, mit den Beinen, was ihn aber nicht davor schützte, ziemlich lädiert aus dieser Attacke hervorzugehen. »Hau ab!«, brüllte ich, »Ich bring dich um!« Er verschwand im Schlafzimmer und ich unterhielt mich noch lange mit meiner Mutter und sagte ihr zum wiederholten Male, sie solle sich von ihm scheiden lassen.

Leider sollte das bis zu seinem Tod nicht passieren. Es war die Angst vor einer selbstbestimmten Existenz, die sie davon abhielt. Immerhin sorgte meine Prügel längere Zeit dafür, größere Auswüchse in der oft spannungsgeladenen Stimmung zu verhindern. Die Psychobelastung meiner Mutter und die weiterhin unbefriedigende Lage führten trotzdem dazu, dass sie mehrmals für mehrere Wochen mit einem Nervenzusammenbruch in einer Heilanstalt landete.

In diesen Zeiten verschwand ich so gut es ging aus dem Gesichtsfeld des Alten, den ich für den Zustand meiner Mutter verantwortlich machte. Problematisch war es mit dem Essen: Außer Brot, Marmelade und ein paar Konserven war nichts im Haus. Einmal machte er »Arme Ritter«. Das waren Weißbrotscheiben, die er in Milch tauchte, ohne Fett in der Pfanne ankokelte und dann mit Zucker bestreute. Davon aß ich nichts und damit war das mit dem Essen von ihm auch gegessen. Er verfügte über die spezielle Eigenschaft des Geizes, die sich anderen gegenüber auswirkt, nicht jedoch die eigene Person einbezieht. Es gab in der Nähe ein Lokal mit gutbürgerlicher Küche, in der er des Öfteren gut speiste. Das erfuhr ich von Vocke, der manchmal dort war, weil das Lokal von seiner Verwandtschaft geführt wurde. Das bestärkte mich darin, ihm mit gutem Gewissen Geld zu klauen. Das trug er nämlich ganz geiz-untypisch lose in Jacken- und Hosentaschen mit sich herum. Die Ausbeute reichte mir immer, um mich durch Einkäufe beim Bäcker oder Metzger satt zu machen. Nur das kalte Essen war auf Dauer ein Mangel.

Bemühungen, Begegnungen zu vermeiden, waren auch nicht immer erfolgreich. In meiner Kammer war wenig Platz und nur ein kleiner Tisch, sodass manchmal der Wohnzimmertisch für Hausaufgaben herhalten musste. Eines Tages bei dieser Tätigkeit, ich weiß nicht mehr warum, vielleicht hatte er etwas gesoffen, wurde er redselig, quatschte auf mich ein, was für ein Versager ich in der Schule und sonst jeglicher Art sei. Das ließ ich, obwohl es in mir brodelte, noch einigermaßen gefasst an mir abprallen. Als er mir dann noch Vorwürfe machte, ich würde meiner Mutter Sorgen bereiten, was in der Behauptung gipfelte, es sei meine Schuld, dass meine Mutter so krank und in der Nervenklinik gelandet sei, kochte allmählich Wut in mir hoch. Ich sagte: »Das ist noch die Frage, wer daran schuld ist.« Der Alte, der hinter mir stand, muss durch diesen Satz so provoziert worden sein, dass er mir von hinten seine Hände um den Hals legte und mich würgte.

Was dann folgte war ein Ausbruch irrer Wut und als dessen Ergebnis der bewusstlos auf dem Boden liegende Alte. Anscheinend hatte ich ihm einen »Old Shatterhand«-Schlag verpasst. Er muss dann mit dem Hinterkopf gegen den eisernen Ofen geknallt sein. Der Schreck, den ich durch seine Ohnmacht empfand, wurde nicht weniger, als er kurz darauf, wieder bei Bewusstsein, Hilfe schreiend aufsprang, die Treppe durchs Haus und die Straße hinunterlief, direkt zu einer Polizeiwache, in der er, immer noch nach Hilfe schreiend, verschwand. Dort zeigte er mich wegen schwerer Körperverletzung an. So sah er auch aus. Der Schlag hatte ihn auf die Nase getroffen und vollgeblutet.

Das sollte Folgen haben: In den fünfziger Jahren war es üblich, aufmüpfigen Jugendlichen mit der Erziehungsanstalt zu drohen. Es blieb nicht immer bei Drohungen. Es war verhältnismäßig leicht, mit Einverständnis von Erziehungsberechtigten, zusammen mit dem Jugendamt, in so einer Anstalt zu verschwinden. Schon bald wurde ich schriftlich aufgefordert, auf das Amt zu kommen, wo ich mit der Aussage des Alten konfrontiert wurde. Seine Beschreibung des Tatvorgangs gipfelte fast schon in dem Vorwurf des Mordversuchs. Der Jugendpfleger, der mich dann anhörte, war mir von Anfang an sympathisch. Er stellte verständnisvolle Fragen und ich erzählte ihm sehr viel über mich, nicht nur von der Schlägerei. Er sagte, die Vorwürfe seien sehr schwerwiegend, er würde sich aber für mich einsetzen und ich solle mir keine Sorgen machen. Als nächstes wolle er mit meiner Mutter sprechen.

Sie kam kurz darauf aus der Klinik und zusammen brachten sie den Alten dazu, die Anzeige zurückzuziehen. Er soll sich anfangs geweigert haben, worauf der Jugendpfleger ihm seinerseits mit Anzeige drohte, wegen Verletzung der Aufsichtspflicht oder ähnlichem. Also muss er Schiss bekommen haben. Ich war um die Erfahrung reicher, dass es immer wieder auch unter Erwachsenen prima Typen gab, die einen, auf der Suche nach Vorbildern, einen kleinen Schritt weiterbrachten.

Echte Vorbilder waren eine absolute Seltenheit. Heute ist es jungen Leuten kaum zu vermitteln, dass es damals für viele unvorstellbar war, unnötig Zeit mit Erwachsenen zu verbringen. Das war wie zwei Parallelen, die sich auch im Unendlichen nicht treffen. Alles, was sich außerhalb von Begriffen wie Anstand, Ordnung, Sauberkeit und Leistung bewegte, erregte Interesse. Die in den fünfziger Jahren aufkommenden Jugendbewegungen waren ein emotionales Aufbäumen gegen die Unterordnung und Unterdrückung durch die in jeder Hinsicht beklemmenden Vorstellungen der Spießbürger. Langsam, durch den allmählich aufkommenden Rock'n'Roll, aber auch durch James-Dean-Filme, »Die Saat der Gewalt« mit Glenn Ford und dem dieser Generation einen Namen gebenden Film »Die Halbstarken« mit Horst Buchholz, erhielten wir Möglichkeiten, die undurchdringliche Mauer der Sprachlosigkeit zum Wackeln zu bringen. Die Alten wurden mit immer lauteren, krampfhaft vorgetragenen Argumenten zu lächerlichen Figuren. Das verschaffte uns eine qualitativ bessere Distanz und befreites Ausatmen. Auch mir verhalf das, außerhalb des schulischen und stiefvatermäßigen Geschehens, zu einer Menge ausgleichender Tätigkeiten.

Meine Freizeit verbrachte ich, wenn nicht lesend, in meiner Bude, nachmittags bei Floh. Wir streunten in der Gegend herum, hörten Musik, oder fuhren mit dem Fahrrad in den nicht weit entfernten Wald oder zum Max-Eyth-Stausee in der Nähe. Dem Kosmos sei Dank, fanden die aufgestauten Aggressionen und immer wieder auftretenden miesen Vibrationen ein Ventil in optimal belebenden Aktionen mit Floh und Vocke.

Wir waren selten zu dritt zusammen. Vockes Alltag als Lehrling unterschied sich schon zeitlich. Besonders im ersten Lehrjahr als Werkzeugmacher beklagte er sich über die Schufterei, bei der er manchmal stundenlang irgendwelche Eisen schleifen musste. Diesen Beruf hatte er sich nicht ausgesucht. Seine Mutter kannte den Firmenbesitzer und so wurde er nach Abschluss der Volksschule einfach in die Lehre gesteckt. Das rief bei mir eine tiefgehende Abneigung gegen derartige Schlauchereien hervor, die zu der mir später nachgesagten Faulheit beitrug. Nachdem sich Vocke im ersten Stock bei seiner Großmutter ein Abendessen reingedrückt hatte, erwachte er nach einer Abschlaffphase so um acht oder neun Uhr wieder zum Leben. Um diese Zeit herum kam ich von Floh und wir gammelten meistens in der Wohnung seiner Mutter herum. Immer bei heruntergelassenen Rollläden und elektrischem Licht. Vockes Mutter, die erst spät in der Nacht aus ihrer Weinstube kam, benutzte die Wohnung fast nur zum Schlafen und ein Austausch mit ihr war gleich null.

Besondere Anziehung übten das Telefon, eine Hausbar und eine Musiktruhe auf uns aus. Die Platten entsprachen nicht unbedingt unserem Geschmack. Titel wie »Ich bin ja nur ein armer Vagabund« oder »Rote Rosen, rote Lippen, roter Wein« hörten wir uns mit nicht bestimmbaren Sehnsuchtsgefühlen durchaus nicht ungern an. Die absolute Attraktion aber war das Telefon. Es wurde einige Zeit, zum Leidwesen vieler Mitmenschen, für uns ein bedauerlicherweise nicht voll ausgeschöpfter Brunnen der Belustigung. Eine extrem überhöhte Telefonrechnung schockte die Mutter und setzte der Telefonierererei ein Ende.

Bis zu diesem Zeitpunkt allerdings hinterließen wir Spuren mit Einmaligkeitsanspruch. Wir suchten die Nummern von Lehrern und Leuten heraus, die wir der Verarschung für Wert befanden. Diese wurden nun mit völlig irrationalen Anrufen konfrontiert. Wir meldeten uns zum Beispiel als Mitarbeiter irgendwelcher Ämter. Beliebt war das Katasteramt, von dem ich noch heute nicht die genaue Tätigkeit und Bestimmung weiß. Wir erhoben Forderungen oder formulierten Anweisungen wie »Sie haben vergessen, die Katasteranweisung zu befolgen. Wenn Sie das nicht schnellstens erledigen, müssen Sie 100 DM Strafe zahlen.« Oft hatten wir es auch mit Autos: »Bei Ihrem Wagen hat sich der Vergaserschlauch um die Kardanwelle gewickelt.«, oder »Die Nockenwelle hat den Auspufftopf beschädigt, es besteht Explosionsgefahr. Das wurde von der geheimen Verkehrspolizei überprüft, suchen Sie sofort eine Werkstatt auf.«

Ein Highlight waren meine Lehrer. Man könnte jetzt meinen, wir hätten sie übel beschimpft. Sie kamen aber mit in einer erfundenen Sprache gemachten Ansage davon. Das hörte sich an wie »Schasserlamenko,

Schweineklo, knarr knarr, Schankerflei, peng peng Schnubeldidei«. Manchmal laut gebrüllt oder auch ganz sanft gesäuselt. Nur diese unterschiedlichen Betonungen sorgten manchmal für Bauchschmerzen vor Lachen. Gesteigert ins Unmäßige wurde unser Tun einmal durch den Verzehr einer großen Schachtel Schnapsbohnen aus einer Schublade der Hausbar.

Im Schrank des ehemaligen Zimmers von Vockes Vater hatte er ein Luftgewehr entdeckt. Bei Überlegungen, dieses einer sinnvollen Benutzung zuzuführen, kam mir die Idee, auf irgendwas im 100 Meter entfernten Haus meines Mathelehrers zu ballern. Bedenken, dass dabei etwas passieren könne, räumte Vocke mit der Bemerkung aus: »Wenn der Schuss überhaupt so weit reicht ist er lasch und harmlos.« Wir schlichen uns also abends gegen elf ganz leise auf den Dachboden, wo man durch eine Luke die hell erleuchteten Fenster des Lehrerhauses sehen konnte. Sie bildeten ein Ziel, das gar nicht zu verfehlen war. Darauf schossen wir ein paar Mal, woraufhin wir ein deutliches Kling hörten. Als ein Fenster geöffnet wurde und aufgeregte Stimmen herüber schallten, machten wir uns schnell aus dem Staub. Es schien dann doch zu gefährlich zu werden, das Schießen blieb bei dieser einmaligen Aktion ohne weitere Folgen.

Anders bei einer Geschichte, die wir mit einem Metzger in der Nachbarschaft anstellten. Ein Ereignis, das sich nach einem Kinobesuch zutrug: Eines der beiden Zuffenhausener Kinos, auch Revolverkino genannt, weil dort in der Hauptsache Western liefen, war des Öfteren abends um 22:30 Uhr unser Ziel. Die Spätvorstellungen waren meistens schlecht besucht, die Person an der Kasse war froh über jede Mark und übersah unsere Unmündigkeit. Diese Western waren in der Regel von minderer Qualität und zeichneten sich durch große Längen aus, die von Rinderherden treibenden Cowboys ausgefüllt wurden.

Manchmal trieben sich da auch nicht erklärbare Charaktere herum. Äußerst interessant war eine alte Frau in vollem Westernlady-Look, mit schwerem Faschingsrevolvergurt, der ihr fast bis zu den Knien baumelte, und Cowboyhut. Ihre Äußerungen bestanden in dem Satz: »Zieh, du Schuft« und dem Knallen von periodisch abgefeuerten Zündplättchen-Schüssen. Dies vollzog sich vor und während der Vorführung, störte niemanden und wurde als gewohnheitsrechtlicher Vorgang akzeptiert.

Viel aufdringlicher wirkte ein regelmäßig in besoffenem Zustand erscheinender Mann, der laut brüllend Politikerreden imitierte und dem genauso regelmäßig wegen lallendem bis zu Beschimpfungen sich steigernden Gerede der Eintritt verweigert wurde. Später erfuhren wir von irgendwoher, dass der Mann Totengräber war, ein Berufsstand, der für uns jeder Plausibilität entbehrte. Diese Filmbesuche hatten außer ihrer Illegalität also noch eine Menge überraschender Attraktionen.

Um auf den Metzger zurückzukommen, muss man wissen, dass er ein direkter Nachbar war. Vom Dachboden aus konnten wir ihm direkt in den Hof schauen. Jede Woche fuhr er mit seinem Mercedes mit Anhänger aufs Land zum Bauern, um Schweine zu holen. Damals schlachteten die Metzger noch selbst. Die kranke Massentierhaltung und Verarbeitung gab es im heutigen Ausmaß noch nicht. Jedenfalls holten mich da die traumatisierenden Eindrücke der in Todesangst quiekenden Schweine aus Hettingen wieder ein. Dieser Mann stieß uns ab und wir versuchten das Grauen, das er uns einflößte, durch abwertende Witzeleien zu relativieren.

Mitten in der Nacht, nach einem dieser Kinobesuche, überfiel uns die Idee, seinen ausgehängten Anhänger an ein fremdes Auto einzuhängen. Fünfzig Meter die Straße runter fanden wir eine andere Kupplung, wo der Hänger aber einfach nicht einrasten wollte. Wir versuchten es dann mit Gewalt, indem wir beide auf dem Gestänge herumsprangen, bis das Ding endlich mit einem lauten Knall einrastete. Voll befriedigt von dieser Tat gingen wir ins Bett. Um sechs Uhr morgens fuhren wir, durch laute Hammerschläge und Geschrei geweckt, aus dem Bett. Der Rote stand auf der Straße und versuchte über längere Dauer seinen Hänger, der sich in dem fremden Auto verklemmt hatte, los zu kriegen. Dabei schrie er Sätze wie »Oich Saukerle – oich boin I aus.« Auf Hochdeutsch: »Ihr Saukerle – Euch beine ich aus.« Dummerweise hatte uns jemand beobachtet.

Der Metzger beschwerte sich bei Vockes Großmutter, die ihn als gute Kundin mit dem Versprechen einer Bestrafung beruhigte. Damit waren wir für zwei bis drei Wochen einer stärkeren Beobachtung unterworfen, die sich dann langsam aber sicher in Wohlgefallen auflöste.

Bald danach wurde unserem lustigen Treiben ein Ende gesetzt. Vockes Mutter vermietete einen Teil der Wohnung an eine junge Frau zur Untermiete und verwandelte damit unser Spielgelände in Brachland. Vocke zeigte großes Interesse an der neuen Mitbewohnerin und ich bekam einige Zeit wenig von ihm mit. Hätte ich schon etwas Erfahrung mit dem anderen Geschlecht gehabt, wäre mir schnell aufgefallen, dass es sich bei der jungen Dame um eine berufliche »Liebesdienerin« handelte.

Ihr Arbeitsplatz stellte sich als das in Stuttgart bekannte Dreifarbenhaus heraus: ein Puff. Ihr Aussehen, ein kleines, bis zur Ausdruckslosigkeit geschminktes Gesicht, wurde von einer doppelt so großen, von Taft erstarrten Hochfrisur gekrönt. Die Kleidung war sehr auffällig und körperbetont. Bei kurzen Begegnungen zeigte sie eine freundliche Art. Komischerweise hielt sich ihr Reiz auf mich in Grenzen, da sie meinem damaligen Prinzessinnenbild in keiner Weise entsprach.

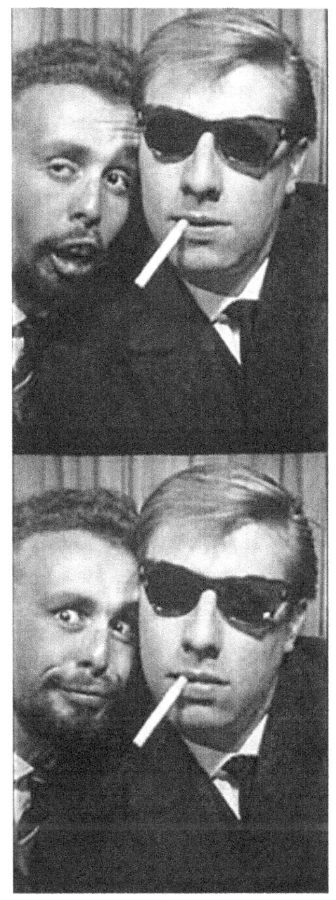
Mit Vocke im Passbildautomat

Irgendwann erzählte mir Vocke, dass er es mit ihr »gebracht« hätte und dass sie dabei »Aah ah aah, jaah jaah jaah« und Sätze wie »Mach mir a Buhrle, mach mir a Buhrle« ausstoßen würde. Auf Hochdeutsch: »Mach mir einen Buben, mach mir einen Buben.« Das war mir neu und brachte mich mit einer gewissen triebhaft tierischen Variante des Lustgewinns erstmals wenigstens theoretisch in Berührung. Das entbehrte nicht einer gewissen Komik, aber sonst war ich da nur ein staunender Zuhörer, da sich meine Beziehungen zu Mädels überwiegend im Kopf abspielten und in der Realität in harmlosen Versuchen ihr Ende fanden.

Einmal lag unser Deutsch- und Klassenlehrer im Krankenhaus und jenes Mädel, das von allen Jungs umschwärmt wurde, und ich wurden bestimmt, ihn im Namen der Klasse mit einem Blumenstrauß zu besuchen. Das war das erste Mal, dass wir uns überhaupt unterhielten. Der Besuch verlief locker und auf der Rückfahrt mit der Straßenbahn berührten sich unsere Hände. Mutig umschloss ich ihre Hand, was bei ihr, sie war blond und hellhäutig, ein tiefes Erröten hervorrief. In dieser Stellung verbrachten wir schweigend die zehn Minuten dauernde Straßenbahnfahrt, während sich ihre Gesichtsfarbe langsam wieder normalisierte. Wir verabschiedeten uns und ich lief glückselig überflutet zu meiner Bude, um mich den romantischsten Träumen hinzugeben und ihr sofort ein Liebesgedicht zu widmen. Das war ein symbolisch verschlüsseltes Werk, das sich jedem Erfahrungswert entzog. In einem unbeobachteten Augenblick gab ich es ihr nach der Schule, was dann auch Eindruck machte. In der Folge verabredeten wir uns.

Schon bald zeigten sich jedoch die Grenzen unserer Gemeinsamkeit. Sie hatte immer nur kurz Zeit, wobei das Verbot ihrer Eltern als Grund genannt wurde. Das schien sie aber nicht weiter zu stören und wurde schicksalhaft hingenommen. Vielleicht lag es auch daran, dass unser Gesprächsstoff sich schnell erschöpfte und manchmal zu sich unangenehm dehnenden Pausen führte. Es gab auch keine Möglichkeit, irgendwo allein und ungestört zu sein, außer spazieren zu gehen. Manchmal lud ich sie auch ins Eiscafé oder in die Milchbar ein. Sonst gab es nichts.

Obwohl ich mit meinen Gedichten Eindruck schinden konnte und ich von ihrer Schönheit bei jedem Treffen neu überwältigt war, schien in der Chemie etwas nicht zu stimmen und die Kommunikation verbesserte sich nicht. Das war mir ein Riesenfrust, denn vom Aussehen entsprach sie meinem Wunschbild. Langsam, ohne uns nahegekommen zu sein, entfernten wir uns wieder weiter voneinander. Ein paar unschuldige Küsschen waren meine ersten intimen Erfahrungen mit Mädchen.

Zusammen mit Floh machte ich ein Erlebnis der für uns damals im wahrsten Sinne anderen Art. Wir hatten erfahren, dass es in der Altstadt ein Schwulenlokal gab. Darauf sprangen wir sofort an, obwohl sich homosexuelle Neigungen bei uns bis dahin nicht bemerkbar gemacht hatten. Wahrscheinlich war es die Lust, mit diesem damals noch absoluten Tabuthema unsere Spielereien zu treiben.

Wir besuchten also, von großen unklaren Erwartungen erfüllt, dieses Café. Wir bestellten Cola und wunderten uns über die Normalität, die sich nicht von anderen Lokalen unterschied. Da wir noch keinen Schwulen kennengelernt hatten, begannen wir, die aus unserer klischeehaften Vorstellung erwachsenen Verhaltensweisen von Schwulen dort darzustellen. Während wir uns tief in die Augen sahen, mehr intensiv glotzend als schauend, streichelten und drückten wir uns die Oberschenkel und stießen dabei Worte wie »Duu, ach Du Duuu … Duhh Duuhh« im ganzen Raum hörbar aus. Statt uns im Umfeld zu integrieren, führte das schnell dazu, dass der Kellner auftauchte und uns aufforderte, das Lokal zu verlassen.

Was Vocke betrifft, so veränderte er sich von seiner Flippigkeit weg und hin zu einem betont männlichen Getue. Dazu kam ein neuer Freund, der Automechaniker lernte, und mit dem er sich dauerhaft über Autotypen, Motoren und ganz allgemein über technischen Kram unterhalten konnte. Bei so was war ich draußen. Nach Abschluss der Lehre und Erhalt des Führerscheins hat er nie in seinem Beruf gearbeitet, sondern begann bei einer Tankstelle mit Reparaturwerkstatt zu arbeiten. Für die fuhr er Autos über den TÜV. Später wurde er Speditionsunternehmer. Mit der Firmenaufschrift auf seinen LKWs begegnete er mir noch viele Jahre mit Checkpoint Charlie bei unseren Kreuz- und Querfahrten durch die Republik.

Bei seltener werdenden Treffen, noch während meines Studiums in Heidelberg, stellte sich bei ihm eine Entwicklung in Richtung ich-weiß-nicht-wohin ein. Auf alle Fälle hatte er sich von der Ebene unseres gemeinsamen Humors entfernt. Seine neue Eigentümlichkeit, Witze auf Illustrierten-Niveau von sich zu geben, die ich nicht besonders komisch fand, führten zu einer allmählichen Entfremdung. In Gedanken an ihn beobachte ich, dass sich meine Mundwinkel nach oben ziehen und es erfüllt mich mit Dankbarkeit, ihn als einen der wenigen wirklichen Brüder im Gelächter, wenn auch nur in einem kurzen Lebensabschnitt, gehabt zu haben.

6

Gegenüber den intuitiven und sprunghaft im Jetzt ablaufenden Aktionen mit Vocke, erweiterte sich der kommunikative Austausch mit Floh auf verschiedenen anderen Ebenen. In unseren Gesprächen formten sich ansatzweise spätere politische und weltanschauliche Überzeugungen. Vor dem Hintergrund gemeinsamer Lektüreerfahrungen der Jugendbuchklassiker Tom Sawyer und Huckleberry Finn, Karl May, deutsche Heldensagen, Sagen des klassischen Altertums, Alice im Wunderland, die Mammutjäger und viele mehr, war das zuerst von Floh gelesene Buch »Draußen vor der Tür« von Wolfgang Borchert der erste direkte Bezug zu dem Teil des Lebens unserer Eltern, über den geschwiegen wurde.

Das Schicksal des Kriegsheimkehrers Beckmann, seine traumatischen Erfahrungen, seine Begegnungen mit Menschen, die ihn als Kind und Jugendlichen beeinflusst hatten, den Krieg als ehrenvollen, notwendigen

Kampf für Volk und Vaterland zu verstehen, aus dem man aus Stahlgewittern als Held hervorgehen könne. Unser Gefühl nach der Lektüre von Borcherts Theaterstück und seinen Antikriegsgedichten entsprach dem Ausspruch von Bertrand Russel: »Was ist ein Killer? – Ein Held, der die Uniform abgelegt hat.«

Eine gesellschaftliche Reflektion der Vergangenheit gab es nicht. Darauf angesprochen, erschöpfte es sich in Äußerungen wie: »Es war nicht alles schlecht, Hitler hat die Arbeitslosigkeit abgeschafft und die Autobahnen gebaut.« Damals entstand in mir der Zorn, der bis heute immer wieder aufflammt, wenn Dumpfbackentum durchbricht.

Die Anpassung der Politiker auch an die Dümmsten, um möglichst viele Stimmen zu gewinnen, führte schon 1920 den amerikanischen Philosophen Henry L. Mencken zu folgender Erkenntnis: »Wenn die Demokratie sich fortlaufend perfektioniert, widerspiegelt die Präsidentschaft immer exakt die innere Seele des Volkes. Eines glorreichen Tages wird sich der Herzenswunsch der einfachen Leute erfüllen und das Weiße Haus mit einem Idioten und narzisstischen Irren besetzt sein.« Nun hat hundert Jahre später die Figur Trump diese seherischen Fähigkeiten des Philosophen bestätigt.

Über so etwas machten Floh und ich uns natürlich damals noch keine Gedanken. Die Gespräche über die Kriegsvergangenheit lösten Empörung und eine undefinierte tiefe Verachtung der Erwachsenenwelt aus. Damals erfuhr ich zum ersten Mal das Gefühl der unbegrenzten geistigen Freiheit, das die Kunst bereithielt. Dieses Gefühl äußerte sich bei mir im Schreiben von Gedichten. Das waren schon die Vorläufer der späteren Sketch- und Songtexte, die bei Checkpoint Charlie ihre Fortentwicklung finden sollten.

Ungefähr gleichzeitig begann Floh dem in seinen Genen manifestierten Talent zum Malen und Zeichnen nachzugehen. Beide Eltern waren Maler und hatten ihn während ihres gemeinsamen Studiums an der Kunstakademie in München gezeugt. Bei unseren Fahrradausflügen in die Natur waren nun Zeichenblock und Schreibheft immer dabei, falls uns die Musen mit ihren Küssen überfallen sollten, was wiederholt der Fall war. In diesem Zusammenhang suchten wir Flohs Vater auf, der abgeschottet in seinem Atelier sonst so gut wie unsichtbar blieb. Floh hatte Fragen zum Malen mit Pastellfarben. Der Vater, der durch seine Parkinsonkrankheit schon ziemlich gezeichnet war, kam mit trippelnden Schritten langsam auf uns zu und entgegnete auf Flohs Frage grinsend mit der Silbe »Mü-Mü-Mü-Mü-Mü« – Pause, wir schauten uns an, es ging weiter – »Mü-Mü-Mü-Mü«, was dann endlich in dem Wort »Müßiggänger« seinen Endpunkt fand. Floh bekam keine vernünftige Auskunft und dieser Spruch seines bald darauf verstorbenen Vaters war uns noch lange Anlass zu mitleidsloser Belustigung.

Ein Höhepunkt unserer Vorstellungswelt waren die Fantastereien, die sich mit unseren Ferien beschäftigten. Wir verbrachten viel Zeit mit abenteuerlichen Sehnsuchtsbeschreibungen darüber, was wir alles machen, und den Dingen, die wir mitnehmen wollten. Dabei musste die Aufnahmefähigkeit der Satteltaschen wiederholt exakt getestet, sowie die sonstige Belastbarkeit unserer Fahrräder mit Zelt, Schlafsack usw. ausprobiert werden. Geld wurde natürlich für unsere Touren auch gebraucht. Bei Floh war durch Taschengeld und seine Großmutter-Connection genug vorhanden. Bei mir sah es anders aus. Meine Mutter versuchte zwar immer wieder, mir durch Abzweigungen ihres kargen Haushaltsgeldes etwas zukommen zu lassen, die geringen Beträge reichten allerdings nicht aus, um sich wochenlang in der Gegend rumtreiben zu können.

Eine Geldquelle eröffnete sich mir mit einem Ferienjob. Das war unkompliziert, denn Arbeitskräfte wurden überall gebraucht. So arbeitete ich mehrmals während der Osterferien und zwei Wochen der Sommerferien in einer chemischen Schilderfabrik. Eine Mark vierzig Stundenlohn genügte, um unsere große Fahrt für den Rest der Sommerferien zu finanzieren. Dies war meine erste direkte Begegnung mit der werktätigen Bevölkerung. Gemeinsam mit acht Frauen zwischen fünfzig und sechzig in einem großen Raum, bestand die Arbeit darin, große Blechplatten mit verschiedenen Schilderformen zur Versilberung aus säuregefüllten Becken zu ziehen. Die Schilder wurden dann unter vielen Wasserhähnen in einer sich durch den ganzen Raum ziehenden Wasserrinne abgespült. Danach trockneten wir die Bleche in Sägemehl ab. Trotz der eintönigen Arbeit hatte ich damit keine Schwierigkeiten, da mir ein klares Ziel vor Augen schwebte und genug ablenkende Gedanken meinen Kopf ausfüllten.

Probleme machten mir eher die Frauen, die mich immer wieder mit schlüpfrigen Sprüchen und Fragen verunsicherten. Meine sexuelle Unerfahrenheit fanden sie mordslustig. Manchmal steigerten sie sich zu Äußerungen, die von mir als echte Sauereien empfunden wurden.

Floh gegenüber beschrieb ich die Frauen als widerliche Weiber und alte Vetteln. Im Nachhinein gönne ich ihnen den Spaß, den sie bei dieser stumpfsinnigen Arbeit mit mir hatten.

Eine Begegnung, die ich mit einem anderen jugendlichen Ferienjobber hatte, sollte wichtig werden. Er arbeitete in einem Nebenraum mit viel Wasser und Dampf. Der Sinn dieser Tätigkeit ist mir nicht mehr gegenwärtig, anders als sein den ganzen Tag mit hoher Eunuchenstimme vorgetragener Schlagergesang. Mit der Zeile »Drei weiße Birken in meinem Garten stehen«, hat sich einer dieser Schlagertitel in mein Gedächtnis eingeprägt. Die Frauen waren von seinem Gesang hingerissen. Auf ihren Hinweis hat er im Club Tabaris vorgesungen, in dem man entdeckt werden konnte. Das hat scheinbar geklappt, denn sein Name begegnete mir später als bekannter Schlagersänger wieder. Erich – so hieß er – sollte später als Schlagersänger seinen Namen Erich Hirschmann in Erik Silvester umwandeln. Die Welt beglückte er dann mit Hits wie »Zucker im Kaffee und Zitrone in den Tee«.

Während der Pausen kamen wir ins Gespräch. Er kam auch aus der Ostzone, was eine gewisse Gemeinsamkeit förderte, und lebte mit seiner Familie im Flüchtlingslager in Stammheim, der Ortsteil neben Zuffenhausen. Nicht viel älter als ich, stellte er sich mir ein wenig überheblich als zukünftiger Schauspieler vor. Er nahm schon seit einigen Monaten bei einer alten, ehemaligen Schauspielerin Unterricht und erzählte, er würde demnächst am Staatstheater eine Eignungsprüfung ablegen. Die Idee, Schauspieler zu werden, sprang mich als bisher ungeahnte Möglichkeit an.

Er versprach mir die für die Prüfung notwendigen Anmeldeformulare und Aufgabenstellungen zu besorgen. Das machte er. An die genauen Anforderungen kann ich nicht mehr erinnern, nur dass ich von da an auf einen Termin zwei Monate später hin intensiv an den Rollen Franz Moor und Räuberhäuptling Spiegelberg aus »Die Räuber« von Schiller arbeitete, außerdem als moderne Rolle am Kriegsheimkehrer Beckmann aus »Draußen vor der Tür« von Borchert. Durch meine herausragende Fähigkeit, durch das Vortragen von Schulballaden Einsernoten zu erringen, fühlte ich mich bestens ausgestattet, die Prüfung zu bestehen. Die vielschichtige Psyche der darzustellenden Personen nachzuvollziehen, war mir als pubertierender Gymnasiast noch nicht möglich und meine Möglichkeiten beschränkten sich bei den Schillerrollen hauptsächlich auf einen bösartigen, scherenschnittartigen, meist lautstarken Vortrag. Einmal probte ich allein zu Hause im Flur. Dabei fuchtelte ich laut brüllend mit den Armen und schlug dabei mit der Faust in die über mir hängende Korridorlampe. Das war blutig und zwei Narben über den Mittelhandknochen erinnern mich noch Jahrzehnte später an diesen Tag.

Ich erhielt einen Vorsprechtermin, an dem sich zehn bis zwölf Personen in lampenfiebrigem Zustand im Staatstheater in einem Raum hinter einer Bühne versammelten. Ich war so aufgeregt, dass ich nur knapp am In-die-Hose-machen vorbeischrammte. Da ich erst als zweitletzter aufgerufen wurde, musste ich bis dahin die heißen und kalten Überflutungen überstehen. Erich kam gleich zu Beginn dran und strahlte, weil er bestanden hatte, wie auch die meisten anderen. Zwei fielen allerdings durch. Dann kam mein großer Augenblick. Noch ziemlich zaghaft betrat ich eine große Bühne und wurde aufgefordert, in einen Lichtkreis in der Mitte zu treten. Nach einigen Fragen zu Motivation und den Rollen wurde ich zum Vortrag aufgefordert. Das Ganze hatte etwas Unpersönliches und Irritierendes an sich. Die Personen der Prüfungskommission saßen im dunklen Zuschauerraum, nur schemenhaft erkennbar, und ihre Stimmen ließen sich nicht zuordnen. Dies alles war mit Beginn meines Vortrags vergessen, ich war nur durch Zwischenrufe der Prüfer und die Ansage, eine andere Rolle zu spielen, zu unterbrechen. Auch Laute aus dem Zuschauerraum, die ich mir später in der Reflexion auf der Schauspielschule nur als Lachen erklären konnte, habe ich in meiner Euphorie nicht realisiert. Die Abschlussaufgabe bestand darin, auf ein Thema zu improvisieren. Danach teilte mir eine äußerst gutgelaunte Kommission mit, dass ich die Prüfung bestanden hätte. Mit der Empfehlung, mich an einer Schauspielschule zu bewerben, entließen sie mich.

Jetzt war alles klar. Ich wusste was ich machen wollte und fühlte eine große Freude. Die Schule, bis dahin eine Last, flog als Feder im Wind davon. Solch positive Ereignisse bleiben oft nicht allein. Sie haben die Eigenschaft, andere nach sich zu ziehen. Für unsere Ferienfahrten hatte ich bisher nur ein gebrauchtes, klappriges Damenfahrrad und wünschte mir dringend ein Neues. Aber woher mit der Kohle? Diese floss mir durch den verrücktesten Job zu, der mir jemals untergekommen ist. An warmen Sommertagen konnte man uns im Schwimmbad treffen. Dabei erregte eines Tages ein Typ Aufsehen, der einen batteriebetriebenen Plattenspieler hatte, auf dem mehrere übereinander gestapelte Singles automatisch abgespielt werden konnten. Das dürfte der neueste Stand der Technik gewesen sein. Die lautstark ertönenden Rock'n'Roll-Platten – Musik von Elvis, Little Richard, Chuck Berry, Everly Brothers und anderen – sorgten schnell für eine Ansammlung von Zuhörern. Schon nach kurzer Zeit wurde der Genuss durch die Ankunft des Bademeisters beendet, der uns mit Hinweisen auf die Beschwerden anderer Badegäste aufforderte, die »Urwald-Musik« wegen Ruhestörung sofort einzustellen, verbunden mit der Drohung: »Sonst muss ich das Gerät beschlagnahmen.«

Mit Peter, dem Besitzer des Corpus delicti, verband mich sofort ein tiefes Einverständnis, das sich im gemeinsamen Lästern über diese Arschlöcher und Spießbürger entlud. Peter war ein hundertprozentiger Amerikafan, was er mit bei Elvis abgeschauter körperlicher Lässigkeit und eingestreuten amerikanischen Sprechbrocken, wie »pretty« und »nice« oder »yes« zum Ausdruck brachte. Durch sein Äußeres, seine mit einer Menge Briskpomade in Form gebrachte Frisur, mit großer über der Stirn herausragender Haartolle und bis zum Kinn reichenden Koteletten, wurde das noch unterstrichen. Er war schon achtzehn und ausgelernter Automechaniker, der mal beruflich mit Amis in Berührung gekommen war, die in der bei Zuffenhausen gelegenen Siedlung stationiert waren. Sein größter Wunsch war es, nach Amerika auszuwandern. Er erzählte von seinen vielen Kontakten, bei denen sich alles aus dem Amileben ganz toll und erstrebenswert anhörte. Ein Beweis dafür zeigte sich sofort in seiner echten Levis-Jeans, die er im exklusiv für amerikanische Militärangehörige zugänglichen Kaufhaus, dem PX, organisiert hatte. So was stand auf der Wunschliste ganz oben. Die deutschen Jeans waren von Form und Material schlotterig und unansehnlich. Mit dem Versprechen, uns Amihosen besorgen zu können, war schon mal Interesse gezündet, was noch gesteigert wurde durch die Möglichkeit, eine dafür benötigte Geldquelle aufzutun. Peter erzählte mir von einem Onkel, der als Vertreter von Ölgemälden unterwegs sei. Er habe ihm angeboten, da er gut Englisch spräche, diese bei den Amerikanern zu verkaufen. Er suche jetzt noch einen Mitarbeiter, der ihm beim Tragen der Bilder behilflich sein könne. Er versprach sich einen großen Gewinn, denn die prozentuale Beteiligung war vielversprechend. Da war ich sofort dabei.

Am nächsten Wochenende spazierten wir mit sieben gerahmten Bildern zur nahegelegenen Siedlung, mehr ging nicht, da die durchschnittliche Größe siebzig mal fünfzig Zentimeter betrug. Voll hoher Erwartungen steuerten wir an den Kasernen vorbei die Häuser der höher gestellten Militärchargen an. Schon damals war ich aufgrund meiner Einschätzung des geistigen Niveaus der Ami-Militärs überzeugt, dass Kitsch dort gut zu verkaufen sein müsse. Das war es nämlich: Die Bilder zeigten klischeehafte Darstellungen wie röhrende Hirsche im Wald, Berg- und Heidelandschaften oder auch »Zigeunerinnen« (wie man damals bedenkenlos sagte) im Goldrahmen. Nicht zu vergessen die Seestücke, also Segelschiffe in stürmisch bewegter See. Später erfuhr ich etwas über diese fabrikmäßig hergestellten Werke. Dabei standen die Maler in einer Halle, wobei jeder für einen bestimmten Farbton zuständig war. So wanderten die Bilder von einem zum andern. Der eine malte die weißen schneebedeckten Bergspitzen, der nächste den grünen Wald usw.

Ganz so leicht wie wir es uns vorgestellt hatten, war der Verkauf dann doch nicht. Aber nach zweistündigen für mich nur halb verständlichen Verkaufsgesprächen, hatte ich genug verdient, um mir die hochbegehrte Levis zu bestellen. Als sinnlicher Eindruck, auch später bei diesen Besuchen, blieben mir weniger die Menschen als ein merkwürdiger und unangenehmer Geruch in den Wohnungen in Erinnerung: Nicht vergleichbar, doch an Intensität dem eines nassen Hundes nicht unähnlich. Der Erfolg dieser ersten Aktion war groß genug, es noch ein paar Mal zu wiederholen. Es verhalf zum Erwerb eines neuen Fahrrads und der Jeans und beendete damit auch mein Interesse an dieser Arbeit.

Peter hatte sich mit einem Mädchen aus der Siedlung angefreundet und nahm mich einmal mit zu einer »Rollerskaten« genannten Freizeitgestaltung der Ami-Jugendlichen. Dabei fuhren sie begleitet von Dudelmusik in einer Halle mit Rollschuhen im Kreis herum. Nach dem mehr oder weniger missglückten Versuch, da mitzumachen, beendete ich diese Erfahrung mit dem Urteil »Stumpfsinn« – das sollte später dazu führen, meine Vorurteile gegen Amerika nur schwierig abzubauen. Nach Erhalt der Hosen jedenfalls, die er auch für Floh besorgte, verlief sich der Kontakt zu Peter und später hörte ich, dass er tatsächlich nach Amerika ausgewandert sei und seinen Namen in Pete Snow umgewandelt habe.

Mit dem Erhalt der Hosen war jedoch unserem ästhetischen Anspruch an dieses Kleidungsstück noch lange nicht Genüge getan. Um die richtige Formgebung zu erreichen, musste man sich in eine Wanne mit kaltem Wasser legen und die Hose dann am Körper trocknen lassen. Die dadurch erzeugte Hautenge machte das An- und Ausziehen zwar mühsam, wurde aber gerne in Kauf genommen. Danach konnte man uns dann mit hochgeschlagenem Hemdkragen die Hauptstraße, auch »Idiotenrennstrecke« genannt, exhibitionistisch rauf und runter latschen sehen. Warum die Straße so hieß habe ich nicht verstanden. Zwar liefen da zweifelsfrei auch manchmal »Idioten« rum, aber sie deshalb pauschal so zu benennen, war mir nicht erklärbar.

Also, wir hatten viel erreicht. Auch unser einmalig tolles Outfit führte nicht automatisch zum Ziel unserer Wünsche, eine Freundin zu finden. Dieser Wunsch sollte sich bald bei Floh erfüllen. Bei der einzigen Sportart, die wir über mehrere Monate hindurch ausübten, nämlich Tischtennis im evangelischen Jugendhaus, lernte Floh die Tochter des Jugendhausleiters kennen. Das Ganze war von Beginn an von Drama umgeben. Der Vater schränkte seine Tochter vollkommen ein. Es gab alle möglichen Verbote und Vorschriften, sie musste um 20 Uhr daheim sein und unterlag auch sonst der ständigen Beobachtung durch den Vater. Der antiautoritäre Floh passte ihm vom Typ her sowieso nicht und er versuchte den Kontakt möglichst zu verhindern. Nachdem ihn Floh eines Tages aufgesucht und ihm seine Meinung gegeigt hatte, steigerten sich die Verbote und Einschränkungen so weit, dass es für die beiden Liebenden immer schwieriger wurde, sich zu treffen. Damit war er bei Floh an den Falschen geraten. Eine gewisse Anlage zur Rachsucht war durchaus in seinem Charakter zu finden und führte beim Vater zu abgestochenen Reifen, ekligen Dingen im Briefkasten und anonymen Droh- und Beschimpfungsbriefen. Bei diesem Druck von beiden Seiten war das arme Mädel hin- und hergerissen. Eine Anzeige des Vaters bei der Polizei, die ein Verhör von Floh nach sich zog, der alle Vorwürfe abstritt und auch nicht belangt werden konnte, führte dann zum Ende der Beziehung. Mir war es recht. Seine oft fehlende Präsenz und Berichte, was sie oder er gesagt hätten, die ich mir aus Freundespflicht anhören musste, gingen mir langsam auf den Wecker. Der anstehende Beginn der Sommerferien brachte ihn bald auf andere Gedanken. Bei mir kam zusätzlich Euphorie auf, weil das Bestehen der Mittleren Reife gesichert schien, wenn auch mit Ach und Krach, mit Tricks und Beschiss. Schule war mir nur noch Mittel zum Zweck. Es hieß, dass für den Besuch einer Hochschule das Abitur Voraussetzung sei. Als Ort meiner phantastischen Träumereien und Studentenromantik für eine Zukunft als berühmter Schauspieler hatte ich mich schon informiert und die Hochschule für Musik und Theater in Heidelberg ausgesucht.

Die intensiven Vorbereitungen auf unsere große Ferienfahrradtour überlagerten alles Negative mit gefühlsstarken Vibrationen großer Freiheit. Später zeigte sich, dass manchmal die Realität die Vorstellung an Farben und Ereignisvielfalt weit übertrifft. Morgens um sechs machten wir uns mit vollgepackten Rädern auf den Weg in Richtung Bodensee. Auf der Landstraße war damals so früh noch kaum Verkehr. Die nur ab und zu vorbeifahrenden Autos konnten das Vogelgezwitscher, die Geräusche und Gerüche der uns umstreichelnden Luft des sich ankündigenden Sommertages nicht stören. Aus dem einmal selbst auf Landstraßen gegebenen Versprechen der Natur, Ruhe, Harmonie und Ausgeglichenheit in ihr zu spüren, konnte ich auch später immer wieder, gerade bei seelischen Tiefpunkten, Kraft schöpfen.

Unsere erste Etappe war die Schwäbische Alb, mit meinem vormaligen Wirkungsfeld zwischen Hettingen und Gammertingen. Die erste Anlaufstelle war Achim, der aber leider selbst mit seinen Eltern im Urlaub war. Wir schlugen dann im Lauchertal am Waldrand unser Zweimannzelt auf. Wildzelten war unter gewissen Vorsichtsmaßnahmen noch kein Problem. Sehr luxuriös war das allerdings nicht. Das Aufstellen der Stangen und das Einschlagen der Heringe, mit denen die Schnüre zum Befestigen der Planen im Boden verankert wurden, musste geübt werden. Abschließend mit den Zeltwänden musste rundum ein Graben mit dem Feldspaten gezogen werden, um gegebenenfalls Regenwasser abzuleiten. Die meiste Energie erforderte das Aufblasen der Luftmatratzen. Die setzten sich aus beieinanderliegenden hohlen Gummiwürsten zusammen – kein Vergleich zu heutigen Campingprodukten. Hart und unbequem bekamen wir anfangs Muskelkater, gewöhnten uns dann aber schnell daran. Mit der Installation eines Spirituskochers und der Zubereitung einer Erbsensuppe mit Würstchen aus der Dose war dann für die leiblichen Bedürfnisse gesorgt. Am Feuer sitzend beobachteten wir, wie sich mit der langsam einsetzenden Dämmerung das Ende des Sommertages ausbreitete. Unter einem sternenklaren Himmel und der mystischen Verklärung des Lichtes, der Formen und Geräusche der umgebenden Natur, verstummte langsam das Gespräch. Wir schlüpften in unsere Schlafsäcke und wurden schon ziemlich früh am nächsten Morgen durch ein lautstarkes Vogelkonzert geweckt.

Den nächsten Abschnitt bis zum Bodensee legten wir ohne nennenswerte Erlebnisse bis zum Abend zurück. Unser Versuch, im Ufergestrüpp in der Nähe von Konstanz zu zelten, scheiterte schon einen Tag später an einem zornig brüllenden Mann, der uns auf einen Campingplatz verwies. Als jemand, der auf einem Planeten lebt, der verursacht durch eine dumpfe Menschheit zur Müllkippe verkommen ist, habe ich dafür heute vollstes Verständnis, auch wenn ich mich damals geärgert habe. Also richteten wir uns auf dem nächsten Campingplatz ein und der kurze Ausflug in die große Freiheit endete unter immerhin noch hinnehmbaren gesellschaftlichen Regelungen. Dem echten überraschenden Abenteuererlebnis waren dadurch Grenzen gesetzt, aber unser Vergnügen in den kommenden vier Wochen war gut bis befriedigend. Die Tage waren ausgefüllt mit Baden im See und sich in der Sonne zu bräunen, was ich heute nicht mehr nachvollziehen kann. Schwimmen, hübschen Mädchen nachgucken, abends die Strandpromenade rauf und runter latschen – ein Tag ähnelte dem nächsten. Selbst einige Ausflüge mit dem Fahrrad in die Umgebung konnten eine sich langsam ausbreitende Langeweile nicht verhindern. Bis heute habe ich eine Abneigung, Muße und Erholung mit Menschenmengen zu teilen, wie es der Massentourismus anbietet. Inzwischen weiß man, dass diese Formen der Freizeitgestaltung eher stressen, als dass sie Erholung bringen. Wir brachen schon zehn Tage vor Ferienende ab und machten uns auf den Rückweg, in froher Erwartung auf spannende Erlebnisse in der Stadt.

Bei mir gab es einige Veränderungen: Meine Mutter hatte eine Arbeit in der Schirmfabrik Hugendubel gefunden, die durch die Herstellung von Knirpsen bekannt war. Dazu hatte sie die Zustimmung des Ehemannes gebraucht, was der Alte bisher verweigert hatte. Egal, es ging ihr jetzt viel besser. Die Kontakte im Betrieb, eine sich entwickelnde Freundschaft zu einer anderen Frau und das selbst verdiente Geld bedeuteten eine Befreiung aus dem isolierten Hausfrauendasein und brachten sie gut drauf. Wir konnten wieder zusammen lachen. Der Alte hatte sich natürlich nicht verändert, aber meine Mutter konnte seine miese Art besser wegstecken. Außerdem hatte mein glorreicher Old-Shatterhand-Schlag eine gewisse Vorsichtshaltung ausgelöst. Das alles gab uns noch ein paar einigermaßen entspannte Monate in Stuttgart. Einziger Störfaktor dabei war nach wie vor die Schule, bis sie mit einem lauten Paukenschlag ihr befreiendes Ende fand. Der Abneigung gegenüber lustfeindlich verabreichtem Wissen, was man bei mir durchaus auch Faulheit nennen kann, hatte sich derart intensiviert, dass sich diesmal kein Weg mehr anbot, dem drohenden Sitzenbleiben zu entgehen. Mein renitentes Verhalten ließ jeden Hoffnungsschimmer zusätzlich verblassen.

Derartiges passierte inflationär und lässt mich die konkrete Tat, die zum Eklat führte, nicht mehr vergegenwärtigen. Sie muss aus schulischer Sicht von hoch negativer Qualität gewesen sein und endete im Rektoratsarrest – eine besonders fiese Strafmaßnahme. Man bekam eine Aufgabe, die als Klassenarbeit benotet wurde. Der Rektor, gleichzeitig auch unser Mathelehrer, verabreichte mir diese mit einem wissend sadistischen Lächeln. Allein im Klassenzimmer war mir deren Unlösbarkeit nach einem kurzen Blick auf die Aufgaben sofort klar. Zwei Stunden Kopfkino, Blicke durch das leere Klassenzimmer und auf einen leeren Schulhof ließen keine Befriedigung aufkommen. Die Lebensregel meines Großvaters: »Man muss sich mit Anstand langweilen können«, zeigte hier wieder ihre Untauglichkeit. Das Vorhaben, draußen auf dem Flur Ablenkung zu finden, endete vor einer verschlossenen Tür. Allmählich überfluteten mich Jähzornwellen. Einen Siebzehnjährigen einzuschließen, empfand ich als Freiheitsberaubung und die Situation löste ein Trommeln an der Tür und heftiges Gebrüll aus.

Plötzlich tat sich etwas. Eine verschreckte Putzfrau schloss auf. Ich grabschte meine Hefte, stolperte über einen Putzeimer und raste ein Stockwerk höher durch das Sekretariat, an der erstarrten Sekretärin vorbei, ins Rektorat, wo ich dem Rektor die Hefte mit den Worten: »Da hast Du Deinen Scheißdreck, du blöde Sau«, auf den Schreibtisch warf. Sein Gesicht, seine weit aufgerissenen Augen und sein offener Mund (wenn er eines gehabt hätte, wäre ihm bestimmt das Gebiss herausgefallen), bleiben unvergesslich. Ich stürmte aus dem Schulhaus, dann aber verlangsamte sich meine Geschwindigkeit und führte zu Überlegungen, die Auswirkungen dieser Tat auf meine Zukunft zu überdenken ...

Die Lösung des Problems war schnell klar: Heidelberg und die Schauspielschule riefen. Die einzige Schwierigkeit bestand darin, meiner Mutter das alles zu verklickern. Sie unternahm verschiedene Versuche, um mich auf einen geordneten Entwicklungsweg zurückzuführen. Ich solle doch noch das Abi machen, das mit dem Rektor würde sie für mich schon wieder regeln. Als das nicht fruchtete, versuchte sie es mit Appellen an meine Loyalität: »Uwilein, tu's doch mir zuliebe.« Als auch das nichts half, musste sie einsehen, dass mein Entschluss feststand. Wie immer hat sie mich dann, wie in allen anderen Lebenslagen, hundertprozentig unterstützt, egal wie unverständlich oder inakzeptabel mein Treiben für sie war. Noch am selben Abend packte sie mir einen Koffer und gab mir dreihundert Mark für Zugfahrt und die Anfangszeit in Heidelberg. Abends ging ich noch schnell zur Verabschiedung bei Floh vorbei, der sich über die Beschimpfung des Rektors gar nicht mehr einkriegen konnte und meine Entscheidung voll gut fand.

Von einem angenehmen, erwartungsvollen Kribbeln erfüllt, mir alle möglichen Situationen und Vorstellungen ausmalend, verbrachte ich die zweistündige Zugfahrt bis zur Ankunft in Heidelberg um elf Uhr. Auf dem Weg vom Bahnhof zur Musikhochschule in der Friedrich-Ebert-Anlage musste ich mich durchfragen, wobei die ersten Eindrücke und die Atmosphäre dieser Stadt mir geheimnisvolle Erfahrungen zu versprechen schienen. Diesen schönen Sinnlichkeiten folgte beim Betreten des Sekretariats der Musikhochschule ein Zustand der totalen Ernüchterung: Die Auskunft, die letzte Aufnahmeprüfung sei schon eine Weile her, die nächste erst wieder im Herbst, für die ich mich dann anmelden könne, ließ mich in ein schwarzes Loch fallen. Ziemlich verdattert, schon mit den Prüfungsanmeldeformularen in der Hand, bemerkte die Sekretärin meine unglückliche Ausstrahlung und stellte mir nähere Fragen zu meinem Vorhaben, gerade diese Schule zu besuchen. Dabei kamen wir auch auf meine persönliche Situation zu sprechen. Das führte dazu, dass sie meinte: »Ich schau mal, ob die Frau Stieler noch im Haus ist, dann können Sie sich ja schon mal näher informieren.«

Nach kurzer Abwesenheit richtete sie mir dann aus, mich im oberen Stockwerk in einem bestimmten Raum einzufinden. Dort erwartete mich Frau Staatsschauspielerin Elisabeth Stieler, eine ältere, gutaussehende Dame mit einer bis dahin nicht erlebten Ausstrahlung, die von Freundlichkeit und natürlicher Autorität geprägt war. Nachdem ich auch ihr meine Geschichte erzählt hatte und nach vielen Fragen zur Biographie und Motivation forderte sie mich zum Vorspielen auf. Ich schaffte mich wieder voll drauf, wobei sie manchmal unterbrach und Spielanweisungen gab. Am Ende der Darbietung war ich heiser und außer Atem.

Nach kurzer Pause erstellte Frau Stieler eine vernichtende Gesamtkritik. Von der Unnatürlichkeit der Sprache, die hinten in den Rachen gedrückt sei, dadurch die Heiserkeit, bis zu den psychologisch groben, undifferenzierten Anlagen der Rollen war alles dabei. Schon da fiel mir auf, wie gut sie das vermitteln konnte, umso mehr merkte ich, was mir alles fehlte und meine Hoffnung, dass da noch Positives rauskommen könne, sank in den Keller. Umso unvergessener sind ihre Schlusssätze: »Aber dafür bist du ja da, um das Handwerk zu lernen. Ich sehe dich dann heute Abend um sechs zum Ensemble-Unterricht. Das Semester ist zwar schon voll, aber ich kann dich ja jetzt nicht wegschicken. Eine Begabung ist zu erkennen. Da muss noch viel dran gearbeitet werden.« Sie entließ mich dann mit Tipps für die Zimmersuche. Da gab es vom AStA eine Vermittlung und übergangsmäßig eine billige Pension in der Nähe.

Ich war jetzt im siebten Himmel. Was die Arbeit betrifft, sollte ich in Zukunft ihre Erwartungen bei weitem nicht immer erfüllen. Ein von der Hochschule vergebenes Stipendium, das ich schon bald erhalten sollte, das aber an die Erbringung bestimmter Leistungen geknüpft war, drohte sie mir mehrmals vor den Semesterprüfungen zu entziehen. Wegen Faulheit. Wenn es drauf ankam, habe ich mich aber immer angestrengt und das Ziel auf den letzten Meilen erreicht. Meine Ziele mit einem Minimum an nicht lustbetonter, angestrengter Arbeit zu erreichen, möchte ich gar nicht kritisch sehen. Immerhin hat diese Eigenschaft, ohne übermäßiges Scheitern, zur Verwirklichung vieler meiner Vorhaben geführt, ohne dabei im Mahlwerk kapitalistisch-gesellschaftlicher Zwänge zerrieben zu werden.

Mit dem im Sekretariat abgestellten Koffer, dem herumgeschleppten Symbol meiner naiven Sicherheit, die kommende Zeit in Heidelberg an der Hochschule zu verbringen, verließ ich beinahe schwebend diesen Glücksort. In der Pension wurde ich von der älteren Witwe Wallmann und einem alles überlagernden Geruch, einer Mischung aus Bohnerwachs und anderen Putzmitteln, empfangen. Das angebotene Zimmer muss das vormals eheliche Schlafzimmer gewesen sein. Die Einrichtung bestand aus einem Ehebett, einem riesigen Spiegelkleiderschrank, einer Frisierkommode mit aufklappbarem Spiegel sowie einem kleinen Tisch mit zwei Stühlen. Über dem Bett hing ein Stillleben mit Früchten. Beim Ausfüllen eines Meldeformulars fiel mein siebzehnjähriges Alter auf und ich musste die Frau überreden, mich aufzunehmen, da sie die Verantwortung dafür ohne schriftliche Genehmigung eines Erziehungsberechtigten nicht tragen wollte. Auf das eindringliche Versprechen hin, dieses schnellstens zu besorgen, wies sie noch darauf hin, dass Damenbesuch verboten sei, da sie sich sonst der Kuppelei schuldig mache. Mit der Aushändigung des Hausschlüssels verband sie den Hinweis: »Es wäre mir recht, wenn Sie nicht später als 22 Uhr Ihr Zimmer aufsuchen würden«; In meiner Zeit in Heidelberg sollte ich noch viermal umziehen.

Nicht unerwähnt lassen möchte ich die Vermieterin der »offenen Tür«. Wieder alt und Witwe hatte sie die Angewohnheit, zu jeder Zeit ohne anzuklopfen aus irgendeinem Grund das Zimmer zu betreten. Es gab keinen Schlüssel und ein vorhandener Riegel war festgeschweißt. Während meiner Abwesenheit putzte sie und räumte auf, das heißt, die Dinge hatten für sie alle einen richtigen Platz, egal ob ein Buch vom Tisch in ein Regal wanderte oder eine Zahnbürste in den richtigen Becher. Die Putzerei und Räumerei sowie blöde Fragereien gingen mir derart auf den Wecker, dass ihr nur mit einer Schocktherapie beizukommen war, wie so oft in meinem Leben. Der Waschtisch, mit Wasserkrug, Waschschüssel und Spiegel, befand sich direkt neben der Tür. Schon morgens, bevor ich zur Hochschule ging, pflegte sie mindestens einmal unter einem Vorwand ins Zimmer zu kommen. Dabei traf sie mich dann schon mal beim Waschen und Zähneputzen oder rasieren an und darauf beruhte, und hier muss ich mich selbst loben, meine geniale Idee. Im Wissen um ihren ungefähren Eintritt stellte ich mich nackt mit vollem Rasierschaum im Gesicht auf. Nach kurzer Zeit öffnete sich die Tür, um sie sofort mit einem spitzen Schrei wieder zuzuschlagen. Damit war der ohnehin pseudosomatischen Kommunikation ein Ende gesetzt und schon wieder eine neue Bude angesagt.

Die Innenarchitektur und Charakteristik der Vermieter unterschieden sich mit einer Ausnahme nur geringfügig. Die altertümliche Bezeichnung »Möblierter Herr« beschrieb die Lage. Wie sich herausstellte, waren diese Wohnungen zum Textlernen völlig ungeeignet. Ab einer höheren Lautstärke gab es Beschwerden und das führte dazu, dass ich zum Lernen in die Hochschule ging, wo meistens ein leerer Raum zu finden war. Die Ausnahme, leider erst im letzten Halbjahr des Studiums, war ein in einem großen Garten stehendes Einzimmerhäuschen in Rohrbach mit Dusche und Kochnische. Hier konnte ich tun und lassen, was ich wollte, und hatte sturmfreie Bude. Die Vermieter, eine junge Polizistenfamilie mit zwei kleinen Kindern, waren sehr offen und hilfsbereit. Ihre liebe Art hat dafür gesorgt, dass ich bei späteren Demos Wurfgegenstände und auch den einen oder anderen Pflasterstein liegen ließ.

Die Bedeutung der zweieinhalbjährigen Ausbildung erscheint in der Rückschau weniger wichtig als alles andere, was das Leben in Heidelberg bereithielt. Erfahrungen, die individuell jedem guten Schauspieler, wenn schon nicht von Gott, so doch wenigstens vom Kosmos zugedacht sein sollten. Das Studium selbst, Sprechtechnik und Rollenstudium, dient im Grunde nur dazu, einem bereits vorhandenen Talent die handwerkliche Grundlage zu verschaffen. Um einen anderen Menschen darstellen zu können, muss man Wesensähnlichkeiten erkennen und in Verbindung mit dem Bewusstsein der eigenen Einzigartigkeit den individuellen Ausdruck finden. Gelingt dies, so beweist es die These von Joseph Beuys: »Jeder Mensch ist ein Künstler«.

Eindrucksvolle Versuche in diese Richtung erwarteten mich dann beim ersten Unterricht als Zuschauer. Die Darstellungen aus Stücken wie »Glasmenagerie« von Tennessee Williams, »Michael Kramer« von Gerhard Hauptmann und »Tagebuch der Anne Frank« waren für mich Exotik pur und gleichsam eine Ahnung, welch unbekannte Gebiete sich mir beim Erlernen dieses Berufs noch erschließen mussten. Damit waren die nächsten Monate voll ausgefüllt – bis sich zwar keine Routine, aber doch so etwas wie Regelmäßigkeit einstellte. Auch für das finanzielle Auskommen war gesorgt. Über die Jobvermittlung Hilfix fand ich den idealen Job bei einem kleinen Milch- und Lebensmittelladen. Morgens zwischen fünf und acht Uhr fuhr der Milchmann mit seinem kleinen Bus die Häuser und Villen der Besserverdienenden an. Die meisten standen an den malerischen Hängen am Neckarufer und am Schlossberg. Mit dem Auto nicht zu erreichen, musste ich von der Straße aus die Kisten da hochschleppen. Der Milchmann langweilte mich jeden Tag mit den gleichen Sprüchen. Den immer wiederholten Satz »Milch ist ein ganz besonderer Saft«, wobei er bedeutungsvoll blickend vermutlich eine Reaktion erwartete, begriff ich erst, als ich schon lange nicht mehr dort arbeitete. So konnte sein Bildungsvorsprung nicht entsprechend gewürdigt werden. Es war mutmaßlich ein abgeleitetes Zitat aus Goethe's Faust, als Mephisto zu Faust sagt: »Blut ist ein ganz besonderer Saft.« Passend um neun, eine Stunde nach Arbeitsende begann der Unterricht an der Hochschule. Nach zwei Monaten endete der Job wegen Langeweile und Anzapfung anderer Geldquellen.

Merkwürdigerweise blieben die Beziehungen zu den Mitstudenten bis zum Ende des Studiums oberflächlich. Nur mit Björn, Sohn eines kriegstraumatisierten Gemüsegroßhändlers, bahnte sich eine engere Beziehung an. Im Vergleich zu mir war sein familiärer Hintergrund weit katastrophaler, was sich bei einem ersten Besuch in einem Verhalten jenseits der Norm offenbarte. Nach Anklopfen an seiner Tür öffnete er mit erigiertem Penis in der Hand und beschied mich mürrisch zu warten. Er wäre gleich fertig. Verhaltensregeln dazu waren mir nicht bekannt und so verbrachte ich laut Anweisung einige Minuten, nicht hinschauend, bis ein kurzer Aufschrei den Orgasmus anzeigte. Dann zog er die Hose hoch und begann ein Gespräch über Alltäglichkeiten. Er sollte noch oft Anlass absurdester Begebenheiten sein. In Aussehen und Ausdruck ähnelte er einem zwischen Naivität und Intelligenz nicht entschiedenen Schaf. Das verhinderte sein meist erfolglos angestrebtes Studium ernster oder Liebhaber-Rollen. Versuche in diese Richtung endeten beim Zuschauer mit unterdrücktem Lachen. In komischen Rollen aber konnte er allein schon mit überzeugend eingebrachter Selbstdarstellung brüllende Lacher entfesseln. Er war schon seit einem Semester da und zeigte mir alles in und um das romantische Heidelberg herum. Die absolute Frische und Neuheit dieser Erfahrung versetzte mich in ein permanentes leicht rauschhaftes Wohlgefühl. Es gab angesagte Kneipen, die Mensa, wo man billig zu Mittag und Abend essen konnte, schon da soziale Unterschiede manifestierend. Für 50 Pfennige gab es Eintopf, für 1 DM Normal-Essen und für 2 DM Luxus-Zugabe, meistens Schnitzel mit Pommes.

Ganz wichtig waren die Jazzkeller. Davon gab es vier, von denen einer erst morgens um 3 Uhr öffnete. Bei Livemusik konnte man sich da oft die Zeit vertreiben. Das waren Stätten, die heute von der zuständigen Bürokratie, dem Gewerbeamt oder anderen Behörden niemals genehmigt würden. Kellerräume oder Bunker wie der Drei Uhr Club waren mit alten Kinostühlen, einer grob zusammengezimmerten Bar und Bühne möbliert. Die Heizung mangelhaft, desgleichen die sanitären Anlagen, manchmal nur aus Pissrinnen außerhalb bestehend. Eine Freude im Sommer waren die Neckarwiesen, wo man baden konnte. Es gab auch Duschen, unter denen man sich danach abspülen konnte. Anscheinend zweifelte man schon damals an der Sauberkeit des Flusswassers. In den ersten Monaten gab es keinen einzigen Abend, an dem ich mich in meinem Zimmer aufhielt. Die Streifzüge durch sämtliche erregende Lokalitäten brachten nähere Bekanntschaften mit Drogen, Nikotin und Alkohol mit sich. Außer ein paar Abstürzen war mir der Alkohol immer nur als Hemmungslöser nützlich, was schon bei ein bis zwei Gläsern Wein im »Weinloch«, unserer Ausgangskneipe, bis in den späten Nachtverlauf genügte.

Extensiver äußerte sich der Drogenkonsum bei Björn. Rätselhaft sein Zustand, wenn er sich manchmal vollkommen schlapp, kaum artikulationsfähig und sabbernd rumschleppte. Irgendwann erzählte er was von Downern. Das seien Psychoabstumpfpillen, apothekenpflichtig, die er von einem Arzt, der selbst Ätherschnüffler war, verschrieben bekam. Das war dann für ihn der Totalausfall und sollte im beruflichen Werdegang ziemlich böse enden. Als der Doc sich mal weigern wollte, das Zeug weiter zu verschreiben, erpresste ihn Björn damit, seine Sucht öffentlich zu machen. Schon während des Studiums gab es Stresssituationen wie Prüfungen, wo er manchmal das Zeug einwarf. Einmal, als er nicht auftauchte, schickte mich die Stieler um ihn zu holen. Er war weggetreten, aber noch nicht ganz im Sabbelzustand. Ich versuchte, ihn zu überreden und ihm Mut zu machen, dass er die Prüfung lässig bestehen würde. Nichts half. Sein debiles Vor-sich-hinlabern machte mich derart wütend, dass ich ihm zwei Ohrfeigen verpasste, ihn zum Waschbecken schleppte, selbiges volllaufen ließ und seinen Kopf mehrmals unter Wasser tauchte. Das wirkte. Prustend, spuckend und fluchend war er wieder in der Lage, sich verständlich auszudrücken. Ich schleppte ihn zur Prüfung, deren Bestehen wir dann abends zur Abwechslung bei Wein feiern mussten. Auch die Zigarettensucht konnte anstrengend sein. In Zeiten der Knappheit mussten wir manchmal noch spät nachts zum Bahnhof laufen, wo es Packungen der Marke »Bali« mit fünf Stück Inhalt gab. Was die sonstigen Bekanntschaften angeht, so gab es da ein paar Typen von der Kunstakademie Mannheim. Ihr schwer zu durchschauender, gepflegter Individualismus, immer eine gewisse Distanz wahrend, gab den Gesprächen nur selten einen oberflächlichen Charakter. Ein gewisses Flair an Mystik war immer dabei. Besuche in der Akademie hinterließen bei mir den Eindruck geheimnisvoller unerforschter Welten.

Weitere wichtige Erfahrungen in Weltanschauung und Menschenkenntnis über die gesamte Heidelberger Zeit sollten die unterschiedlichen Jobs einbringen. Das ging gleich gut los mit Statistenjobs im Stadttheater. Meistens stellte ich Volk dar, das erste Mal in einer Operette von Jacques Offenbach, was zwar von minimaler Anforderung war, aber immerhin verbunden mit der Erfahrung, erstmalig Theateratmosphäre zu schnuppern. Den Höhepunkt dieser Phase bildete eine immerhin schon als »kleine Rolle« zu bezeichnende Darstellung im »Hauptmann von Köpenick« von Carl Zuckmayer. Dieser Hauptmann war ja eine authentische Figur, die in der autoritär militärverrückten Kaiserzeit diesen Zustand mit genialem Witz ausnutzte, um in seiner Hauptmannsuniform eine Soldatentruppe als Sonderkommando unter seinen Befehl zu stellen und mit diesen die Stadtkasse von Berlin-Köpenick zu beschlagnahmen. In dem Stück gibt es eine Szene beim Schneider, wo er sich jene Uniform anpassen lässt. Dabei geht ihm beim Maßnehmen ein Lehrling zur Hand, der sich bei den Anweisungen des Meisters etwas trottelig verhält. Es gab nichts zu sprechen, nur eine pantomimische Ausdrucksmöglichkeit. Ich führte die Rolle des Lehrlings scheinbar nach Anweisungen des Regisseurs zufriedenstellend aus. Das tierische Lampenfieber bei der Premiere verließ mich mit dem Aufgehen des Vorhangs und als meine ungeschickte Handhabung des Maßbands beim Vermessen ein paar Lacher im Publikum auslöste, war ich voll in meinem Element. Am Schluss konnte ich den ersten Beifall genießen. Meine Begeisterung darüber äußerte sich in späteren Vorstellungen darin, dass ich bald herausfand, wie man die Leute zum Lachen bringen konnte. Auf den Klotz hauend, überzog ich die Rolle derart, dass mir dann die Kollegen durchaus liebevoll den Unterschied zwischen Klamotte und Humor oder Kitsch und Realität erklärten. Man könnte auch sagen, so einen vertrottelten Lehrling, wie ich ihn da ablieferte, gibt es in der Realität nicht. Der wäre schon nach dem ersten Tag rausgeflogen. So musste ich mich dann schwer zurücknehmen und mit ein, zwei Lachern zufriedengeben. Die Aussage: »Weniger ist mehr«, sollte mich immer begleiten.

Als absolutes Gegenprogramm folgte eine Arbeit während der Semesterferien im Lager einer Baufirma: Lastwagen be- und entladen. Mit dem Sackkarren Zementsäcke und andere Lasten durch die Gegend karren. Schwere körperliche Arbeit nicht gewohnt, für die Mitarbeiter ein nicht ernst zu nehmendes Subjekt und auch da schon ständig zum Haareschneiden aufgefordert, vom Capo wegen Begriffsstutzigkeit angeschissen, warf ich nach vier Tagen den Bettel hin. Dies war der Beginn einer tiefen Abneigung gegen lustfeindliche, schwere körperliche Arbeit. Damit für mich verbunden die Berechtigung über diesen Bereich zu schreiben:

7

DU SOLLST DEIN LEBEN NICHT DEN SCHWEINEN GEBEN

Um sechs Uhr morgens steh ich auf und fühl mich schon beschissen,
ich weiß schon jetzt, der Tag, der vor mir liegt, ist wie aus meinem Leben rausgerissen.
Acht Stunden Arbeit warten schon auf mich
Ich steh am Fließband und fühle sie ermorden mich.
In meinem Inneren schreit es, ich will leben
Du darfst Dein Leben nicht den Schweinen geben.

Ich seh' keinen Ausweg, kann nicht weinen
geh meinen Weg durch die Wüste aus Stein
durchquere die Stadt bis zu meiner Fabrik und wohin ich komm, singt der Irrsinn sein Lied
Autos rasen, Schaufensterglotzen präsentieren die Scheiße, das bringt mich zum Kotzen.
Ich drücke die Karte in den Schlitz
die anderen Sklaven grüßen mich
In meinem Inneren schreit es, ich will leben
Du darfst Dein Leben nicht den Schweinen geben.

Steh an meinem Platz, die Maschinen kreischen
Sie spiel'n mir das Lied vom Gehirnerweichen
Ich steh da, mach immer dieselbe Bewegung
das ist doch Menschenverblödung
Eins ist mir klar,
ich unterstütze die Kacke der menschenfeindlichen Industrie
ob Kosmetik, Autos oder Atomdeponie
Die Schweine wollen nur produzieren
egal ob Menschen zu Maschinen mutieren
Es wird mir jetzt klar, ich hab' es begriffen
wir werden um unser Leben beschissen.
In meinem Innern schreit es, ich will leben
Du darfst Dein Leben nicht den Schweinen geben.

Ich geh jetzt raus, spring über Bord
Ich kann nicht gehorchen, mach nicht mit bei Eurem Mord
Ich scheiß auf den Wohlstand
werf' die Erziehung fort
und ich scheiß auf die Angst, noch bin ich ein Mensch
spüre Liebe und Zorn

bin wie neu geboren
Ich suche Dich
gib mir Deine Liebe
mehr will ich nicht
Lass uns kämpfen um unser Leben
mit Kraft und viel Spaß
wir suchen eine Alternative
zu Vernichtung und Hass
Wenn diese Plastikwelt zerschmilzt wie Schnee
hat der Mensch Frühling, haben wir's geschafft
In meinem Innern schreit es, ich will leben
Du darfst Dein Leben nicht den Schweinen geben.

Hinter dem Text stehe ich noch heute, aber beim Refrain würde ich mir jetzt was anderes Ausdenken. Der ist eine Diskriminierung der armen Schweine. Angesichts der ungeheuren und pervertierten Ausbeutung von Natur und Tieren in der Massentierhaltung müsste die Menschheit in Scham versinken und dann endlich das Leben der Tiere als gleichwertig erkennen. Mit Blick auf die Hölle der Schlachthöfe müsste eher der Menschheit, als Betreiber und Schlächter, eine Anerkennung als gleichwertige Geschöpfe aberkannt werden.

Zu einem weiteren wegweisenden Erlebnis wurde ein Auftritt von Klaus Kinski in der Stadthalle. Dieser berühmt-berüchtigte, aber auch geniale Exzentriker, sollte für lange Zeit mein großes Vorbild werden. Sein Auftritt versetzte das Publikum in atemloses Schweigen, das minutenlang anhielt, bevor er das erste Wort sprach. Nie wieder habe ich einen Schauspieler erlebt, der allein durch seine Präsenz wie ein Zauberer wirkte, der sein Publikum abholte, um es in unbekannte Tiefen menschlicher Erfahrungen zu führen. Sein Programm umfasste Gedichte von Francois Villon, dem mittelalterlichen Rebellenpoeten, und Arthur Rimbaud, dem Dichter, der zwischen dem vierzehnten und siebzehnten Lebensjahr mit seinem Werk die Tiefen des Seins auslotete. Er rezitierte auch Antikriegstexte von Kurt Tucholsky: »Der Graben« und »Helm ab zum Gebet« haben sich für immer in meinem Bewusstsein verankert. Im Verlauf des Vortrags, eineinhalb Stunden ohne Pause, die auch gar nicht vorstellbar war, muss in den vorderen Reihen jemand leise gehustet haben, ich hatte nichts gehört. Kinski unterbrach. In seiner typischen messerscharfen Artikulation schrie er den Satz: »Ich finde das Alter widerlich und kann es nicht ertragen« ins Publikum. Dann ging er ab, um nach einigen Minuten das Programm weiter bis zum Ende zu führen. Damals empfand ich den Ausfall gegen den alten Mann selbstverständlich und seiner Genialität geschuldet. Jetzt, selber alt, müsste Kinski bei mir mit einer derben Reaktion rechnen. Sein Umgang damit offenbarte sich ein Jahr später. Diesmal tourte Kinski mit einem ambitionierten Programm, in dem er die großen Monologe der klassischen Theaterliteratur in den größten, immer ausverkauften Hallen des Landes darbot. Das waren Hamlet, Franz Moor, Don Carlos und viele mehr. Obwohl an den besten Theatern engagiert, eskalierte es mit Regisseuren und Kollegen immer wieder durch seine exzentrischen Wutausbrüche, üble Beschimpfungen und sogar Tätlichkeiten bis zur Unmöglichkeit der Zusammenarbeit. Ein Beispiel ist eine Geschichte am Berliner Schillertheater, wo er wütend einer Partnerin mehrmals Tritte in den Hintern verpasste, was die sofortige Kündigung nach sich zog. Wütend darüber verbarrikadierte er sich in der Kantine und bewarf die um Beschwichtigung Bemühten mit Bierflaschen, Essen und Einrichtungsgegenständen, während er heftigste Beleidigungen um sich schrie. Die Schwierigkeiten in der Zusammenarbeit sind filmisch gut dokumentiert während der Aufnahmen zu seinen großen Filmen mit Werner Herzog, der diesen einzigartigen Schauspieler fast bis zur Selbstaufgabe für seine Arbeit gewinnen konnte. Mit den Worten »Ich scheiße auf das Theater« arbeitete sich Kinski in seine Wunschrollen mit äußerster Disziplin und ohne Regisseur selber ein. In ausverkauften Hallen und großem Erfolg im ganzen Land fand er seine Bestätigung.

Es war klar, dass ich dieses Programm sehen musste. Björn konnte ich überreden. Er selbst, der größte Spinner, lehnte Kinski ab und bezeichnete ihn als Verrückten – mir völlig unverständlich. Am Abend des Auftritts verfolgte ich wieder voll hypnotisiert seine Darstellungen bis zu »Don Carlos«, in dem er König Philipp von Spanien bittet: »Vater, schickt mich mit dem Heer nach Flandern«. Wie eine eiskalte Erweckung aus der Hypnose manifestierte sich der von Björn laut ausgestoßene Satz: »Ich kann doch keinen Verrückten nach Flandern schicken«, in der Halle. Kinski erstarrte und ging sofort ab. Von seitlich der Bühne stürzten zwei Bodyguards in den Saal und schleppten Björn mit sich. Nach kurzer Pause setzte Kinski sein Programm fort.

Nach Björns Schilderung stürzte Kinski wutentbrannt in die Garderobe und schrie: »Die Sau muss geprügelt werden, bis sie auf allen Vieren davonkriecht.« Die Bodys erfüllten diese Anweisung und schmissen Björn dann durch den Hintereingang auf die Straße. Angezählt und mitgenommen traf ich ihn nach der Vorstellung im Weinloch. Er war bei der Polizei gewesen und hatte Anzeige wegen Körperverletzung erstattet. Da ist nie etwas passiert, das wurde wahrscheinlich wegen Geringfügigkeit eingestellt. Als großer Kinski-Fan hielt sich mein Mitgefühl in Grenzen. Seine blauen Flecken hatte er verdient.

Kinskis expressive Ausdrucksweise, seine Fähigkeit, die Fremdheit der zeitgebundenen Sprache und Psychologie der klassischen Rollen in die Jetztzeit zu übertragen, war auf der Suche zu meinem eigenen Ausdruck nicht weniger wichtig wie meine gesamte Schauspielausbildung. Vorläufig führte dieser starke Einfluss dazu, dass ich mir »Die lasterhaften Balladen und Lieder des François Villon« zulegte und diese bei allen möglichen Gelegenheiten in immer leichtem und weniger leichtem trunkenem Zustand in intensiv grenzwertiger kinskiesker Manier für meine Umgebung zelebrierte. Parallel dazu studierte ich die Rolle des Franz Moor aus den Räubern ein und verschaffte mir damit bei den Mitschülern und auch bei Frau Stieler, die Kinski nicht kannte, eine Sonderstellung. Die Ästhetisierung des Rebellentums und die teils spätpubertäre, undifferenzierte Auflehnung gegen jegliche Autorität staatlicher, kirchlicher oder sonstiger Art fanden in den Villon-Gedichten den vollendeten Ausdruck. Die lasterhaften Balladen, geschrieben im fünfzehnten Jahrhundert, den düsteren Chaoszeiten des hundertjährigen Krieges, gab es in einer Nachdichtung von Paul Zech als Taschenbuch. Besser als jede Beschreibung zeigt ein Gedicht daraus, wie modern und aktuell diese Dichtung sein kann:

EINE BALLADE, IN DER ICH MEINE MITMENSCHEN UM VERZEIHUNG BITTEN MÖCHTE

Die dicken Fresser in Kamelhaarkutten
die frommen Nonnen und die Kardinäle
mit ihren parfümierten Luxusnutten
Minister, Mameluken und die Generäle
mit Blech verklebt vom Nabel bis zum Ohr
eventuell auch noch der königliche Mohr Ninostam, das alte Schwein
Sie alle mögen mir mein Lästermaul verzeihen.
Nur der verdammte Bürgermeister nicht, dem Sauhund
rotz ich lieber dreimal ins Gesicht

Der hat mich um mein letztes bisschen Brot betrogen,
mir mein bisschen Suff genommen
Der Sauhund soll mir ja nicht in die Quere kommen,
den schlag ich mausetot

Nicht riechen kann ich auch die Herren vom Gericht
Da hocken sie mit Fäusten wie ein Schwergewicht auf ihrem
Paragraphen Thron und brennen jedem der nicht blecht
ein Schandmal auf die Stirn
Die werden ihren Lohn bald kriegen
für ihr gottverdammtes Recht
Man schlag dem ganzen Lumpenpack
das Maul mit einem Hammer kurz und klein
Ich bin Villon, das braucht mir keiner zu verzeihen

Auf Anregung von Jazzern begann ich, meinen Vortrag mit ihrer Musik zu verbinden. Auch mit anderen Texten von Jacques Prévert, Wolfgang Borchert, Kurt Tucholsky und Erich Kästner entwickelte sich ein als »Lyrik und Jazz« bezeichneter, neuartiger, experimenteller Groove. Bald wurden daraus regelmäßige Auftritte, die manchmal in Verbindung mit Musikern, aber auch als reine Rezitationsabende stattfanden. Dafür gab es bereits kleine Gagen. Mein Outfit, eine schwarze Kutte, sowie mein exzentrisches Ausleben von Publikumsbeschimpfungen bei kleinen Störungen, sorgte allmählich für Zulauf. Besprechungen in Zeitungen brachten mir zusätzlich eine gewisse Popularität.

Frau Stieler sah das gar nicht gern und wollte die Auftritte unterbinden. Vielleicht schien ihr der gute Ruf der Hochschule in Gefahr. Da war aber nichts zu machen, der Fluss war nicht aufzuhalten. Das Kulturreferat des AStA plante eine größere Veranstaltung unter dem Motto »Unter den Talaren, der Muff von tausend Jahren«. Diese sollte mit den »Lasterhaften Balladen« in der Alten Aula mitten in Heidelberg stattfinden. Die Werbung mit Riesenplakaten und Handzetteln lief optimal. Der Abend des Auftritts schockte mich mit einer Zahl von fünfhundert Besuchern, eine wie ein Überfall wirkende Menschenmasse. Ich zweifelte daran, diese Konfrontation lebend zu überstehen. Aber die über eine Stunde

Programm erzeugte beim Publikum große Begeisterung. Durch die offenherzige Villon'sche Behandlung damals tabuisierter Themen, nicht zuletzt auch der Sexualität, wuchs sich der Auftritt durch eine übertriebene Presseberichterstattung zu einem kleinen Skandal aus. Dem AStA wurde die Alte Aula als Veranstaltungsort für weitere Kulturveranstaltungen gesperrt.

Die Bekanntheit, die mir dieser Auftritt verschaffte, führte zu Anfragen von anderen AStAs und Jazzclubs, sodass ich während des ganzen Studiums immer wieder Rezitationsabende durchziehen konnte. Ende der fünfziger und in den sechziger Jahren gab es noch sehr verbreitet Jazzkeller, selbst in Kleinstädten und ländlichen Gebieten. Für Jugendliche oft die sich als Freiraum anbietende Alternative zu den institutionalisierten Jugendhäusern. Außer in Heidelberg spielte ich in Pforzheim, Weinheim, Karlsruhe, Kirchheim/Teck und anderen Orten für eine Gage, die mir dazu verhalf, nur noch solche Jobs anzunehmen, die sich körperlich und geistig als erträglich erweisen konnten.

Nur einer dieser Jobs ist erwähnenswert. Vorher ist aber eine Begegnung der besonderen Art wichtig, die sich in den Tagen nach der Alten-Aula-Veranstaltung ereignete. Nach dem Unterricht sprach mich vor der Hochschule ein älterer, seriöser Herr an. Er stellte sich als ein von Trotha vor und begann in souveräner Art und an meiner Person sehr interessiert ein Gespräch, um mich dann mit den Worten: »Es wäre schön, dich näher kennenzulernen«, zu einem Nachmittagstermin zum Kaffee einzuladen. Ich begab mich zu der angegebenen Adresse und Thilo, so hieß er – das ist der Trotha'sche Familienvorname bei jedem zweiten –, stellte mich seiner Frau vor, eine, wie ich später erfuhr, geborene Prinzessin von Hohenlohe.

Ihr Beitrag zur Unterhaltung bestand in dem immer wieder mit hoher Stimme hervorgebrachten Satz: »Thilo, wer ist das denn?«, jedesmal beantwortet mit: »Das ist Uwe.« Es muss Demenz gewesen sein. Spätestens nach diesem Erlebnis hatte sich mein Prinzessinnentraum in Luft aufgelöst. Die desillusionierende Begebenheit fand ihre Fortsetzung in einem Gespräch, das im Verlauf seinen überraschenden Höhepunkt in dem Vorschlag Thilos fand, ich solle doch einen Künstlernamen annehmen. Die Familie würde mich dann in meinem Studium finanziell unterstützen. Die Summe war beeindruckend. Völlig perplex versprach ich, es mir zu überlegen und machte einen schnellen Absprung. Nach einigen vergeblichen Kontaktversuchen Thilos verlief sich das und ich habe auch später nie wieder von ihm gehört.

An dieser Stelle muss ich noch ein anderes Familienmitglied erwähnen, das ich lieber für immer verdrängt hätte. Die Person, um die es sich dreht, ist jener unsägliche General Lothar von Trotha, der für den Völkermord an den Herero während der deutschen Kolonialzeit in Südwest-Afrika, dem heutigen Namibia, verantwortlich ist. Für dieses Verbrechen fehlen mir die Worte, aber es zu verschweigen scheint mir nicht möglich, auch wenn sich jeder, der dieses Buch liest, vorstellen kann, wie meine Einstellung dazu ist.

Einen positiven Einschnitt bedeutete nach über einem Jahr Heidelberg der Abgang des Alten. Das Kettenrauchen hatte ihm in Form von Lungenkrebs den Garaus gemacht. Von einer großen Last befreit blühte meine Mutter auf. Ich trampte öfter nach Stuttgart, um sie zu sehen und mich mit meinem Lieblingsessen bekochen zu lassen. Dadurch blieb auch der Kontakt zu Floh lebendig. Der noch zu beschreibende Ferienjob sah uns zusammen bei einer Bücherversandfirma namens Koch, Neff und Oetinger. Auf mehreren Etagen waren in langen Gängen jeweils unterschiedliche Literaturgattungen in hohen Regalen gestapelt. Am Ende der Gänge lief ein Fließband mit in Körben gelagerten Bestellzetteln vorbei. Jeder hatte so einen Gang zu betreuen und die Aufgabe bestand darin, die bestellten Bücher rauszusuchen. War die Arbeit auf dem jeweiligen Stockwerk erledigt, wurde das Band weiter in die Verpackungsabteilung geleitet. Floh musste Romane raussuchen, bei mir war es Lyrik – und das brachte mich in Berührung mit dem Dadaismus. Arp, Huelsenbeck, Tzara und wie sie alle hießen, ließen uns Ausflippen. Diese absurde, surrealistische Form der Poesie von Dichtern nach dem Horror des Ersten Weltkrieges, im Zweifel, ob überhaupt noch Gedichte geschrieben werden könnten, erreichten bis dahin unbekannte Bereiche unseres Bewusstseins. Nach zwei Wochen besaß ich eine umfangreiche Sammlung des Dadaismus.

Es hatte sich unter den Ferienjobbern geradezu ein Konkurrenzkampf entwickelt, wer die meisten Bücher klauen könnte. Damals waren Matchsäcke in Mode, und diese wurden jeden Tag prall gefüllt rausgeschleppt. Das bot sich einfach an. Problemlos und ohne jede Kontrolle wäre das noch lange so weitergegangen, hätte sich nicht irgendein Trottel beim Einpacken erwischen lassen. Und das kurz vor Feierabend. Ohne Vorwarnung wurden unsere voll bepackten Taschen und Matchsäcke kontrolliert und sämtliche Diebe überführt. Es gab die sofortige Kündigung und wir konnten froh sein, dass eine angedrohte Anzeige ausblieb. Unter uns Bücherdieben hatte sich aber inzwischen eine über die Arbeit hinausgehende, von der Literatur beeinflusste Interessengemeinschaft gebildet. Mit großem Vergnügen wurde vorrangig die Vertiefung in das Wesen des Dadaismus gepflegt. In einer in Stuttgart-Mitte angesagten nonkonformistischen Kneipe gab es einen an sich ekligen, südafrikanischen, rostfarbenen Wein, der uns schnell in neo- oder spätdadaistische Bereiche transformierte und der humoresk-nihilistische Expeditionen zum Aufbruch trieb. Die Wortschöpfungen wurden von mir aufgeschrieben und als »Blah-Blahistisches Manifest« sublimiert. Daraus ergab sich die Unvermeidbarkeit, die Welt an der Großartigkeit unserer Kunst teilhaben zu lassen. Seltsam kostümiert, mit diversen Kopfbedeckungen wie Fleischwurstringen, Bauchlappen, auch Zylinder, angezogen mit allem was an Ungewohntem aufzutreiben war. Das ging vom Frack bis zu gebrauchten Beinprothesen und Kartoffelsäcken. Einer schob einen selbstgebastelten, am Hosenschlitz befestigten riesigen Hodensack auf einer Schubkarre vor sich her. Ein anderer war mit einem Damenbadeanzug und Badekappe mit darauf befestigter brennender Kerze bekleidet. So ausgestattet bewegten wir uns in allen Tonlagen und Färbungen »Blah Blah – Blah Blah«-schreiend die Königsstraße hinunter, um uns dann auf den Treppen unter der Säulenarkade am Schlossplatz zu versammeln. Dort wurde mit jenem südafrikanischen Wein ein Eröffnungsritual vollzogen. Floh hatte aus der Praxis seines Großvaters einen echten Totenschädel organisiert, dessen Hirnschale abgesägt war und die nun als Trinkgefäß durch unsere Reihen wanderte. Immer wieder »Blah Blah Blah«-brüllend wurde so der Inhalt einiger Flaschen aus der Hirnschale getrunken. Das war nötig, um die Welturaufführung des »Blah-blahistischen Manifestes« vorzubereiten.

Musikalisch begleitet wurde das von den dumpfen, manchmal nach Fürzen klingenden Geräuschen aus »Daddy's Saxophon«, beobachtet durch den an einer Stange über uns schwebenden Totenkopf. Außerdem wurde aus bis zum Anschlag aufgeblasenen Präservativen die Luft rausgelassen, die dann nach einem kurvigen, rotierenden Flug über den Leuten manchmal auch auf ihren Köpfen niedergingen. Die sich ansammelnde Menge schaute uns mit sensationslustigem, aber ungläubigem Augenausdruck zu. Ein außerhalb stehender, analytischer Zuschauer würde zur Feststellung kommen, dass bei Akteuren und Zuschauern unterschiedliche Anschauungen von Humor vorhanden waren. Nach viel Geschrei und Gesaufe zog ich das Pamphlet aus der Tasche und verlas das »Blah-blahistische Manifest«. Zu dem Vortrag hatten wir uns einige happening-hafte Aktionen ausgedacht. Beim Marsch zum Schlossplatz wurde eine Menge aussagekräftiger Schilder getragen, mit Forderungen wie: »Bringen Sie ein Opfer für die Demokratie«, »Sparen Sie jetzt nie mehr Toilettenpapier. Benutzen Sie Zeitungspapier. Enteignet die Toilettenpapierindustrie« oder »Seid wachsam – seid sparsam. Bürger kneift die Backen zusammen.«

DAS BLAH-BLAHISTISCHE MANIFEST

Ich werde Euch den Stachel unters Sichtfleisch reißen
Ich bin der gesunde Aussatz
Ich bin der schärfste Gegner des parfümierten Klopapiers
Ich vergewaltige das Zuckermärchen von der keimfreien Milch ohne Rücksicht auf Zustände

(Parallel dazu wurde ein großes Feuer mit einer Menge Klopapier am Brennen gehalten.)

Ich werf mein trauriges Fleisch Euch zu Füßen
Blumen, rotes Wachs oder Verwandlung in Plastik
Ihr Schmetterlingsmörder
Schwanger war ich mit einem Schmetterling
besoffen vom salzigen Blut seines Herzens

(Bei diesen Worten schüttelte Floh mehrere Gläser roter Marmelade vor die Füße der Zuschauer und schrieb mit einem dicken Pinsel »Liebe und Love« auf den Gehsteig, während er den Satz: »In der Haushaltsdebatte hat der Bundestag die Erhöhung der Marmeladenpreise beschlossen«, schrie.)

Ich bin in der Verwandlung
Ich bin wild darauf eine verrückte Wahnsinnstat gegen die Regierung zu unternehmen.
Ich mit den unparfümierten Gesichtszügen
Ich, hingeklebt auf Euren Almanach, den mit Gebrauchsanweisungen
Meine Augen panierend am Grund der Kaffeetasse
Mit Gesängen, Sternen aus Silberpapier und geknebelten Robotern in Sonntagsanzügen

Ich, der Erleuchtete, nicht unverkäuflich für zwei Pfund Musik
Ich pfeife auf das Begreifen in graumeliert
Ich habe ein kleines Meer aus Weihwasser oder Bier.
Unter Neonröhren sind meine Kleider ausgeleiert, verrottete Faltenscherze

(Jetzt trat Herr Röckle vor das Publikum. Davor hatte er sich eine Tube Zahnpasta in den Mund gedrückt und erzeugte nun mehrmals durch Zuführung einiger Schluck Bier, unglaubliche Schaummengen, die er den Leuten vor und auf die Füße spuckte. Diese wichen auch durch die Einzigartigkeit seines waldschratigen Aussehens erschreckt zurück.)

Ich bin gegen die Telefonzellen ab 19:00 verbilligt mit den weißen Scheiben über den Krawatten obligatorisch grinsend, sich einen abreibend
Ich bin ein unausgeschlafenes Gebet
Ich kenne die Augen von Maria

(Hier waren Geräusche des Geschlechtsverkehrs ausgemacht, welche die ganze Mannschaft auch ausführte).

Ich bin ignorant, unschuldig mit Heckenrosenaugen, allergisch gegen Zeitungspapier, Hochhausphrasen, Uniformzitate, ein paar Worte über die Paarung der Nachtigallen
geile Schreie aus einem Klostergarten
ein verlassenes Kruzifix am Feldrand
Blumen und anderes Gemüse auf einem Erntedankfest
den aufgeschwemmten Leib eines Selbstmörders in blauen Fluten
die Ohnmacht einer österreichischen Gräfin in einem Genet-Stück
das Läuten der Glocken am Tegernsee
Ich, der Saurier
Ich, der Eroberer des Schrittes
Der Gedanke der Herbstblätter auf städtischem Steinpflaster
Ich, der Orangene
Ich, das Haustier der Angst
Ich, der letzte Berg Mahoucopolos Neuvokondros. Unter mir röchelt die Luft des Versäumten, hustet über Muschelgestade, Südmeere von damals, der Geruch feuchter Erde
Ich bin gegen die Paarung mit einem Roboterweibchen. Irgendwo in einem Tal mit Staniolbach und verfaultem Obst
Ich, die Spinnwebe vor dem Fenster in Bäumen, Luft und auf dem Wind
Ich mit den Fragen aus der Sphäre
den Fragen ohne Pfahlwurzeln

Ich gegen die Scheißvernunft
ich habe Anweisung für Tote
die den Himmel sehen wollen

Einige begleitende Aktionen habe ich vergessen. Der Schluss erfolgte durch die mehr oder weniger jaulend vorgetragene deutsche Nationalhymne. Währenddessen erschienen zwei Polizisten, wahrscheinlich herbeigerufen, um unsere Versammlung mit der Begründung einer Verkehrsbehinderung aufzulösen.

Derartige kulturelle Veranstaltungen wurden noch einige Male freudvoll vollzogen. Sie haben allerdings bis heute keine Spuren in der Literaturgeschichte hinterlassen. Beim Kramen in alten Papieren habe ich so viel neo-dadaistischen Blah-Blah-Stoff gefunden, dass es für ein eigenes Buch reichen würde.

Später konnte ich in den Werken der Beatpoeten aus Amerika einen ähnlichen Ansatz erkennen. Ein Schreiben, möglichst losgelöst von Vorbildern, ist als Spezifik der individuellen Befreiung aus vorgegebenen Normen zu erkennen.

IM PARK

Ich wohne am Rand einer städtischen Grünanlage
ich muss hindurch
Es ist der Weg in die Stadt
es stinkt nach Hundescheiße
Am Ende zwischen zwei Bäumen
schimmert am Straßenrand
die Coca-Cola Reklame
Früher war mal ein Friedhof da
ein paar Gräber gammeln noch auf dem Rasen
Ein Kriegerdenkmal dazwischen
aus der Zeit, als es noch badische Leibgrenadiere gab
Ein Mann dressiert seinen Hund
ein General findet sich immer

Gestern ist im Gebüsch ein Penner verreckt
Ein Leichenwagen kam an
Polizisten vertrieben neugierige Kinder und Hundehalter
Ich schaute am nächsten Tag in der Zeitung,
aber es stand nichts drin über die städtischen Grünanlagen

Und noch eine kleine Prosa:

DIE MENSCHLICHE RARITÄT

Die an den medizinischen Fakultäten herumgereichte menschliche Rarität, die anstelle des Herzens einen pulsierenden Dickdarm ihr eigen nannte, zog einen Zwanziger aus der Tasche, als ihn an der Ecke Kaiser- und Schlesierstrasse ein einfach, aber sauber gekleideter Herr ansprach, der den Ausdruck eines geheimen, aber tapfer ertragenen Leidens auf dem Gesicht trug. »Dies ist mein Bruder, der an chronischem Dünnschiss leidet«, sagt der Mann und deutet auf einen zwei Zentner großen Arsch, den er in einem Leiterwägelchen hinter sich herzog. »Ich danke Ihnen für Ihre Güte und werde mir erlauben, mit diesem Geld weiterhin für eine bessere Welt zu kämpfen«, sagt der Herr und entfernte sich plötzlich blitzschnell, da die Ampel auf Grün umgeschaltet hatte.

Als im wahrsten Sinne des Wortes zu Grabe getragener Abschluss der Blah-blahististischen Bewegung, ist die Aussaat von zwei Päckchen Radieschen auf dem Grab des Alten zu verstehen. Mit der Symbolik, dass er sich die Radieschen von unten anschauen könne, erhoben wir sein armes Arschlochleben zum Kunstwerk und gaben ihm damit einen tieferen Sinn und mir eine Form des persönlichen Abschlusses.

In jenen Stuttgarter Zeiten traf ich meine erste große Liebe. Was meine Beziehung zu Frauen betrifft, möchte ich mich vornehm zurückhalten. Müsste ich doch ständig damit beschäftigt sein, irgendwelche chauvinistischen und anderen Psycho-Züge, die bei meinem Hintergrund nicht ausbleiben konnten, zu reflektieren oder zu verbergen. Also beanspruche ich hier einen Intimbereich. Nur wenn über die Beziehung hinaus besondere Erkenntnisse über das Zeitgeschehen sichtbar werden, berichte ich darüber.

»Liebe auf den ersten Blick« gibt es tatsächlich und es passte auf diese Begegnung. Die Beschreibung ihres Aussehens möchte ich vermeiden, da ich befürchte, in heftigen Kitsch zu verfallen. Nur so viel: Sie war wunderschön, hatte langes rotes Haar und kleidete sich in eine damals sehr ungewohnte schwarze Nappa-Lederhose und eine Bluse. Sie war die Traumfrau aus meinen Märchenbüchern. Ihr Name war Liane, der, wie sich herausstellte, nur ihr zweiter Name war. Der erste war Brunhilde und ihre Geschwister hießen, wie ich später erfuhr, Gernot, Siegfried und Ute. Diese urgermanischen Namen aus der Nibelungensage sollten sich mir später erklären. Liane hatte sich während ihres ersten Engagements am Theater als Balletttänzerin einen Bruch am Fuß zugezogen und befand sich in einer Auszeit, begleitet von einer Sinnkrise, ob das traditionelle Ballett überhaupt ihr Ding sei. Eher reizte sie moderner Ausdruckstanz, der freiere Formen versprach. Die damals bekannteste Vertreterin dieser neuen Tanzform war Mary Wigman, deren Schule in Berlin Liane besuchen wollte.

Kaum begonnen, hätte unsere Liebe bereits die riesige Entfernung Heidelberg – Berlin überwinden müssen. Da sie noch eine Weile aussetzen musste, um körperlich wieder fit zu werden, schlug ich ihr vor, ein Schauspielstudium zu absolvieren, was beruflich gesehen für sie auf jeden Fall eine Erweiterung ihrer Fähigkeiten bedeutete. Sie war angeturnt. Die nächste Aufnahmeprüfung in Heidelberg bestand sie, vielleicht auch ein bisschen durch meine intensive Empfehlung bei Frau Stieler. Das bedeutete für uns noch mindestens ein Jahr ein mögliches Liebesleben bis zu meiner Abschlussprüfung. Gleich zu Beginn unserer Verbindung eröffnete mir Liane allerdings, sie sei Jungfrau und müsse einmal im Jahr eine Bescheinigung vom Frauenarzt bei ihrem Vater vorlegen; wenn nicht, würde er ihr seine finanziellen Zuwendungen streichen. Ihre Familie war reich, sie nicht unverwöhnt und auf die Kohle wollte sie auf gar keinen Fall verzichten. Mir erschien das äußerst sonderbar und ich wusste nicht, woran es lag, aus was für einer Scheu auch immer das direkte Vögeln zu vermeiden oder ob der Grund mit dem Vater wirklich der Realität entsprach. Mir machte ihr Jungfrauenstatus nicht so viel aus. Man kann auch ohne Penetration 'ne Menge schöne, lustbringende Erlebnisse genießen. Trotzdem erhoffte ich mir von einem Besuch in ihrem Elternhaus mehr Aufklärung über Lianes Zurückhaltung. Vorbereitet durch Gespräche über ihre Familie, vorrangig den Vater, wurde die fantasievolle Vorstellungskraft bei diesem Treffen durch eine langweilige Realität ausgelöscht. Ich wusste, dass der Vater Ingenieur war und im Nazireich einen hohen Posten beim Arbeitsdienst innehatte. Nach dem Krieg wurde er entnazifiziert und durfte seinen Beruf nicht mehr ausüben. Dafür bezeugte seine letzte Stellung bis zur Rente als Direktor der Allianzversicherung, dass das Netzwerk der alten Kameraden noch gut funktionierte. Regelmäßig trafen diese sich im Sommer an einem Ort in Österreich. Dort frischten sie saufend und Lieder singend ihre Erinnerungen auf.

Mein Treffen mit dem Vater verlief ausgesprochen unspektakulär. Sein Gesicht mit Schmissen wies ihn als ehemaliges Mitglied einer schlagenden Studentenverbindung aus und wirkte versteinert. Während unseres Wochenendaufenthalts kam auch keinerlei Unterhaltung mit ihm auf. Seine Hauptbeschäftigung schien darin zu bestehen, im Haus herumzulaufen und mit der Fliegenklatsche Fliegen zu killen. Durch die Nachbarschaft von Bauernhöfen gab es noch eine ganze Menge Fliegen, Spinnen und andere Insekten. Heute ist die Menschheit durch Raubbau und Vergiftung dabei, die Insekten auszurotten, in dumpfer Ignoranz der Tatsache, dass wir unser eigenes Fortbestehen dadurch enorm gefährden. Hannah Arendts Begriff von der Banalität des Bösen erschloss sich mir bei der Beobachtung des Nazivaters beim Fliegentöten. Es war mir unmöglich, mit ihm die Jungfräulichkeit seiner Tochter zu debattieren. Alle Fragen zu diesem Thema lösten sich ohnehin nach einiger Zeit in Wohlgefallen auf. Unser gemeinsames Heidelberger Jahr war intensiv und aufregend, aber auch begleitet von beidseitiger Exzentrik und Eifersüchteleien – letztere mehr von mir ausgehend. Liane, im Sternbild Löwe-Frau, gern im Mittelpunkt stehend, wozu sie nicht viel tun musste, fand das lächerlich, aber die Streitereien fanden glücklicherweise immer ein versöhnliches Ende.

Sie muss mich wirklich geliebt haben, denn manches ist mir heute noch peinlich. So mussten wir mit der Schauspielschule während der Ferienkurse an der Uni einen Vortrag über moderne deutschsprachige Lyrik halten. Als Rezitationsking sollte ich Gedichte von Ingeborg Bachmann sprechen, die sich mir zwar nur teilweise erschlossen, was aber für mich kein Hindernis war, sie mit äußerster Expressivität darbieten zu wollen. Am Tag des Auftritts hatten wir uns mal wieder gestritten. Abends war die ganze Schauspielschule da, nur Liane fehlte. Ich verkündete, ohne ihre Anwesenheit würde ich nicht sprechen. Mir ist unerklärlich, warum Frau Stieler, die sonst die unbestrittene Autorität besaß, darauf einging und alle Mitschüler losschickte, um sie daheim oder in einschlägigen Kneipen zu suchen. Sie wurde schnell gefunden und musste sich sogar noch die Ermahnung anhören, sie könne mich nicht vor einem Auftritt derart in Aufregung versetzen. Vielleicht hätte mich ein kleiner Zusammenschiss an diesem Punkt vor späteren unnützen Überschätzungen bewahrt. Aber life is life und egomanische, verstörende und verletzende Ausflippereien gehörten noch länger zu meinen weniger sympathischen Eigenschaften.

Das Jahr mit ihr verging wie im Flug und endete hochschulintern mit meiner Abschlussprüfung und außerdem noch vor einer Prüfungskommission des Bühnenvereins am Stuttgarter Staatstheater. Die Urkunde »Mit Erfolg bestanden« war, wie sich herausstellte, von keinerlei Wert, denn es gibt keinen Intendanten oder Regisseur, der sich für so eine Urkunde interessiert. Ohne eine persönliche Beziehung oder durch den Besuch einer der wenigen Eliteschauspielschulen, die unter hunderten von Bewerbern dann vielleicht ein Dutzend rausfiltern, war es kaum möglich, ein Engagement zu bekommen. So enden Tausende nicht in ihrem Traumberuf, sondern in der Arbeitslosigkeit, und einen geplatzten Traum durch einen ungeplatzten zu ersetzen, ist schwierig. Ich hatte gleich versucht, in Heidelberg am Stadttheater und auch am Zimmertheater unterzukommen, bekam aber von beiden Häusern Absagen und nicht mal einen Vorsprechtermin. Ein Abschied ließ sich also nicht vermeiden. Ohne Einkommen musste ich meine Ausgangsbasis unter Muttis Fittiche verlegen, um von dort aus weitere Versuche zu unternehmen, ein Engagement zu bekommen. Trotz örtlicher Trennung sahen Liane und ich uns noch oft bei Besuchen in Heidelberg oder Stuttgart. Nach Beendigung ihrer Schauspielausbildung führte sie ihre Liebe zum Tanz auf die Schule von Mary Wigman in Berlin und zu Marcel Marceau nach Paris. Zwangsläufig wurden dadurch unsere Begegnungen seltener, umso mehr konnten wir uns auf brieflicher Ebene nahekommen. Die Beziehung hielt sechs Jahre.

Meine Situation in Stuttgart war erst mal nicht schlecht. Von Mutti umsorgt und wieder vereint mit meinem besten Freund Floh waren gute Voraussetzungen, um starke Energien für eine hoffnungsvolle Suche nach dem Theater freizusetzen, das nur auf mich wartete. Immerhin bescheiden genug fing ich nicht gleich beim Staatstheater an, sondern suchte erst mal nach kleineren Bühnen. Diese fand ich im Stuttgarter Telefonbuch. Da stand das Altstadt-Theater und ein Stuttgarter Tourneetheater, bei dem sich in meiner Fantasie eine die deutschen Lande durchquerende, großartige Bühne auftat. Beide Theater wurden angeschrieben und von jenem Tourneetheater kam eine Antwort und die Aufforderung mich zwecks Vorstellungstermin telefonisch zu melden. Dies getan, landete ich bei einer Adresse in Stuttgart Bad Cannstadt vor einem mehrstöckigen Haus, in dem ich ganz oben, vor einer Dachkammer eine Klingel mit der überproportionierten Aufschrift »Stuttgarter Tourneetheater« entdeckte. Geöffnet wurde die Tür von einem wie aus dem Ei gepellten Herrn in Anzug, Krawatte und Schnurrbart, der, wie sich herausstellte, viel jünger war, als er wirkte. Riesengroße, wasserklare Augen und ein tiefer Ernst ließen ein geheimes, aber tapfer ertragenes Leiden vermuten. Dieser Eindruck verstärkte sich noch, als er mir Tee anbot und unvermittelt begann, über seine Magenprobleme zu sprechen. Tee hatte ich schon mal irgendwann probiert, aber als abseitig empfunden. In diesem Fall schien es allerdings frei nach dem Spruch »Abwarten und Tee trinken« angesagt, so eine Tasse anzunehmen.

Der Herr Horst M. war der zweite und letzte Horst meines Lebens. Heute wird der Begriff »ein Horst sein« für minderbemittelte, irgendwie schräge Gestalten verwendet. Er hatte von beidem etwas, aber durchaus auch Qualitäten. Dazu gehörte ein großes Selbstbewusstsein, mit dem er mich aufforderte, auf seiner engen Dachkammerfläche meine Rollen vorzusprechen, wobei er lässig eine Zigarette rauchend, mit übergeschlagenen Beinen auf einem Klappstuhl saß, auf deren Rückenlehne in großen Buchstaben das Wort »Regie« stand. Von meiner Darstellung sehr angetan, erzählte er mir von seinem Unternehmen. Er hatte schon einige Stücke inszeniert. Diese bot er teilweise als Lesebühne an. Das heißt, die Schauspieler saßen an einem speziellen Tisch mit einer Lampe an jedem Platz, die eingeschaltet wurde, wenn die jeweilige Rolle zu sprechen war. Auf diese Weise führte er Stücke mit bis zu sechs Personen auf, die dann manchmal auch mehrere Rollen spielen mussten. An dieser Geschichte konnte ich gar keinen Reiz ausmachen, hielt mich aber erst mal mit Urteilen zurück, was gut war. Er offenbarte mir, dass er jetzt vorhabe, ein Zweipersonenstück zu inszenieren, nämlich die »Zoogeschichte« von Edward Albee. Das sei ein tolles Stück und außerdem habe er Schulden und könne mit der Gage für nur zwei Personen mehr Geld verdienen. Auch das Rätsel, wo denn das Stück zur Aufführung kommen könne, löste sich durch die Info, dass er seine Stücke in der Hauptsache an Volkshochschulen, Kulturämtern und Bibliotheken anbieten würde. Er sagte, er würde gerne mit mir arbeiten. Für die etwa vierwöchige Probe könne er nichts bezahlen, aber für die Spielzeit war die Gage je nach Anzahl der Termine gar nicht so schlecht. Da habe er im Vorfeld schon einiges organisiert und wir könnten sofort loslegen. Für die Proben hatte er einen Raum im Bad Cannstatter Jugendhaus aufgetan. Das solle jetzt keine Leserei, sondern ein normales Spielstück werden. Es gab nur ein Bühnenbild, das einen Park mit einer Bank imaginieren sollte. Dieser Minimalismus war leicht mit wenigen Requisiten und Beleuchtung zu gestalten. Selbst die Bank konnten wir vor Ort bekommen.

Während der Proben zeigte Horst M., dass er als Regisseur einige Fähigkeiten besaß, aber sein Selbstbild, ein großer Regisseur zu sein, zeigte manchmal ein grotesk lächerliches Gehabe, das sich bei Schwierigkeiten in Klischeesprüchen wie: »So kann ich nicht arbeiten«, äußerte. Auch sein Äußeres sollte seine nicht vorhandene Berühmtheit ignorieren. Wie das Äußere oft täuschen kann, zeigte sich in der Auswahl des Stückes »Die Zoogeschichte«. Die Biographie eines Mannes, in einem New Yorker Slum aufgewachsen, ist geformt von einer Palette tiefsten menschlichen Elends und diverser, beinahe unvorstellbarer Perversionen. Er trifft auf einen mit sich und der Welt im Reinen, bildungsbürgerlichen liberalen Verleger und Familienvater. Der sitzt Zeitung lesend auf einer Bank im Park. Ein heruntergekommener Typ beginnt ihm nun mit dem mehrmals provokanten und aggressiv ausgestoßenen Satz »Ich war im Zoo« das Elend seines Lebens zu schildern. Der Verleger, dessen Selbstbild ihn als verständnisvoll, hilfreich und tolerant sieht, meint zuerst, ihn in der Schublade »Penner« ablegen zu können. Sein Äußeres, zerfetzte Jeans, vergammelte Lederjacke, Gestank und malträtiertes Gesicht, deuten darauf hin. Der Einfall des Verlegers, diese Ruhestörung mit einer Geldspende zu beenden, erweist sich jedoch als Trugschluss. Der Typ überschüttet ihn weiterhin mit Schilderungen seines Elends, ihn dabei nach dem Leben seiner bürgerlichen Existenz ausfragend, nur um diese immer wieder als Lüge in Frage zu stellen. So lässt er den schöngeistigen Verleger von einem Schock in den anderen taumeln. Die Abgrunde menschlicher Widerlichkeiten und Perversionen steigern sich im Verlauf der Erzählung des Typen. Ein Beispiel ist die ausführliche, eklige Beschreibung seiner Hauswirtin, die es mit ihrem Schäferhund treibt. Der Versuch des Verlegers, Verständnis aufzubringen, findet da irgendwann ein Ende. Sein Versuch, sich zu entziehen aber scheitert an dem ihn immer wieder festhaltenden Kaputtnik. Zwangsläufig kochen dann Aggressionen hoch. Als er den Verleger auch noch ohrfeigt und dieser sich erfolglos zu wehren versucht, gibt der Kaputtnik ihm sein Klappmesser und fordert ihn auf, zuzustechen. Dieser, mit ausgestrecktem Messer dastehend, trotz heftigster provokativer Anstachelung von einem Rest kultureller Instinktfesselung zurückgehalten, wird nun von dem Penner mit beiden Händen um seine Messerhand gepackt, die er sich blitzschnell in den Bauch rammt.

Die Entlarvung fragwürdiger, bürgerlicher Werte, die oft auf der Bildungsverelendung anderer Bevölkerungsschichten aufbauen, findet in dem Stück einen radikalen Ausdruck. Die Zuspitzung, dass ein Penner einen Bürger dazu benutzt, Selbstmord zu begehen, ist psychologisch wie symbolisch zwar etwas konstruiert, für mich in der Rolle des Kaputtniks aber ein gefundenes Fressen. In eineinhalb Stunden konnte ich alle möglichen Abgründe menschlicher Existenz erkunden, zumal mein Partner in seiner Rolle mehr oder weniger als Stichwortgeber agierte.

Die Premiere fand auf der Volkshochschule in Esslingen bei Stuttgart statt. Am Tag davor hatte ich einen Verkehrsunfall. Bei einem Kumpel hinten auf dem Motorroller sitzend, wurden wir von einem bei Rot über die Kreuzung fahrenden Auto gerammt und ich flog ein paar Meter durch die Luft. Im Krankenhaus wurde nichts Schwerwiegendes festgestellt. Ich hatte aber einige Prellungen und konnte vor Schmerzen kaum laufen. Die Aufführung abzusagen kam nicht in Frage, aber ich hatte Schiss, ob ich das schaffen könnte. Das stellte sich als grundlos heraus. Mit dem ersten Schritt auf die Bühne erfasste mich die Energie der Rolle, welche die Schmerzen und Bewegungshemmnisse sofort verschwinden ließ. Ich war voll drauf und spielte ohne jede Behinderung, nur der Schweiß, der am ganzen Körper herunterlief, brannte manchmal in den Augen. Nie wieder habe ich so geschwitzt. Am Ende der Vorstellung war ich voll ausgepowert und absolut schmerzfrei – ein Beispiel dafür, wie der Geist den Körper beeinflussen kann.

Der Beifall des Volkshochschulpublikums am Schluss war verhalten. Der extrem harte Stoff zusammen mit meiner die menschlichen Widerlichkeiten ausbadenden Schauspielerei waren möglicherweise eine Überforderung. Mit mehr oder weniger großen Abständen spielten wir dieses Stück im Verlauf eines halben Jahres in der ganzen Bundesrepublik. Es sollte mein einziges am »Stuttgarter Tourneetheater« bleiben. Nach dieser Schocknummer war es fraglich, ob Interesse an nachfolgenden Angeboten bestand. Außerdem ging mir mit der Zeit das Regisseurgehabe von Horst M. auf den Wecker, das sich vorwiegend in der Auseinandersetzung mit Hausmeistern vollzog, die es ihm selten recht machen konnten. Auch das dröge Reaktionsverhalten des Volkshochschulpublikums ließ allmählich eine Eintönigkeit aufkommen, die meiner Begeisterung Grenzen setzte.

Eine Aufführung, begleitet mit der Hoffnung auf einen Karrieresprung, erfolgte in Hannover. Dort wohnte Onkel Ossi, der Mann von Tante Inge, der Schwester meiner Mutter, Vater von Wolfgang und Michael, meinen Vettern. Wolfgang kannte ich noch aus den Nachkriegsjahren in Blankenburg und hatte Kontakt zu ihm. Er meinte, ich solle seinen Vater zu der Aufführung einladen, da er als Landeskonservator von Niedersachsen zu den Kulturinstitutionen und damit auch zum Staatstheater die besten Beziehungen habe. Dieser Onkel Ossi war Geschichtsprofessor und in der Familie verrufen, weil er mal gesagt haben soll, dass die Trothas eine Bande von beschränkten Dummköpfen seien. Wie bei allen Verallgemeinerungen hatte er nicht ganz recht, doch ein Teil Wahrheit war jedenfalls dran. Mir war das wurscht. Es ging mir um einen Job am Staatstheater. Um das Ganze anzuleiern, fuhr ich schon zwei Tage vorher nach Hannover und übernachtete bei der Verwandtschaft. Onkel Ossi war nur zu den Mahlzeiten sichtbar, was aber ausreichte, ihm das Versprechen abzunehmen, zu der Vorstellung zu erscheinen. Bis dahin trieb ich mich mit Wolfgang meistens in der Stadt herum. Er ist von meinen Vettern und den vielen Cousinen der einzige, mit dem ich bis heute immer mal wieder Kontakt habe. Er studierte später in Heidelberg Medizin. In seinem abwechslungsreichen Leben gab es auch eine Phase als Leibarzt von Bhagwan Osho.

Wir trafen aber auch noch einen anderen Vetter aus Hannover. Das war Gebhard, für uns äußerst interessant durch eine unter der Hand kursierende Skandalgeschichte. Im Alter von sechzehn Jahren soll er von seinen überraschend aus dem Urlaub zurückgekehrten Eltern mit einem Mädchen in deren Ehebett angetroffen worden sein. Auf Anfrage bestätigte er das. Die Erzählungen über seinen Riesenerfolg bei Frauen, die er hemmungslos anbaggerte, nötigten uns damals Respekt ab. In der Zukunft sollte sich aber erweisen, dass er ein armer, eher bedauernswerter Kerl war. Anfang der Sechziger muss es noch möglich gewesen sein, viele Frauen mit chauvinistischem Draufgängertum für sich einzunehmen. Wie sich herausstellte war bei ihm eine Art neurotische Sexsucht im Spiel, die sich darin ausdrückte, es immer wieder mit wechselnden Partnerinnen zu treiben. Später erfuhr ich, dass er während seines Pädagogik-Studiums in Berlin in die 68er-Entwicklungen geriet. Dabei erfuhr er mit seinem Chauvinismus bei den Frauen ständig Ablehnung. Jetzt kann man nur anhand seines Lebenslaufs grobe Vermutungen anstellen. Während seiner Berufsausübung als Lehrer wurde er immer wieder krank und schon in seinen fünfziger Jahren in den vorzeitigen Ruhestand versetzt. Vorher gehörte er wahrscheinlich zu den Pionieren des Sextourismus. In seinen Ferien flog er auf die Philippinen oder nach Thailand, wo er seiner Neurosenvögelei voll nachgehen konnte. Einmal heiratete er, wenn auch nur kurz, eine Philippinerin, mit der er eine Tochter zeugte. Wenn Wolfgang Beziehungsschwierigkeiten hatte oder eine Trennung durchleben musste, versuchte Gebhard ihn mit dem Versprechen unerschöpflicher Vögelei nach Thailand zu locken, wo er noch heute über achtzig mithilfe von Viagra versucht, den Sinn des Lebens zu finden.

Am wichtigsten war mir die Empfehlung von Onkel Ossi und der Abend ließ sich gut an. Der Saal in der Volkshochschule war voll und der Onkel nahm auf einem reservierten Stuhl in der ersten Reihe Platz. Dort verweilte er aber höchstens fünfzehn Minuten, um dann abrupt aufzustehen und den Raum zu verlassen, gefolgt von etwa einem dem Herdentrieb unterworfenen Drittel des Publikums. Mit meiner Menschenkenntnis war noch nicht viel los, sonst hätte ich mir bei diesem Onkel keine Hoffnungen gemacht. Frustriert, was der Rolle keinen Abbruch tat, hielt ich die Vorstellung durch, um am Schluss den verunsicherten Beifall der geschockten Bürger über mich ergehen zu lassen. Es war eine der letzten Aufführungen. Die Luft war sowieso raus. Ohne Verabschiedung von der Verwandtschaft fuhren wir danach noch in der gleichen Nacht zurück nach Stuttgart.

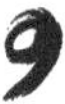

Nach der Zoogeschichten-Erfahrung wollte ich dem Angebot von Horst M., diesmal in einem auf das bildungsbürgerliche Umfeld zugeschnittenen Lesestück mitzuwirken, auf keinen Fall nachkommen. Vielmehr reizte mich die Idee von Floh, ihn in München zu besuchen und mich an den dortigen zahlreichen Theatern umzutun. Er hatte sich, vielleicht von mir inspiriert, zum Studium der Theaterwissenschaft eingeschrieben. Nach ein paar Vorlesungen stellte sich heraus, dass das nicht sein Ding war: Anscheinend zu viel trockene Theorie. Seine dortige Lebensgrundlage allerdings bot die besten Voraussetzungen: Das Haus seines Großvaters am Nymphenburger Kanal stand die meiste Zeit des Jahres leer, nur bei gelegentlichen Besuchen diente es seiner näheren Verwandtschaft als Unterkunft. Die Bitte von Floh, das Haus während seiner Studienzeit bewohnen zu dürfen, wurde vom Großvater abschlägig beschieden. Der war der Meinung, eine einfache Studentenbude sei für die positive Charakterformung besser geeignet. Flohs Einstellung dazu stand natürlich im krassen Gegensatz und offenbarte sich in der heimlichen Produktion eines Nachschlüssels. Die Schwester wurde verpflichtet, vor Familienbesuchen zu warnen. Wohin unser Weg sich nach Flohs geschmissenem Studium und meiner ebenfalls beendeten Volkshochschul-Theaterkarriere richten würde, war völlig ungewiss. Die luxuriöse Wohnstätte in der bayerischen Hauptstadt und Flohs alter schwarz-roter VW-Cabrio ließen uns auf ein abenteuerliches Leben als Edelgammler hoffen.

Die ersten Wochen waren damit ausgefüllt, das laute Getriebe in und um Schwabing auszukundschaften. Schon die Leopoldstraße pulsierte von Leben. Alle möglichen Stände mit Bildern und Kunstgewerbe, dazu Straßenmaler, Musiker, Jongleure, Feuerspucker und manchmal auch Straßentheater bevölkerten diese Meile. Abends waren die Kneipen gefüllt mit den wildesten Gestalten auch aus anderen Ländern. Es gab für Reisende eine erste Anlaufkneipe, die gleich am Eingang eine Art Bretterverschlag hatte, in den die Leute ihre Rucksäcke und sonstiges Gepäck warfen. Dann hockten sie sich in den an einen Bahnhofswartesaal erinnernden Gastraum, der mit einfachen derben, großen Holztischen und Stühlen ausgestattet war. Das Lokal hieß »Schwabinger Weißwurst«. Es gab nur drei sehr billige Gerichte. Floh und ich aßen immer nur ein Gulasch mit Sauerkraut, was Szegediner Gulasch hieß. Von dort aus ging es dann in alle möglichen stets rappelvollen Lokalitäten in Form von Jazzkellern und Trinkhallen.

Zu Beginn unseres Aufenthalts wunderten wir uns über die manchmal internationale Gemengelage und die vielen jungen Leute, oft Tramper. Schon bald sollten wir etwas über sie oder zumindest einen Grund für ihre Reise erfahren. Wir trafen auf einen Typen, der das Buch »On the road« von Jack Kerouac bei sich hatte. Daraus entwickelte sich ein Gespräch und wir, bis dahin völlig unbeleckt, bekamen einen schnellen

Einblick in die amerikanische Beatpoesie und die davon ausgehende Bewegung. Junge Dichter suchten nach Wegen aus dem »American way of live« mit seiner zerstörerischen Konsumgesellschaft. Raus aus der bürgerlichen Spießigkeit, rein in die Selbsterfahrung durch Freude an der Rebellion, der Abweichung, dem Unterschied, der Extase. »On the Road« von Jack Kerouac, eines der Hauptwerke der Beatnik-Dichtung, liefert ein Vorbild. Durch unkonventionelles Reisen mit Trampen und Schwarzfahren in Güterzügen wird in Begegnungen und Erfahrungen in Philosophie und Spirualität nach dem Sinn des Lebens gesucht. Die dabei verfassten, manchmal großartigen Dichtungen, wurden an dafür angesagten Orten vorgetragen und es wurde Geld gesammelt. Auch Schnorrerei, schnelle Jobs und Poesiefans ermöglichten den Beatniks die endlose Weiterreise.

Floh und ich hatten im Verlauf unserer Münchener Zeit das Glück, zweimal im »Leierkasten« amerikanische Beatdichter live zu erleben. Allein ihr Äußeres, bunte indische Frauenröcke oder mönchsähnliche Kutten, die langen Bärte und die wilden Haare waren eine Sensation. Der Vortrag der Gedichte war ausdrucksstark, konnte aber mit unserem Schulenglisch in seiner poetischen Feinstimmigkeit nicht voll aufgenommen werden. Jedenfalls löste bei uns die erste Begegnung mit der Beatliteratur einen Run auf alles in deutscher Übersetzung Vorliegende aus. Da gab es schon Einiges: »Der Urschrei«, »Howl«, »Ich sah die größten Köpfe meiner Generation vom Wahn zerstört« und eine dicke Anthologie mit einer Sammlung genialer Gedichte, die unser Hirn in anhaltende Vibrationen versetzte. Das motivierte uns dazu, unseren Radius zu erweitern und mit Flohs altem VW die wirklich schönen Orte und Landschaften Bayerns bis in die abgelegensten Gebiete zu erkunden. Voll beseelt vom Geist des Beat fand das bei Floh seinen Ausdruck im Zeichnen unserer Erlebnisse, das war seine große Gabe, und bei mir wurde dem Schreiben wieder ein frischer Atem eingehaucht. Flohs Zeichnungen hat der Sturm verweht, doch einen Text von mir dazu möchte ich der Welt nicht vorenthalten.

HERBST

Wir entschlossen uns, aufs Land zu fahren. Es war ein verfrühter Morgen. Nebel lag darüber. Als die Sonne aufwachte, kletterten wir über einen mit Strom geladenen Drahtzaun, letztes Zeichen zivilisierter Begrenzungen, in diesem Fall für Kühe gedacht, begannen Schritt um Schritt zu erobern. Wir latschten, es war ein Sonntag ohne Kirchenglocken. Der ausgeruhte Herbstwald warf uns seine Farbendecke, die stille, atmende, farbige Haut über die Gesichter.

Sie leben ruhig nebeneinander, die Herbstfarben. Sie bewundern die Blätter im leichten Wind mit aufgelösten Namen. Sie denken nicht nach über den Herbst. Unter unseren von städtischem Steinpflaster abgewetzten Schuhsohlen unterhielten sich orange, gelb, ocker, blättrig in wohltuendem Rhythmus. Das kühle, erdbrüchige Parfüm des Waldes überschwemmte unsere Gesichter. Holt ein Stück Herbst dazu. Es gab keinen Weg. Einmal standen zwei Kühe im Wald rum. Sie mussten ausgerissen sein. Es waren keine wilden Kühe, aber sie schienen sich wohl zu fühlen. Ihre Blicke waren wohlwollend und das sich wiederholende »Muh« kam aus der Erde. Floh unterhielt sich mit ihnen. Er nannte die Kühe »Fiffis«, bot ihnen ein Stück Schokolade an, echte, Kraft spendende Schokolade für Wandertiere, welche unbeachtet blieb und verlange Aufklärung über Sein oder Nichtsein. Dabei schien sie mehr die Frage zu interessieren, von wem das Zitat stamme. Sie schauten uns irre nachdenklich an und ließen ihre Euter vibrieren. Langsam kamen sie auf uns zu und schienen mit einer absoluten Beobachtungsgabe zu bemerken, dass der Mensch Tieren gegenüber, trotzdem er fast alle im Laufe der Zeit zu Haustieren gemacht hat, sofern sie für eine Art von Wurst oder sowas zu gebrauchen waren, immer noch ein leichtes Gefühl der Unsicherheit empfindet, ob nicht doch jene verwurzelten Wildnisgefühle wieder in ihnen durchbrechen. Wir entfernten uns als höfliche Menschen rückwärtsgehend. Sie ließen uns ziehen. Die Kühe denken nicht über den Tod nach. Im Winter sterben die Blätter völlig selbstverständlich. Ich werde von der Vorstellung, ein Blatt unter Blättern zu sein, berührt. Ich möchte gern ein Blatt zwischen Herbstbaum und Erde sein. Ein Blatt, dessen letzte Worte die Stiefel eines Suchenden belauschen. Wenn man da leben könnte, wenn man es könnte, auf einer Wiese zu leben, einem Baum, in einem Fluss, einem Berg, so wäre der Tod keinen Gedanken wert. Keine Angst. Es erscheint mir schön, wie die Blätter sterben. Wenn ich im Wald leben könnte, einem Wald ohne Wege, Wirtshäuser, Menschen. Ein Blatt, dann würde ich mich den Gedanken der Blätter hingeben, an den Gedanken glauben, ohne ihn zu Ende zu führen. Ich habe keine Lust einen Gedanken zu Ende zu führen. Das Bewusstsein, dass dieses Leben ein Ende hat, ist die einzige

Unmöglichkeit für später. Warum sollte ich etwas begreifen lernen, mit dem sich jeder Mensch versucht, auseinanderzusetzen, noch dazu, da die Erfindung Mensch mir völlig entmenscht, also unbegreiflich bleibt. Ich würde sterben wie eine Farbe. Denn die Blätter sterben wie eine Farbe. Ich denke nicht oft an den Tod. Floh auch nicht. Es sei denn er ist besoffen, da passieren ihm solche Pannen. Die verschissenen Städte mit ihren Reklamen, Bahnhöfen und Zoos in Asphalt und Beton lenken ab. Sie lenken dich ab, das Einfachste zu erkennen und als Einfachstes zu betrachten. Sie stecken dich in Anzüge und wenn du Hunger hast, musst du beim Essen aufpassen, dass das weiße Hemd nicht bekleckert wird, weil einer ein Buch über Anstand geschrieben hat. Alles lenkt ab vom echten Atem des Lebens-Tausend-Umwege müssen gemacht werden. Die Leute haben ihre Unglücke beim Überqueren der Straße und das Sexualproblem von dem Mann, der aus dem Krieg zurückkam und nicht mehr pimpern konnte, alles in der Zeitung stehen. Wenn du nicht liest, wird es dir erzählt. Du musst das gleiche Brot mit Millionen anderen essen. Zum Kotzen. Wir robbten einen steilen Hang hoch. Auf dem Boden ließ die Sonne ein paar Flecken liegen, die durch grau versilberte Äste hinuntergefallen waren. Die warmen Augen füllten uns mit Erwartung und Freude, die Höhe zu erreichen. Wir wollten noch mehr Sonne. Oben hatte der Herbst sich nicht verändert. Der Herbst verändert sich nicht. Er hat seine Farbe auf der Schnur, der Endgültigkeitsschnur des Herbstes, auf dem Gesicht mit den Farben, die mir den Herbst unbeschreiblich machen. Bote des Todes und der Farben. Ich finde keinen Vergleich. Ich finde nur, dass die Farben leben. Warum sollte ich etwas anderes verstehen? Die Erwartung, etwas zu sehen, dass auf der anderen Seite der Höhe, die wir ersteigen, ein anderes Land sei, eine andere Luft, ein anderes Bild, fiel ab, wurde Nichts. Es war das gleiche Bild. Unter uns ein Bach wie Staniolpapier in der Sonne. Das hatte ich alles schon erlebt. Ich weiß nicht wann. Ich hatte es vergessen. Es war lange her. Ein momentanes Bewusstwerden, über das ich nicht nachdachte. Wir stürmten den Hang hinunter wie Tiere, ließen uns stürzen von Baum zu Baum. Unten angelangt, schien es mir, als sei ich immer dort gewesen. Der Hügel hinter uns war nicht wert jemals wieder bestiegen zu werden. Wir durchquerten den Bach mit nackten Füßen. Sie waren schnell kalt wie die Kiesel, über die sich das Wasser ergoss. Das Wasser war so, dass ich Durst bekam. Ich hätte das ganze Wasser austrinken mögen in seiner kalten, kristallenen Klarheit.

Unseren alles erobernden Expeditionen und wallenden Schritten wurden allerdings profane Grenzen aufgezeigt. Eine Luxusherberge ist noch keine Überlebensgarantie. Weil der Mensch ein Mensch ist, braucht er was zu essen, bei uns erweitert durch ein zweites Grundbedürfnis: Benzin. Nur damit konnten wir weiterhin unserem Entdeckerdrang hemmungslos nachkommen, in unserer inzwischen fast vermenschlichten alten VW-Schüssel. Wir brauchten nicht viel Geld, aber nach einem Sommer Schwabing-Bohème und nur noch einem kärglichen Rest war Nachschub angesagt. Das ging nur über Arbeit und wir fanden beide einen Job in einer Druckwalzenfabrik. Die Arbeit kostete nicht viel Kraft, war aber stumpfsinnig. Vielleicht habe ich deshalb die meisten Arbeitsgänge vergessen. Der Grund, warum ich nach drei Wochen fristlos rausflog ist mir allerdings nicht entfallen.

Der Meister machte sich immer wieder durch Blödmannsprüche in tiefem Bayerisch bemerkbar, wie: »Viel denka, oba nix könna.« Dieses immer schlecht gelaunte kleine Männlein mit einem nervösen Zucken im Mundwinkel teilte mir eine Arbeit zu, die meine praktischen Fähigkeiten überforderte. Bei den Druckwalzen handelte es sich um eine Art Eisenspindeln, um die herum Gummilappen gewickelt waren, vielleicht waren sie galvanisiert, so was hörte man. Diese wurden nun in eine Halterung eingespannt und dann auf ein bestimmtes eingestelltes Maß runtergeschliffen. Da lernte mich der Meister ein. Zuerst ging das ganz gut. Bei der Einstellung auf der Skala für den Abschliff ging es um Millimeter. Schon bei der dritten Lieferung dieser Walzen schlich sich bei mir ein Fehler ein. Ich arbeitete allein in einem kleinen Raum. Bis der Meister zur Kontrolle kam, war angeblich schon ein Schaden von über 10.000 DM verursacht worden. Es gab ein bayerisches Fluchen und Beschimpfen der Sonderklasse, aber ich konnte mir meinen Restlohn abholen, was wieder eine Weile reichen würde. Floh arbeitete noch 10 Tage länger. Kurz vor seinem Absprung hatte er als alter Racheengel dem verhassten Meister noch irgendein grässliches stinkendes Objekt an einer kaum zugänglichen Stelle dessen Autos versteckt. Der Meister soll fluchend alles mögliche versucht haben, Vollreinigung, Duftüberlagerung usw., um den Gestank wegzukriegen. Anscheinend erfolglos. Später erzählte ein Mitarbeiter, den wir zufällig trafen, der Mann sei schier verzweifelt und habe den Wagen dann unter Wert verkauft. So war er, mein bester Freund Floh. Wer sich ihn zum Feind machte, hatte nichts zu lachen.

Wenn das Schicksal nicht schon wieder eine Überraschung für uns vorbereitet hätte, wären wir jetzt gesettelt gewesen. Nichts da. In voller Lust und Partylaune mit einigen Übernachtungsgammlerinnen- und gammlern unsere Arbeitslosigkeit feiernd, sahen wir uns urplötzlich mit dem mitten im Raum stehenden Akademikerpaar, mit Tante und Onkel konfrontiert. Flohs Schwester hatte diesen Besuch anscheinend nicht gecheckt. In der Vergangenheit hatte das mit ihrer Vorwarnung immer geklappt. Das Haus wurde immer rechtzeitig geputzt hinterlassen und wir fanden kurzfristig Unterschlupf bei Freundinnen und Freunden. Beim jetzigen Überraschungsbesuch lieferte der Zustand des Hauses den Stoff für einen ausgewachsenen Familienskandal. Die Gammler machten sich auf die Socken und wir fanden trotz bemühter Aufräumarbeiten kaum Verständnis bei Tante und Onkel und zogen Leine.

Es war klar, dass mittelfristig eine andere Bleibe gefunden werden musste. Ein Zimmer zur Miete, möglichst schnell. Unabhängigkeit war unsere Lebensgrundlage und überfüllte Studentenbuden boten dafür keine Voraussetzungen. Das neue, unschöne Wohnen sollte ein Übergang für höchstens einen Monat sein, um dann wieder nach Nymphenburg zu ziehen. Die erste Möglichkeit wurde daher sofort angenommen. Für Floh eine Ersterfahrung, ich war von Heidelberg einiges gewohnt. Es handelte sich wieder um einen vormals als Ehegattenschlafzimmer genutzten Raum. Der war entsprechend möbliert mit Doppelbett, Toilettentisch mit dreiteiligem Spiegel, monströsem Kleiderschrank mit Spiegeltüren und einem kleinen Tisch mit zwei Stühlen, der uns nie einen Grund zeigte, uns da hin zu setzen. Auch sonst war klar, dass der Raum außer der Benutzung der mit gigantischen, altmodischen, dicken Federbetten ausgerüsteten Schlafstätte keine Funktion hatte. Zusätzlich stellte sich heraus, dass die Vermieterin, eine ältere Witwe, einem Putzwahn frönte, der jede meiner vormaligen Vermieterinnen in den Schatten stellte. Obwohl in der ganzen Wohnung eine sogenannte Lebensmittelsauberkeit herrschte, hätte ich niemandem empfohlen, vom Boden zu essen, da die dort verbliebenen Chemiereste eine Vergiftung bewirkt hätten. Dazu kam noch ein chemiekünstlicher Blumengestank. Das alles konnte ich Floh noch durch meine bisherigen Erfahrungen erklären. Als jedoch die Frau begann, kaum hatten wir den Flur betreten, auf den Knien rutschend mit einem Putzlappen hinter uns her zu wischen, konnte auch ich für diese traurige Lächerlichkeit keinen Grund erkennen. Es war zwar Winter und feucht draußen, aber wir putzten uns durchaus die Schuhe ab. Wir waren auch nicht die einzigen, diese Wischerei beobachteten wir auch bei einem anderen Mieter. Was soll's, es war nur ein Übergang, nicht ganz unlustig, doch auch irgendwie unheimlich. Um Ankunft und Ausgang rechtzeitig zu bemerken, hatte sie am Ende des Flurs ihre Wohnzimmertür immer einen Spalt offen. Direkt dahinter konnte man sie schemenhaft sitzend mit einer Handarbeit sehen.

Es kann nicht länger als eine Woche später gewesen sein, da lernten wir in der »Schwabinger Weißwurst« zwei Mädchen aus Köln kennen, die auf einem Trip nach Wien waren. Wir zogen mit ihnen durch die angesagten Schwabinger Orte. Wir verstanden uns und hatten viel Spaß. Da sie noch keine Übernachtungsmöglichkeit gefunden hatten, kam – für uns nicht ungern – nur unser Quartier in Frage. Das war illegal, wegen des Kuppelei-Paragraphens, wie schon beschrieben. Wir klärten die Mädchen über unsere Wohnsituation und die Vermieterin auf, sahen aber eine gute Chance – immerhin war es schon ein Uhr – unbemerkt in unser Zimmer zu gelangen. Trotzdem, wie hart war jetzt der Nymphenburger Hausverlust. Wir waren aber alle gut drauf. Ein bisschen Alkohol war auch im Spiel und so fuhren wir in Flohs Karre zu unserer Übernachtung. Übervorsichtig, sogar ohne die Treppenbeleuchtung anzuwerfen, öffneten wir mit dem Schlüssel die Korridortür und verschwanden lautlos in unserem Zimmer. Die kurze Freude, das geschafft zu haben, wurde von der an die Tür hämmernden, hysterisch kreischenden Alten ausgelöscht. Bei ihr sei kein Bordell! Wenn diese Weiber nicht sofort verschwänden, würde sie die Polizei rufen. Was tun? Eine andere Übernachtungsidee fiel uns nicht ein und so packten wir uns jene überdimensionierten Federbetten und liefen vor Lachen prustend an der Vermieterin vorbei und fuhren mit dem Auto ein paar Straßen weiter, falls die Alte wirklich die Polizei rufen würde. Dort kuschelten wir uns so gut wie möglich, ein Pärchen vorne, eins auf der Rückbank, unter die Federbetten. Mehr war nicht drin. Es war saukalt und unbequem. Die Nachtruhe endete schon am frühen Morgen mit Muskelkater.

Als Wiedergutmachung für unsere missglückte Gastfreundschaft fuhren wir zum Bahnhof und luden die Mädels zum Frühstück ein. Sie hatten für München genug an Abenteuer erlebt und wollten danach gleich weiter trampen. Wir brachten sie noch zur Autobahnauffahrt nach Salzburg, tauschten Adressen aus und verabschiedeten uns trotz allem gut gelaunt. Es war klar, dass das Wohnen bei der Putzteufelin keine Zukunft hatte. Der nach kurzer Diskussion gefasste Entschluss, risikofreudig wieder ins Nymphenburger Haus zurückzukehren, hätte uns schon am

Abend vorher kommen sollen. Manchmal sieht man den Wald vor Bäumen nicht. Andererseits muss man sich damit abfinden, nicht immer den tieferen Sinn des Lebenslaufes erkennen zu können. In einer Blitzaktion, unser Zeug passte in zwei Koffer und eine Tasche, verließen wir unter den Augen der sprachlosen Wirtin das sterile Obdach.

Irgendwie schlich sich in unser Edelgammler-Leben doch immer öfter die Frage nach dem Beruf in die Gespräche, für uns als Berufung verstanden. Floh immer noch sehr am Theater interessiert, aber mehr an der Regisseurebene, überlegte, wie er da landen könne, ohne Theaterwissenschaft zu studieren. Auch Überlegungen, auf die Kunstakademie zu gehen, wurden gewälzt. Meine Absicht, mich in München an Theatern zu bewerben, hatte ich schon zu Beginn meines Aufenthalts gesteckt. Während einer Beratung beim Arbeitsamt wurde mir gesagt, dass es zurzeit in München über 2.000 arbeitslose Schauspieler gäbe und mir keine großen Hoffnungen gemacht werden könnten. Ich wäre zwar gern schnell ein großer und berühmter Schauspieler geworden, aber die Eigenschaften Fleiß, Ehrgeiz und von Lustfeindlichkeit geprägte Willensanstrengung sind in meinem Charakter nur sehr rudimentär verankert. Kurz gesagt, die vielen Theater abzuklappern und Vorsprechtermine zu vereinbaren, war mit großer Mühe verbunden. Wie sich schon bald nach unserem Umzug herausstellte, war das auch gar nicht nötig. Meine Mutter schrieb mir von einem Brief vom Kammertheater Karlsruhe. Dort hatte ich mich schon vor einiger Zeit mal beworben und die zeigten sich an einem Vorsprechtermin interessiert. Noch von München aus machte ich diesen für die nächste Woche fest. Dies beendete ziemlich plötzlich meine München-Phase und ließ Floh, der vollstes Verständnis hatte, zurück … immer noch auf der Suche nach einem Berufsweg.

10

Schon einen Monat später konnte ich am Kammertheater Karlsruhe anfangen. Das hatte zwei kleine Bühnen und einen Kellertheater, jeweils mit achtzig bis hundert Plätzen. Diese wurden später in der Endzeit meines Engagements aufgegeben und durch ein großes, umgebautes Kino ersetzt. Das Kellertheater lag direkt unter einer Bank. Des Öfteren ging uns während der Spielzeiten der Brecht'sche Spruch »Was ist der Einbruch in eine Bank gegen die Gründung einer Bank« durch den Kopf. Wir waren ein junges Ensemble, hatten alle die Schauspielschule erst ein paar Jahre hinter uns und Spaß an Theorien des Bankraubs. Der Leiter des Theaters hieß Wolfgang Reinsch, um einiges älter und noch im Krieg gewesen. Danach, in Zeiten des Mangels, hatte er als Pionier seine Theater aufgemacht. Woran damals kein Mangel geherrscht hatte, war das Bedürfnis der Leute, ihren Geist mit aufbauendem Spirit zu nähren. Es war anscheinend immer ausverkauft bis auf den letzten Platz und der Eintritt bestand bisweilen auch aus Naturalien wie Kartoffeln, Gemüse oder ähnlichem. Von dieser Zeit schwärmte und zehrte er bis heute. Herr Reinsch war ein liebevoller Chef. Das musste er auch sein, denn das Ensemble war nicht nur zum Spielen da. Sämtliche Tätigkeiten wie Kasse, Garderobe, Bühnenbild wurden von uns ausgeführt. Bei anspruchsvolleren Kulissen wurde ein Bühnenbildner hinzugezogen. Für ältere Rollen wurden Gäste mit einem Stückvertrag verpflichtet. Die Regie übernahm fast immer der Chef – in seltenen Ausnahmefallen auch mal ein Gast.

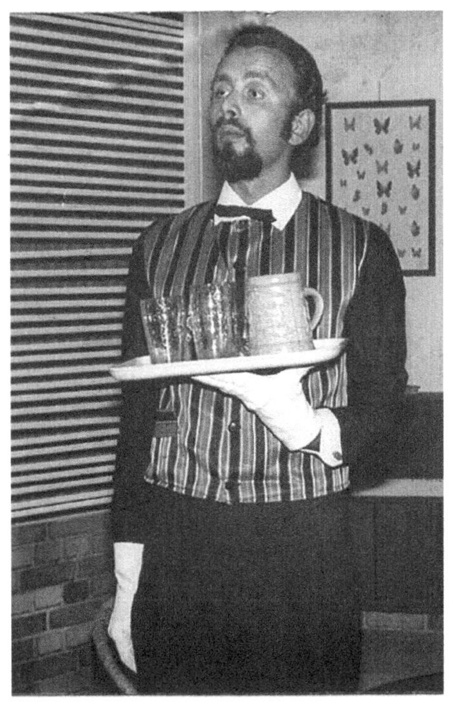

Als Diener »Konjunktiv« im Stück »Ingeborg«

Gleich in meiner ersten kleinen Rolle, dem Konjunktiv in dem Stück »Ingeborg« von Curt Goetz, einem Komödienautor der zwanziger Jahre, konnte ich mein Komödiantentum voll rauslassen. Mein Selbstlob hat hier seine Berechtigung, denn meine Auftritte wurden in der Presse als Glanzstück der Inszenierung hervorgehoben. Bei dem immer im Konjunktiv sprechenden Diener, der selbstverständlich seine Herrschaft an Vornehmheit und Arroganz übertrifft und der ständig in den ungeeignetsten Momenten mit störenden Meldungen die Szene betritt, kann man als Schauspieler eigentlich nichts falsch machen. Mit minimalstem

Aufwand, das heißt vielleicht acht Auftritten mit zwei bis drei Sätzen, kann man mühelos den optimalen Lacherfolg erreichen, der bis zum Szenenapplaus führte.

Ich habe immer sehr gern ausdrucksstarke Nebenrollen gespielt. Die bekommen viel der Publikumssympathie ab und prägen sich in der Erinnerung der Zuschauer stärker ein als durchschnittlich gespielte Hauptrollen, die außerdem den vollen Einsatz fordern. Man läuft dann manchmal als diese Figur durch die Gegend, hat keine Zeit für etwas anderes und unterliegt der Gefahr, zum Fachidioten zu werden. Dass ich in meinen sechs Jahren am Theater nur wenige Hauptrollen spielte, war mir sehr recht, sonst wäre ich nicht offen gewesen für die Anforderungen, die noch auf mich zukommen sollten. Jetzt lernte ich aber bei diesem ersten Stück bei Proben, Aufführungen und sonstiger Arbeit zunächst meine Kollegen kennen. Das gemeinsame Leben endete nicht mit dem Schlussapplaus und dem Fallen des Vorhangs, sondern wurde noch bis spät in die Nacht mit viel Alkohol und heißen Diskussionen unser Metier betreffend fortgesetzt. Die auch bei diesem Stück als Gäste engagierten älteren Kollegen waren nur selten dabei, weil sie wohl ganz bürgerlich von ihren Familien erwartet wurden. Das soll nicht heißen, dass es Spießer waren. Später sollte ich allerdings feststellen, dass Schauspieler wohl der einzige künstlerische Beruf ist, in dem sich diese Spezies in nicht unerheblicher Menge tummelt.

Einer meiner Mitspieler in »Ingeborg« hieß Manfred Sexauer, genannt Sexi. Mit ihm bahnte sich eine lange Zusammenarbeit und Freundschaft an. Er spielte eine Liebhaberrolle, was ihm gar nicht passte, da er meistens damit besetzt wurde. Er sehnte sich nach interessanteren, weniger eindeutigeren Charakteren. Das Schicksal hatte für ihn einen anderen Weg vorgesehen. Schnell stellten sich bei uns ähnliche Interessen heraus. Er hatte alles, was es an Beatliteratur in deutscher Übersetzung gab und außerdem die wahnsinnigste Plattensammlung an Rockmusik, bis hin zu seltenen amerikanischen Undergroundbands. Diese Musik kam Anfang der sechziger Jahre in deutschen Rundfunksendern so gut wie nicht vor. Sexi hatte damals schon kleine Anfänge damit im Südwestfunk Baden-Baden gemacht, was ihn dann später zum bekannten Moderator der Rockpioniersendung »Hallo Twen« bei Europawelle Saar in Saarbrücken und beim »Beat-Club« von Radio Bremen machen sollte. Davor erwartete uns noch der Beginn eines ganz besonderen gemeinsamen Erlebnisses. Kurz nach unserer ersten Bekanntschaft eröffnete mir Sexi eine Story voll unverhoffter Exotik. Es gab im Südwesten eine legendäre Theatertruppe, die »Schwarzwälder Passion«. Im Kern ein Familienunternehmen, das über Generationen die Geschichte vom Leben und Leiden Jesu über die Lande trugen. Sie sollen damit großen Erfolge gehabt haben. Sie spielten sogar in Amerika als Riesenspektakel unter Einsatz von Elefanten und Kamelen. Die Zeit war über sie hinweggegangen und der Katholizismus, der ihnen früher den Sommer über bei Freilichtspielen und im Winter in Dorfsälen immer ein gutes Auskommen gesichert hatte, war zwar nicht verschwunden, aber das Interesse der Zuschauer hatte sich auf andere Gebiete verlagert. Es ergaben sich aber immer wieder mal einzelne Termine, die dann konsequent wahrgenommen wurden. Da nur noch ein Restensemble aus einigen Familienmitgliedern vorhanden war, hatte sich der Chef im Verlauf mehrerer Jahre eine Anzahl von Schauspielern gesichert, die auf Abruf einspringen konnten. Die hatten sich die verschiedenen Rollen drauf geschafft. Das war vom Umfang der Texte her nicht allzu anspruchsvoll.

Am ausdrucksstärksten in der »Schwarzwälder Passion« waren die lebenden Bilder, teils nach Vorbildern wie »Das letzte Abendmahl« von Leonardo Da Vinci und mit der Musik von Bach und Händel unterlegt. Das mag in früheren Zeiten auch eindrucksvoll geklappt haben, mit einer fest eingespielten Truppe, einem großen vielseitigen Fundus an Kleidung, jüdischen und römischen Rüstungen, Requisiten, einer speziellen Konstruktion zur Errichtung des drei Meter großen Kreuzes und vielem mehr. Auch die Beleuchtung konnte sich sehen lassen, war professionell. Bei den heutigen Aufführungen machte der einundsiebzig Jahre alte Familienchef und lebenslange Christusdarsteller einen telefonischen Rundruf, um seine Spieler zusammenzukriegen. Danach wurden die Aufführungen oft ohne groß zu proben, mehr oder weniger improvisiert, über die Bühne gebracht. Dadurch entstanden ständig Situationen, die man normalerweise Schmierentheater genannt hätte. So gab der Chef während des Spiels leise zwischen den Lippen hervorgepresste Regieanweisungen und betätigte sich als Souffleur, meist unnötigerweise im Glauben, die Spieler hätten Texthänger. Zum Spiel gehörten auch fünfundzwanzig Statisten, die beim Einzug in Jerusalem und in der Szene »Jesus vor Pilatus« das Volk spielen sollten. Auch kleine stumme Rollen, wie die jüdischer Soldaten bei der Gefangennahme auf dem Ölberg und Veronika und Magdalena, wurden von Statisten übernommen. Eine Stunde vor Beginn mussten die Leute da sein. Die kurzen Proben wurden vom Chef übernommen, reichten aber nie, um dem Ganzen eine Struktur zu verschaffen. So lief das Volk zum Beispiel beim Einzug in Jerusalem »Hosianna« schreiend wie die Hühner auf der Bühne herum. Man weiß nicht, wie lange sie das durchgehalten hätten, wenn Jesus nicht zwischen ihnen herumgelaufen wäre und immer wieder »Aufhören, aufhören!« gezischt hätte. Selbst am Kreuz hängend meldete er sich, und zwar so laut, dass ein Teil des Publikums es mitbekam. Selbst bei der Pieta, der Schoßlegung auf Maria, gespielt von seiner Ehefrau, musste er, obwohl bereits gestorben, noch Anweisungen erteilen. Einmal fehlten einige Darsteller und obwohl jeder in der Lage war, mehrere Rollen zu spielen, waren beim Abendmahl zu wenige Jünger. Die Lösung des Problems lieferte die Idee des Chefs, den Vorhang nur soweit aufzuziehen, dass Jesus und jeweils drei Schauspieler rechts und links zu sehen waren. Die fehlenden Jünger wurden von unter dem Vorhang herausragenden Schuhen symbolisiert.

Solche Geschichten gab es eine ganze Menge. Sexi spielte mit, wann immer es ihm möglich war, und begeisterte mich durch seine Imitation der diversen Schmierendarsteller. Da musste ich unbedingt dabei sein. Es eröffneten sich auch gleich die besten Aussichten. Das Alter und eine begleitende Gebrechlichkeit hatten dazu geführt, dass Jesus bei Kreuzigung und Kreuzabnahme mehrmals gerade noch an einem Hals- und Beinbruch vorbeigeschrammt war. Mit den Händen zwei dicke Stahlnägel zu umklammern und mit übereinander gestellten Füßen auf einem kleinen Brettchen zu stehen, verlangte eine gewisse Fitness. Das war eine Szene von etwa zwölf Minuten Länge und trotz langen Trainings taten sich jetzt Grenzen auf. Nach gutem Zureden von Familie und Mitspielern hatte er sich bereit erklärt, seine Jesus-Rolle mit einem neuen Darsteller zu besetzen. Diesen aufzutreiben war der Auftrag, den er Sexi erteilte, verbunden mit einem hohen ästhetischen Anspruch. Er hielt seinen Körper für die Vollendung von Jesu Aussehen klapperdürr. Große Zweifel hegte er auch daran, dass ein anderer auch nur annähernd an sein schauspielerisches Genie heranreichen könne. Sexi hielt mich für geeignet, probierte mir die mitgebrachte Jesus-Perücke an und erklärte mich zur Idealbesetzung. Mit der »Schwarzwälder Passion« sollten sowieso neue Zeiten anbrechen. Im zurückliegenden Jahr hatten sie einen Auftritt in Belgien gehabt. Sexi lernte dort einen Herrn Cieters kennen, der anbot, Veranstaltungen zu organisieren. Das machte einen vielversprechenden Eindruck. Als nächstes wurde ein Termin beim Vorgänger ausgemacht, der weniger von meinem als von seinem Vorsprechen der Jesusrolle ausgefüllt war. Mit brüchiger Altmännerstimme rezitierte er die Texte zwar in altmodisch pathetischer Art und doch in ihrer Einzigartigkeit eindrucksvoll. Meine nach Aufforderung zwischendurch angespielten Szenen wurden immer wieder unterbrochen, um von ihm auf die, seiner Auffassung nach, einzig richtige Art nachgesprochen zu werden. Es endete ohne Aussicht auf einen ersten Auftritt mit einer Zusage. Leider kam ich nie in den ersehnten Genuss desselben.

Einige Monate später kam die Botschaft von »Jesu« plötzlichem Ableben. Damit endete auch der Antrieb der Restfamilie, die Passion weiterzuführen. Sexi war inzwischen wieder mit Herrn Cieters, dem belgischen Veranstalter, in Kontakt. Der hatte ihm versprochen, dass bei einer Professionalisierung der Passion im tiefkatholischen Belgien eine große und erfolgreiche Tournee möglich wäre. Sexi sagte zu und kaufte kurz entschlossen den gesamten Fundus. Der Ball kam ins Rollen und schon bald erreichte uns die Nachricht von der Organisation einer Riesentournee über fünfzig Tage vor Ostern. Dabei sollten meistens drei Vorstellungen am Tag gespielt werden. Vor- und Nachmittags für Schüler und die Abendvorstellung für Erwachsene. Ohne einen einzigen freien Tag war das ein dickes Paket. Es war der Hammer, wir konnten es kaum glauben. Es schien aber alles vertraglich gut abgesichert und die Kohle erfreulich mehr als die Gage für ein halbes Jahr Theater. Es war Herbst, wir hatten also noch einige Monate, um eine gute Schau auf die Beine zu stellen. Für diese Zeit vor Ostern machten wir mit unserem Chef am Kammertheater eine Freistellung aus. Bis dahin lief für mich als Anfänger ein spannend ausgefüllter Theaterbetrieb mit mehr oder weniger interessanten, meist kleinen und wenigen größeren Rollen. Im Hinterkopf begleitete mich die Aussicht auf die übergroße Herausforderung der Jesusdarstellung. Dass ich mir das Neue Testament mit gesteigerter Aufmerksamkeit reinziehen würde, hatte bis dahin außerhalb meiner Vorstellungskraft gelegen. Jesus erschloss sich mir als schönster Revolutionär aller Zeiten, erster Hippie und langhaariger König der Rebellen. Seine Kernbotschaften »Liebe Deinen Nächsten wie Dich selbst« und »Wenn Dir Einer auf die eine Wange schlägt, dann halte ihm auch die andere Wange hin« schienen zwar beinahe unerfüllbar aber vorbildhaft für meine pazifistische Orientierung. Die aus dem Tempel herausgepeitschten Händler machten mir Jesus umso sympathischer. Wie die christliche Religion, vor allem die katholische, in diesen Aussagen Gründe finden konnte, ganze Völker von Andersgläubigen auszurotten, zu unterdrücken und auszubeuten, wird unerklärlich bleiben. Mein Gefühl und die Wut darüber ist im Text »Jesus« auf der LP »Grüß Gott mit hellem Klang« ausgedrückt:

JESUS

Christus hängt im Zimmereck
Sein Leib ist dürr
die Mutter ist fett
im Fernsehen knallts
das Böse ist tot
es kommt ein neues Morgenrot
in Vietnam ist es Weihnachtszeit
Friede und Liebe weit und breit
der Kiesinger rülpst und frisst und scheißt
es hängt der Christ der Christenheit
überm Fernsehen hoch im Zimmereck
der Strauß ist fett und frisst viel Speck
Biafra brüllt vor Hunger laut
wer hat dem Papst die Tiara geklaut
eine Million oder noch mehr Geld
das ist das Böse dieser Welt

Ich berühre Dich
ich berühre Dich

Kennst Du die Augen des Vogels
in den Städten wachsen Felsen
bis an die Straßenbahndrähte
das ist es was Du sehen musst
den Vogel mit den Pupillen aus Eisen
den Vogel der in den Drähten verreckt

Ich sehe Dich
die Jünger Jesu
ich berühre Dich
ich schau Dich an
Du Freund, Dich kenne ich

Die Abdrücke der sanften
der nackten Füße im Asphalt
gefüllt mit Pisse aus den Plastikschwänzen

der Einwohner
sie folgen Deinen Schritten
mit dem Gesicht des Mörders

Was willst Du hier Liebling
sie folgen Dir Liebling
sie bewerfen Dich mit Aktentaschen
aus Stein
sie haben Waffen
die Buchhalter Deines Lebens
sie wissen wie man Dich fertig macht

Deine Haare sind schön
schließ Deine Augen nicht
wenn Du siehst was da aus den
Schaufenstern glotzt
schließ Deine Augen nicht
sprich nicht
sage kein Wort
wenn Du anfängst zu hassen
wenn Du frei sein willst
musst Du beginnen
Du musst den Beginn Deiner Freiheit
aus den Steinen der Straße schlagen

Die Rülpser menschlicher Stimmen
sind zwischen Verkehrsampeln
sind in der Luft die Du atmest
hier kannst Du nicht bleiben
Gott ist rot, Gott ist grün

Jesus ich liebe Dich
Dein Körper ist bedeckt mit Wunden
Deine Brust geöffnet
aber ich weiß, da war mehr drin
als ein Sack Kartoffeln
die Schweine zu mästen

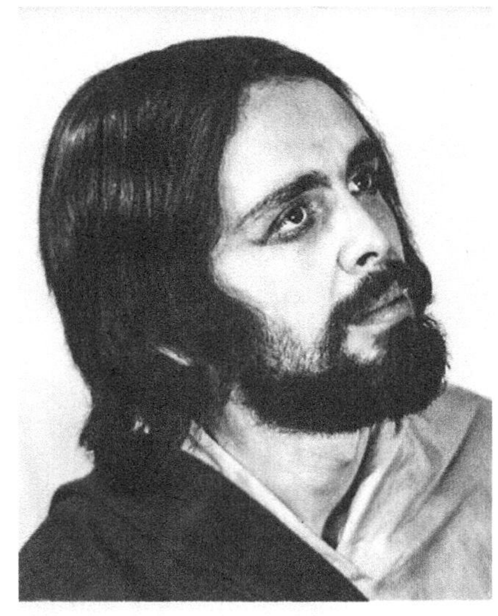

UWE VON TROTHA

Christus   Schwarzwälder Passion

Anfang des Jahres 1962 begannen wir die Akteure zusammenzusuchen. Wir hatten den Ehrgeiz eine wirklich gute Schau abzuliefern. Die spannende Erwartung auf ein unbekanntes Land, unbekanntes Publikum, das nicht einschätzbare Abenteuer, verursachten mir immer wieder Gänsehaut. Die Spieler waren schnell gefunden. Sexi besetzte sich selbst

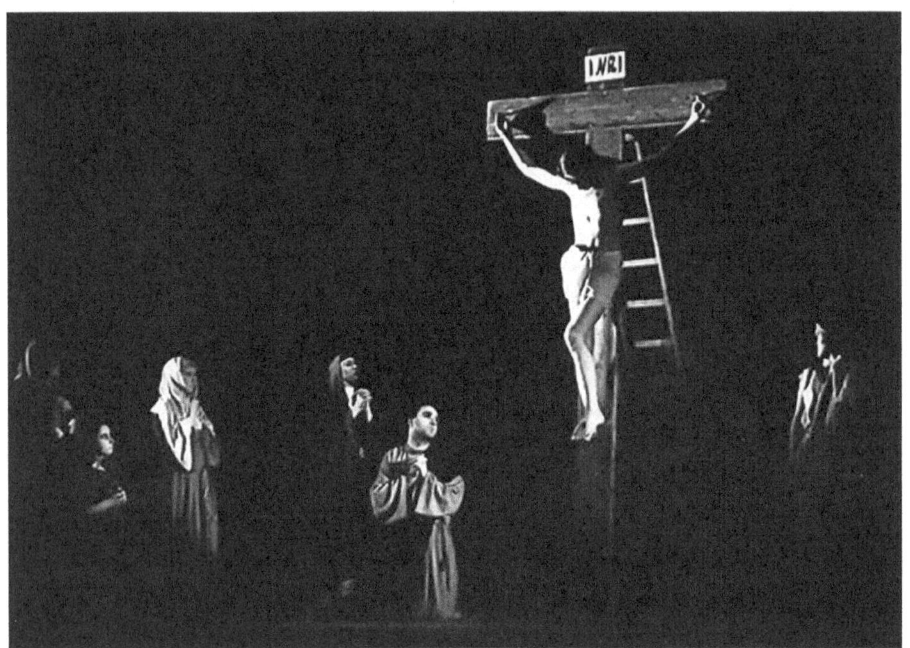

Szenenbild der »Schwarzwälder Passion«

als Judas und die anderen Rollen aus seinem Freundes- und Bekanntenkreis. Die wenigsten kamen aus dem Theaterumfeld, waren damit jedoch mal in Berührung gekommen. Da gab es Hugo, ein achtzigjähriger fast voll erblindeter Opernsänger a. D., der den Hohepriester Kaiphas spielen sollte. Ein klasse Typ mit einer gewaltigen Bassstimme. Sexi kannte ihn, da er bei ihm immer mal wieder seine Sprechtechnik aufpäppeln ließ. Die Maria war eine Schneiderin in mittleren Jahren, mit kurzer Schauspielvergangenheit. Sie wurde gleich eingespannt, um die Kostüme und den gesamten Fundus auf Brauchbarkeit und notwendige Restaurierung zu überprüfen. Den Johannes sollte Wolfgang spielen, der versteckt schwule Barmann unserer Stammkneipe. Für den Herodes schlug ich Björn vor, der nach einem Vorsprechen auch genommen wurde. Ebenso, und das war ein Freudensprung, konnte ich Floh unterjubeln, als Fahrer, Beleuchter und für kleinere Rollen, wie den Hauptmann von Kapernaum, der Jesus mit der Lanze den Schnitt in die Brust zufügte, um seinen Tod festzustellen. Der Pilatus wurde mit einem anderen Freund, einem bildenden Künstler, besetzt. Auch die zusätzlichen zwei

Hohepriester waren berufsfremd. Diese Melange aus Profis und solchen, die so taten, mussten von Sexi als Regisseur zu einem überzeugenden Ensemble geformt werden. Dies ist ihm über die Jahre immer wieder mit wechselnden bunten Truppen gelungen.

Allein die Szenenbegleitung durch Licht und Musik war ein kleines Wunderwerk an Einfachheit und Perfektion. Vier Halbsäulen und wenige Scheinwerfer dienten dazu, die Szenen der Passionsgeschichte so auszuleuchten, dass sie berühmten Darstellungen aus der klassischen Malerei ähnelten. Die vor jeder Szene eingeblendete Musik von Händel und Bach bildete mit einem erklärenden Kommentar auf Flämisch-Nederlands eine überflutende Stimmungslage des folgenden Geschehens, sodass im Grunde kaum noch etwas schief gehen konnte. Ein Tonband auf Französisch war auch vorhanden. Das wurde bei den wenigen Auftritten in der Wallonie, dem französisch sprechenden Teil Belgiens, eingesetzt – selten allerdings, da unser Manager Flame und die beiden Volksgruppen zutiefst verfeindet waren. Da gab es Straßen, in denen auf einer Seite Flamen und auf der anderen Seite Wallonen wohnten, die nicht miteinander sprachen und so taten, obwohl alle zweisprachig waren, als könnten sie einander nicht verstehen. Zudem betrieben die Flamen eine Bevölkerungspolitik, die darin bestand, möglichst viele Kinder in die Welt zu setzen. Das sollte ihnen die Mehrheit sichern. Familien mit zehn, zwölf Kindern waren nicht selten und neben den einfachen, beinahe ärmlichen Lebensumständen nur eine der vielen Besonderheiten und Unterschiede zu Deutschland, die wir im Verlauf der Passionstouren kennenlernten. Dazu gehörte auch, dass die Bewohner der Hauptstadt Brüssel, bunt gemischt und tolerant, wieder eine andere Spezies verkörperten. Für die Bänder jedenfalls hatte Cieters sehr gute Sprecher aufgetan, die fähig waren, eine magische Erwartungsatmosphäre zu erzeugen. Zwei Wochen vor Beginn der Tour versammelten sich die Darsteller zu den Proben in Karlsruhe. Dafür hatten wir den Hinterraum einer Kneipe organisiert. Floh und Björn waren angereist und kampierten bei Sexi und mir. Die Proben liefen problemlos. Die meist plakative, scherenschnittartige Darstellung stellte keine großen Herausforderungen an die Schauspielkunst. Lediglich der Monolog des Judas vor seiner Erhängung war anspruchsvoll.

Die Figur des Judas erschließt sich mir in seiner Verzweiflungstat, Jesus durch Verrat in den gewalttätigen Aufstand zu treiben. Die Menschheit ist bis heute von der Idee überfordert, dass Revolution gewaltlos sein kann. Wie eine zutiefst pazifistische Philosophie Jahrhunderte lang Krieg und Zerstörung hervorbringen konnte, ist unerklärlich. Herodes, gespielt von Björn, musste in seine Schranken gewiesen werden. Als von Rom geduldeter, machtloser Herrscher schien er seine Erfüllung darin gefunden zu haben, umgeben von einem Harem ein Luxusleben zu führen. Streit, Probleme mit der Besatzungs- oder Religionsmacht waren eine Störung seiner Genusssucht. Die lästige Forderung, Jesus wegen Aufruhr und Gotteslästerung zum Tode zu verurteilen, lehnte er als nicht zuständig ab und schickte ihn zurück zu Pilatus. Das Neue Testament gibt kaum Hinweise auf die Persönlichkeitsstruktur des Herodes. Björn formte sich daraus einen dekadenten Typ, der, umrahmt von seinem Harem, Jesus verspottete. Er machte die Szene zu einem Komödiantenstadel, einer Klamotte, und es war schwierig, ihn auf eine angemessene Darstellung zurückzubringen.

Problematisch war das »ans Kreuz nageln«, die Aufrichtung desselben und letztlich die Abnahme. Dafür brauchte es Übung. Ein Fehler in dieser Szene konnte schwerwiegende Folgen für die Mystik haben. Die Technik mit dem Kreuz war so genial wie einfach. Auf einer schweren, hölzernen Bodenplatte wurde das mit einer Öse versehene Kreuzende zwischen zwei eisernen, aufgeschraubten Halbkreisen mit einem Eisenstift verankert. Darauf wurde ich von Henkersknechten gepackt und unter lauten Hammerschlägen gekreuzigt. Die Hände wurden um lange dicke Stahlnägel gelegt, die nach Aufrichten des Kreuzes allein durch mein herunterhängendes Gewicht in ihren Löchern verankert wurden. Mit einem etwa handtellergroßen Brettchen, welches in einem Schlitz unter meine Füße geschoben wurde, wurde der brutale Vorgang mit dem Aufrichten und der Absicherung einer hinter dem Kreuz in Scharniere eingerasteten Stütze beendet. Das Angebot einer Absturzsicherung durch Schlaufen um die Hände und Fußgelenke lehnte ich ab, weil ich dadurch die Schönheit meines idealen Christuskörpers gefährdet sah.

Die Kreuzigung wurde ausgiebig geübt. Dazu warfen sich einige meiner Mitspieler in Burka-ähnliche Gewänder, damit man sie nicht als Darsteller der vorher gespielten Rollen wie Judas, Pilatus, Herodes oder Hohepriester erkennen konnte und schlugen mich unter brutalem Geschrei und Gehämmer ans Kreuz. Die Abnahme, nachdem Jesus seine letzten Worte, »Eli, Eli, lema sabachthani« (»Mein Gott, mein Gott, warum hast Du mich verlassen?«), und »Vater, mein Vater, in deine Hände befehle ich meinen Geist«, spricht, war ebenfalls nicht komplikationsfrei. Hinter dem Kreuz wurde eine Leiter angestellt, welche Sexi mit einem langen, zusammengedrehten weißen Tuch bestieg, die er mir beidseitig unter den Armen hindurch zog und die Enden von vorne nach hinten rechts und links herunterhängen ließ. Da wurden sie von den anderen Knechten gepackt und nachdem die Nägel wieder mit lauten Hammerschlägen entfernt waren, wurde Jesus langsam und feierlich heruntergelassen. Johannes und ein anderer Jünger trugen den Leichnam dann zu der im rechten Vordergrund platzierten Maria mit Magdalena und Veronika zur Schoßlegung, der sogenannten Pieta.

Trotz toller Musik und fantastischem Licht kamen uns immer wieder Bedenken, wie wir diese Szenarien ohne Kitsch auf die Bühne bringen sollten. Ganz schnell, schon nach der ersten Begegnung mit Belgien, wurde klar, dass wir uns über Kitsch keine Gedanken machen mussten. Die Beobachtung, dass manche Kinder eine Vorliebe für Bonbons in Madonnenform, Mutter mit Kind, sogenannte »Madonnekens« hatten, erstaunte schon sehr. Die Info, dass es auch Jesus zum Lutschen gab, war noch eine Steigerung. Die Madonnekens waren für uns in den ersten Jahren immer ein Mitbringsel für Freunde und Bekannte, um uns an ihren Irritationen zu erfreuen. Später verschwanden diese Leckereien. Vielleicht hatte der Papst einen Bann über den Fabrikanten dieser profanen Leckereien ausgesprochen.

Ein kleiner Bus mit Dachgepäckträger für Kreuz und Lichtsäulen und Floh als Fahrer wurden aufgetrieben. Der alte Opel von Sexi brachte uns zum ersten Spielort, eine große Kirche in einer Kleinstadt. Auch eine Spezialität des Landes. Der Ort konnte noch so klein sein, die Kirche war groß. Vorstellungsbeginn war zehn Uhr, das hieß Ankunft spätestens um acht. Diese zwei Stunden brauchten wir für Aufbau und Einweisung der Statisten. Empfangen wurden wir vom gut gelaunten, dicken Hochwürden, einem original Don-Camillo-Typ. Knöchellange Soutane und viereckige, oben leicht zugespitzte Kopfbedeckung mit Bommel drauf. Eine dicke Zigarre rauchend mit verdächtigen Flecken möglicher vergangener Mahlzeiten und Ascheresten auf der Brust, lud er uns zum Frühstück ein. Das war nur eine der vielen Neuheiten, die auf uns warteten. Vor dem Altar angerichtet waren auf einem langen Tisch Baguettes, Tee, Kaffee und alles, was an Aufstrich dazugehört.

Unser Image als traditionelle katholische Passionstheatergruppe hatten wir in Karlsruhe eingeübt, so eine Art zweites Oberammergau. Es zeigte sich, dass keiner religiös, geschweige denn katholisch war. Hettingen war mir noch im Gedächtnis, so konnte ich helfen. Das Ritual des Kirchenbesuches, eingangs Finger ins Weihwasserbecken, Bekreuzigung, vor dem Platznehmen Kniebeuge in Richtung Altar, dabei kurze Bekreuzigung, wurde mehrmals auf gotteslästerliche Weise durchgeführt, da sich eine gewisse Komik nicht vermeiden ließ. Neben der Aufführung der Passion war so auch unser Privatleben eine Täuschung, ein Spiel im Spiel, moderne l'art pour l'art und erforderte einen großen Anspruch an unsere Komödiantenaufmerksamkeit. In den kommenden Jahren wurden wir hinsichtlich dessen sehr nachlässig. Es zeigte sich nämlich, dass die Vorstellung, es handele sich bei uns um eine ungläubige, atheistische, manchmal schmierentheatermäßig agierende Theatergruppe, außerhalb der flämischen Wahrnehmungsfähigkeit angesiedelt war. Das damalige Belgien zeigte sich uns als eine Art Theokratie. Politik, Schulsystem, die ganze Gesellschaft waren geprägt von katholischer Selbstverständlichkeit. Das in der Kirche ausgerichtete Frühstück zeigte sie uns als quasi zweites Wohnzimmer der Eingeborenen. Kirchendiener, Nonnen, Mönche, Priester stellten große Teile der Lehrerschaft und waren im öffentlichen Leben überall präsent. Einen Schwarzrock in einer Kneipe beim Biertrinken zu sehen war nicht selten. Vielleicht lag es an den hunderten Biersorten und Pinten an jeder Ecke, die es schwer machten, sich ihrem Sog zu entziehen. Dieses Bild wäre in Deutschland undenkbar. Dass Bier einen großen Stellenwert hatte, bemerkten wir gleich bei unserem ersten Auftritt. Als Garderobe diente die Sakristei. Wir fanden dort reichlich Getränke, auch zwei Kisten Bier. Nach Eingewöhnung bei folgenden Tourneen sicherte ich mir vertraglich jeden zweiten Tag eine Flasche Whisky Marke Johnnie Walker. Auch der, genossen im Beisein des Tabernakelschrankes mit dem »Allerheiligen«, der Verwandlung von Christi Blut und Leib in Rotwein und Hostie, wäre in Deutschland ein Tabubruchh gewesen. Unsere erste Vorstellung am Morgen vor Kindergarten und Grundschulkindern in der proppenvollen Kirche verlief ohne Problem, aber nicht sehr stimmungsvoll. Tagsüber konnte unsere Lichtanlage ihre Wirkung nicht voll entfalten.

Zwischendurch etwas zu essen erwies sich als schwierig. Dazu konnte man sich was im Geschäft kaufen. Eine warme Mahlzeit war jeweils von Cieters am späten Abend im Hotel organisiert. So trieben wir uns zwischen den Vorstellungen in Kneipen herum. Die mussten gesucht werden. Zwar gab es sie an jeder Ecke, gesetzliche Ladenöffnungszeiten aber nicht. Jeder konnte also sein Geschäft oder seine Kneipe aufmachen, wann er wollte. Meistens fanden wir ein Lokal, aber in kleineren Orten konnte es passieren, dass alles geschlossen war und wir den ganzen Tag in der Sakristei abhängen mussten. Der Unterhaltungswert in diesen Kneipen erschöpfte sich in Tischfußball, Dart und mit Schlagern gefüllten Musikboxen. Zu futtern gab es nichts. Dafür existierten Speiselokale, die nur auf Bestellung am Abend öffneten. In großen Städten wiederum waren viele Geschäfte und Lokalitäten rund um die Uhr offen. Mir gefiel das gut. Es fühlte sich an wie ein Hauch von Freiheit und Anarchie.

In der Abendvorstellung muss Jesus persönlich dabei gewesen sein: Der über Jahrhunderte in alten Kirchen optimierte Spirit, Musik und Licht durchströmte uns. Wir spielten wie in Trance. Zum Schluss fanden wir uns in der Sakristei wie aus einem Traum erwacht, begeistert und überrascht von der Intensität des Geschehens. Dem Publikum erging es ähnlich. Es blieb so lange sitzen, dass wir überlegten das Ende der Aufführung anzusagen, bis sie dann bei absoluter Stille die Kirche verließen. Derartige Anfälle heiliger Handlung überfielen uns im Lauf der sechs Passions-Tourneen einige Male völlig unerwartet. Man kann nicht alles erklären. Die Botschaft von Liebe und Freundschaft, ihr tragisches Scheitern in Jesu Passionsgeschichte entwickelte in der Aufführung mancherorts eine verdichtete Energie. Das war für ungläubiges Ensemble und katholisches Publikum die Erfahrung einer anderen Dimension. Wäre es immer so gewesen, hätten wir diese Trips gar nicht ausgehalten. Vereinzelt, aber immer wieder in den kommenden Jahren, übernahm Jesu Botschaft die Spielführung und verwandelte uns für Augenblicke in seine Jünger.

In der Regel spielten wir die drei Vorstellungen einigermaßen routiniert herunter. Abends vor Erwachsenen meist stimmungsvoller und umfangreicher. Bei den Schülervorstellungen wurden aus Energiespargründen zwei Szenen weggelassen. Gänzlich unvorhersehbare Probleme erwarteten uns mit den Statisten gleich in einer der ersten Vorstellungen. Melchior, der Jesus gefangen nehmen soll und dem Petrus ein Ohr abschlägt, wird von Jesus mit den Worten: »Stecke Dein Schwert in die Scheide, denn allee, die das Schwert ziehen, werden durch das Schwert gerichtet werden«, zurechtgewiesen. Gespielt von einem Statisten muss Melchior, nach Ohr-Abschlag, einen kurzen Schrei ausstoßend auf die Knie fallen. In der Probe und bei den Tagesaufführungen einwandfrei gespielt, wollte er es wohl abends besonders gut machen, fiel zwar auf die Knie, hörte aber nicht mehr auff, einen lang gezogenenn, schrillen Schrei auszustoßen. Mein Satz: »Sei getrost, Du bist geheilt«, konnte so natürlich nicht zum Einsatz kommen. Um nicht vor Lachen herauszuplatzen, musste ich dem Publikum den Rücken zuwenden und einen Jünger umarmen, was noch eine gewisse Erklärung in der bevorstehenden Gefangennahme fand. Diese Technik war späterhin noch sehr nützlich. Sexi erlöste mich. Er lief um den Schreier, ihn als Absonderheit anglotzend und »Still sein, still sein« flüsternd herum. Dieser schrie weiter. Erst leichte Tritte in die Seite und ein etwas nachdrücklicher, der ihn seitlich wegkippen ließ, machte der Schreierei ein Ende.

Einige andere, sich in verschiedenen Abwandlungen wiederholende Geschichten mit Statisten überraschten uns bereits bei dieser ersten Tour. Besonders die Szene mit Maria, Magdalena und Veronika stellten manchmal große Anforderungen an die Vorstellungskraft. Diese beiden kleinen stummen Rollen hatten ihren Einsatz unter dem Kreuz kniend und nach der Abnahme bei der Schoßlegung, desgleichen rechts und links neben Maria. Nach meinen letzten Worten: »Vater, mein Vater, in Deine Hände befehle ich meinen Geist«, sollte mit Donnerblech und Blitzlicht-Geflacker eine unheilvolle Endzeitstimmung erzeugt werden. An einem Abend streckte die Veronika ihre Arme nach oben, umfasste meine Fußgelenke und zog mich nach unten. Es fehlte nicht viel, dann wäre ich runtergefallen. Das wäre der Supergau gewesen. Nur mein verzweifeltes halblautes Flüstern: »Weg, weg, nehmt die Veronika weg«, brachte den Hauptmann von Kapernaum, Floh, dazu, die verkrampften Hände zu lösen und mich aus der bevorstehenden Katastrophe des Absturzes zu befreien.

Es deutete sich schon an, dass es mir wie meinem Vorgänger nicht erspart blieb, auch außerhalb der Rolle zu agieren. Das musste ich auch späterhin wiederholt in der Pieta-Szene. Die ist stumm, nur begleitet durch Licht und Musik und einer poetisch beschreibenden Stimme vom Band. Beim ersten Mal zweifelte ich an meiner Wahrnehmungsfähigkeit, als sich unter dem Lendentuch plötzlich Bewegung abspielte. Das war eine Hand der Magdalena, die sich zu meinem Oberschenkel verirrt hatte. Als junger Typ leicht stimulierbar, kann sich jeder vorstellen was es bedeutet, wenn sich das Lendentuch gehoben und vom Publikum bemerkt worden wäre: Das Ende unserer Belgien-Fahrten nämlich. Wiederholt musste ich jetzt wieder: »Weg, weg, nimm sie weg«, flüstern. Zuerst wusste Maria erst gar nicht was los war und erst nach dem immer hektischeren »Die Hand von Magdalena am Schenkel weg, weg, weg«, kapierte siee, was Sache war. Es ist kaum zu glauben, dass sich diese Handlungen unter dem Lendentuch über die Jahre wiederholten.

Die Erklärung der unter Religionszwang auf Jesus fixierten Sexualität will ich hier nicht ausdifferenzieren. Das zeigte sich beispielsweise nach der Vorstellung, wenn massenweise Teenies eine Unterschrift auf meine Autogrammkarte wollten. Dabei stellte sich eine Nonne an die Eingangstür der Sakristei oder eines anderen Raumes. Dann wurden die Mädels einzeln hereingelassen, um sich unter strenger Beobachtung ihr Autogramm abzuholen. Auf merkwürdige Auswüchse kompensierter Sexualität musste man vorbereitet sein. Einmal, während Sexi als Judas seinen Verzweiflungsmonolog abzog, ging ich raus vor die Sakristeitür, um eine Zigarette der Marke »St. Michel« – selbst Zigaretten hatten in Belgien religiöse Namen – zu rauchen. Die entsprach in etwa der Marke »Reval« bei uns. Kaum hatte ich einige Züge inhaliert, stürzte hinter einem Pfeiler auftauchend blitzschnell ein Schatten auf mich, der sich dann als weibliches Wesen erwies. Zu überrascht um zu reagieren, knutschte sie mich ab und riss mir dabei fast die Jesusperücke vom Kopf. Zurück in der Kirche konnte ich mich gerade noch rechtzeitig vor dem nächsten Auftritt von der Aufregung erholen. Man stelle sich vor, ein Schwarzkittel hätte das mitbekommen. Auch das hätte das Ende unserer Tour bedeuten können.

Die Verantwortung, die Passion und mich vor der Sexualität weiblicher Fans zu beschützen, war leider eine zusätzliche Aufgabe. Obwohl ich starker Raucher war, habe ich während der Vorstellung nie wieder die schützende Garderobe verlassen.

Es gab natürlich auch normale Kontakte zu flämischen Frauen. Bei einem aus unserer Mannschaft endete das gar in einer Eheschließung. Ich selbst verfiel in eine kopflose Verliebtheit zu einem für mich vom Himmel herabgestiegenen Engel. Wir trafen uns mehrmals nach der Aufführung an unterschiedlichen Orten. Beim ersten Knutschen unterbrach sie energisch die Zärtlichkeiten und eröffnete mir, dass sie mir ihre Liebe geben könne, aber nicht die körperliche. Sie gehöre einem Orden an, der sich, als solcher unerkannt, in der Gesellschaft für soziale Arbeit im Sinne Jesu einsetze. Das stieß auf mein vollkommenes Unverständnis und blieb bei ihr, trotz aller Überredungsversuche, ohne Wirkung. Während eines Kirchenbesuches hätte sie der Ruf ereilt. Sie sei Christi Braut und hätte ein Gelübde abgelegt. Voll verknallt bemühte ich mich noch lange, und ich wäre sogar zum katholischen Glauben übergetreten, hätte sie mich erhört, beziehungsweise rangelassen. Ihr Name war Billeken.

Neben diesen überdurchschnittlich vielen Abstrusitäten sind der Trott und eine bisweilen abgefuckte Routine nicht zu vermeiden. Sieben Stunden auf der Bühne, An- und Abfahrt, heißt auch wenig Schlaf und harte Arbeit. Trotzdem konnte ein hohes Energielevel bis zur letzten Vorstellung gehalten werden. Die schlafwandlerische Sicherheit im Spiel verführte des Öfteren zu Klamotteneinlagen, das heißt, die Mitspieler zum Lachen zu bringen. Außer Jesus hatte jeder mehrere Rollen. So auch Sexi, der beim Einzug in Jerusalem einen Blinden spielte. Nachdem er seine Bitte: »Herr, seit vielen Jahren bin ich lahm und blind ...«, vorgebracht hatte, wurde er mit den Worten: »Sei getrost, du bist geheilt«, von seinem Leiden erlöst. Den Spieler einer ernst zu nehmenden Rolle – und wo trifft das mehr zu als bei Jesus? – zum Lachen zu bringen hat eine sadomasochistische Tendenz. Sexi überraschte mich zum Beispiel mit immer neuen Gebrechen, von denen er geheilt werden wollte. Der Höhepunkt war ein Auftritt, bei dem ich zuerst dachte, der Glöckner von Notre-Dame hätte sich auf die Bühne verirrt. Mit einem riesigen Buckel trug er mir seine zahlreichen Leiden vor. Mit größter Willenskraft vollzog ich Segnung und Heilung. Als der Geheilte aber nach kurzer Entfernung in der Menge ohne Buckel wieder auftauchte und rief: »Herr, oh Herr, ich bin geheilt, ich bin geheilt«, war es mit der Beherrschung zu Ende. Ich musste wieder, geschüttelt vor Lachen, mit dem Rücken zum Publikum den nächststehenden Jünger umarmen. Wie sich herausstellte war der Buckel ein unter das Gewand geschobenes Kissen, das Sexi blitzschnell, nach der Heilung verschwinden ließ. Zu unserer Entschuldigung ist zu sagen, dass so etwas nur in den Tagesaufführungen vorkam und dass wir professionell genug waren, es niemanden merken zu lassen.

Aus meiner Erfahrung, bei längerer Dauer der Langeweile unterworfen, wie alles der ständigen Wiederholung ausgesetzte, war es nach sieben Touren ausgelutscht. Vom Popstar zurück ans Kammertheater war eine heftige Umstellung: Der Status des Popstars war auch späterhin nicht mehr erreichbar. Sexi war zu diesem Zeitpunkt schon einige Jahre in Saarbrücken beim Rundfunk. Wir hatten beide andere Interessen. Einige Jahre hätten wir das noch durchziehen können, aber die Luft war raus.

Nach der ersten Tour war Floh noch ein Jahr in Karlsruhe dabei, bis er in Stuttgart die große Liebe fand. In der dafür mindestens notwendigen Zeit kamen seine beiden Kinder auf die Welt. Er arbeitete als Medikamentenfahrer für Apotheken und studierte auf Lehramt an der Pädagogischen Hochschule (PH). Nach nur wenigen Treffen haben wir uns dann für vierzig Jahre aus den Augen verloren. Da war aber immer noch genug Potential vorhanden, zwar verändert, doch mit dem Reichtum einzigartiger Erinnerungen, unsere Freundschaft für weitere zwanzig Jahre weiterzuführen.

11

Auch am Theater traten Abnutzungserscheinungen ein. Es gab den Förderverein »Freunde des Kammertheaters«, mit dem wir immer unsere Premierenfeiern verbringen sollten. Die Vereinsmitglieder setzten sich zusammen aus Geschäftsinhabern, Geldleuten und Bildungsbürgern. Bei Gesprächen stellte sich heraus, dass viele CDU-Wähler waren. Es machte keinen Bock, mich dem Theater zuliebe in Gesprächen mit ihnen zurückzuhalten, um sie und ihr Geld nicht zu vergraulen. Dazu kamen Stücke und Rollen, die meiner Gesellschafts- und Spießerkritik keine Ausdrucksmöglichkeiten boten.

Die Spielzeit am Kammertheater schickte ihre Endvorzeichen, noch kurz herausgezögert durch das Stück »Publikumsbeschimpfung« von Peter Handke. Dieses löste im Ensemble allgemein Verwunderung aus. Allein die Regieanweisungen Handkes zu den Rhythmen der Schimpfchöre, unter anderem »Tell Me« von den Rolling Stones, die Hitparade von Radio Luxemburg oder die Beatlesfilme, gehörten nicht zu den Hör- und Sehgewohnheiten des Intendanten. Das Stück ist ein Wortbeat. Eine Provokation nicht nur des Theaterpublikums, sondern der ganzen Welt. Ein Schwall positiver und negativer Begriffe. Destruktive und positive Beeinflussung, gute und schlechte Werbung. Aufgezeigt wird Abgegriffenheit, Armut, Vermassung der Sprache. Die Verkümmerung echter, das Auftreten unechter und falscher Gefühle, die Auswüchse der Unbildung. Die Inszenierung am Kammertheater entwickelte sich eher zur »Schimpfe« einer Mutter mit ihrem ungezogenen Kind, als zu einer schockierenden, umstrittenen Provokation, die das Stück bei seiner Uraufführung noch ausgelöst hatte. In kabarettartiger Manier vorgetragen und durch Streichung allzu heftiger Lästerungen wie »Ihr Mutterficker« oder »Ihr Syphilitiker« und »Arschlöcher« wurden manche Schärfen abgemildert. Nicht so sehr allerdings, dass es nicht trotzdem Beschwerden von den Biedermännern des Stammpublikums gegeben hätte. Das hinderte mich nicht daran, entgegen der Regieanweisung von der Bühne zu springen und einem besonders unsympathischen Besucher eine Aufzählung extremster obszöner Wörter ins Ohr zu brüllen. Die darauffolgenden Beschwerden trugen nicht zu einem entspannten Arbeitsklima bei.

Neben der Schauspielerei hatte ich einige Jobs beim Südwestfunk Baden-Baden. Am spannendsten war eine mehrteilige Folge »Jazz und Lyrik« mit südamerikanischen Dichtern wie Pablo Neruda. Damit kehrte der bedingungslose Spaß meiner Heidelberger Erfahrungen mit diesem Medium zurück. Die Idee, Ähnliches mit Rockmusik zu versuchen, war nur ein kurzer Schritt. Aktuelle gesellschaftliche Vorgänge und Entwicklungen wurden damals im Elfenbeinturm des bürgerlichen Theaters wenig reflektiert und wenn, hatten sie die Alibifunktion der Vorspiegelung einer großen Freiheit zum Konsumieren. Die wichtigsten Themen – Vergangenheitsbewältigung, Krieg und Holocaust – kamen nicht vor. Nachvollziehbar, denn der Bundestag war zu jener Zeit zu sechzig Prozent mit nicht nur einfachen, sondern auch hochrangigen alten NS-Parteigenossen besetzt. Die permanente Kriegsbedrohung zwischen Ost und West, der Einsatz einer Atombombe, war seit der Kubakrise nicht mehr undenkbar. Vietnamkrieg, Elend in vielen Teilen der Welt und Hungersnöte wie in Biafra mit tausenden Toten, wurden schicksalhaft hingenommen. Meine als Kind und Jugendlicher gemachten Erfahrungen der Kriegsfolgen in Form traumatisierter Untertanen hatte mich früh zum radikalen Pazifisten gemacht. Diese Botschaft mithilfe der Rockmusik massiv zu verbreiten, setzte mich unter Strom. Den Weltfrieden zu erreichen, schien nicht mehr unmöglich.

Dazu brauchte es eine Band. Nach einem Treffen mit Sexi kam uns eine Idee, diese mit einer Durchsage in seiner Sendung »Hallo Twen« zu suchen. Gesagt, getan. Schon kurz danach bekam ich einen Anruf am

Theater. Das war Harald, Sänger einer Gruppe namens The Misfits, die sich darin übten, die Stones nachzuspielen. Ich lud die Gruppe gleich in die Vorstellung des Stückes »Die Hose« von Carl Sternheim ein, um danach alles weitere zu besprechen. Es stellte sich heraus, dass das für die vier Jungs der erste Theaterbesuch war – ein weiterer Hinweis darauf, wie gering der Einfluss dieser Institution auf die Jugend war. Die Aufführung, ein Lustspiel aus den zwanziger Jahren, das kleinbürgerliche Spießigkeit, verklemmte Sexualität, typisches Rollenverhalten und skurrile Untermieter verhandelte, hatte durchaus satirisches Potential. Durch die aus der Zeit gefallene expressionistische Sprache und Inszenierung war es dem sich durch alle Epochen ausbreitenden Spießergeist trotzdem möglich, das Geschehen in alten Zeiten zu verorten, ohne sich davon selbst angefasst zu fühlen. Meine Rolle war der jüdische, hypochondrische Friseur und Untermieter Mandelstam, der auf Gags am laufenden Band und Gelächter spielte, und so fast schon in die Nähe von Antisemitismus geriet. So dachten die Jungs erst, sie wären im falschen Film und an einen Typen geraten, der mit ihnen eine Blödeltruppe aufmachen wollte. Nach der Vorstellung in der Kneipe entdeckten wir die gleiche Wellenlänge und machten den ersten Probetermin aus. Im Keller einer alten Scheune am Rand von Karlsruhe fanden wir schnell unser gemeinsames Thema: Kriegsdienstverweigerung.

Bei mir war das schon Vergangenheit, da ich einige Jahre älter war und die Mühle während der Schauspielschulzeit schon durchlaufen hatte. Trotz des Saufens von zwei Litern starkem Kaffee, womit ich hoffte, mir den Anschein körperlicher Gebrechen wie Kreislauf oder Herzprobleme zuzulegen, wurde ich für tauglich befunden. Von der Verweigerung konnte man sich damals auch nicht viel versprechen. Idiotischste Fragen der Prüfungskommission wie: »Wenn sie mit ihrer Freundin oder Mutter im Wald spazieren gehen und ein Russe springt aus dem Gebüsch und bedroht diese mit dem Tod, wie würden Sie sich dann verhalten?«, führten im Wissen, dass die Antwort, man würde Gewalt anwenden, Militärdienst bedeutete, in die Sackgasse.

Ziemlich fertig von der Ausweglosigkeit kam wieder mal meine Mutter ins Spiel. Der Oberchef des Stuttgarter Kreiswehrersatzamtes war ein adeliger Regierungsrat, dessen Name durch Heirat vor hundert Jahren mal in den Trotha'schen Familienannalen aufgetaucht war. Sie schaffte es, einen Termin zu vereinbaren, bei dem sie ihn überzeugte, dass es ganz schlecht für meine Entwicklung sei, wenn ich zur Bundeswehr müsse. Ganz hingerissen von Stil und Vornehmheit des Mannes, der sie mit Handkuss begrüßte, erzählte sie mir von seinem Versprechen, etwas zu unternehmen. Ich solle mich auf eine neue Musterungsvorladung in ein paar Wochen einstellen. Diese erfolgte dann tatsächlich und die Beurteilung »Vier – nur bedingt tauglich« bedeutete die Befreiung vom Wehr- und Ersatzdienst. Ich empfand große Freude und Dankbarkeit für meine tatkräftige Mutter. So sehr sie den Rollenzwängen ihrer Zeit ausgeliefert war, wenn es um ihr Uwilein ging, hat sie Zeit ihres Lebens alles in ihrer Macht Stehende getan, um mir Steine aus dem Weg zu räumen. Obwohl meine Tätigkeiten, spätestens nach dem Abgang vom Theater, für sie nicht mehr nachvollziehbar waren.

Mit Checkpoint Charlie waren wir, allerdings zu einem späteren Zeitpunkt, nicht mehr Underground genug, um nicht auch mal in der bürgerlichen Presse wie »Stern« oder »Der Spiegel« aufzutauchen. Eine der ersten Infos sollte wieder aus der Familie kommen. Wir spielten in Hannover im autonomen Jugendzentrum, einer alten, besetzten Fabrikanlage. Das wurde unter Nennung meines Namens unter Veranstaltungstipps im Rundfunk durchgesagt. Normalerweise gibt es an solchen Orten keine Vorbestellungen. Dort wurden wir mit der Nachricht empfangen, zwei von Trothas hätten Karten vorbestellt. Damit war der Kulturschock vorprogrammiert, doch es kam noch schlimmer. Onkel und Tante erschienen eine halbe Stunde vor dem offiziellen Beginn, bereits befremdet von der kaputten Fabrikanlage und der Ansammlung freakiger und punkiger Gestalten. Auf Nachfrage wies man sie zu unserer »Garderobe«, die sich in Ausstattung und Atmosphäre als das Gegenteil von »Schöner Wohnen« darbot. Damit nicht genug, war mit Eintritt der Verwandtschaft im Nebenraum ein lautstarker Streit im Gange, bei dem Beschimpfungen wie Drecksau und Arschloch noch harmlos waren. Nach der Begrüßung bemerkte man, dass Tante und Onkel sich bemühten, die Fassung zu bewahren. Plötzlich krachte es, die Tür zum Nebenraum ging auf und zwei sich prügelnde Punks landeten zu unseren Füßen. Wir trennten sie, redeten beschwichtigend auf sie ein und konnten sie unter Hinterlassung penetranten Bierdunstes wieder in ihren Raum abschieben.

Mein Versuch, Onkel und Tante irgendwie davon zu überzeugen, dass unser Programm vielleicht nicht unbedingt die geeignete Abendunterhaltung sei, scheiterte. Angezogen wie zu einem Theater- oder Opernbesuch, muss es für sie eine Art Mutprobe gewesen sein, sich kurz vor Beginn der Schau ins Publikum zu begeben. Die Halle war proppenvoll. Zum Sitzen musste der Betonboden herhalten. Dazu konnten sich Tante und Onkel natürlich nicht durchringen und kämpften sich durch die lautstarken, meist mit Bierflaschen ausgerüsteten Zuschauer zum Saalende, wo sie mit etwas Distanz einen Stehplatz fanden. Jetzt ging's los. Als Eröffnung bei »Notwehr« kamen wir als Reservisten, saufend und dumme Lieder grölend, durch die Leute wankend in den Raum. Unsere Vorbilder dazu konnte man damals jährlich mit schwarz-rot-goldenen Bändern umwickelten Strohhüten und mit Spazierstöcken, alkoholisiert in den Innenstädten das Ende ihrer Bundeswehrzeit feiern sehen. Wir hatten einen »Tieffliegerei« genannten Wettkampf, wer die blödesten und primitivsten Sprüche machen konnte. Pöbeleien und Beschimpfungen untereinander gehörten dazu. Ich versuchte mich etwas zurückzunehmen, was dazu führte, dass die anderen umso mehr auf den Klotz hauten. »Du Drecksau, ich schlag Dir die Fresse ein!«, »Halt du die Lapp, sonst kanscht morge deine Eier aussem Zahnputzbecher fische«, und Lieder wie »Heiiidiii, deine Heimat sind die Berge« sollen ein kleines Fragment dessen sein, mit welchen Äußerungen wir schließlich die Bühne bestiegen, wo einer schrie: »Jesses Gott, ich glaub ich muss kotzen«, und so tat, als würde er in seinen Strohhut reihern. Ein anderer übertrumpfte das noch mit dem Satz: »Herr Gott Sack, ich glaub ich hab' in die Hose g'schisse«. Diese Aktion wurde erst unterbrochen, als Schellebernd die Zeit für gekommen hielt, auf sein Schlagzeug einzudreschen und damit das Zeichen für den ersten Song in die Halle zu hacken. Schon während des Ablaufs des ersten Liedes »Karl Heinz Arsch« verließen Tante und Onkel fluchtartig die Halle.

An unserem ersten Probetag versuchten wir uns gleich am Antikriegsmanifest »Sag Nein« von Wolfgang Borchert. Für diesen Aufruf fand sich schnell ein elektrisierender, harter, treibender Rhythmus, der in Verbindung mit dem Text sofort begeisterte. Ein emotionales Urerlebnis und Grundlage kommender Höhenflüge.

In weiteren Proben merkten wir, dass bei unserem Thema in der Literatur Mangel herrschte. Erstaunlich, selbst die Dichter konnten sich anscheinend der Verdrängung nicht entziehen. Wir hatten noch keine eigenen Texte und ich musste mich auf die Suche nach geeigneten

Ja leute, dies ist die Geschichte
von Karl Heinz Arsch
dem Superwichte
er fing als kleines Baby an
und endete als deutscher Mann

Brav Karl Heinz brav
dein Vater war ein Arsch
ein echter deutscher Spießer
ein Chefarschlochgenießer
Befehle hielt er eilig
für richtig, recht und heilig
Dich wird er auch erziehn
zum Schnauze halten, Kreuz einziehn
Damit auch aus dir werde
ein Arschloch in der Herde
friß, friß, friß Karl Heinz
den Beschiß

Still Karl Heinz still
ein junger Arsch braucht Drill

muß lernen, lernen, lernen
in den Schulkasernen
Ei Karl Heinz ei
bald bist du schon dabei
in dieser Menschenfalle
da hat es Platz für alle

Lirum, Larum Löffelstiel
friß doch Arsch
und frag nicht viel

Schling es rein
färb dir das Hirn
häng ein Brett vor deine Stirn
Drück dir 'n Haufen Bildung rein
werd zum Fachidiotenschwein

Schweinefleisch ist wichtig
werde groß und tüchtig

friß Karl Heinz friß
und vergiß
geh Karl Heinz geh
bald tut's nicht mehr weh
Brauchst dich nicht mehr weiter quälen
hast lang gehorcht
darfst jetzt befehlen

bist 18 Jahre, 'n geschniegelter Bengel
hast nur noch Scheiße im Kopf
und Brause im Stengel

Such dir 'n Job bei der Polizei
die ist krisensicher mit Spaß dabei
spricht Vater Arsch
das alte Schwein
Roboter mit Eigenheim

Aus Karl Heinz aus
da kommt schon der Applaus
als demokratischer Todesschütze
bist du endlich zu was nütze

Songtext »Karl Heinz Arsch«

Stoffen machen. Deutsche Gedichte fand ich bei Günther Eich – »Wacht auf, Eure Träume sind schlecht« – und Kurt Tucholsky – »Der Graben« und »Kopf ab zum Gebet«. Pablo Neruda war dabei mit »Als mein Sohn zur Welt kam«, wie auch Jacques Prévert, der mit »Es ist aus« gleich in der ersten Strophe unser Anliegen radikal auf den Punkt brachte.

ES IST AUS

Seid gewarnt ihr Greise
seid gewarnt Familienväter
die Zeit, da ihr die Söhne gabt dem Vaterland
wie man den Tauben Brotkrumen gibt
diese Zeit ist aus
vorbei die Kirschenzeit
seufzen hat keinen Sinn
legt euch lieber lang hin
ihr fallt ja um vor Müdigkeit
euer Leichentuch ist frisch geplättet
haltet eure Kinnbinden bereit
schließt eure Lider
der Leichenwäscher steht vor der Tür

Die zwei- bis dreimaligen Proben pro Woche ließen uns immer mehr abfahren. Gleichzeitig ließ mein Interesse am Theater nach, unterstützt durch die Besetzung mit einer Rolle, die mir absolut gegen den Strich ging. Der Rock rollte durch meine Blutbahnen und führte zur Kündigung zum Ende der Spielzeit. Das überraschte Intendant und Kollegen, denen meine Gründe schwer zu vermitteln waren. Unsere Arbeit im Übungskeller verbreitete einen Spirit, dem die ersten drei Gigs folgten. Der erste Termin war im Jazzkeller Laboratorium in der Lessingstraße. Bei nur vierzig Minuten eingeprobter Stücke musste alles weitere improvisiert werden. Das wurde von unserem Sänger geleistet, der mit großer Erfindungsgabe bluesige Songs abrief. In der Vorbereitung lag noch einiges an. Werbung übernahm der Veranstalter. Eine Gesangsanlage musste organisiert werden, das klappte problemlos durch Ausleihe bei einer befreundeten Band.

Schwieriger erwies sich unsere Namensfindung. Rock mit deutschen Texten war neu, doch nur so konnten wir verstanden werden. Es brauchte einen ganzen Abend der Schluckspechte und der Erfindung der abwegigsten Begriffe, bis »Checkpoint Charlie« geboren wurde. Ursprünglich sollte es unbedingt ein deutscher Name sein, gleichzeitig poppig und einprägsam. Außer Deutsch zu sein, trafen die anderen Kriterien zu. Als Grenzkontrollpunkt zur DDR tauchte Checkpoint Charlie immer wieder in den Nachrichten und anderen Medien auf. Auch die Symbolik der Grenzüberschreitung passte und verfolgte uns später ununterbrochen auf allen Wegen. Zu Beginn unserer Laufbahn nannten wir uns noch »Uwe v. Trotha and the Checkpoint Charlies«, ließen aber meinen Namen unter dem Anspruch »Freiheit, Gleichheit, Brüderlichkeit« wieder weg. Während wir unseren ersten Auftritt wie in Trance spielten, entwickelte sich eine intensive Spannung. Starker Beifall und »Zugabe, Zugabe«-Rufe am Ende zeigten, dass unsere Message bei den dreißig bis vierzig Zuhörern angekommen war. Ein Artikel in den Badischen Neuesten Nachrichten sorgte für erste lokale Aufmerksamkeit. Außerdem kam im Keller noch ein Typ vom VK-Verband (Verband der Kriegsdienstverweigerer) mit der Frage vorbei, ob wir auf einer ihrer Veranstaltungen auftreten würden. Dafür konnte es nur eine Zusage geben. Unter einem riesigen Transparent mit der Aufschrift »Sammlung für kriegsgeschädigte Kinder« spielten wir vor der Hauptpost, mitten in Karlsruhe.

Bis dahin hatte sich unser Programm schon um eigene kritische Texte erweitert. Besondere Aufregung erregte jedoch der Titel »Fuck you« des Beatnikpoeten Tuli Kupferberg. Den Wortlaut weiß ich nicht mehr, nur dass in jedem Satz ficken vorkam. Zum Beispiel »Fick dich, Präsident Johnson«, »Politiker sind gegen ficken, weil alte Männer gegen ficken sind«, oder auch »Nixon muss wichsen, auch Brandt hat ihn manchmal in der Hand«. Letzteres war von mir – Willy möge es mir verzeihen. Er war der letzte, der eine Verarschung verdient hatte. Als einer der wenigen glaubwürdigen Politiker wurde er im Bundestag schon genug wegen seiner unehelichen Geburt und seines Exils während der NS-Zeit als eine Art Volksverräter diskriminiert. Auch das wirft ein Schlaglicht auf das Bewusstsein der gewählten Vertreter des Volkes. Aus leicht pubertärem Antiautoritarismus heraus war es mir leider nicht möglich, mich dem Reiz des Reims zu entziehen.

Für Differenzierungen war keine Zeit. Der Platz vor der Hauptpost füllte sich schnell. Die Menge breitete sich bis auf die Fahrbahn aus und brachte Auto und Straßenbahnverkehr zum Stillstand. Dem wurde durch das Karlsruher Original Otto Abhilfe geschaffen, der auch sonst ausgestattet mit einer Faschingspolizistenmütze durch die Gegend lief und

Leute über den Zebrastreifen geleitete. Die Huperei und das Klingeln der Straßenbahn ließen den Mann zu Höchstleistung auflaufen. »Achtung, Achtung!« schreiend schaffte er es, die Menschen von der Straße zu bringen. Das passte uns ganz gut. Der Krach störte. Zwischen dem Vortrag der Texte ging ich manchmal von der Bühne, während die Band improvisierte. Jetzt kam der Vollpolizist und tat unter tiefen Verbeugungen so, als müsse er den Weg frei machen. Das war mir gar nicht recht. Ich fürchtete, dass diese Groteske der Ernsthaftigkeit unserer Mission schaden könnte. Dem scheint nicht so gewesen zu sein. Der VK konnte eine ansehnliche Spendensumme einsammeln. Dass nicht alle Zuschauer begeistert waren merkten wir daran, dass uns später dreißig Anzeigen ins Haus flatterten. Ruhestörung, Beleidigung und noch andere Bezichtigungen. Am Ende der Veranstaltung deutete sich ein Phänomen an, das uns in der ganzen Checkpoint-Charlie-Geschichte begleiten sollte: Wie ein starker Magnet zogen wir immer wieder aus jedem Rahmen fallende Individuen an (siehe auch Pressespiegel auf Seite 7).

In eine heftige Diskussion verwickelt, bemerkte ich einen Meter von mir entfernt einen »Indianer«, der mich regungslos anstarrte. Als sich die Leute verliefen und wir beim Abbauen waren, stand er noch immer am gleichen Platz mit gleicher Blickrichtung. Das wurde langsam unheimlich. Ich sprach ihn an und fragte, wie es ihm gefallen habe. Seine Antwort: »G-g-g-g-gut, sehr g-g-gut«, offenbarte ihn als starken Stotterer. Es sollte sich eine längere Verbindung zu ihm entwickeln, in der wir Einblick in sein einzigartiges Leben erhielten. Die manchmal durch das Stottern eingeschränkte Verständigung hinderte uns nicht, mit der Zeit seine Verwandlung vom Kind aus dem Karlsruher Kleinbürgertum zum »Indianer« vom Stamme der Sioux ansatzweise zu verstehen. Kriminell geworden, vom Knast bedroht, hatte er sich zur Fremdenlegion abgesetzt und war im Indochinakrieg mehrere Jahre dabei gewesen. Er muss Fürchterliches erlebt haben. In der letzten Schlacht 1954 in Đi n Biên Ph gehörte er zu den wenigen, die sich retten konnten. Diese Ereignisse hatten ihn zum radikalen Kriegsgegner gemacht. Seine verlorenen humanen Werte hatte er in der Welt der »edlen Indianer« wiedergefunden und er führte nun ein »indianisches« Leben. Seine kleine Unterkunft war vollgepackt mit Literatur zu diesem Thema. Die Kenntnisse dazu hatten ein geradezu wissenschaftliches Ausmaß. In die normale Gesellschaft nicht integrierbar, hatte man ihn in die Bellenäcker, die Karlsruher Schmuddelsiedlung, verfrachtet, wo er seine Indianerexistenz ausleben konnte, ermöglicht durch eine kleine Pension von der Fremdenlegion und Sozialhilfe. Auf einem Rasenstück vor seiner heruntergekommenen Zweizimmerwohnung lebte er, außer an sehr kalten Wintertagen, in einem Tipi und beschäftigte sich mit der Herstellung von Kleidung und Gegenständen unter Verwendung von Hirschleder, Glasperlen, Schmuck und Adlerfedern, alles original Sioux. Er hatte große handwerkliche Fähigkeiten. Das ganze Zubehör ließ er sich direkt von einem Stamm der Sioux aus Amerika zu schicken, bei dem er Ehrenmitglied war. Als durch Karl May Geprägter sprach ich ihn einmal auf die in dessen Büchern geschilderten Indigenen an. Er reagierte mit starker Ablehnung. Das sei nicht original. Wie bei allen Menschen gab es auch bei den Ureinwohnern Nordamerikas Musiker, was sich bei ihm aufs Trommeln beschränkte. Er hatte sich ein halbes Dutzend Trommeln in verschiedenen Größen angeschafft und behauptete, Indigene würden auf diesen nur den Rhythmus ihres Herzens nachahmen. Als unsere Bekanntschaft enger wurde, erschien er mit seiner größten, bis zur Hüfte reichenden, einen dumpfen Ton abgebenden Standtrommel bei den Gigs. Angezogen mit perlenbesticktem Hirschlederanzug mit Fransen und prächtigem Adlerfederschmuck auf dem Kopf, schlug er als Häuptling gnadenlos den ganzen Abend ohne Unterbrechung seinen Herzschlagrhythmus. Bei aller Irritation und Exotik erwies sich das auf Dauer dann aber als störend für unsere Musik und die Zuhörer. Es ergab sich dann ein Job für ihn im Hasslocher Märchenpark, wo er, neben einem Kleinwüchsigendorf, mit seinem ganzen Equipment vor seinem Tipi trommeln und Gesänge vorführen konnte.

Er stellte nur einen der zahlreichen Einzigartigen dar, die sich aus der Schleimflut der Verblödung durch Manipulation in Werbung, Politikersprache und Konsum befreien konnten. Sie halfen mir wiederholt, den Glauben an die Menschheit nicht zu verlieren.

Auch mit einem besonders langhaarigen Typ entwickelte sich ein Gespräch. Lüppo, ein Drucker, der sich gerade selbstständig gemacht hatte, wurde für einige Jahre unser Mann für die Plakate und seine Freundin Moni, Fotografin, trug ebenfalls viel zu unserem Image bei. Das erste Plakat für den dritten Gig in der PH, zeigte unter »Uwe von Trotha und die Checkpoint Charlies« meinen weit aufgerissenen Mund mit blutiger Sprechblase: »Die Saurier vom Rhein – Monsterbeat – Terrorrock«. Im unteren Teil waren noch erfundene Pressestimmen, die unsere Ästhetik der besonders wilden Rebellen unterstreichen sollten. Die Schweinsberger Zeitung aus Bayern war auch dabei. Außer an den üblichen Orten wie Jugendhäuser, TH, einschlägigen Kneipen bepflasterten wir rücksichtslos alle legalen wie illegalen Plätze der Innenstadt; Stromkästen, Werbetafeln auch Plakate anderer kommerzieller Veranstaltungen wurden rigoros überklebt. Das ging natürlich wieder nicht ohne Anzeigen ab. Das blieb anfangs noch folgenlos. Durch unsere ausbleibende Reaktion auf die Amtsbriefe versickerte das im Sand.

In der Szene wurde schon ein bisschen über uns gemunkelt. Die mit fünfhundert Zuschauern gefüllte Aula der PH übertraf alle Erwartungen. 1967 war die Karlsruher Rockszene noch klein und die vorhandenen Bands spielten hauptsächlich Coverversionen. Daran könnte es gelegen haben, dass unsere Auftritte eine besondere Aufmerksamkeit erregten, die sich herumgesprochen hatte und uns zusammen mit der schrillen Werbung diesen Zulauf verschaffte. Wir hatten inzwischen schon eine grellbunte Mischung fremder und eigener Texte. Unter anderem die Abhandlung der erotischen Beziehung des Konsumbürgers zu seinem Auto, verewigt auf der ersten LP »Grüß Gott mit hellem Klang« namens »Die Geschichte von Herrn Müller, wie er seinen VW ins Auspuffrohr fickte und zurück«. Mit dem Ruf zu Beginn: »Schafft das Militär ab, legalisiert Cannabis, ruft die Anarchie aus«, zeigten wir in eine Richtung, die zusammen mit den meist knüppelharten Texten keinen Zweifel an unserer auf Lustgewinn ausgerichteten Radikalität zuließen. Dies verursachte beim Publikum während unseres gesamten Bestehens immer wieder Diskussionen und Auseinandersetzungen, die sich in starker Ablehnung oder in begeisterter Anhängerschaft äußerten. Es kam vor, dass Zuschauer »Aufhören, aufhören« schrien und andere »Weitermachen, weitermachen«. Wir hörten dann auf zu spielen und forderten die Leute auf, sich zu einigen, da wir so nicht weiterspielen könnten. Dann war Pause. Es wurde durchgezogen und Bier getrunken. Wenn es im Saal ruhiger wurde, gingen wir raus und spielten weiter. Auf die wenigen Male, wo das verhindert wurde, werde ich noch zu sprechen kommen. Bei diesem dritten Gig, ganz wichtig, lernten wir die ersten Anhänger kennen, die später für unsere Vernetzung, Logistik, Öffentlichkeit und Überlebensfähigkeit als Deutschlands einzige Underground-Band so wichtig waren.

Vom Theater hatte ich mich inzwischen verabschiedet. Eine Besucherin einer der letzten Vorstellungen krönte die Erfolgserlebnisse dieser

Zeit mit einer neuen Liebe: Karin, gerade das Abitur hinter sich, war auf der Suche nach Lebenssinn und Studienplatz. Wie das Schicksal so spielt muss man immer auf Überraschungen gefasst sein. Problemlose Euphorie ist niemals ein Dauerzustand. Dies offenbarte sich im Ausbleiben von Karins Periode. Nach den üblichen Tests stand fest: Sie war schwanger. Darauf waren wir null vorbereitet und alles andere als Familiengründer. Geschockt, aber verliebt, beschlossen wir, uns aufs Kinderkriegen einzulassen, ohne unsere Vorstellungskraft über die Auswirkung auf unseren Lebensstil allzu sehr zu bemühen. Wenigstens war die Wohnfrage geregelt: Die Karlsruher Altstadt sollte abgerissen werden. Das war ein sich über Jahre hinziehender Prozess, bei dem die ursprünglichen Bewohner auszogen und alles an neue Mieter abgegeben wurde unter der Voraussetzung, innerhalb von vier Wochen nach Kündigung wieder auszuziehen. Daher waren die Mieten sehr günstig. In diesem Viertel hatte sich in kurzer Zeit eine farbenfrohe Mischung aus Studenten, Freaks, Künstlern, Hippies und Sonderlingen aller Schattierungen angesiedelt. Unser Obdach bestand aus drei Zimmern, Küche, Bad.

Ein Zimmer war schon untervermietet an Ludovic, der da eine Kerzengießerei betrieb. Er war als Student während des Ungarnaufstandes geflohen. Nach dem kurzen Versuch, sein Ingenieurstudium in Deutschland fortzusetzen, hatte er sich entschieden, lieber Geld zu machen. Dazu hatte er alle möglichen knallbunten und marmorierten, in verschiedenen Größen und Formen hergestellten Kerzen erfunden. Die fanden in Boutiquen, Geschenkläden und Schöner-Wohnen-Geschäften reißenden Absatz. Im Kapitalismus voll angekommen, fuhr er bereits einen BMW und bewohnte mit seiner deutschen Freundin ein cleanes Eigentumsappartement. Trotzdem blieb er Nonkonformist und war misstrauisch gegenüber jeder Obrigkeit oder Ideologie, besonders aufgrund seiner Erfahrung gegenüber dem real existierenden Sozialismus. Meinen eifrig vorgetragenen, noch sehr diffusen links-utopistischen Vorstellungen gegenüber, hatte er nur ein abgeklärtes Lächeln zu bieten. Seine Schilderungen vom kommunistischen Alltag verstärkten auf jeden Fall meine Zweifel an einer einzig selig machenden Gesellschaftsform. Anscheinend war in vielen Fällen in seinem Land die Diktatur des Proletariats auch mit der Diktatur der Blödheit verbunden. In seinem Dorf war nach dem Krieg nur ein einziger Kommunist vorhanden. Trotzdem er Analphabet und saublöd war, war er von der Partei zum Bürgermeister ernannt worden. Von diesem Mann hatte er einige Geschichten drauf, die an die Bürger von Schilda erinnerten. Manches war aber ganz und gar nicht zum Lachen, sondern Beispiel für niederträchtiges, die Mitmenschen schädigendes Verhalten. Viele unterschiedliche Anschauungen hinderten uns nicht daran, einander sehr sympathisch zu finden. Wenn ich wollte, konnte ich immer bei ihm arbeiten. Das war äußerst wichtig. Ob Checkpoint Charlie und Ludo reichen würden, um eine Kleinfamilie zu ernähren? Darüber machte ich mir nicht allzu viele Gedanken. Ludo sprach schon sehr flüssig deutsch. Er hatte eine seltsame Eigenart. Redewendungen, die ihm aus nicht nachvollziehbaren Gründen nicht ganz fassbar waren, wiederholte er während eines Arbeitstages mindestens fünfzig Mal. Zwei Bemerkungen habe ich noch im Kopf. Die eine war »Zunächst einmal«, dies konnte man noch als unnötige Politiker-Hohlformel begreifen. Warum ihn aber »Kennst Du den neuesten Hit?« zu ständigen Wiederholungen veranlasste, blieb unbegreiflich. Auf Nachfrage erfuhr ich nur, dass ein Kunde ihn das gefragt habe. Das Zusammenwohnen dauerte nur ein paar Monate. Seine Auftragslage steigerte sich stetig. Er fand größere Räume in der Nähe, auch im Abrissviertel, und blieb über die Jahre in finanziellen Notlagen mein Rettungsanker. Hilfreich war, dass er öfter bei unseren Gigs auftauchte und dabei seinen Spaß hatte.

Ein Umzug wurde nötig, denn unser Baby kündigte sich immer mehr an. Der alles überlagernde Gestank nach flüssigem Paraffin in der Wohnung war niemandem zumutbar. Karin hatte sich inzwischen für ein Studium an der PH eingeschrieben. Zur Band hatte sie ein sehr gespaltenes Verhältnis. Ihrem intellektuell analysierenden Verstand waren die Texte zu irrational, grenzwertig und allein wegen der Lautstärke dem Baby nicht zumutbar. Das fehlende Verständnis für den Absprung vom Theater in die unsichere Existenz einer Rockband führte zu ersten Unstimmigkeiten, die aber von der anfänglich noch guten Chemie überlagert wurden. Wir versuchten auch, uns vorzubereiten. Karin las Bücher von Horst-Eberhard Richter, die revolutionäre Erkenntnisse über Psychologie in Gruppen, bei Kindern, Eltern und der Gesellschaft enthalten mussten. Darüber hielt sie mir lange Vorträge, was mir durchaus einen Erkenntnisgewinn brachte. Das Lesen theoretischer Werke bleibt mir bis heute zu mühsam und nach Versuchen, mehr als zwanzig Seiten davon zu lesen, habe ich das endgültig aufgegeben. Vielleicht war das bei mir ein Schutz vor jeder Ideologie. Bei der Lektüre von »Das Kapital« waren es höchstens sechs Seiten. Selbst Schriften von Anarchisten über herrschaftslose Gesellschaft konnten mich nicht aufregen. Eine Ausnahme war »Walden – Leben in den Wäldern« von Henry David Thoreau, was aber mehr eine Biographie ist.

Richter hielt überall Vorträge. Auch wir hörten ihn im überfüllten Audimax in Karlsruhe, bei dem auch kritisiert wurde, dass bei der Geburt der Vater nicht dabei sein konnte und dass der Mutter nach der Geburt der Säugling eine Woche lang nur zum Stillen gebracht wurde. Das waren Zustände, die jungen Eltern heute als mittelalterlich erscheinen müssen. Doch allzu lange ist es noch nicht her. Kurz nach Richters Vortrag war ich auf einer Demonstration für das Recht des Vaters, während der Geburt anwesend sein zu können. Für junge Väter der Gegenwart eine Selbstverständlichkeit, war bei vielen Männern früherer Generationen das Rollenverhalten noch derart verankert, dass alles was Geburt und Kind anging, hauptsächlich Aufgabe der Frau war. Viele Männer der sechziger Jahre fanden das allerdings nur in der Theorie gut, hätte man es ihnen von heute auf morgen ermöglicht, wären sie reihenweise in Ohnmacht gefallen. Mir war das schon passiert. Als sich während der Passionsspiele ein Statist einen Zehennagel abriss, bügelte es mich in vollem Jesus-Ornat um. Glücklicherweise hinter der Bühne.

Also, der Kampf war wichtig. Es brauchte aber, bis sich ein natürliches Bewusstsein für die Umsetzung der Kopferkenntnis gebildet hatte. Ehrlich, ich war froh, dass ich meine Forderung nicht in die Tat umsetzten musste. Das ist ein gutes Beispiel manch gescheiterter Umsetzung von Anspruch und Wirklichkeit. Der negativ besetzte Begriff »Familie« und dessen Ablehnung führten erst mal in das Land der völligen Ahnungslosigkeit über Kindererziehung und alternativen Formen des Zusammenlebens. Ideen, wie in den Büchern von Horst-Eberhard Richter konnten nur Anfänge der Auseinandersetzung sein, gemäß dem Spruch »Grau, lieber Freund, ist alles Theorie«. So fehlte es bereits am Anfang unserer Beziehung nicht an Problemen. Da waren Karins Eltern. Die wussten nur wenig, außer dass ihnen ihre Tochter plötzlich abhandengekommen war. Nach ihrem Auszug hielt sie nur den Kontakt, der nötig war, um die Kohle für ihr Studium zu sichern. Von der Schwangerschaft wussten sie nichts und vom Freund kaum mehr. Naturgemäß ließ sich ersteres nur begrenzt verschweigen. Die Nachricht löste bei der Mutter

Weltuntergangsstimmung aus. Karin konnte sie sehr langsam beruhigen mit Hinweisen auf Studium, den Freund und positive Zukunftserwartungen. Diese verflüchtigten sich jedoch schnell, als sich meine Vorstellung bei ihrer Familie nicht mehr vermeiden ließ. In der Vorbereitung auf diesen Besuch hatte mir Karin einiges erzählt. Die Eltern waren schon seit ihrer frühen Kindheit geschieden. Der Vater war ausgezogen. Dessen ungeachtet erschien der Vater, Rumäniendeutscher und Studienrat für Mathematik, weiterhin zu den Mahlzeiten. Ohne ein Wort zu sprechen, ließ er sich dabei bedienen. Die Kinder, Karin hatte noch eine Schwester und einen Bruder, wussten zwar, dass der fremde Mann am Tisch ihr Vater sein sollte, mehr war aber für sie nicht zu erfahren. Die Eltern hatten sehr jung geheiratet. Die Mutter kam aus kleinbürgerlichen Verhältnissen und war ziemlich ungebildet. Warum mir immer Freundinnen zufielen, deren Familien so fertig waren, musste Karma sein. So jedenfalls konnte meine – mir damals noch nicht bewusste – tiefe Sehnsucht nach Harmonie keine Erfüllung finden. Nähere Beziehungen zu seinen Kindern schienen den Vater nicht zu interessieren. Den finanziellen Ansprüchen seiner Kinder kam er aber auch ohne Worte zu verlieren – bedingt – nach. Für das Studium musste die Mutter aber noch was drauflegen.

Mein Besuch beschränkte sich nur auf sie. Der Vater zeigte keinerlei Interesse am Kennenlernen. So fuhren wir also zu ihr in die Waldstadt, ins schmucke Reihenhaus-Eigenheim. In der Vorbereitung hatte ich einiges unternommen, mein Äußeres ordentlich zu gestalten. Frisch gewaschen, mit sauberen Klamotten und einem Blumenstrauß, liefen wir dort ein. Das half alles nichts. Dicker Vollbart und lange Haare genügten der Mutter, um mit entsetztem Augenausdruck die Hand vor den Mund zu halten und leise »Ach Gott, ach Gott« vor sich hin zu murmeln. Wir setzten uns an einen Tisch mit Kaffee und Streuselkuchen. Während eines mühsamen, stockenden, belanglosen Gesprächs trafen mich immer wieder Blicke, die innerlich Fragen aufkommen ließen, ob sie mich für einen Menschenaffen aus dem Karlsruher Zoo oder den Bewohner eines anderen Planeten hielt. Man hätte meinen können, dass sie durch ihren schweigenden Ehegatten an außergewöhnliche Individuen gewöhnt sei. Dem war nicht so. Es ergab sich keinerlei Anknüpfungspunkt. So blieb der erste auch der letzte Besuch. Das war nicht nur skurril. Für Karin tat es mir wegen des missglückten Treffens sehr leid. Die Hoffnung der Kinder auf das Verständnis der Eltern stirbt zuletzt.

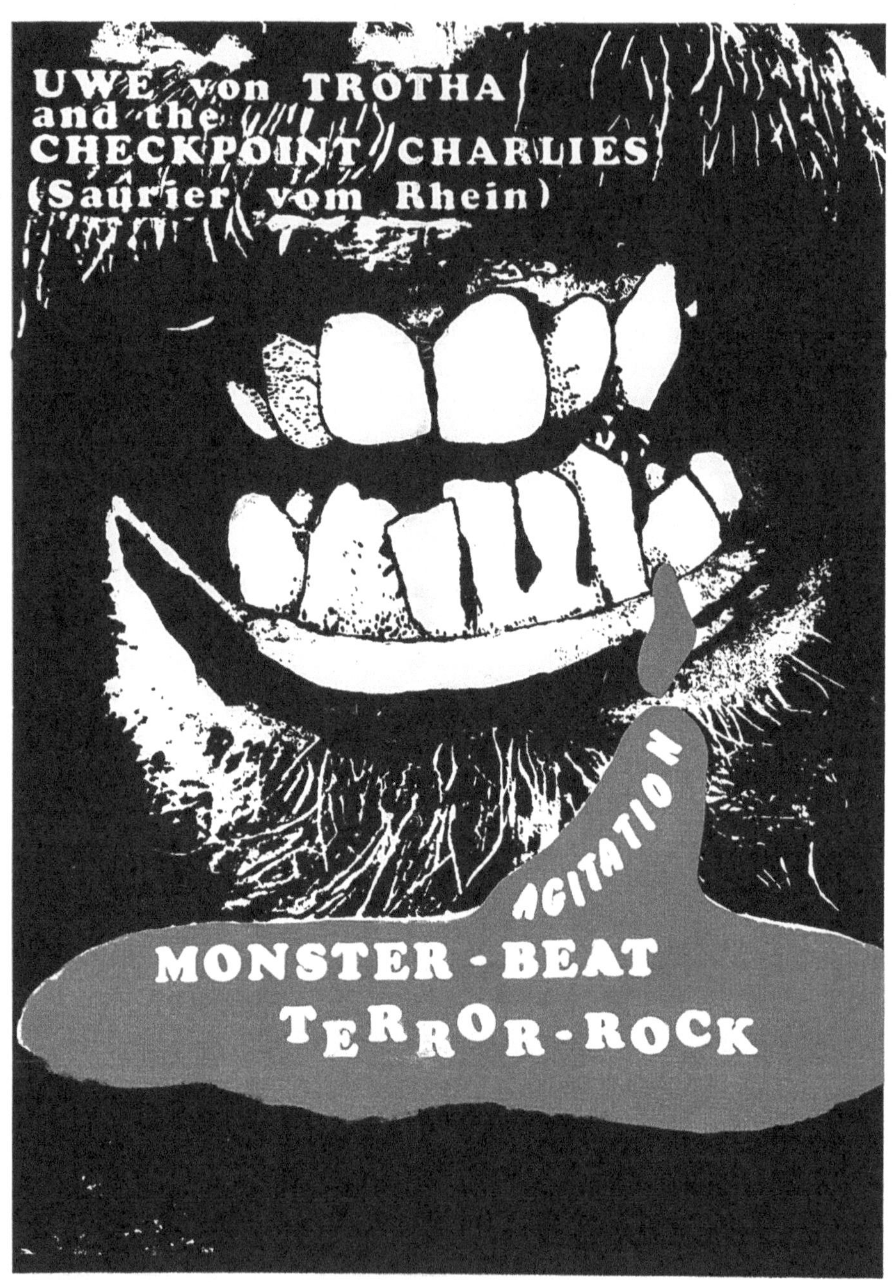

Erstes Checkpoint-Charlie-Plakat 1967

Mehr Bewegung gab es bei Checkpoint Charlie. In einem gewissen Umkreis verbreitete sich unser Ruf blitzartig. Wir hatten einen Nerv getroffen. Das fiel zusammen mit den ersten Studentendemonstrationen und mit dem Beginn der Außerparlamentarischen Opposition. Obwohl Karlsruhe nur eine TH hatte und die Naturwissenschaftler nicht gerade im Ruf stehen, besonders rebellisch zu sein, schlug der Beginn der APO aus den Großstädten seine Wellen in die Provinz. Auch im sauber gepflegten Karlsruhe, Stadt des Rechts mit dem Bundesverfassungsgericht, wurde demonstriert. Dazu passten unsere Musik und Texte wie die Faust aufs Auge. Von uns als radikale Kritik und Entlarvung des Systems verstanden, machte das großen Spaß und das kam beim Publikum rüber. Besonders die Frage, wie aus Menschen in der Konsumgesellschaft Waren werden und die damit verbundene Manipulation mit Volldampf hinein in den Schleim künstlicher Bedürfnisse, blieb in der gesamten Zeit unseres Bestehens zentral.

Auch die mehr oder weniger auftretenden Turbulenzen sollten sich als Dauerzustand erweisen. Ein Teil der Leute war regelmäßig schockiert. Auf politischen Veranstaltungen waren es diejenigen, die mehr Sachlichkeit und Vernunft forderten. Auf Rockkonzerten waren es die inzwischen angepassten Teenies. Meistens konnte sich der größte Teil der Leute jedoch mit Musik und Aussage identifizieren. Auseinandersetzungen, Spaß und Bewegung gehörten aber immer zu unserer DNA. Das war gut für uns. In der ersten Zeit erfolgte unsere Werbung größtenteils von Mund zu Mund. In Karlsruhe spielten wir überall, wo es nur irgendwie ging. Einschließlich der Vororte. Selbst für einen Abiball wurden wir engagiert. Durch die Politisierung gab es schon rote Schülergruppen. Eine solche hatte sich uns als besondere Überraschung für Lehrkörper, Eltern und sonstige Schülerschaft ausgesucht. Unser Auftritt war derart entfernt von jeder Erwartungshaltung, dass sich eine Schockstarre ausbreitete. Von in der Mehrzahl unpolitischen Lehrern, von Gymnasiasten und deren Eltern, war wenig zu erwarten. Wir hatten durch vorherige Gigs genug Selbstbewusstsein aufgebaut, um das wegzustecken und freuten uns über die hohe Gage. Es war dieselbe Summe, welche die zweite Band des Abends bekam, Joy and the Hit Kids, viel bekannter als wir und schon mit Platte bei der Industrie. Diese traten in den gleichen Anzügen auf. Sauber und adrett, im Gegensatz zu uns in Alltagsklamotten und verwildertem Outfit. Joy, damals ein süßer Teenie, war leider ebenfalls irritiert und zeigte sich bei Annäherungsversuchen ablehnend. Lange Jahre später begegneten wir ihr noch einmal auf einem Festival, dort dann als die Bluesbombe Joy Fleming.

12

Unser Potential an Auftritten in der Region erschöpfte sich langsam. Wir mussten uns Gedanken darüber machen, wie wir unseren Radius erweitern könnten. Zuallererst boten sich Unis und Hochschulen an. Die AStAs waren in der Mehrzahl vom SDS und SHB besetzt. Für politische und systemkritische Veranstaltungen waren wir außer Konkurrenz, aber es mussten Infos verschickt und telefoniert werden. Einige Ausschnitte aus Besprechungen der bürgerlichen Presse mit Überschriften wie »Rockkonzert mit Polizeiaktion«, »Junge Union über unflätige Polittexte der Gruppe Checkpoint Charlie empört« oder »Musik, politische Agitation, Sex und dazu eine zertrümmerte Gitarre«, erzeugte bei unserer Zielgruppe Interesse und brachte uns im kommenden Jahr einige Auftritte.

Das war aber noch zu wenig um eine gescheite Anlage anzuschaffen. Die hatten wir uns schon per Anzahlung besorgt und saßen nun auf einem Schuldenberg von einigen Tausend DM. Die Gesangsanlage lief auf mich und wurde nie abbezahlt. Nach zwei oder drei Jahren und vielen unbezahlten Raten und Forderungen, versuchte die Firma das Geld gerichtlich einzutreiben. Schon mit dem Termin des Knastantritts und den Anweisungen, was ich mitzubringen hätte – viele Zahnbürsten, Waschlappen, Unterhosen usw. – brachte mich ein befreundeter Anwalt auf eine gute Idee: Ein Brief an die Firma mit dem Angebot, fünfhundert DM zu bezahlen. Bei Ablehnung würde ich in den Knast gehen. Wie im Spruch »Lieber den Spatz in der Hand, als die Taube auf dem Dach« willigte die Firma ein. Zwei Mille waren gespart. Geld fehlte uns immer, wurde aber nie zum Problem. Unser Anspruch, von unserer Arbeit leben zu können, wurde meistens erfüllt, ebenso der auf gute Instrumente, manchmal erreicht durch außerhalb der Legalität durchgeführte Maßnahmen in mancher Stadthalle, wo wir unsere Produktionsmittel mit Mikrofon und anderem Zubehör ergänzten.

Einen Mangel an Spannung, Freude und Abenteuer gab es selten zu beklagen. Die Bedürfnisse unserer Spielsucht konnten durch Gigs an Unis aber nicht erfüllt werden. Dazu brauchten wir noch eine Menge anderer Möglichkeiten. Was kam in Frage? Natürlich die Jugend und damit die Jugendhäuser. Die wurden aber noch nicht von den dafür zuständigen Jugendlichen verwaltet, sondern von Jugendämtern mit Jugendpflegern und Sozialarbeitern, die in der Regel nicht unbedingt am Nerv der Bedürfnisse lagen. Bei unseren Überlegungen zeichneten sich in intensivem Brainstorming unterschiedliche Strategien ab. Die bisherigen skandalösen Pressestimmen waren nur für Unis geeignet, für Jugendtreffs erfanden wir harmlos klingende Infos wie »Jazz und Lyrik mit antimilitaristischen Texten«, dazu einen manipulierten Zeitungsartikel. Dann gab es da noch die DKP. Die organisierte für die Rockkabarettgruppe Floh de Cologne große Tourneen. Die kleine Partei, in allen größeren Städten mit Ortsgruppen vertreten, war als Veranstalter klar geeignet. Ein Gerücht besagte, dass da eine Menge Kohle aus der DDR herübergedrückt wurde. Es musste jetzt also noch eine andere Info gestaltet werden, um von der DKP und ihrer Jugendorganisation SDAJ veranstaltet zu werden. Darin wurden wir als junge, linke Arbeiter und als musikalische Agitationsgruppe geschildert, die sich ohne jeden Humor im Kampf gegen die kapitalistischen Bosse verausgabt. So was kam da gut an. Wir kannten DKPler und hatten sie als Kleinbürger mit anderen politischen Vorzeichen erlebt. Mit großen Erwartungen an unsere unterschiedlichen Strategien verschickten wir eine Menge Briefe, die tatsächlich bald die gewünschte Reaktion hervorriefen.

Nicht nur die Musik, auch alle anderen Zusammenhänge in uns und um uns herum, ebneten uns von Beginn an den Weg einer Underground-Band. Welch immer wieder aufregende Überraschungen dies für uns bereithalten sollte, konnten wir uns aber nicht vorstellen. Zuerst spielten wir im Jugendhaus in Landau. In einem voll besetzten, kleinen Saal stach als Besonderheit die zweitletzte Reihe hervor, die ausschließlich mit Nonnen besetzt war. Warum die sich dahin verlaufen hatten, erschloss sich uns nicht. Nach fünf Minuten verließen sie den Raum. Nach zehn Minuten wurde uns der Strom abgestellt. Dann entwickelte sich eine heftige Diskussion mit dem Saftabsteller, einem Jugendpfleger, der sich, erbost über unsere Obszönität und Unflätigkeit, besonders über unsere Vorspiegelung falscher Tatsachen, erregte. Die Bezeichnung

»Jazz und Lyrik« machte ihm besonders zu schaffen. Der arme Mann war völlig von der Rolle, zumal viele Jugendliche wollten, dass wir weiterspielten. Er ließ sich nicht dazu überreden und verursachte dadurch erst den vollen Eklat. Er hatte eine ganze »Woche der Jugend« organisiert und brachte sich nun gleich zu Beginn durch sein autoritäres Verhalten in das Ansehen, eine »Woche gegen die Jugend« veranstaltet zu haben. In der lokalen Presse wurde der Abbruch zu seinem Nachteil noch hochgejubelt. Es folgten Leserbriefe für und wider mit Anzweiflung seiner Fähigkeiten als Jugendpfleger. Am Ende hinterließ der Mann den Eindruck der Inkompetenz und verlor seinen Job. Unserem Ruf entstand kein Schaden, im Gegenteil.

Wir taten uns mit einigen der Zuhörer zusammen und mieteten die Landauer Stadthalle. Vier Wochen später spielten wir dort im ausverkauften Saal unter großem Beifall die Show bis zum Ende. Ein Publikum mit überwiegender Zustimmung zu erleben, erfüllte uns mit einer neuen Euphorie. Der bis dahin höchsten Gage wurde damit noch was draufgelegt. Jedenfalls entwickelte sich dieser Zweig unserer Strategie, ausgedehnt auf städtische Kulturämter und Referate, sehr erfolgreich. Sogar eine kleine Tour von sechs Gigs in Berlin sprang dabei heraus. Unsere hohen Erwartungen wurden allerdings enttäuscht. Die Spielorte entpuppten sich als sterile, diskothekenähnlich Räume mit wenig Publikum. Die Großstadtjugend hatte andere Treffpunkte aufgetan als die, die staatlich dafür vorgesehen waren. Einen bleibenden Eindruck hinterließ allerdings die Single »Macht kaputt was euch kaputt macht« von Ton Steine Scherben. Gerade erst erschienen, spielte ein Freak sie uns vor und machte uns sofort zu rückhaltlosen Fans.

In der Folge zeigte sich das Vorhaben mit der DKP sehr erfreulich. Aber nach einigen Zusagen, erfolgten nach dem ersten Auftritt in Mannheim ganz schnell die Absagen. Wie in Landau wurde schon bald der Strom abgestellt, gefolgt von der geballten DKP-Spießerempörung. Bei dieser Veranstaltung mussten wir als Vorgruppe eine parteieigene Kabarettgruppe ertragen. Die wollte lustig sein und die Ungerechtigkeit im kapitalistischen Arbeitsleben aufzeigen. Dass dabei der Kapitalist mit einem Zylinder auf dem Kopf dargestellt wurde, sagt eigentlich alles über ihre Weltfremdheit, Begrenzung und ihren Humor aus. Im Gegensatz zu anderen Institutionen und Organisationen waren sie aber sehr gut vernetzt; daher die prompten Absagen. Wir hatten zwar einige Verträge, aber keine Lust, die Justiz des von uns angegriffenen Staates in Anspruch zu nehmen. Es reichte, von dieser Institution immer wieder mit Strafbefehlen belästigt zu werden. Das, und die ständige Auseinandersetzung mit Teilen des sich provoziert fühlenden Publikums, erzeugte bei unserem Gitarrist Wolfgang solchen Stress, dass er lieber bei einer Band, die in den damals angesagten »Star Clubs« auftrat und bekannte englische Bands nachspielte, einsteigen wollte. Das war o.k., denn sein Nachfolger stand schon in den Startlöchern. Malte, mit hochwertiger Underground-Gitarre, ist auf der ersten LP »Grüß Gott mit hellem Klang« zu genießen. Wir kannten ihn schon länger und sein Angebot stand auf der Wunschliste.

Ein weiterer Zuwachs kam mit »Salat«. Nach einem Gig hatte er sich mit mir bekannt gemacht. Äußerlich hervorstechend durch schulterlange Haare, zerrissenen Pullover und Hose, sowie eine schwere Halskette, fiel er zudem noch durch sein Alter auf. Er war erst vierzehn und wirkte eher kindlich. Er sei Pianist und wolle unbedingt bei uns einsteigen. Seine Begeisterung sprengte den Rahmen und verunsicherte mich ein wenig. Ob es so ein junger Typ wohl schon drauf hatte? Und handelten wir uns mit ihm nicht einen weiteren Gesetzesbruch beim Jugendschutz ein? Er wollte es aber wissen. Wir machten einen Termin im Proberaum aus. Was dann abging, war absolut Spitzenklasse. Wir waren geplättet und er ab sofort Bandmitglied. Daraus ergaben sich bald einige Komplikationen, die uns unvorbereitet erwischten. Seit seinem vierten Lebensjahr spielte er Klavier und hatte Unterricht auf der Musikhochschule. Von seinen Eltern als eine Art Wunderkind betrachtet und seine Zukunft als klassischer Konzertpianist im Blick, war natürlich sein Abgleiten in den musikalischen Untergrund eine Katastrophe. Diese Entwicklung hatte sich allerdings schon vor seinem Eintritt bei uns gezeigt. Als Mitglied der Schülergruppe »Rote Zelle« und als Mitbewohner des besetzten »Roten Turm« in Durlach, hatte er sich merklich von zu Hause abgesetzt. Die waren dort ansatzweise militant. Es gab Schlägereien mit NPDlern, die, aller Wahrscheinlichkeit nach, Schüsse auf den Turm abgegeben hatten. Darüber standen Artikel in der Presse. Allein dadurch hätten seine Eltern merken können, dass sein Weg eine andere Richtung eingeschlagen hatte. Etwas anderes konnte ich seiner Mutter, die bei mir auftauchte und mich bat, meinen Einfluss geltend zu machen, damit er seine Ausbildung auf der Musikhochschule nicht abbräche, auch nicht sagen. Salat hatte bereits eine Weile vorher das tägliche stundenlange Üben eingestellt und versuchte sich begeistert in improvisierter Artrockmusik.

Vom ersten Tag an beeinflusste er vollständig die Entwicklung unserer Musik und gab ihr in Interviews und Infos verbal eine intellektuelle Ansage. Er bezeichnete sie unter anderem als »Free Beat«, die Harmonieregeln verneint, Geräusche von Lautsprecher und Verstärker integriert und eine apokalyptische Terrorkulisse als Gegenmaschine zum perfekten täglichen Terror der Systemmaschinerie darstellt. Dieser junge Kerl war einzigartig und in der Lage, jederzeit die Motivation für unser Treiben glasklar zu formulieren. Wer liest schon mit vierzehn Herbert Marcuse? Er schon, und mit dessen »Versuch über die Befreiung« lieferte er eine der Grundlagen unserer Vulgärästhetik mit dem Zitat: »In den Bekundungen der bestehenden Mächte in Sprache und Bild werden Obszönitäten offiziell nicht gebilligt. Ihr Gebrauch sprengt damit die trügerisch ideologische Sprache und erklärt ihre Definition für ungültig«. Unsere Musik entwickelte sich durch ihn immer freier. Das Instrumentarium war Rock, aber die Musik war nur entfernt auf Rock bezogen. Von Songstruktur konnte keine Rede mehr sein. Es war ein neuer Ansatz von Musik. Es ging darum, neue Klänge, neue Formen zu finden. Das Extreme machte uns am meisten Spaß. Hörgewohnheiten zu bedienen und damit alles Kommerzielle lehnten wir radikal ab. Aus dieser Ablehnung erwuchs in den Anfängen der Ur-Checkpoint-Charlie unsere Identität.

Auch der Name »Salat« bedarf einer Erklärung. Sein bürgerlicher Name war Joachim Krebs. Er stammte aus einer Vegetarier-Familie, sein Großvater hatte während der Jugendbewegung der zwanziger Jahre zu den Begründern des Vegetarismus in Deutschland gehört. Damals noch nahezu unbekannt, hatten wir immer wieder Schwierigkeiten, seine ausreichende Ernährung zu gewährleisten. Auf Tour, am späten Abend in – wenn wir Glück hatten – noch geöffneten Kneipen oder an Autobahnraststätten, wurde er, in seinem Bedürfnis ein Essen ohne Fleisch zu bekommen, regelmäßig missverstanden. Fragen wie »Auch keine Würstchen oder Wurst?« oder Bratkartoffeln serviert mit Speck, trotz vorheriger klarer Ansage, brachten ihn oft spät nachts zum wutentbrannten Ausflippen. Vegetarisches Essen war noch eine exotische Geschichte und der Anlass zur Namensgebung »Salat«.

Er schleppte auch gleich eine Menge eigener Texte an. Seinen

Wunsch, diese ins Programm aufzunehmen, konnten wir ihm leider nicht erfüllen. Das waren derart abseitige Schweinereien, die bei uns und mehr noch beim Publikum keine Vermittlungsmöglichkeit erkennen ließen. Nur eine seiner Ideen fand sofort unsere Zustimmung: Die Weihnachtszeit nahte, ein Anlass, ein Zeichen zum Thema Konsumterror zu setzen. Harald erklärte sich bereit, beim Schlachthof Abfälle wie Innereien usw. zu besorgen. Diese wurden nun mit Weihnachtspapier umhüllt und zu Geschenken verpackt. In den letzten Wochen vor dem Fest hatten wir vier Auftritte. Der Plan bezog sich erst mal auf die beiden Konzerte, bei denen wir mit zwei- bis dreihundert Leuten rechneten. Die Herstellung der Geschenke war eine so eklige Angelegenheit, dass wir nach etwa hundert damit aufhörten und uns mit dem Argument beruhigten, nicht jeder brauche so ein Präsent. Die Wirkung wäre dadurch nicht beeinträchtigt.

Vor einem stimmungsvollen Bühnenbild mit Plastikweihnachtsbaum und mit einer Ausschussware dicker Kerzen von Ludovic ausgestattet, starteten wir in der Uni Mannheim unser erstes »Happy White Christmas Musical«. Das Absingen mehrerer traditioneller Weihnachtslieder zu Beginn hörte sich in unserer Interpretation mehr penetrant als wohlgefällig an. Dem entsprechend breitete sich nach einer Weile unter den Leuten eine Unruhe aus, die sich dann in Rufe wie »Aufhören, aufhören!« und »Scheiße, Scheiße!« steigerte. Ich begrüßte jetzt das studentische Publikum mit den Worten: »Ein ganz herzliches Willkommen, liebe Mitbürger, bei den Sauriern vom Rhein, dem Fickkommando der Checkpoint Charlie Abkaubande bei ihrer Happy Christmas Show.« Diese freundliche Ansprache trug nicht viel zur Beruhigung bei. Das Protestgeschrei hörte nicht auf und brachte uns nach dem Motto »Dieses waren der erste und der zweite Streich« dazu, den dritten sogleich folgen zu lassen. Dazu ist jeder von uns mit einem Päckchen bewaffnet ins Publikum gesprungen, auf den Hörsaaltischablagen entlang balanciert, um die hinten sitzenden Studenten persönlich zu begrüßen, die Hand zu schütteln und die Gaben zu verteilen. Diese vom ersten Eindruck her freundliche Zuwendung sorgte kurz für Ruhe. Wir brauchten diese Pause, um uns vor der Unberechenbarkeit der Reaktion der Leute auf die stinkenden Innereien auf die Bühne zu flüchten, die immer eine gewisse Distanz bedeutete. Außer einigen Äußerungen des Ekels war es im Saal aber ruhig. Der Schock dieser nicht einzuordnenden Aktion löste

»zunächst einmal«, wie Politiker ihre Sätze beginnen, einen Zustand der Starre aus. Der erste Song »In Vietnam ist es Weihnachtszeit – Liebe und Friede weit und breit« und »Biafra brüllt vor Hunger laut, wer hat dem Papst die Tiara geklaut«, ließ auch noch keine Entspannung zu. Erst der nächste Übergang mit Bluessänger Harald, fetziger Musik und dem nächsten Text, löste einen nach dem Weihnachtsschock unerwartet starken Beifall aus.

HABEN ROCK

Wenn die Irren von den Werbetafeln glotzen
wenn die Dosenköpfe aus den Fernsehröhren rotzen
wenn sie dich verkaufen wollen
lass dich nicht von ihrem Wahnsinn überrollen
denn der Wahnsinn heißt
Mensch kauf dir ein neues Auto
Mensch kauf dir ein neues Kleid
Mensch kauf dir ne neue Wohnung
für allein oder zu zweit
Mensch schließ ne Versicherung ab
Mensch, kauf dir ne Frau, die's hat
Mensch, kauf dir'n Mann, der's hat
Mensch, das kann ich nicht gebrauchen
was ich brauche krieg ich nicht für Geld

Wenn du morgens aufstehst
und die ganze Scheiße wieder vor dir liegt
wenn der Stumpfsinn deiner Arbeit
dir das Gehirn verbiegt
vergiss nicht deinen Traum
unsern Traum

Wenn die Steine dich erdrücken
wenn du durch die Straßen läufst
wenn dir keiner Antwort gibt
und du deine Wut betäubst
vergiss nicht deinen Traum
unsern Traum

Wenn du fragst wozu du lebst
und es nicht mehr richtig weiter geht
wenn der Tag so grau ist
wie der Rauch der über den Fabriken steht

vergiss nicht deinen Traum
unsern Traum
denn du siehst genau
wie's deinen Alten geht
ihr Schädel ist wie ne Platte
die sich immer auf derselben Stelle dreht

Refrain: Mensch, kauf dir ein neues Auto …

Doch weil der Mensch ein Mensch ist
da hat er Scheiße im Gehirn nicht gern,
da wird er sich auf die Socken machen
zu den Arbeit gebenden Herrn

Dann wird er diese Herren
zusammen mit ihren Deodorants, Coca-Cola Flaschen,
Eigentumswohnungen, Autos, Waschmitteln, Panzern,
Neutronenbomben, Betonstädten, Atomkraftwerken,
Partyscherzen, Intimsprays, Heiratsanzeigen,
Atombomben, Fließbändern, sowie allen
anderen tödlichen, unbrauchbaren und
unmenschlichen Objekten auf den Schrottplatz
werfen

Wenn die Schweine dich mal wieder fertig machen
denk daran, die werden nicht mehr lange lachen
denn bald wachst du auf
und dein Traum wird zum Leben
bald wirst du atmen
und mir deine Liebe geben

Komm her, steig aus
komm, gib mir deinen Mut
komm, gib mir deine Hoffnung
deine Liebe tut mir gut
wir werden es schaffen
komm, gib mir deine Hand
mit aller Kraft gemeinsam
bau'n wir unser Land
ohne Krieg und ohne Mörder
komm, gib mir dein Verstand
Wir können noch denken und lieben
und nicht nur funktionieren
Wir werden wie Menschen leben
und nicht nur konsumieren

13

Eine Woche nach Mannheim gingen wir in unseren Probekeller, um uns auf den nächsten Gig in Pforzheim vorzubereiten. Empfangen wurden wir von einem aasigen Gestank. Die Innereien waren inzwischen vergammelt, mussten sofort entsorgt werden und dämpften erst mal unsere Lust aufs Musikmachen. Es entwickelte sich eine Diskussion, ob wir diese Aktion überhaupt wiederholen sollten. Salat war anfangs der Meinung, die stinkenden Teile zu verwenden. Erst der Einwand, dass der Gestank die Wirkung der Weihnachtsgeschenke verpuffen ließe, da kein Mensch so ein Päckchen auspacken würde, überzeugte. Die meisten von uns wollten es mit Mannheim genug sein lassen. Nur Salat machte ein intellektuell verschrobenes Fass auf, indem er längere Zeit über die Rolle des Schocks in der Einleitung von Lernprozessen referierte und gerade jetzt zur Weihnachtszeit könne er sich nichts Besseres vorstellen. Die Überwindung, nochmal zum Schlachthof zu gehen, wollte aber keiner aufbringen. Eine Einigung wurde erreicht, weil sich Salat schließlich bereit erklärte, das zu machen. Was das für ihn als Vegetarier bedeutete, nötigte uns Respekt ab und beendete die Auseinandersetzung.

In Pforzheim kam erstaunlicherweise unsere Message voll rüber. Wir spielten einige Zugaben und danach entwickelten sich Gespräche, die dem Argument von Salat zur Rolle des Schocks in der Einleitung von Lernprozessen eine überraschende Sinngebung geben sollte. Einige aus dem Publikum kamen mit dem Argument, unsere Konsumkritik würde beinhalten, dass die Leute ihre echten Bedürfnisse erkennen und diesen nachgehen. Wenn wir das ernst nehmen würden, müsste jetzt ihnen die Bühne zum Spielen überlassen werden. Das zu verneinen, hätte unserem antiautoritären und sozialen Anspruch nicht entsprochen. Die Folge war ein chaotischer Krach, mit zerfetzten Fellen, Gitarrensaiten und Schäden an der Anlage. Hätten wir nicht eingegriffen, wäre der Schaden noch gesteigert worden. Das wars dann endgültig mit Fleisch als theatralischem Ausdrucksmittel. Mit sanfter Gewalt räumten wir die Bühne und hatten wahrscheinlich mehr dazugelernt als das Publikum. Die Lust, dieses mit den unterirdischen Darbietungen zu überraschen – böswillige Zungen sprachen von Verarschung – begleitete unsere Entwicklung so lange, bis wir feststellen mussten, dass alles irgendwann seine Schublade findet. Für uns war es das Schlimmste, eine vorbereitete Erwartungshaltung zu bedienen, die unsere Anliegen auf sackgassen-exhibitionistische Skandalträchtigkeit reduzierte. Das mussten wir aber erst mal merken, denn es machte jahrelang einen unbändigen Spaß und festigte unseren Ruf als Underground-Band und Enfant terrible des deutschen Rock. Damit war jeder grauen Alltäglichkeit vorgebeugt. Schon die Struktur unserer Darbietung, die viel Raum für Improvisation ließ und in Interaktion mit dem Publikum auch für uns immer wieder alle Vorstellungen sprengte, machte jeden Gig anders und zum Gegensatz der oft epigonenhaften, sterilen Ablieferung deutscher Rockmusik.

Den Höhepunkt des ersten Jahres bildete das Engagement für den »Archi-Ball«. Der Kulturreferent des AStA tauchte im Probekeller auf und überschüttete uns sofort mit der Organisation dieses Abends. Dazu muss man wissen, dieser jährlich stattfindende Architektenball war ein traditionelles Ereignis, nicht nur für Studenten, sondern auch für Honoratioren, Ehemalige und Professoren, die dann dort ihr Vergnügen teilweise in Abendgarderobe suchten. Der Kulturreferent namens Schnibben hatte ganz schön einen geladen und seiner Fahne konnte keiner im Keller entkommen. Sein hektischer, immer wieder ausufernder Vortrag über diverse Vorstellungen zur Gestaltung des Festes waren teilweise derart ausgeflippt, dass wir zuerst verunsichert waren. War der Mann überhaupt ernst zu nehmen? Wie sollte das gehen, auf einem Ball aufzutreten, der das Tanzvergnügen in den Mittelpunkt stellte? Das schien selbst für uns von der Gefahreneinschätzung her nicht kontrollierbar. Er beruhigte uns sofort, es werde auch noch eine Tanzkapelle engagiert. Das Architekturgebäude habe zwei Stockwerke und ihm ginge es nur darum, den üblichen stoischen Verlauf zu stören und auf einer Etage die Leute aus ihrer Konsumhaltung zu befreien und zum »Selber-was-machen« anzuspornen. Dazu sollte als Deko das gesamte Gebäude mit alten Autoreifen vollgestopft sowie an den Wänden Transparente mit der Aufschrift »Du darfst« angebracht werden. Je länger seine Ansprache, desto interessanter wurde es. Die vertragliche Zusage, unsere Spielzeit nicht länger als zwei Stunden ausdehnen zu müssen, die Einteilung derselben nach Laune zu gestalten und ein Tausender als Gage überzeugten. Einzige Einschränkung unsererseits war die Zusage, den gesamten Abend bis zum guten oder bösen Ende präsent zu sein. Die Phantastereien darüber, was bei diesem Event alles gemacht würde und passieren könnte und vor allem auch, wenn unsere Fans sich unter das Schickimicki-Publikum mischen würden, erreichte Spitzenhöhen der Belustigung.

Die Krone setzte meine Idee auf, die Grundlage der zweitausendjährigen christlichen Kultur in Frage zu stellen, indem wir das Passionskreuz organisieren wollten. Oben dran, auf einem angebundenen Stuhl sitzend, wollte ich dann eine Vorlesung halten. Nach ausführlichem Austausch von Ideen einigten wir uns auf das Lesen aus Micky-Maus-Heften. Schnibben wurde uns im Verlauf des Abends immer sympathischer und der Abschied in früher Morgenstunde endete im Gefühl geistiger Bruderschaft.

In der Zukunft sollte er für eine Weile, wenn auch sehr problematisch, Mitglied unserer Gruppe werden. Das Problematische lag mal wieder an seinem ganz speziellen Hintergrund. Er war schon fünfundzwanzig. Bevor er beim Architektenstudium in Karlsruhe gelandet war, hatte er ein anderes Leben. Der Vater, Polizeipräsident einer norddeutschen Großstadt, war lange Vorbild für seine Orientierung gewesen. Nach dem Abi ging Schnibben zur Bundeswehr, wurde schnell Offizier, mit dem Vorhaben, so schnell wie möglich die Karriereleiter bis zum General aufzusteigen. Als Leutnant war er schon Porschefahrer, bis er einen schweren Unfall hatte. Nach monatelangem Krankenhausaufenthalt muss sich bei ihm eine gehirntechnische Synapsenverschiebung eingestellt haben, die seine Weltanschauung radikal veränderte. Aus dem autoritären Militaristen war ein antiautoritärer Pazifist geworden, der bei gleichzeitigem Zerwürfnis mit seinem Vater gerade noch die Unterstützung für sein Architekturstudium herausschlagen konnte und so in Karlsruhe gelandet war.

Mehr als ein Jahr lang fuhr er zu einigen Auftritten mit, wobei er grenzwertig alkoholisiert das Publikum mit Texten und Ansprachen in verbal gewalttätiger Form beschimpfte. Seine Texte spiegelten einen hohen IQ und scharfen gesellschaftskritischen Witz. Die brutale Qualität der Beleidigungen des Publikums konnte aber nur aus einer bis dahin verschlossenen Neurosekammer entstammen. Wie sollte man sich sonst erklären, dass er regelmäßig während seiner Darbietung unter theatralisch längerer Herumfingerei seinen Schwanz herausholte und in hohem Bogen von der Bühne pisste?! Die begleitende Biersauferei befähigte ihn dazu, das mehrmals zu wiederholen. Ein von uns bislang nur symbolisches, schwarz-rot-gold angestrichenes Klo neben Anarchofahnen und Spruchbändern, als dezenter Beitrag zum Bühnenbild gedacht, wurde durch ihn wieder seiner ursprünglichen Bestimmung zugeführt. Nur fehlte ein Abfluss und das machte den Unterschied. Jedes Mal bildete sich eine große Pfütze und beim Abbau die nassen Kabel einzurollen war wenig appetitlich. Durch das Essen einer ganzen Knolle Knoblauch vor seinem Auftritt setzte er ein zusätzliches Zeichen der Abgrenzung, indem er die Leute vor seiner Ausdünstung zurückweichen ließ. Von seinen Texten ist der Nachwelt leider nichts überliefert. Nur ein Satz, mit dem er seine Tiraden eröffnete, hat sich festgesetzt: »Wenn ihr nicht so eine verdammte Kanalscheißerbande wärt, würdet ihr nicht ständig den Kanal vollscheißen!« Das entsprach dem Geist unserer Anti-Mainstream-Haltung, aber die extrem beleidigende, ins Verächtliche gehende Raserei gegenüber dem Publikum nahm manchmal Ausmaße an, die jede Kommunikation unmöglich machte. Es ist ein kleines Wunder, dass bei derartig geballten Aggressionen keine entsprechende Gegenreaktion erfolgte. Nur der Schock und seine über 1,90 cm große, athletische Figur sind eine Erklärung. Die Mitgliedschaft bei Checkpoint Charlie zeigte aber bald seine Grenzen. Trotz Zuspitzung in unserer Gesellschaftskritik beruhte unsere Philosophie auf dem Gesetz: Aktion – Reaktion – Kommunikation. Einfacher ausgedrückt: Auch wir wollten von unserem Publikum geliebt werden, nicht zuletzt auch von dessen weiblichem Anteil. In dem Zusammenhang war eine Sache wie Leute-Anpissen kontraproduktiv.

Beim »Archi-Ball« war Schnibben noch nicht als Teil der Band dabei. Auch ohne ihn entwickelte er sich zum Einschnitt in der TH-Geschichte. Während meiner zehnjährigen Anwesenheit in Karlsruhe fand dieses Fest nicht mehr statt. Ich wünsche ihnen, dass sie sich inzwischen erholt haben, denn gegen das Feiern eines schönen Festes ist nichts zu sagen. Dies allerdings in einem Gebäude mit Platzeinschränkungen durch überall herumliegende und aufgetürmte alte Autoreifen zu machen, ist sehr anspruchsvoll. Einige an Stricken aufgehängte riesige LKW-Reifen, in denen man sich mit kräftigen Anläufen durch das Auditorium schwingen konnte, machten den Kohl auch nicht fett. Das Bild zu Beginn kann man als irritierend bezeichnen. Der sofortige Blickfang, das alles überragende Kreuz im Zentrum unserer Anlage an der Rückwand der großen Flurhalle, strahlte eine magische Energie ab. Die langsam einlaufenden Leute bewegten sich wohl aus diesem Grund vorsichtig durch die

Gegend. Die Schaukelreifen wurden nur vereinzelt angenommen. Die Bars konnten sich aber an Zulauf erfreuen. Ganz bewusst hatte Schnibben die Tanzband erst ab 23 Uhr engagiert. Der Unterhaltungswert des Abends war erstmal vom Steigen des Alkoholpegels abhängig, dem auch wir zusprachen. Mit fortschreitender Uhrzeit wurde das Ganze zur Mutprobe. Wir hingen zwischen unseren Geräten herum und konnten uns nicht aufraffen, eine vorhersehbare Front durch Frustrierung des erwartungsvollen Publikums aufzubauen. Immer öfter kamen Rufe auf wie »Musik, Musik« und »Spielen, Spielen«, die sich langsam steigerten. Dem konnten wir uns nicht mehr entziehen und hauten nach freundlicher Begrüßung – auch der anwesenden VIPs, dazu hatte uns Schnibben einen Zettel mit den Namen von Professoren und anderen Honoratioren zugesteckt – als erstes »Die Geschichte vom Herrn Müller« in den Saal. Dem folgte ein gesammeltes Schweigen, worauf wir gleich eine Vesperpause einlegten und begannen, Fleischwurstringe zu enthäuten und uns einige Stücke davon reinzudrücken. Erste Reaktionen, wie die Entfernung vom Tatort und Protestäußerungen, hielten sich noch in Grenzen. Eine Zunahme des Alkoholkonsums äußerte sich außerdem im allgemeinen Geräuschpegel.

Merkwürdigerweise breitete sich in der Band eine gewisse Unlust aus. Normalerweise waren Teile unseres Publikums inzwischen auf gewisse Weise vorgewarnt, während sie hier ziemlich unvorbereitet mit der nackten Checkpoint-Charlie-Wahrheit konfrontiert wurden. Obwohl keiner Lust hatte, Musik zu machen, musste es ja trotzdem weitergehen. Ich entschloss mich also, das Kreuz zu besteigen. In der Rückschau war dies die künstlerische Weiterführung meiner Behauptung, der Erstbesteiger der Statue Lenins auf dem Roten Platz zu sein, wie man im Blah-blahistischen Manifest nachlesen kann. Auf dem in zwei Meter Höhe angebundenen Stuhl sitzend, kam jetzt das Micky-Maus-Heft zum Einsatz. Besonders die den Text begleitenden Geräusche wie »Krach – Bum – Bum – Peng – Peng – Krächz – Rülps – Quietsch« usw. wurden möglichst ausdrucksstark vorgetragen. Die Reaktion darauf ist schwer zu beschreiben. Sie lieferte aber den Beweis, dass unser Humor nicht mehrheitsfähig war. Hier wurde durch die Entmystifizierung des Kreuzes sogar ein langsam in Gewaltbereitschaft übergehendes Verhalten ausgelöst. Eine Treppe, die am gegenüberliegenden Ende des Raumes in den zweiten Stock führte, wurde jetzt von einigen als Startrampe für LKW-Reifen missbraucht. Von

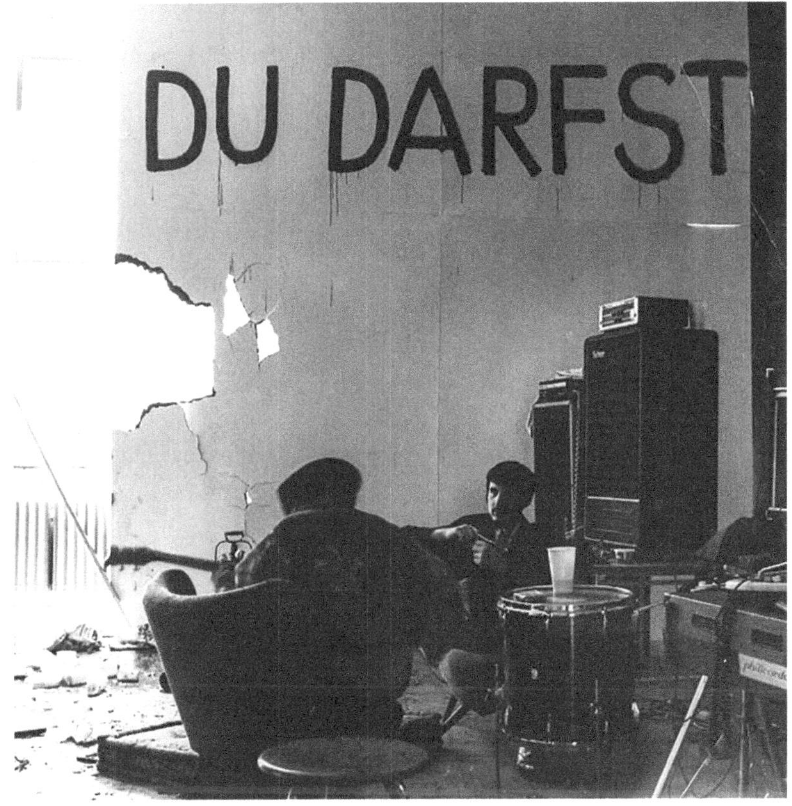

Während des Architekturballs in Karlsruhe, 1969

dort aus, bis zu uns, wurde der Boden von anderen Reifen frei geräumt und so von der zwei Absätze hohen Treppe eine schöne, glatte Bahn direkt mitten in unsere Anlage geschaffen. Hätte das geklappt wären erhebliche Schäden unvermeidlich gewesen. Wir konnten froh sein, dass eine kleine Schar getreuer Fans dabei half, die schwungvoll heranpreschenden Reifen abzufangen. Die türmten sich allmählich in Brusthöhe vor uns auf. Das artete echt in Arbeit aus und brachte uns ins Schwitzen. Das Gelächter der Leute bei dieser Aktion bewies umso mehr, wie sich ihr Humor von unserm »Kreuz/Micky Maus«-Humor unterschied. Die Vorleserei wurde auch langweilig und ich machte mich an den Abstieg. Die Gefährten brauchten im Kampf um die Rettung der Anlage jede Unterstützung. Leider waren wir in der Erfahrung mit dem Publikum noch im Pubertätsstadium und ließen uns aus Angst um die Anlage hinreißen, durch Beschimpfungen über die Lautsprecher, die Stimmung langsam immer aggressiver anzukurbeln.

Der Punkt, an dem das Geschehen außer Kontrolle geriet, war nicht festzustellen. Irgendwann flog ein Reifen durch die seitliche Fensterfront und krachte unter Mitnahme einer Sonnenblende nach draußen auf den Rasen. Das löste eine blitzschnelle Kettenreaktion aus, der sämtliche Scheiben und Sonnenblenden zum Opfer fielen. Daran konnten auch die Klänge der Tanzmusik, die mittlerweile aus dem darüber liegenden Stockwerk heruntertönten, nichts mehr ändern. Die inzwischen herbeigerufene Polizei stand eine Weile in der Gegend herum, weil sich keiner fand, ihnen einen Bericht für ihr Protokoll zu liefern. Ihr erfolgloser Abzug wurde dann von Bravorufen und Klatschen begleitet. Historisch gesehen ist dieser »Archi-Ball« von der APO in Karlsruhe nicht zu trennen.

Danach begann der gemütliche Teil des Abends. Die Hälfte der Besucher hatte sich schon verabschiedet. Eine gewisse Abgeklärtheit breitete sich aus. Wir waren damit beschäftigt, mit einer Menge Interessierter das Ganze im Hinblick auf seine gesellschaftliche Relevanz zu analysieren. Die Ablehnung von Religion stand im Zentrum. Mir war dabei sehr wichtig, die Kreuzaktion zu begründen. Dieses Todessymbol überall hinzuhängen, an Wände und um den Hals, ist absurd. Man stelle sich vor, Jesus wäre im Mittelalter hingerichtet worden, dann müssten die Christen mit einem Galgen um den Hals rumlaufen. Wir waren ja vertraglich verpflichtet, bis zum Ende des Festes anwesend zu sein. Morgens um drei Uhr konnten wir endlich unsere Sachen zusammenpacken. Ob und was wir aus dieser speziellen Erfahrung gelernt haben, sollen andere entscheiden. Der materielle Schaden soll über zwanzigtausend DM betragen und unserem Ruf zumindest in Karlsruhe und süddeutschem Umfeld einen grellen Farbton hinzugefügt haben.

Rätselhafterweise erschien bald darauf ein Schreiben von der Plattenfirma CBS, die Interesse bekundete, mit uns Probeaufnahmen zu machen. So viel Selbsterkenntnis war vorhanden, um zu begreifen, dass eine Gesellschaft, in der unsere Arbeit kommerziell verwertet werden konnte, auf dieser Welt noch nicht vorhanden war. Trotzdem, der Wunsch eine Platte zu machen war da, und so liefen wir zum Termin in den CBS-Studios in Frankfurt ein. Unsere Anwesenheit konnte nur aus irgendeiner Fehlinformation erklärt werden. Nach dem Anspielen mehrerer Stücke und der Frage, ob wir nicht auch etwas weniger kritische Nummern im

Programm hätten, bekamen wir mitgeteilt, dass es unmöglich sei, unsere Musik mit solchen Texten zu verkaufen. Kein Radiosender würde so etwas spielen. Wenn wir etwas »verhaltenen Protest« spielen würden, könnten wir durchaus nochmal vorbeischauen. Mit dem Satz von Harald: »Und ihr könnt uns mal am Arsch lecken«, war unsere erste Begegnung mit der Plattenindustrie beendet. Über eine zweite mit der gleichen Firma wird an anderer Stelle noch zu berichten sein. Wie konnte es zu dem Treffen kommen? Das rebellische Zeitgeschehen lieferte dem gierigen Kapitalismus, der jede Zielgruppe nach Möglichkeiten der Kommerzialisierung untersuchte, einen Anreiz, mit einer Art »weichgespülter Protest«, in der Musikbranche Geld zu machen. Unser Ruf musste die Geier wohl erreicht haben. Aber unser Wunsch eine Platte zu machen, wurde durch dieses Erlebnis intensiviert. Wir stellten Überlegungen an, wie es möglich sei, das selbst zu machen. Ohne große Anstrengung bot sich dazu schon bald Gelegenheit.

Im Zusammenhang mit einem Auftritt an der Uni Erlangen mit Amon Düül und Missus Beastly hörten wir vom Veranstalter, er wolle Aufnahmen davon machen. Er stellte sich als Betreiber einer alternativen Plattenfirma namens CPM (Club für progressive Musik) vor. Amon Düül und Missus Beastly hätten ihm bereits den Auftrag erteilt, das Konzert live mitzuschneiden und davon eine LP zu produzieren. Bei Interesse wären wir dabei. Keine Frage, da gab's kein Zögern.

Wir wunderten uns nur, wie Amon Düül, zu der Zeit im Ausland schon eine bekannte deutsche Band, da ihren Platz hatten. Egal, es kam erwartungsvolle Freude auf und alles, was um die Entstehung der ersten LP »Grüß Gott mit hellem Klang« passierte, hat in unserer Geschichte einen besonderen Platz. Beim Einlaufen in der Uni wurden wir nach freundlicher Begrüßung vom Veranstalter gebeten, ihm bei der Installation der Aufnahmetechnik zu helfen. Der Arbeitsaufwand hielt sich in Grenzen. Am schwersten war noch das Heraufwuchten einer alten Telefonzelle in den Hintergrund der Bühne, bei der es sich, bestückt mit einem Uher-Vierspur-Tonband, um das Aufnahmestudio handelte, dazu kamen lediglich einige Mikros. Dafür sind die LPs, die aus diesem Abend hervorgingen, durchaus befriedigend. Nur die tolle Live-Atmosphäre konnte mit den reduzierten Mitteln nicht eingefangen werden. Für Missus Beastly war es ebenfalls ihre erste Platte, die aber kurz nach Erscheinen bei einem Autobrand großteils vernichtet wurde. Für den kleinen Restbestand werden heute von Sammlern hohe Summen hingelegt. Mit Amon Düül war es das erste von drei Konzerten, das sich nicht nur durch beeindruckende Musik auszeichnete, sondern auch durch das nach dem Auftrittsende offen angebotene Dope überraschte. Das fand großen Zuspruch. Die in Form einer ansehnlichen Platte verdealte Menge dürfte mehr als ein Trinkgeld gebracht haben. Was ihre LP betraf, hatten sie vor, diese heimlich an ihrer Firma vorbei zu verkaufen. In diese Richtung schienen sie einige Fantasie ihr Eigen zu nennen. Sie lebten ja als Gruppe in einer alten Villa an einem bayerischen See und hatten sich an den »Stern« als Sexkommune verkauft, wobei sie beim Interview und auch sonst meist nackt saßen, standen, lagen, auch unter- und übereinander.

Haschisch war noch neu in Deutschland, irgendwelche strafrechtlichen Maßnahmen waren nicht genau definiert. Es sollte noch dauern, bis der Konsum mit Vorsicht zu genießen war. Polizeieinsätze führten dann manchmal aus Unkenntnis zu kuriosen Ergebnissen. Bei uns in Karlsruhe beispielsweise wurden in einer befreundeten Studenten-WG Maggiwürfel beschlagnahmt. Was die wenigsten wissen, ist, dass ausgerechnet die DKP dafür gesorgt hat, die Aufmerksamkeit der staatlichen Intoleranz gegenüber dem Leitsatz »Morgens ein Joint und der Tag ist dein Freund«, anzustacheln. Eine Zeitlang gab es Gigs, wo ganz offen durchgezogen wurde und Nebel die Sicht behinderte. Der Konsum dieser Droge kam bei der Verkündigung unserer Message selten zum Einsatz, sie schien dazu weniger geeignet. Bei gemeinsamen Auftritten mit vehementen Kifferbands waren wir schon durch das Einatmen der haschischgeschwängerten Luft angeturnt. Xhol waren so eine Truppe. Während unserer Auftritte in Wiesbaden lief da plötzlich eine Gruppe DKPler ein, die Schilder mit der Aufschrift »Der Dealer macht Kasse« oder »Drogen verbieten« trugen, was durch das Brüllen debiler Chöre unterstrichen wurde. Die Leute ließen sich dadurch die Laune nicht verderben und entfernten die Spaßbremsen mit sanfter Gewalt wieder aus dem Saal. Das zeigte nur, dass sich die geistige Kleinkariertheit auch in den Gefilden der Kapitalismuskritiker nicht verstecken konnte.

An diesem Erlangener Abend gingen wir euphorisiert von unserer Darbietung und einem schönen Piece, einem Geschenk von Chris, dem Amon-Düül-Geiger, zu unserem Nachtquartier. Das war in der Werkstatt der Einmann-Firma CPM von Tannhäuser. Er war ein Technikfreak, der dort Boxen und Verstärker zusammenbaute, zwischen denen ein Matratzenlager vorbereitet war. Mit dem Durchziehen dicker Joints entstand dort das unter Weinen und Lachen ausdrucksstark geborene, spät-dadaistische Glanzstück »Das arme Waisenkind«. Tannhäuser ließ dabei heimlich das Tonband mitlaufen. Beim Hören am nächsten Morgen waren wir begeistert und fassten sofort den Entschluss, dem Stück seinen Platz auf der Scheibe zu sichern. Authentischer ging es nicht mehr. Meine Empfehlung: Wenn schon gar nichts, dann zumindest das anhören. Es gehört unter unseren Arbeiten zu denen von Ewigkeitswert. Es sollte auch eventuell einmal Besuchern von anderen Sternen als Perle menschlicher Kultur aufgezeigt werden.

DAS ARME WAISENKIND

Es war einmal ein armes Waisenkind
Es fuhr geschwind auf dem Motorrad
den Hügel hoch – hinab das Tal
Es schaute zurück zum letzten Mal
Das arme Waisenkind
Es war wirklich nur ein armes Waisenkind
Das arme Waisenkind
Der Vater tot – die Mutter tot, alle beide tot
Gestern, heute und morgen und auch übermorgen kein Brot
Wie wird es enden – wie wird es enden
Hört denn keiner sein Schluchzen und Flehn
Doch daaa – eine Zeitungsanzeige in der Ruhrrheinischen Neckarzeitung
Zwei Metzgerherzen schlagen und wissen
nicht für wen
und daaahh noch eine Anzeige – Du bist nicht allein – Du bist nicht allein
Darauf steckte er seinen Pimmel in ein Pfund gehacktes hinein.
Darauf las das Waisenkind
zur Erbauung ein Kapitel aus dem Buch
Jaaah, was denn nun, von Rainer Maria Riemen – und danach auch
zur Erbauung ein Kapitel aus dem Buch
Jaaah, aber was denn nun – und danach umso mehr
zur Erbauung ein Kapitel aus dem Buch – alle Tage ist kein Sonntag, von Fritz Maria Hitler.
(Heulendes Weinen) Auch ein Waisenkind ist nicht nur ein Kind, sondern sogar ein Waisenkind.

Mitten hinein in diesen Tumult wurde im März 1968 mein Söhnchen Christoph geboren. Die Freude und Liebe mit Worten zu beschreiben ist mir nicht möglich. Alle Liebe schützt aber nicht vor Unwissen oder grauer Theorie. Ich erzähle nicht gerne über unsere Elternzeit, die dem Kleinen, milde ausgedrückt, eine mehr oder weniger chaotische Kindheit bescherte. Karin und ich waren alles andere als vorbereitet, weder psychisch noch was Wissen über die Bedürfnisse eines Babys betrifft. Von Beginn an war Karin mit ihm mehr bei ihrer Mutter als in unserer Wohnung. Wenn der Kleine bei uns war, war es aber meist unproblematisch und wir hatten viel Freude. Einmal, er war noch ganz klein war, ging ich mit ihm im Schlosspark spazieren. Es fing in Strömen an zu regnen und ich schob den Kinderwagen unter einen Baum. Nach einer Weile, da aus dem Wagen kein Mucks zu hören war, entfernte ich, um nach ihm zu schauen, den Regenschutz. Da war das Lächeln des kleinen Mockels und überschwemmte mich mit einem nie vergessenen Glücksgefühl.

Unser Alltag war aber weit entfernt von einer für ein kleines Kind nötigen Struktur. Bis zum dritten Lebensjahr gab es ein ständiges Hin und Her zwischen Karins Mutter und unserer Wohnung – und später auch zwischen uns. Die Chemie des Zusammenlebens entwickelte sich immer weniger positiv. Mein Treiben bei Checkpoint Charlie war ihr fremd und wenn von der Band jemand auftauchte, reagierte sie ablehnend, sodass sich keiner mehr blicken ließ. Ihr wäre es lieber gewesen, wenn ich wieder am Theater angefangen hätte. Mein Spontitum war ihr suspekt und ihrer Ratio, die später im KABD (Kommunistischer Arbeiterbund Deutschland) ihre Bodenhaftung fand, etwas unheimlich. Nach einem Jahr mussten wir aus unserer Wohnung, da das Haus als eines der ersten der Stadtsanierung zum Opfer fiel. In der Altstadt war inzwischen keine Wohnung mehr zu bekommen. Die ergebnislose Suche auf dem Wohnungsmarkt führte zwangsläufig dazu, in den Hafen der Ehe einzufahren. Unverheiratet mit Kind eine Bleibe zu finden, hatte sich als unmöglich erwiesen. Die Heirat wurde dann schnell, unter Einhaltung dazugehöriger behördlicher Regeln und dem Kauf der Eheringe für 50 Pfennige bei Woolworth, durchgezogen. Im Anschluss klappte es dann kurzfristig auch mit einer Dreizimmerwohnung in der Oststadt. Die Harmonie einer jungen glücklichen Kleinfamilie hat aber nie auch nur ansatzweise bei uns Einzug gehalten. Was uns zusammenhielt war unser Kind. Nicht, dass wir uns gestritten hätten. Dem Einfühlungsvermögen und der Nachvollziehbarkeit der gegenseitigen Macken offenbarten sich in immer fester werdenden Grenzen. Wirklich einig waren wir uns nur die Erziehung betreffend. Die sollte natürlich gar nichts mit der von unseren Eltern erfahrenen zu tun haben. Welch Widerspruch, wenn man bedenkt, dass der Kleine seine frühe Kindheit großteils bei seiner Großmutter verbrachte.

Wir blieben noch zwei Jahre zusammen, dann hielten wir das Nebeneinander-her-leben nicht mehr aus und trennten uns. Das Leben mit Christoph wollten wir aber gemeinsam weiterführen. Das versuchten wir mit Regeln gleichberechtigter Verantwortung zu schaffen. Drei- bis viermal in der Woche war er bei mir. An den Wochenenden oft nicht. An diesen waren wir mit der Band unterwegs.

Diese wohnte inzwischen in der Kriegsstraße im Bürogebäude einer ehemaligen Brauerei. In eines der Büros, beidseitig eines Mittelganges durch Glasfronten auf halber Höhe einsichtig, zog ich nun ein. Hier schlug ein anderer Puls. Wir waren da fast ein öffentlicher Ort. Abends gab's eine Art Verkehrsstrom. Der große Gemeinschaftsraum war immer gut belegt und nicht nur laute Musik dröhnte in den Köpfen. Ein Privatleben war durch die Einsicht der großen Scheiben kaum zu haben und von uns nicht unbedingt vorgesehen. Selbst beim Proben hingen immer einige Interessierte rum. Für Salat war das zu viel Unruhe. Auch die Bewältigung des Alltags – Kochen, Spülen – war nicht sein Ding. Nachdem er seinen Flügel durch eine Spezialfirma in seinem Zimmer installiert hatte, zog er nach zwei Monaten mit gleichem Aufwand samt Flügel wieder zu Mama, wo er im Haus gut bekocht und versorgt wurde und eine eigene Wohnung zur Verfügung hatte. Ob für Didel – so nannten wir Christoph inzwischen, weil er beim Erproben seiner Stimme mit wachsender Begeisterung die Worte »Didel, Didel, Didel« in unterschiedlicher Lautstärke, Tonhöhe, und Betonung von sich gab – dieses Umfeld geeignet war, bezweifle ich. Wenn er bei mir übernachtete, war es nicht immer einfach, für Ruhe zu sorgen. Ein Vorhang am Flurfenster verhinderte zumindest den Einblick. Diese immer wieder mit viel Improvisation verbundene Situation zog sich über zwei Jahre hin. Langsam kam die Frage nach einem Kindergarten auf. Es durfte selbstverständlich auf gar keinen Fall einer der bereits existierenden sein. Unserer Vorstellung nach hatten diese Institutionen die Aufgabe, Kinder in ihrer freien Entwicklung zu stören und an die gesellschaftlichen Normen anzupassen. Diese

Sichtweise war nicht ganz unbegründet, dort war alles durchgeregelt. Sogar der Toilettengang wurde nur zu bestimmten Zeiten erlaubt.

Im Nachhinein denke ich, für die meisten Kinder wäre es besser gewesen, in einen solchen Kindergarten zu gehen, als in antiautoritäre Kinderläden. Die unausgegorenen Ideen über repressionsfreie Erziehung hörten sich wunderbar an, entbehrten aber bislang jeder Erfahrung in der Praxis. Als Vorbild für alle APO-Eltern gab es nur das Buch »Antiautoritäre Erziehung« von A. S. Neill. Im Verstehen der Kritik an der autoritären Erziehung und der Umsetzung in eine Alternative können sich riesige Löcher auftun, in die wir »progressive« Eltern ganz schön oft tief gefallen sind. Schon im Missverstehen des Neill-Buches, das seine Arbeit mit Kindern aus Erziehungsheimen mit schweren psychischen Schäden beschreibt, war der Keim des Scheiterns angelegt. Das Grundlagenpapier für unseren Kinderladen hörte sich aber ganz toll an. Es muss hier als Beispiel einer »wunderbaren Theorie«, die leider in der Praxis gescheitert ist, zur Sprache kommen.

> Im kapitalistischen System wird der Mensch von klein auf dazu erzogen, im Sinne der Herrschenden Leistungen zu vollbringen. Von klein auf wird er dazu erzogen, seine Aktivitäten den herrschenden Normen anzupassen. Das sind z. B. Gehorsam, Pflichtgefühl, Sauberkeit, Ordnung, etc. Gerade dadurch, dass ich selbst ein Kind habe, ist mir bewusst geworden, wie schwer es ist, unter dem Vorzeichen der Erziehung, die man uns allen in ähnlicher Form untergejubelt hat, dem Kind die Möglichkeit zu geben, selber an Menschen und Dinge heranzugehen, es selbst zu seinen Fragen und Erfahrungen finden zu lassen, ohne ständig die Produkte meiner versauten Erziehung an das Kind weiterzugeben und zwar so, dass sie ihm nicht vermittelbar sind. Wir müssen dem Kind die Möglichkeit geben, seine eigene Persönlichkeit zu finden. Die bestehenden Kindergärten sind ebenso wie die Familien (Familie kommt aus dem Lateinischen und bedeutete im alten Rom »Gemeinschaft der Sklaven«) eine Station, in der Kinder den bestehenden Verhältnissen angepasst werden sollen. Unser Kinderladen soll ein Gegenmodell sein. Damit haben wir einen großen Schritt in Richtung Veränderung der Gesellschaft gemacht. Es ist uns klar, dass unsere Kinder sich einmal kritisch mit ihrer Umwelt auseinandersetzen, dass sie in der Lage sein werden, über sich und ihre wirklichen Bedürfnisse Bescheid zu wissen. Ich bin gegen Leute, die behaupten, Politik habe im Kindergarten nichts zu suchen. Unsere Kinder wollen sich doch mit Fragen ihrer Umwelt auseinandersetzen. Sie werden bald merken, dass ihre Situation sich von

der anderer Kinder unterscheidet. Diese Fragen können nur beantwortet werden, wenn man ihnen die gesellschaftlichen Zusammenhänge klar macht, denn wir gehen ja davon aus, dass die Umwelt den Menschen formt. Um den Kinderladen zu führen, muss Klarheit geschaffen werden über die Einstellung, die jeder zu dieser Gesellschaft hat. Wir brauchen solidarische Leute und keine Zweckgemeinschaft. In ein paar Jahren kommen die ersten unserer Kinder in die Schule. Wie geht's dann weiter? Dann sind unsere Möglichkeiten weit geringer. Eine eigene Schule können die Unpolitischen wohl kaum gründen, in der den Kindern eine heile Welt vorgespiegelt wird. Dann können wir nur etwas erreichen, wenn wir solidarisch sind. Eine Auseinandersetzung mit der Schule muss genauso politisch sein wie unser Kinderladen. Inzwischen ist auch vielen Reaktionären klar geworden, dass Kinder, wenn man den offensichtlichen Zwang wegfallen lässt, leichter auffassen, leichter lernen. Es wird so weit kommen, dass bald überall, auch vom Staat, Vorschulen eingerichtet werden, damit die Kinder mit Wissen vollgepfropft werden, das gar nicht ihren Bedürfnissen entspricht, damit sie später umso mehr leisten können. Dies mag auch bei einigen Eltern, wenn auch vielleicht unbewusst, ein Grund sein, ihr Kind in einen »freien Kindergarten« zu geben. Mein Kind soll es einmal besser haben oder sowas. Am dringendsten in der nächsten Zeit ist die Auseinandersetzung zwischen Kinderladen und den Eltern. Da unsere echten Kommunikationsmöglichkeiten gleich null sind, müssen wir versuchen, von dem Verhalten der einzelnen Kinder aus die Probleme anzupacken, die in den einzelnen Zweierzellen vor sich gehen. Eben die kleine Zelle, die es dem Staat möglich macht, abhängige und angepasste Menschen heranzuziehen. (Hoffentlich läuft bald ein Referat über dieses Thema.) Ich fände es am besten, wenn Kinder in einem Kinderhaus leben würden und die Eltern sie nur ab und zu besuchen würden, weil ich glaube, dass unsere Sinnlichkeit, unsere Möglichkeit der Kommunikation, unsere Form zu denken, unsere Unfähigkeit zur Spontanität immer wieder einschränkend auf die Kinder einwirken. Was wir verloren haben, können wir am besten daran erkennen, wenn wir uns vorstellen, der ganze Kinderladen würde zusammen in einer Kommune leben. In dieser Richtung müssen Versuche gemacht werden, denn ich gehe davon aus, dass die Familie, als kleinste Zelle des Staates, dazu da ist, die Menschen weiterhin in Unfreiheit leben zu lassen und die Unterdrückungsmechanismen des Staates weiter zu geben an die Kinder. Über dieses Thema muss bald eine Auseinandersetzung bei uns anfangen, sonst kommen wir nicht weiter, da es sonst unmöglich ist, die Ursachen der Reaktionen der Kinder bei uns zu verstehen.

Wie schon gesagt, über die Phase »Kinderladen« schreibe ich nicht gerne. Beim Lesen dieses alten von mir verfassten Textes dreht sich mir ehrlich gesagt der Magen um. Bar jeder Lebenserfahrung und psychologischen Hintergrundes wurde ein ideales Wunschbild von freier Kindererziehung konstruiert, in dem – sehr bezeichnend – das Wort Liebe gar nicht vorkommt. Schon die Zeit, in der man den Kindern diese zeigen konnte, war begrenzt. Gemäß der Behauptung, für Kinder wäre es am besten, unter sich zu sein und Erwachsene nur dazu da, ihnen den entsprechenden Rahmen zu schaffen, war unser Kinderladen von morgens um neun bis abends um sechs geöffnet. Wenn die Kinder abgeholt wurden, waren sie meist schon so müde, dass nicht mehr viel miteinander los war. Das war manchen ganz recht. Die politische Arbeit forderte schließlich auch ihre Zeit. Damit nicht genug verbrachten wir auch noch die Wochenenden miteinander, mit Unternehmungen, Ausflügen und selbstredend ständigen Diskussionen. Zentrales Thema dabei waren Beziehungsgeschichten, verbunden mit Fundamentalkritik an der Kleinfamilie. Das übte jedenfalls einen starken Einfluss aus. Nach drei Jahren Kinderladen war von elf Paaren nur noch eins zusammen. Die damit verbundene Durcheinandervögelei machte aus den Bürgerkindern teilweise grenzwertige Psychos. Was das für die Kinder bedeutete, kann man sich vorstellen. Struktur gab es nur im Ablauf der Alltäglichkeiten, wie Essen zubereiten, Frühstück, Mittagessen, Aufräumen, Putzen und Abwaschen. Diese Tätigkeiten wurden abwechselnd von den Elternteilen übernommen. Die Erzieherin hatte eine normale Berufsausbildung, aber sie war sehr unsicher und musste sich immer wieder Kritik an ihrem systemimmanenten Erziehungsstil gefallen lassen. Das führte oft zu chaotischen Zuständen. Eingriffe in das Treiben sollten nur erfolgen, wenn Leib und Leben gefährdet waren. Ich will mich gar nicht weiter darüber auslassen.

Selbstverständlichkeiten wie die Tatsache, dass Kinder, bei aller Freiheit für ihre Entwicklung, eine Struktur, Vorbilder und vor allem die Liebe der Eltern brauchen, konnte ich leider erst später bei zwei kleinen Kindern zum Leben erwecken, die meine Frau Angelika mit in unsere Beziehung brachte. Mein Didel und viele andere Kinderladenkinder hatten eine Scheiß-Kindheit. Die damit verbundenen Probleme reichen bis in die Jetztzeit. Meine oft wochenlange Abwesenheit trug auch nicht zur Verbesserung der Vater-Sohn-Beziehung bei.

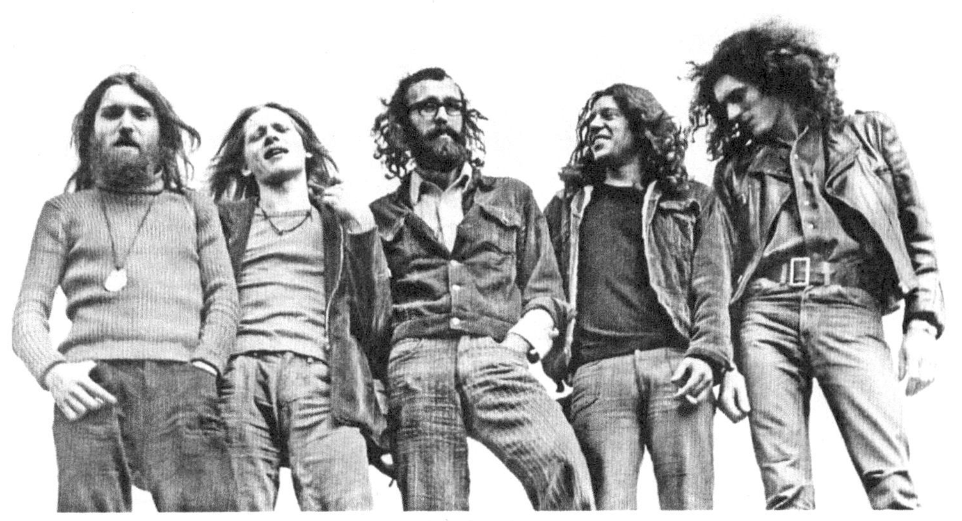

Checkpont Charlie, 1972 (Foto: Sammlung Sabine Schäfer)

Bezeichnend dafür ist eines unserer ersten auf ein Thema ausgerichtete Programm. Die Vorstände vom »Verband der Kriegsdienstgegner« (VK) und der »Internationale der Kriegsdienstgegner/innen e. V.« (IDK) wollten eine Kampagne starten, um für Wehrdienstverweigerung zu werben und diese bei unseren Auftritten mit Infos unterstützen. Dieses Anliegen des Vorstands fand bei uns sofort offene Ohren. Das von mir innerhalb einer Woche geschriebene Programm »Notwehr«, wofür wir schon einige Texte und Lieder draufhatten, stieß auf volle Zustimmung. Eine Tour von sechzig Veranstaltungen, einschließlich einer vierwöchigen Probe, sollte vom VK organisiert und finanziert werden. Dazu gehörte auch die Erneuerung unserer abgefuckten Anlage. Als Probecamp stellte man uns den ganzen Monat August über den durch das Liedermacher-Treffen bekannten Ort Burg Waldeck zur Verfügung. In der Band hatte es auch schon wieder Veränderungen gegeben. Schlagzeuger Schellebernd und Gitarrist Malte fühlten sich dem zwar abenteuerlichen aber mit keinen Sicherheitsvorkehrungen ausgestatteten Hindernislauf des Untergrundkünstlers nicht mehr gewachsen und nahmen ihr unterbrochenes Studium wieder auf. Dazu gekommen war Hessewerner an der Gitarre, schon seit der Plattenaufnahme mit dabei. Ein spezieller Typ. Schulabbrecher und wie sich herausstellte mit autistischer Veranlagung. Er war einfach irgendwann aufgetaucht und übte scharfe Kritik an unserer Gotteslästerei. Seine auffallende Erscheinung, gekleidet mit einem langen, kuttenartigen schwarzen Mantel, hatte etwas mönchartiges, wozu seine dachförmige, bis über die Schulter ragende, schwarze, strohige Haarpracht einen interessanten Kontrast bildete. Schnell kam raus, dass er Gitarrist war. Von jetzt auf gleich stieg er ein. Die Gotteslästerei kam nie wieder zur Sprache, er spielte alles mit vollem Einsatz und Begeisterung auf höchstem grellen Untergrundniveau. Einen Schlagzeuger, allerdings nur auf »Notwehr« begrenzt, hatten wir auch gefunden. Lutz Oldemeier, ausgeliehen von Missus Beastly. Die luxuriösen Bedingungen der Tour übten ihren Reiz aus. Sonst, so meinte er, wäre das Politzeug nicht so sein Ding.

Auch der Ort, mitten in der Natur im schönen Hunsrück, übte eine große Anziehungskraft aus. Die Nachricht von unserem Probecamp breitete sich, nicht zuletzt durch unsere Schwärmerei, bei unseren Anhängern in Karlsruhe aus. In unserem Überschwang verbreiteten wir auch die Idee, uns dort zu besuchen. Das hätten wir nicht machen sollen. Es führte dazu, dass zwischen zwanzig und dreißig Leute dort Ferien machen wollten, meistens kostenlos. Als Vertreter eines utopistischen Sozialismus mussten wir dem Anspruch gerecht werden, alles mit allen zu teilen. Es war ein schönes Leben. Die Proben verliefen ungestört. Kochen und Versorgung wurde von den Gästen übernommen und die zwischenmenschlichen Verbindungen ließen göttliche Momente aufblitzen. Nach zwei Wochen war dann unser Probebudget soweit geschrumpft, dass wir uns etwas einfallen lassen mussten, wenn wir die nächsten Wochen nicht Hunger schieben wollten. Abends am Lagerfeuer wurde das angesprochen. Wir erklärten, dass unter Betonung der Wichtigkeit, das Projekt »Notwehr« erfolgreich durchzuziehen, kein Geld mehr für unsere Besucher da wäre. Ganz bald, innerhalb von ein, zwei Tagen waren wir allein und ganz auf uns gestellt.

Die Einsamkeit tat erst mal gut. Es gibt nicht viele so abgelegene Flecken in Deutschland wie die Burg Waldeck. Nur aufs Proben konzentriert, machten wir gute Fortschritte. Es zeigte sich jedoch, dass man nirgends vor Überraschungen sicher sein kann. Eines Morgens erreichten uns aus der Nachbarschaft die nicht sehr harmonisch klingenden Chöre deutscher Volkslieder, gefolgt von Befehlsanweisungen zur Körperertüchtigung. Wir sahen eine Gruppe in Pfadfinderähnlicher Uniform: Kurze Hosen, Halstücher, breiter Gürtel mit Fahrtenmesser und Kappen. Das war eine altersmäßig bunt gemischte Truppe. Kinder, Jugendliche und auch Ältere (bis schätzungsweise siebzig Jahre). Es war uns schon mal zu Ohren gekommen, dass in der Nachbarschaft manchmal eine rechte Jugendorganisation ihr Unwesen trieb. Über eine Konfrontation hatten wir uns keine Gedanken gemacht. Das waren die »Nerother Wandervögel«, die einige Jahre später als verfassungsfeindlich verboten wurden.

Die Wände der Holzhäuschen, in denen wir probten, waren nicht gerade schalldicht und die Klänge harter Rockmusik überfluteten die umliegende Landschaft. In der Folge meldete sich ein Kapo der Nerother mit lautem Klopfen und Gebrüll an unserer Tür, um sich über die Lautstärke zu beschweren. Das war meine erste, ganz persönliche Erfahrung mit der Dumpfheit rechter Gesinnung. Die Auseinandersetzung möchte ich nicht als Gespräch bezeichnen. Der ältere Mann, der außer Krampfadern noch eine den Gürtel seiner kurzen Hose überlappende Wampe sein Eigen nannte, verstieg sich in die tiefsten Schluchten menschlicher Dummheit. Äußerungen über »Neger« und »Urwaldmenschen« waren nicht unbekannt.

Dieses Nerother-Erlebnis hatte keine Einschränkung der Probearbeit zur Folge. Außerdem sollte demnächst die neue Anlage eintreffen. Ebenfalls ein Kohle-Nachschub. So waren wir gespannt und in froher Erwartung. Statt Anlage und Kohle erschien unser Verbindungsmann vom VK mit der ernüchternden Nachricht vom Scheitern des Projekts. Zwischen dem VK, der APO-Spontifraktion und dem IDK, inzwischen von der DKP unterwandert, war es zu heftigem Richtungsstreit gekommen, der dazu führte, uns Chaoten jede Unterstützung zu sperren. Wir waren anscheinend auch einer der Gründe, warum sich die zwei Verbände voneinander trennten.

Ein paar Wochen später, beim Jahrestreffen der Verbände, liefen wir dort ein und versuchten durch eine Rede die Versammlung von der positiven Wirkung unserer Tour für die Idee der Kriegsdienstgegner zu überzeugen. Das war vergebene Liebesmüh. Das angemahnte Versprechen uns gegenüber konnte sie auch nicht an der Ehre packen, da diese bei den ideologischen Starrköpfen unterentwickelt war. Nachdem ich die versprochene Finanzierung der Tour ansprach, wurde ich aus dem IDK-Lager mit Buh-Rufen überschüttet. Das machte mich wütend, meine Reaktion äußerte sich in üblen Beschimpfungen. Wir verließen gemeinsam den Saal, um eine Erfahrung reicher.

Auf der Waldeck hieß es jetzt: Was tun? Geblieben waren weder eine neue Anlage noch Kohle. Immerhin war die Tour ab Ende September mit Terminen hauptsächlich an den Wochenenden schon organisiert. Der Entschluss, das trotzdem durchzuziehen, war schnell gefasst. Nur Lutz wollte unter diesen Bedingungen lieber wieder zu seiner alten Band und wir waren wieder ein Schlagzeuger weniger. Vom WDR hatte sich ein Fernsehteam angesagt, das einen Film über die gesamte Notwehr-Tour machen wollte. Für diese Aufnahmen wollte Lutz noch aushelfen, danach mussten wir uns umschauen. Dieser halbstündige Film ist übrigens der einzige über Checkpoint Charlie, der vollständig gesendet wurde. Einige andere wie »Sympathie for the devil«, »Baden-Baden Wartesaal« und etliche andere wurden gar nicht oder nur bruchstückhaft gesendet und verschimmeln in den Archiven. Progressiveren Redakteuren wurden da Grenzen gesetzt. Hoch im Norden war nur Radio Bremen immer Garant für Hörbarmachung. Nicht nur fürs Spielen unserer Platten. Einen Auftritt in Bremen übertrugen sie live, samt Interview. Bei Ausdrücken wie Ficken und anderen Reizworten mussten allerdings Piepstöne eingeblendet werden. Ganz schön personalaufwendig. Ein Typ, ausgerüstet mit unserem Textprogramm, war schwer gefordert, um zielgenau diese Töne zum Einsatz zu bringen.

Es gab da eine Gruppe von Freaks in Bünde bei Herford, die uns anbot, bei ihnen bis zum Tour-Beginn zu wohnen, zu essen und zu proben. Wie sich das ergab ist mir entfallen. Nicht so ein Typ, Norbert Hähnel, der uns bei Festivals noch öfter begegnete und der als »der wahre Heino« einen Karrieresprung machen sollte. Heino zum Verwechseln ähnlich, zog er Auftritte vor vollen Sälen durch, bis der authentische Heino durch Gerichtsbeschluss seiner Behauptung, dass der wahre Heino der Falsche sei, ein Ende setzte. Aus der Einsamkeit kommend, mussten wir uns dann erst mal ein paar Tage im Nachtleben der Provinzszene herumtreiben, zwecks sozialer Kontakte, welche den Ernst des Lebens begleiten konnten. Dieser stellte seine Forderungen.

So schnell wie möglich einen Schlagzeuger zu finden, erwies sich als Misserfolg. Nach langem hin und her kam Hesse mit der Idee, die Batterie zu übernehmen. Sein Können daran war sehr rudimentär, aber sein Versprechen, sich das drauf zu schaffen, überzeugte. Ab diesem Zeitpunkt probten wir täglich zwei bis drei Stunden, während Hesse zusätzlich noch vier bis fünf Stunden drauflegte. Wir hatten das ganze

Programm auf Tonband. So konnte er sich durch ständiges Abspielen die Stücke aneignen. Nun hatte die Band nur noch zwei Instrumentalisten, was allerdings durch einen der ersten Synthesizer ausgeglichen wurde. Salat hatte von einem Onkel eine Erbschaft gemacht und diese vollständig in dieses Gerät gesteckt. Es kostete über dreißigtausend DM. Heute im allgemeinen Gebrauch, damals viel teurer und größer, steigerte es den Einmaligkeitsgrad unseres Unternehmens um mehrere Stufen. Wir mussten diesen Besitz ständig in sinnlosen Gesprächen verteidigen, da irgendwelche Fundis uns als Kapitalisten diffamieren wollten. Der starke Gegensatz zu unseren sonstigen Produktionsmitteln, Anlage und abgeschabter VW-Bus mit einer ausgeleierten Lenkung, die eine Kurbelei wie nur was erforderte, gab Anlass zu Irritationen. Ich hatte ja nie einen Führerschein und war froh, nicht fahren zu müssen. Bis in den Winter so rumzueiern war saugefährlich. Heute könnte mich niemand in so eine Karre reinbringen.

Der Aufenthalt in Bünde blieb in guter Erinnerung. Er stellte große Anforderungen an die Toleranz unserer Gastgeber, da der Geräuschpegel aus dem Probekeller im ganzen Haus zu hören war. Dafür zeigten wir uns mit einem ausreichenden Dopevorrat erkenntlich. Dieser Stoff hatte sich für Salat und mich zur Unvergesslichkeit unseres Bündener Aufenthalts etwas ausgedacht. Wir pflegten uns zum Konsum desselben auf einen benachbarten Friedhof zurückzuziehen. Dort konnten wir in aller Ruhe genießen, tiefenphilosophische Gespräche führen und die Logistik der Tour planen. Sonst immer ungestört, von wunderbaren Naturgeräuschen, wie dem Brummen goldiger, schwarz-gelb gestreifter Dickarschhummeln, Bienen und anderer Insekten auf blumenreichen, duftenden Grabstätten, leichtem Blätterrauschen alter, schattenspendender Bäume und sanftem Vogelgezwitscher begleitet, waren die gelegentlichen, meist von alten Witwen erzeugten Geräusche, wie Wasserplätschern in und aus Gießkannen für die Grabbepflanzungen tolerierbar. Die Ausnahme stellte der Tag dar, an dem sich uns bis auf zwanzig, dreißig Meter eine Trauergemeinde näherte. Zu der mussten wir ganz schnell einen Abstand herstellen. Um das Friedhofstor zu erreichen, ließ es sich nicht vermeiden, den nur wenige Meter vom Begräbnis entfernten Weg einzuschlagen. Gemäßigten Schrittes wollten wir da vorbeikommen. Auf gleicher Höhe jedoch ließ sich ein Blickkontakt nicht vermeiden. Er traf auf aufgerissene Augen, die starr uns zwei abgerissene, langhaarige Gestalten musterten. Diese Blicke erzeugten im Bruchteil von Sekunden einen aus tiefster Psyche emporsteigenden Lachausbruch, sodass wir mit vor das Gesicht gehaltenen Händen in einem rasenden Lauf blitzschnell das Tor erreichen und uns draußen Erleichterung verschaffen mussten. Mit Pietät hatte das nichts zu tun. Wer dieses Verhalten kritisieren will, soll es tun. Für mich brachte es die Erkenntnis, dass tiefer Ernst und höchste Lächerlichkeit sich ganz nah sind und eine gewisse existenzielle Erfahrung von Friede, Freude, Ruhe und Gleichmut im unerschöpflichen Sein eröffnen.

Die VK-Tour 1969/1970 erlebten wir als Wanderkommune. Zu den organisierten Gigs kamen oft noch spontane Auftritte auf Demos, bei Go-Ins und Teach-Ins, die von unseren Gastgebern angefragt wurden. Bei manchen wohnten wir über Wochen und fuhren von dort aus die nächsten Auftritte an. Wir verdienten so wenig, dass sie uns oft auch noch mit Speis und Trank versorgen mussten. Manchmal gingen wir ihnen bestimmt auf den Wecker, aber rausschmeißen konnten sie uns ja nicht. Die »Notwehr«-Tour lief unter Bedingungen, die teilweise in Stress ausarteten. Abgesehen vom kalten Bus trugen immer wieder kleinteilige Besuchergruppen zur Lustfeindlichkeit bei. Das waren sogenannte rote Garden, K-Gruppen, die in sektiererischem Eifer schon während der Vorstellung, in der auch Spielszenen vorkamen, mit besserwisserischen Einwürfen den Vortrag störten. Ihr Hauptargument zum Thema Wehrdienst war, wenn man Revolution machen wolle, müsse man den Umgang mit der Waffe lernen und deshalb zur Bundeswehr gehen. Für sie war Wehrdienstverweigerung ein reaktionäres Verhalten. In diesem Käse gab es dann am Schluss immer einen Chor, der »Diskussion, Diskussion« forderte. Wir hatten alles zum Thema gegeben und wollten den Abend locker ausklingen lassen und vielleicht nette Bekanntschaften machen. Pustekuchen. Es musste ideologietheoretisch, »kopfspastisch« und lebensfremd diskutiert werden. Da konnte es schon mal übel abgehen. Beschimpfungen wie »Reaktionäre« konnte man nicht einfach wegstecken. Besonders Salat echauffierte sich manchmal derart, dass ein Herzkasper zu befürchten war. Unter anderem seine Argumentation als Vegetarier, »solange es Schlachthöfe gibt, wird es auch Kriege geben«, löste heftige Reaktionen aus. Begreifbar, geht man von einem Publikum hundertprozentiger Fleischfresser aus. Ideen wie »Du bist was du isst« oder »Tierrechte« schlummerten noch. Als ein Typ mit dem Satz: »Auch Hitler war Vegetarier«, reagierte, wütete Salat mit hochrotem Kopf und anhaltendem verbalem Dauerfeuer. Wir machten uns echt Sorgen um sein Befinden, obwohl seine Zornigelei nichts Ungewohntes war.

Trotzdem, die Diskutiererei ätzte. Wir versuchten dem aus dem Weg zu gehen, aber es gelang nur selten. Erst gegen Ende der Tour fanden wir einen Weg, zumindest die Aggressionen aus den müßigen Wortgefechten raus zu nehmen. Harald hatte sich einmal als Arbeiter bezeichnet. Das stimmte sogar, er hatte eine Lehre als Installateur gemacht. Dadurch veränderte sich bei den studentischen K-Grupplern blitzartig der Umgangston. Sie hatten einen echten Arbeiter vor sich. Einen Bruchteil des potentiellen revolutionären Proletariats. Von da an wurde auf vorsichtige, milde, an Demut grenzende Art versucht, Überzeugungsarbeit zu leisten. Wir gaben uns seit dieser Erfahrung immer als Arbeiter aus. Das trug zur Abkürzung und Entschärfung des Gelabers bei. Vieles bei dieser Tour war gewöhnungsbedürftig. Trotz unserer Freude an Provokation und Schock als Konsumbrecher und Gehirnzellenbeweger, waren die Folgen der Handlungen nicht unbedingt abzusehen. Bei einem Auftritt in der Aula eines Gymnasiums waren Jugendoffiziere der Bundeswehr geladen, die in einer Diskussion die Gegenposition vertreten sollten. Schon beim Aufbau der Anlage kam der Schuldirektor und forderte uns auf, ein großes Plakat zu entfernen, das zum Bühnenbild gehörte. Es trug die Aufschrift »Geh zur Bundeswehr – lerne schlachten« und zeigte ein mit einem Bajonett durchbohrtes Baby. Der Direktor drohte mit Veranstaltungsverbot, falls das Plakat nicht entfernt werde. Wir gingen darauf ein, um es dann zu Beginn wieder aufzuhängen. Das Konzert kam bei den meisten Gymnasiasten sehr gut rüber, was sich bei der anschließenden Diskussion mit den Jugendoffizieren zeigte, die überwiegend von den Schülern geführt wurde und in der die Ablehnung des Wehrdienstes dominierte. Nach der Bemerkung »Soldaten sind potentielle Mörder« wurde es den Uniformierten zu viel und sie machten einen Abmarsch wie begossene Pudel.

Endlich wieder in Karlsruhe erreichten uns sogleich Nachwirkungen des »Notwehr«-Programms. Harald und Lyppo waren vor Monaten beim Plakatieren von »Geh zur Bundeswehr – lern schlachten« erwischt worden. Nun erfolgte einer der ersten unserer Prozesse und der Einzige, der mit einem Freispruch endete. Ein guter linker Anwalt, Ruppert von Plottnitz aus Freiburg, und ein liberaler Richter kamen zu dem weisen Urteil, dass diese Tat mit dem Recht der freien Meinungsäußerung begründet sei. In der Rückschau der Tour zeigte sich, dass zwar viel Freude dabei, eine derartige Programmabfolge eigentlich aber nicht unser Wunschkonzert war. Neue Länder sind bei Grenzüberschreitungen zu entdecken und ein Weg dahin heißt Improvisation. Unser Instrumentarium war Rock, aber die Musik hatte oft nichts damit zu tun. Auch Haralds Gesang war improvisiert. Es ging darum, neue Klänge und Formen zu finden und führte bis zum Einsatz eines Presslufthammers. Die Ästhetik war der Schock. Alles Kommerzielle wurde radikal abgelehnt. Aus dieser Auflehnung und dem rebellischen Tabubruch erwuchs unsere Identität.

14

Wieder in heimatlichen Gefilden war es ein Genuss, sich eine Weile in der Szene herumzutreiben und die Seelenverwandtschaft mit unseren Besuchern in der Kommune zu pflegen. Um etwas anderes brauchten wir uns nicht groß zu kümmern. Essen wurde durch gelegentliche Raubzüge in Lebensmittelabteilungen von Kaufhäusern organisiert, oder in großen Tüten von Freundinnen herbeigebracht. Einmal wurde Hesse von einem Kaufhausdetektiv gestellt. Darauf gab er Fersengeld, raste an der Kasse vorbei auf die Straße, überquerte diese bei roter Ampel, was einen Auffahrunfall zweier Autos verursachte, und verschwand im städtischen Gedränge. Das war der einzige Zwischenfall. Moralische Bedenken gab es keine, die Überzeugung, einen wichtigen Beitrag zur Verbesserung der Gesellschaft zu leisten, legitimierte die Klauerei. Aus dieser Denke heraus besorgte ich mir noch lange Jahre meinen Bedarf, wenn ich knapp bei Kasse war. Gerade Farben, Pinsel und Leinwände für meine Malerei sind sauteuer. Sobald ich nicht knapp war, bezahlte ich das Zeug. Vor einigen Jahren hat sich dies auf den jährlichen Weihnachtsbaumklau in der freien Natur reduziert, als kleine nostalgische, romantische und wehmütige Replik an jugendliche Anarchozeiten.

Im Probekeller wurde nach Lust und Laune gespielt und die Rauchwaren gingen niemals zur Neige. Auftrittsanfragen kamen nur langsam wieder rein. Während der Tour hatten wir uns darum nicht kümmern können. Der ein oder andere Gig in dieser Phase ist erwähnenswert. Dazu gehört die »Kunstzone« München. Die wurde von Künstlern als Alternative zum etablierten Kunstmarkt in und außerhalb eines riesigen Zeltes auf dem Jakobsplatz abgehalten. Für Bands war im Freien eine große Bühne aufgebaut. Amon Düül und wir wurden dafür engagiert. Die Verbindung zu diesem Auftritt hatte ein Künstler hergestellt, der auf den Namen »Hasenwalter« hörte. Kennengelernt hatte ich ihn, als er in Karlsruhe ausstellte. In der Atmosphäre des bald zu erwartenden Abrisses der Altstadt waren auch zwei Galerien entstanden. Der Name »Hasenwalter« erklärt sich aus seinen ausgestellten Objekten, die unter anderem Hasenställe zeigten, an deren Rückwand Drucke des aus vielen bürgerlichen Wohnzimmern bekannten Dürer-Hasen klebten. Davor etwas Heu und eine Karotte. Der Rahmen war mit Hasendraht bespannt, um den Stall-Charakter zu betonen. »Die betenden Hände«, ein anderer, ebenfalls nicht unbekannter Dürer, boten sich über einem Waschbecken angebracht, mit Seifenschale und Handtuch, dem Betrachter aus ungewohnter Perspektive dar. Alle anderen Werke stellte er aus Sammlungen von Schrott auf Müllplätzen vor Ort zusammen. Mir zeigten sich seine Skulpturen als weitgehend sinnfreie Objekte früher Recyclingkunst. Allein seine wortreichen Interpretationen bei der Vernissage offenbarten ihn mir als einen Bruder in Geist und Humor. Eine Weile hielt da eine Verbindung und durch ihn war der Auftritt in München entstanden. Dafür hatten wir uns etwas Besonderes ausgedacht. Landesherr Franz-Josef Strauß, politischer Grobschlächter, Feindbild und selber Erzfeind der APO, bekannt durch Beschimpfungen politischer Gegner, zu denen auch die APO gehörte, die er unter anderem mit Tieren verglich, war unser Angriffsziel. Karlsruhe, voll mit den höchsten Institutionen der Rechtspflege, war deshalb reichlich mit schwarz-rot-goldenen Deutschlandfahnen bestückt. In einer strategisch perfekt geplanten nächtlichen Blitzaktion erbeuteten wir zusammen mit einigen Helfern einige dieser symbolträchtigen Relikte. Die Beute wurde aneinandergeheftet, um damit ein spezielles Happening zu gestalten. Ich hatte auf das Tierzitat des Franz-Josef Strauß bezugnehmend extra einen Text geschrieben.

In München am Veranstaltungsort angekommen, wurden wir mit irritierenden Tätigkeiten konfrontiert. Wir waren höchst befremdet, was sich uns, nachdem wir uns neugierig durch eine Menschenmenge gedrückt hatten, darbot. Mehrere Typen waren dabei, aus Plastiktonnen Fleisch und Innereien sowie Eimer voller Blut auf dem Jakobsplatz zu verteilen. Wir erfuhren, dass es sich dabei um ein Happening des Wiener Aktionskünstlers Hermann Nitsch handele, genannt »Orgien Mysterien Theater«. Die

Orgien hatten uns sehr interessiert. Dazu kam es nicht. Diese Veranstaltung war schon im Vorfeld verboten worden. So reichte die Zeit nur dazu, jede Menge Innereien und Blut zu platzieren. Weitere Handlungsstränge der Darbietung, die zum Verständnis hätten beitragen können, wurden durch den Einsatz von zirka zwanzig Polizisten verhindert. Die armen Kerle wurden ausgebuht und in fruchtlose Diskussionen verstrickt. Um die Handlungsfähigkeit zu gewährleisten, kommt es in solchen Situationen für Polizisten auf den Kapo an. Der schien völlig überfordert, denn sein Befehl lautete anscheinend Beschlagnahmung des Corpus delicti. Sein Entschluss endete in dem Befehl an seine Untergebenen, die glitschigen Innereien in die Tonnen einzusammeln. Das musste mit bloßen Händen vollzogen werden. Wie eklig sich das anfühlte war nicht zu übersehen. Die durch diese Handlungen hervorgerufene allgemeine Lächerlichkeit rief bei mir echtes Mitleid hervor. Das will was heißen, denn die »Bullen« ließen in diesen Zeiten sonst ganz andere Gefühle aufkommen.

Im Festzelt begegneten uns noch eine Menge mehr oder weniger kunstreicher Artefakte, wie eine Mauer aus Betonblöcken mit kleinen Löchern, aus denen, wenn man sein Ohr daran drückte, unterschiedliche Naturgeräusche wie Bienensummen, Vogelgezwitscher, Bachplätschern, oder Regentropfen zu hören waren. Auch andere, feinsinnigere Happenisten als Nitsch waren unterwegs, wie die Dame Limpe Fuchs. Auf die Vorderseite ihres nackten Oberkörpers hatte sie eine Art Guckkastenbühne geschnallt, durch deren zugezogenen Vorhang für Eintrittsgeld die Hand gestreckt werden durfte. Das war immer wieder ein Blickfang. Ob je einer davon Gebrauch machte, konnten wir nicht beobachten. Um den für uns zuständigen Menschen vom Veranstalterkomitee zu sprechen, verwies man uns in die Küche. Bei ihm und seinen Mitarbeitern handelte es sich ausschließlich um Kunstköche. Die dort angebotenen Speisen in Vielfarbigkeit und teilweiser skulptureller Anordnung waren bestimmt künstlerisch wertvoll, aber unmöglich bekannten Gerichten zuzuordnen. Unbenommen ernährten wir uns die nächsten drei Tage davon. Trotz mancherlei Definitionsschwierigkeiten und fragwürdiger Erfahrungswerte konnte man es essen. Der Kaffee wurde zum Glück, wohl aus Eigennutz der Köche, nicht zur Kunst erklärt und konnte in schwarzer Eigenfarbe getrunken werden.

Wir sollten in den kommenden zwei Tagen abwechselnd mit Amon Düül jeweils einmal spielen. Spät nachts, voll von belebenden Eindrücken und ebensolchen Drogen, auch zum ersten Mal von O (= Opium), landeten wir in der Wohnung eines der Veranstalter. O war uns nur vage aus Büchern bekannt, wo die Raucher desselben in Opiumhöhlen vor sich hindämmerten. Bei uns löste die Wirkung eine grenzenlos lächerliche Albernheit aus. Das war nicht schlecht, aber für unser Anliegen nicht förderlich. Für mich als Frontmann stellte sich sowieso heraus, dass für den Draht zum Publikum eine offensive Droge wie guter, ehrlicher Whisky der beste Stoff war. Das blieb er dann auch, nach Experimenten mit allen anderen Stimulanzen. Unser erster Auftritt war eine Bombe. Unter unserer die gesamte Bühne bedeckenden Deutschlandfahne sitzend, begannen wir mit dem Ruf: »Gesucht wird Franz-Josef – die Sau«. Das war die Geburt unseres Pappmache-Maskottchens Franz-Josef, das uns über ein Jahrzehnt in verschiedenen Ausführungen, wenn nicht gerade beschlagnahmt, begleiten sollte. Nachdem wir mit Gebrüll emporgetaucht waren und die Fahne zusammengetrampelt und beseitigt hatten, erfolgte der Franz-Josef-Song. Ein Song, der uns einen Platz als Begründer des Punk in der deutschen Musikgeschichte gesichert hätte, wenn er eine größere Öffentlichkeit erreicht hätte. Wir spielten das schon Ende der Sechziger, eine bunte Mischung aus Underground und neuer Musik. Was es wirklich war, weiß ich selber nicht, aber es hat unbändigen Spaß gemacht und Namen sind Schall und Rauch.

KNÜPPEL AUS DEM SACK

Franz Josef jetzt ists an der Zeit,
den Knüppel aus dem Sack!
Wir woll'n jetzt Deinen Knüppel sehn,
der sich für Deutschland schlägt.
Im Osten geht die Sonne auf,
hol ihn schon raus,
bald ist's zu spät,
bald ist's zu spät.

Schlag schneller zu,
mach blau aus rot.
Die Sonne kommt im Osten.
Die Tiere schleichen durch das Land,
sie pissen Dir in Hirn und Hand.
Wir flehn Dich an fürs Vaterland,
laß Dein Knüppel sehn.

Stärk Dich mit gutem Bayernspeck,
laß Deine Muskeln schwellen,
laß Deinen Knüppel uns erstehen,
wir woll'n Dir was dranhängen.

Ach Franz, ach Franz, ach Joseflein,
Dein Knüppel ist zu klein,
kein Orden bleibt dranhängen.
Nimm das Gewehr,
die Chance bleibt.
Wir werden immer bei dir sein,
wir wollen Dich nicht drängen.
Doch bis Dein Knüppel wieder wächst,
laß uns die Rächer sein.
Du kannst uns ruhig schicken,
dass wir nun bald an Deiner Statt
die deutschen Landen ficken.

Das vorwiegend jugendliche Publikum zeigte sich enthusiastisch. Die begriffsstutzigen Münchener Bürger, die sich an den Rändern des proppevollen Jakobsplatzes drängten, müssen die Ursache dafür gewesen sein, dass kurz vor Schluss ein Veranstalter auf die Bühne kam und verkündete, unsere Darbietung sei verboten. Um dem Nachdruck zu verleihen, hatte sich hinter dem Zelt bereits eine Hundertschaft Polizei versammelt. Diese Info löste Erheiterung aus und wir riefen dazu auf, am nächsten Tag massenhaft zu kommen, um die Freiheit der Kunst am Beispiel des Rock'n'Roll zu verteidigen. Beim zweiten Auftritt hatten wir nicht damit gerechnet, dass die Bullerei sich bereits hinter dem Zelt in einer Hundertschaft formiert hatte. Auf dem Platz hatten die Veranstalter einen Holzturm errichtet, eine Art Jägerhochstand, von dem aus das Geschehen kommentiert, sowie das Publikum zum Schutz der Bühne gelenkt werden konnte. Das Ganze, schon im Vorfeld zur Kunst erklärt, hatte allerdings keinen Einfluss auf das kommende Geschehen. Der Polizeichef meldete sich bei mir, teilte das Verbot mit und kündigte bei Nichteinhaltung die sofortige Räumung und Festnahme an. Eine knisternde Spannung und ungewöhnliche Ruhe lag über dem Platz. Dass wir spielen würden, war Ehrensache, aber ein bisschen Schiss hatten wir schon. Der war sofort weg, als wir unter der Fahne mit dem »Franz-Josef – Die Sau«-Geschrei begannen. Gleichzeitig waren Megaphonkommentare vom Turm zu hören, die informierten, dass die Bullen im Anmarsch waren. Beim Auftauchen unter der Fahne hatten sie sich bereits durch die dicht zusammengedrängte Menge bis auf zwanzig, dreißig Meter der Bühne genähert. Die Leute drängten sich so eng zusammen, dass es uns noch gelang, den Anfangssong »Knüppel aus dem Sack« fast bis zum Ende durchzuspielen.

Ein kleines Hindernis waren auch die Kunstköche, die eine Menge ihrer farbenfrohen Erzeugnisse auf die Beamten regnen ließen. Als der erste von ihnen seinen Kopf über den Bühnenrand streckte, dessen Mütze ein Stück fluoreszierender Pfannkuchen schmückte, war der Ernst der Lage noch nicht voll erkennbar. Erst nach Ziehung der Stromstecker und dem Versuch der Festnahme, der wir uns durch Sprünge ins Publikum entzogen, stellte sich Ärger ein. Die gesamte Anlage wurde beschlagnahmt. Die Befürchtung von Schwierigkeiten, die Anlage wieder zu bekommen, erwies sich als unnötig. Sie wurde uns nach schriftlicher Empfangsbestätigung ohne weiteres am nächsten Tag wieder ausgehändigt. Auch eine Anzeige oder ein erwarteter Strafbefehl erfolgten nicht. Das waren noch die ruhigen Zeiten mit Franz-Josef. Später war ein ganzes Anwaltsbüro für ihn damit beschäftigt, diverse Beleidigungsklagen von und gegen ihn zu bearbeiten.

Die letzte Nacht in München verbrachten wir bei einem Freak, der den ersten Großversand von Postern gegründet hatte. Diese aufzuhängen kam gerade groß in Mode. Motive wie Zappa auf dem Klo, das rote Plakat vom Sozialistischen Deutschen Studentenbund mit den Köpfen von Marx, Engels, Lenin und dem von der Bundesbahn geklauten Spruch »Alle reden vom Wetter – wir nicht«, Che und Mao, aber auch Segelschiffe und eine aus dem Wasser steigende nackte Frau, an deren Körper Wasser herunterlief, sollte geilen Chauvis als Wandschmuck angeboten werden. Das Angebot, die Plakate in Karlsruhe auf Kommission zu verdealen, regte die Phantasie an. Hesse kam die Idee, einen der vielen kleinen, leerstehenden Läden im Abrissviertel zu mieten. Andere Angebote wie Rauchwaren mit Zubehör, selbstgemachter Schmuck und sonstiges Zeug aus der Szene waren ebenfalls denkbar. Ein kleines Zubrot konnten wir bei unseren Sozialgagen gut gebrauchen. Jede freie Stelle im Bus mit Plakatrollen vollgestopft, traten wir die Rückfahrt an. Innerhalb einer Woche hatten wir einen Laden mit großem Schaufenster gemietet. Ausgestattet mit einem gebastelten Drahtarmständer konnten wir die Poster mit Wäscheklammern daran befestigen. Die Einrichtung besorgten wir vom Sperrmüll. Da konnte man schöne, alte, qualitativ gute Möbel finden, die von manchen Leuten weggeschmissen wurden, um sich dafür von der Werbung angepriesenen, modernen Pressspanschrott zuzulegen. Zwei schöne, rote Sofas mit samtigem Bezug, ein großer Kleiderschrank, Tisch und Stühle und ein kleiner Elektroherd, um Kunden Kaffee anbieten zu können, waren schnell herbeigeschafft.

Zur Eröffnung vom »Popo«, so der für einprägsam gehaltene Name, planten wir ein Fest. Lyppo druckte Flugblätter, die wir in den Szenekneipen und auch in der TH-Mensa verteilten. Die Sorge, fast nur mit Postern einen Laden zu schmeißen, erwies sich als unnötig. Wir waren noch am Wändestreichen und Einrichten, da stellten sich bereits Leute ein, die irgendwas zu verkaufen hatten. Getöpfertes Geschirr, Schmuck, Wasserpfeifen und anderes Rauschgeschirr, sowie ein Typ mit ganz tollen Kleidern, Westen und Mänteln aus Indien, bei denen wir uns gleich vorstellen konnten, dass die bei den Hippies der Renner würden. Schöner-Wohnen-Kerzen von Ludo waren selbstverständlich auch dabei. Da wir sämtliche Waren auf Kommission hatten, war eine Insolvenz ausgeschlossen. Schon bei der Eröffnung zeigte sich, angeregt durch reichlich Sekt, Wein und in einem Hinterzimmer inhalierten Rauch, starkes Kaufinteresse. Die folgende Händlerphase möchte ich nicht missen, wenn auch nur als Erfahrung dessen, was nicht mein Ding ist. Erstmal setzte der Drang, Geld zu verdienen, einige Phantasien frei. Die Plakate breiteten wir auch während der Mittagszeit vor der Mensa aus. Bald mussten wir in München nachbestellen. Renner waren Zappa auf dem Klo, »Alle reden vom Wetter – wir nicht«, Che, aber auch jene nackte Frau. Die wurde fast ausschließlich von japanischen Studenten nachgefragt. Nun zeigte sich zwar ihr Interesse an der nackten Frau, aber die Prüfung, die sie ihr angedeihen ließen, spottet jeder Beschreibung. Das Plakat wurde zentimeterweise überprüft, ob nicht ein kleiner Knick, ein Fliegenschiss oder irgendwelche anderen Unreinlichkeiten die Perfektion störten. War das der Fall, wurde es nicht genommen. Auch mit einem Preisnachlass nicht. Manchmal kauften sie auch Segelschiffe unter gleichen Voraussetzungen. Niemals andere Poster. So lernten wir Leute kennen. Wir gingen auch auf Flohmärkte und erfreuten uns einer ansehnlichen Gewinnsteigerung. Ein ausgeflippter Einfall trug dazu besonders bei. Ludo hatte bei seiner Produktion immer eine Menge Abfall an Paraffinspänen, die für ihn nicht mehr verwertbar waren. Diese Späne konnten wir nutzen.

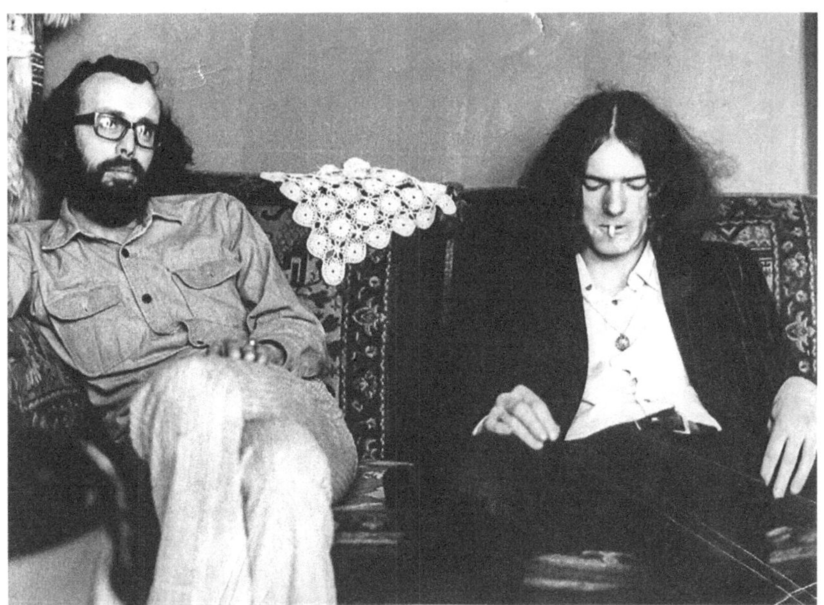

Zusammen mit Werner Hess im Popo, ca. 1972

Wer von uns die Idee hatte, überall in den Abbruchhäusern die kugelförmigen Flurlampen abzuschrauben, sie mit dem flüssigen Paraffin vollzugießen und so kugelrunde Kerzen herzustellen, ist mir entfallen. Der Produktion waren Grenzen gesetzt. Unendlich viele Flure gab es nicht. Wir konnten die Lampen leider nur einmal verwenden. Jedes Mal nach Erhärtung des Wachses mussten sie vorsichtig zerschlagen werden, um die Kerze herauszuholen. Die Produktion dürfte immerhin so um die fünfzig, sechzig Kerzen ergeben haben. Da Kugeln nicht stehen können, brauchten wir einen Ständer und der Einfall dazu kam von mir. In den alten Häusern standen überall noch Bettgestelle herum. Diese Teile hatten unter den Matratzen noch einen Holzrahmen, in den miteinander verbundene, aus dickem Stahldraht gefertigte, Spiralen eingebaut waren. Diese holten wir mit entsprechendem Werkzeug heraus. Mit Silberfarbe angestrichen, stellten sie einen attraktiven Kerzenständer dar. Beim nächsten Flohmarkt verkauften wir sie allesamt, außerdem eine Schachtel Naziansteckadeln vom »Reichsbund deutscher Kleingärtner«. Die waren uns bei der Lampensuche irgendwo auf einem Dachboden in die Hände gefallen. Man muss sich wundern, auf was für Gipfeln der Spießigkeit sich Mörderbanden bewegen können. Amis waren besonders scharf auf die Teile. Nach kurzer Diskussion über die Moral von der Geschichte einigten wir uns darauf, nichts für die Blödheit der Leute zu können und gaben sie zum Verkauf frei.

Dieser Ausflug in den Kommerz fiel zusammen mit der Kündigung unserer Kommunewohnung. Das führte zu ersten Gedanken über alternative Lebensweisen auf dem Land mit Selbstversorgung, Abschaffung des Privateigentums, freier Sexualität, mit sinnvoller Arbeit ohne Chef usw., um einige Schlaglichter zu zünden. Das war unterschwellig, trotz meiner extremen Spießerphobie und Harmoniesucht, der Wunsch nach einer intakten Familie, mit der ich naturverbunden in Wald und Feld ein sinnvolles Leben verbringen könnte. Ich betrachtete die Beziehung des Menschen zur Natur als schlimme Fehlentwicklung mit teilweise kriegsähnlichen Auswirkungen.

Vorerst brauchten wir einen neuen Unterschlupf. Hesse fand den im Hinterzimmer des Ladens. Harald wieder zu Hause, wo Salat schon angekommen war, und ich in einer Studenten-WG von K-Grüpplern. Die waren inzwischen aus dem Boden geschossen wie Pilze nach dem Herbstregen. In der Kronenhalle, von der aus sich die angefreakte Hippie- und politisierte Jugend ins erweiterte Nachtleben, gen Silberglöckchen, Walfisch und die Tangente, aufmachte, hatten wir bis dahin nur am Rande mitbekommen, dass in einem sonst wenig genutzten Saal studentische Kommunisten bei Schulungsabenden ihr Wesen oder Unwesen trieben. Die Kronenhalle, bekannt für große und billige Essensportionen, brachte uns unvermeidlich mit an Nebentischen geführten ideologischen Erörterungen, Diskussionen und Streitereien in Berührung. Wir verstanden nur Bahnhof. Immerhin entschloss ich mich, mal ein entsprechendes Buch – »Das Kapital« von Karl Marx – zu lesen. Mehr als zwanzig Seiten schaffte ich nicht. Mein Ego war zu sehr auf Lustgewinn gepolt. Allgemein gesehen ist die Auseinandersetzung damit bestimmt wichtig, aber unbegabt für Philosophie waren mir Geschichten aus dem gelebten Leben einfach näher. An theoretischen Werken kann ich mich nur an zwei Bücher erinnern. »Angst im Kapitialismus« von Dieter Duhm und von Wilhelm Reich »Die sexuelle Revolution« (siehe die »Geschichte vom Fritzle«). Mehrere Ereignisse mit Gruppen festigten den Eindruck, dass sie nicht gerade mit Humor gesegnet waren.

Meine KPD/Marxisten-Leninisten gehörten noch zu den Ausnahmen. Sie hatten einem Chaoten Unterschlupf gewährt. Außerdem erhielt ihre hundertprozentige Gewissheit bald nach meinem Einzug einen schweren Schlag. Es standen Wahlen an und sie hatten sich angemeldet. Der Ausgang zeigte, dass außer den fünf Selbstwahlstimmen keine weiteren gefunden wurden. Das hatte nur positive Auswirkungen. Die vorher nervende Überzeugung von der absoluten Richtigkeit der eigenen Meinung hatte einen ruppigen Denkanstoß verpasst bekommen. Ein weiterer Eindruck absurder Lächerlichkeit zeigte sich bei einer Demo des KBW (Kommunistischer Bund Westdeutschland). Deren Vorbild waren Mao und die Volksrepublik China. Hesse machte gerade auf der Kaiserstraße Straßenmusik, ich stand dabei, als sich – schon aus der Ferne durch Sprechchöre hörbar – eine etwa zwanzigköpfige Gruppe näherte. Ausgerüstet mit einer Menge mit Parolen beschrifteter Transparente, setzte der durch ein Megaphon unterstützte Sprechchor dem Ganzen einen Höhepunkt. Der Chor lautete: »Der Mehrwert wird abgeschafft«. Darauf reagierten die Leute am Straßenrand mit einem Unverständnis, das sich deutlich im leeren Ausdruck ihrer Augen widerspiegelte. Was der Satz genau bedeutet, weiß ich bis heute nicht. Das hat wohl etwas mit der Ausbeutung der Arbeiter zu tun. Diese Aktion ist ein gutes Beispiel dafür, wie weit die K-Grüppler von ihrer Zielgruppe, den revolutionären Arbeitermassen, entfernt waren. Sie hatten nicht bemerkt, dass die Arbeiterklasse sich inzwischen von Nazimassen in konsumgetriebene, spießige Kleinbürger verwandelt hatte.

Auch unser Klamottenlieferant konfrontierte uns mit einer kommunistischen Spezies. Bei näherem Kennenlernen stellte sich heraus, dass er auf den Spitznamen »Stalin-Jörg« hörte. Besonders rigoros vertrat er eine Form des albanischen Kommunismus, über den er einem ständig ätzend langweilige Gespräche aufdrücken wollte. Wir machten ihm schon klar, dass wir nur an den Klamotten interessiert waren und dies auch nicht mehr, nachdem ein anderer Indienfahrer uns berichtete, er habe ihn in Kalkutta aus dem besten Hotel kommen sehen. Es stellte sich heraus, dass Stalin-Jörg während seines Aufenthalts dort inmitten von Armut ein Luxusleben führte. Das war dann doch ein bisschen zu viel der Heuchelei. Die Geschäftsbeziehung wurde beendet. Nach diesen Erfahrungen konnte »Die Diktatur des Proletariats« wie auch alle anderen Diktaturen keinerlei Reiz auf uns ausüben. Nur bei Harald kamen manchmal in Gesprächen befremdende Klassenkampf-Argumente zu Ausdruck, denen wir noch keine Bedeutung beimaßen. Sie bewegten sich im Rahmen des Dürrenmatt-Ausspruchs: »Ideologie ist Ordnung auf Kosten des Weiterdenkens«. Unsere Vorstellungen waren auf andere Weise ebenso utopisch und abgehoben. In Stämmen ohne Herrschaft in enger Verbindung mit der Natur zu leben, bei nicht-entfremdeter Arbeit, freier Sexualität, ohne Manipulation von künstlichen Bedürfnissen der Konsumgesellschaft, mit der Sicherheit echter Beziehungen von Liebe und Freundschaft, sollte unsere Alternative sein. Das war eine Möglichkeit der Realitätsveränderung, die sich schon damals in unseren Gedanken spiegelte und festsetzte, nicht weniger entfernt von der Verwirklichung. Abwarten, es gibt noch einiges zu erzählen.

Unsere unternehmerische Tätigkeit endete nach einem Jahr mit der Kündigung der Räumlichkeiten. Wir hätten jederzeit einen neuen Laden aufmachen können, hatten aber gemerkt, dass das Händlerdasein für uns seine Grenzen hatte. Gewinnmaximierung als Lebensinhalt konnte keine Leidenschaft antreiben, hatte uns aber immerhin zu einer neuen Anlage verholfen. Von der weltanschaulichen Geisteshaltung jener Phase gibt der Song »Wir nehmen Euch alles weg« das beste Bild.

WIR NEHMEN EUCH ALLES WEG

Was machst du mit meiner Bildzeitung
hier – sie schreibt so, dass ich es kapier
was macht du mit meiner Beate Uhse Puppe
ich kann sie benutzen
Wo willst Du mit meinem Fernseher hin,
er ist doch alles was ich bin. Ich brauch das doch alles,
seht das doch ein
Mami las mich in meinen Atombunker rein.

Wir nehmen Euch alles weg
euren ganzen Dreck
Wir nehmen Euch alles weg
euren ganzen Dreck
Klötze aus Beton, Waffen aus Stahl
ersticken unser Leben
sind Todesmaterial

Wir sind ein Teil der Natur
ein Stamm von Vielen nur
uns ist das Leben nicht egal
wir wollen alles, verdammt nochmal

Nimm deine dreckigen Pfoten weg
von meinem HAPPYMAC

Das ist nicht mein BAC, es ist unser BAC
BAC – BAC – BAC

(Bac war damals das in der Werbung meistgenannte Deodorant)

Ich brauch das doch alles
hab noch mehr bestellt für mein Geld, Geld
He, was machst du da mit meinem Auto
ich hab's grad frisch gewaschen
mein Auto, Auto, Auto.

Wir nehmen Euch alles weg
Euren ganzen Dreck
Ein Leben in Freiheit, ohne Grenzen, ohne Zäune
mit viel Wildnis, viel Sonne und Wind
Mit Menschen die in Stämmen leben
weil sie noch spür'n wo ihre Wurzeln sind.

Die ham mich in der Hand
sagt mir mein Verstand
ich weiß was ich will
sagt mir mein Gefühl

So wie der kahle Baum im Frühling
zum Leben erwacht
plötzlich da steht und blüht in voller Pracht
so sollten wir uns wandeln und aufstehn
die Kälte um uns vertreiben
und den Weg zur Sonne gehen
der mit all unsrer Kraft unsern Kindern
eine menschlichere Zukunft schafft

Wir nehmen Euch alles weg
Euren ganzen Dreck
Klötze aus Beton, Waffen aus Stahl
ersticken unser Leben – sind Todesmaterial

Wir sind ein Teil der Natur
ein Stamm von vielen nur
uns ist das Leben nicht egal
wir wollen alles, verdammt nochmal

Sind wir noch normal oder zu brutal?
Sind wir zu radikal, scheißegal, scheißegal

Wir sind ein Teil der Natur
ein Stamm von vielen nur
uns ist das Leben nicht egal
wir wollen alles, verdammt nochmal

15

Nach dem Ende unseres Männerwohnheims – wir hatten zwar alle Freundinnen, aber merkwürdigerweise war bei keiner von ihnen jemals Interesse aufgekommen, einzuziehen – zeigten sich auf unserem Weg zur Veränderung der Gesellschaft einige Stolpersteine. Ein neuer Proberaum war schnell gefunden, aber irgendwie war jetzt der Wurm drin, das Leben nicht immer nur Zuckerschlecken. Es wurde mehr diskutiert, als Musik gemacht. Inzwischen fast schon mit einem Markennamen wie »Enfant terrible des deutschen Rock« versehen, zogen wir natürlich ein Publikum an, das diese Bezeichnung klasse fand, aber oft auch solches, das es scheiße fand. Das führte zu – was ja ursprünglich unser Anspruch gewesen war – Auseinandersetzungen und damit Bewusstseinsveränderung. Und auch zur Erkenntnis, dass eine Bewusstseinsveränderung ein langer Prozess ist und unsere Botschaft nicht immer ein schlummerndes Aha-Erlebnis erwecken oder eine Verstärkung von auf gleicher Welle Schwimmenden bewirken kann. Erst die nächste Checkpoint-Charlie-Generation begriff das und konnte alles etwas entspannter sehen. Jetzt aber kamen manchmal ermüdende Diskussionen über die politische Funktion unserer Musik auf. Als selbsternannte Schocktherapeuten konnten wir nicht nur die positiven Auswirkungen unserer Behandlungen erleben, sondern waren nicht selten Anfeindungen ausgesetzt. Das ging bis zu Bedrohungen und Schlägereien. Harald erwischte es bei einem Gig im Weingarten, als rechte Dumpfbacken die Bühne stürmten und ihm ein blaues Auge verpassten. Mithilfe von ein paar Fans hatten wir das schnell wieder im Griff.

Wie alle wollten wir in erster Linie geliebt werden und konnten uns nicht eingestehen, dass diese Anfeindungen nur schwer auszuhalten waren. Der Gedanke, dass es genauso deutliche und dabei weniger schockierende Aussagen geben könnte, stand fast unter einem Tabu. Es wäre dem Spaß an der Freude sehr zuträglich gewesen. Unsere Treffen, nur zu verabredeten Zeiten im Probekeller, waren der Spontanität auch nicht gerade förderlich. Mein Job, die Gigs auszumachen, wurde auch vernachlässigt, da ich frisch verliebt war und keinen Bock auf Organisation hatte.

Die Staatsanwaltschaft bei dem Landgericht München II beschuldigt Sie,

am Abend des 8. April 1972 in einer öffentlichen Veranstaltung im Ludwig-Thoma-Haus in Dachau den 1. Bürgermeister der Stadt Dachau, Dr. Lorenz Reitmeier, verächtlich gemacht zu haben. Im Rahmen des Auftritts der Gruppe "Checkpoint-Charlie" äußerten Sie, als die Zuhörer riefen, es seien alle da: "Außer Reitmeier die Sau". Sodann gaben sie Folgendes von sich: "Auch Nixon muß wichsen, dasselbe trifft natürlich auch für diesen Reitmeier zu. Von Reiten kann überhaupt keine Rede mehr sein, denn wenn er wüßte wie schön das ist, dann wäre er wesentlich kommunikativer der alte Sack. Vermutlich hat er einen weißblau gestreifte Weißwurst zwischen den Füßen, wascht ihm die Streifen doch ab, wenn es nicht anders geht mit Gewalt." Fehler: heißt "Beinen"

Strafantrag wegen Beleidung wurde von Dr. Reitmeier am 11. April 1972 gestellt.

* Das war noch in der guten alten Zeit, aber die Zeiten werden teurer: Siehe nächste Seiten →

erfüllt den Tatbestand eines Vergehens der Beleidigung nach 194 StGB.

F. Erletz, Landpolizeistation Dachau-Süd
Rudolf Reimoser, Dachau, Ludwig-Ernst-Straße 21
Holger Eggert, Dachau, Silner Straße 3o

Antrag des Staatsanwalts wird/werden nach den angeführten Vorschriften und nach §§ 407 ff. der Strafprozeßordnung gegen Sie eine

Freiheitsstrafe von

und eine Geldstrafe von 500.-- DM *

festgesetzt. An die Stelle der Geldstrafe tritt im Falle der Uneinbringlichkeit eine

Freiheitsstrafe von 50 Tagen

Außerdem wird Außerdem wird dem Beleidigten die Befugnis zugesprochen, binnen 3 Monaten nach Rechtskraft des Strafbefehls die Verurteilung des Angeklagten in ortsüblicher Weise angeordnet. bekannt zu geben

Einziehung: Wert:

Sie haben die Kosten des Verfahrens zu tragen. Bitte wenden! 3119

Originalschreiben der Staatsanwaltschaft

Eine herausragende Begebenheit aus dieser indifferenten Zeit muss seinen Platz bekommen. Aus Dachau erreichte uns ein Hilferuf des dortigen Jugendzentrums, das geschlossen werden sollte. Wir spielten vor Ort auf einer Solidaritätsveranstaltung. Der Reaktion der Staatsanwaltschaft München auf unseren Auftritt ist nichts hinzuzufügen (siehe Abbildung). Derart sich häufende Strafbefehle und der selbstverständliche Glaube vieler Veranstalter, wir könnten als »linke Gruppe« von Luft und Liebe leben, überforderte langsam unsere Frustrationstoleranz. Eintrittspreise von mehr als fünf DM rückten uns in die Nähe von Großkapitalisten, während für Udo Lindenberg oder die unzähligen angesagten englischen Bands wie Steppenwolf oder Deep Purple ein Vielfaches gezahlt wurde.

Diese misslichen Ereignisse wurden bald darauf noch getoppt. Wir bekamen die Anfrage von einem bekannten kommerziellen Konzertveranstalter zu einer Tour mit Amon Düül, Birth Control und uns. Unter dem Begriff »The Best of German Rock Scene« sollte das ablaufen. Als Pilotprojekt wurden zwei Konzerte in Mannheim und Karlsruhe terminiert. Damals gab es, gerade unter Jugendlichen, eine Bewegung, die Konzerte der großen englischen Bands zu stürmen. Das erschien uns wegen der unverschämt hohen Eintrittspreise berechtigt. Wir selbst hatten eine Zeit lang mit gefälschten Eintrittskarten sämtliche Karlsruher Konzerte dieser Gruppen besucht. Außerdem brachte uns der Verkauf der von Lyppo nachgedruckten Karten einen schönen Nebenverdienst. Irgendwann kam das raus und wurde durch schwerer zu fälschende Karten verhindert. Auch die Erstürmungen wurden durch Ordner und Absperrgitter abgestellt. Die Vorstellung, dass auch wir, als deutscher Underground und bei wirklich sozialen Eintrittspreisen, von asozialem Massenverhalten getroffen werden könnten, kam uns nicht in den Sinn. Genau das passierte aber beim ersten Gig und ich musste mich schon wieder mit grundsätzlicher Kapitalismuskritik beschäftigen, die meinen Genuss, sich von der Faulheit treiben zu lassen, zu oft unterbrochen hat. Beim zweiten Auftritt in Karlsruhe vor der Oststadthalle verteilten wir dieses Flugblatt, das keinen größeren Effekt mehr hatte (siehe gegenüberliegende Seite). Dem Veranstalter hatten die unvorhergesehenen Schwierigkeiten und ein unterdurchschnittlicher Zulauf gereicht, sein Vorhaben, eine Tour mit den deutschen Gruppen, im Sande verlaufen zu lassen.

Das trug alles nicht zur Steigerung der Motivation bei. Es schlaffte ab. Salat ging wieder in die Musikhochschule und studierte Komposition. Er war nicht ausgestiegen, aber bei uns allen litt der individuelle Kompass an diffusen Störungen. Die Aktivitäten lagen mehrere Monate brach. Die uns dennoch hin und wieder erreichenden Anfragen wurden trotzdem bedient. Unsere Freude am Improvisieren und Ausprobieren entwickelte sich in eine Richtung, die jeder verantwortlichen Kontrolle spottet. Es entwickelte sich ein unangenehmes, überhebliches »Leck

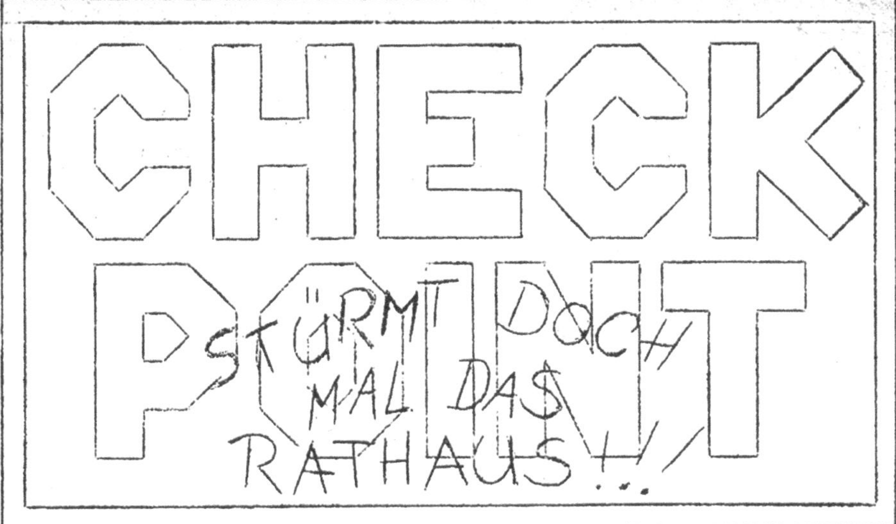

ZUR SITUATION DER POP-VERANSTALTUNGEN

In der hoffnung, durch Popfestivals der "beschissenen bürgerlichen gesellschaft entrinnen zu können, fliehen tausende von jugendlichen in ein ghetto, in dem sie popmusik nur unter polizeibelagerung, nur unter einsatz von ordnungskräften, nur für viel geld genießen können. Die vermutung, daß das bedürfnis nach problemloser freizeitgestaltung zunimmt, scheint sich, gemessen an der besucherzahlen, immer mehr zu bestätigen. Im letzten jahr haben in deutschland etwa 500 000 jugendliche popfeste besucht. Unter diesen lauten befinden sich nicht nur "kiffer" und "ausgeflippte", sondern auch schüler, lehrlinge, studenten, die vorgeben, diese gesellschaft verändern zu wollen. Die popmusik ist eine massenfaszination, deren ursachen einer untersuchung bedürfen. Folgende gründe für die flucht ins ghetto wären zu nennen:

1. Bedürfnis nach kommunikation.
2. Frustration durch schule u. elternhaus.
3. Frustration durch das leben im sog. "underground".
4. Frustration durch die politische arbeit.

Daß es keine politischen ziele sind, die die leute zusammenführen, wird daraus klar, daß trotz größter unannehmlichkeiten und ausnutzung, trotz krimineller eintrittsgelder auf den festivals keine massensolidarisierung eingetreten ist, die veranstalter, behörden oder gruppen ernsthaft bedrängt hätte. Es liegt im wesen der kapitalistischen ausbeutung, aus jedem menschlichen bedürfnis(in diesem fall musik), soviel geld wie möglich rauszuschlagen. Das schlimme an der ganzen popscheiße ist es, daß die meisten musikgruppen selber sich total den gesetzen der kapitalistischen musikindustrie angepaßt haben!

Daß es ihnen scheißegal ist, wieviel eintrittsgeld ihr bezahlen könnt, daß ihre absicht, möglichst viel geld rauszuschlagen, sich nicht von der der großen manager unterscheidet.
Entsprechend angepaßt an eure konsumgewohnheiten ist auch die musik, und es gibt sogarchen typ, der dadurch, daß er immer wieder im radio und den ganzen medien popmusik zu hören bekam, von roy black zur sog. progressiven musik überwechselte, ohnedaß sich sein bewußtsein nur im geringsten verändert hat. Diese musiker, die in den anfängen dieser

Flugblatt zum Auftritt in Karlsruhe, 1972

musik die botschaft von der freiheit, der neuen art, zu fühlen und zu denken, vermitteln wollten, sind zu den propheten des kapitalismus geworden. Sie erfüllen heute dieselbe funktion wie alle bürgerlichen kulturellen Institutionen, nämlich verdrängung: ablenkung von der beschissenen situation im täglichen leben (arbeitsplatz, schule, elternhaus).

Eine musik wie z.b. rockmusik, die aggressiv ist, ist von den musikern eine erwiderung auf gesellschaftliche verhältnisse. Wenn dies aber nur ein emotioneller brei bleibt, wenn die musiker nicht durch texte, flugblätter oder ähnliches zusätzlich informationen geben, ja wenn diese musik in menschenunwürdigster weise zur ausnützung der bedürfnisse der zuhörer benutzt wird, dann ist diese musik unecht, reaktionär und anti- emanzipatorisch.

Wir leben in einem kapitalistischen system. Es ist aber unsere auffassung, daß, wenn gruppen und zuschauer sich solidarisieren würden, es möglich wäre, bessere und billigere konzerte zu machen. Aber die gruppen verkaufen sich bereitwillig an manager, deren beruf es ist, mit irgendeiner ware, seien es bomben oder musik, märkte zu erschließen. und die juegendlichen lassen sich ebenso bereitwillig von ihren "stars" verschaukeln, denn es ist ein fauler alibi der gruppen, die gesamte verantwortung auf die veranstalter abzuschieben, um dann in die scheinbar wertfreie welt der popmusik zu entschweben. Der Zweifel ist berechtigt, ob solche gruppen überhaupt interesse an kommunikation mit dem publikum haben, ob sie nicht solche ansprüche längst aufgegeben haben und sich damit begnügen, gewinnbringend vor dem publikum zu onanieren.
Wenn ihr mal wieder gestürmt habt, dann fragt auch die gruppen, was sie dazu meinen, anstatt zu klatschen, sobald sie auf der bühne erscheinen.

ZU UNSERER SITUATION IN DIESEM KONZERT:

Viele leute haben uns vorgeworfen, daß wir überhaupt auf dieser veranstaltung spielen. Dazu möchten wir folgendes sagen:

1. Unser auftritt verschafft uns erstmal die möglichkeit, auch durch dieses flugblatt, zu dem, was hier geschieht, stellung zu nehmen, und zwar wirkungsvoller als dies durch fernbleiben geschehen könnte.

2. Wir bekommen für diese veranstaltung 5oo.- DM. Dies ist das allermindeste, was wir benötigen, um überhaupt arbeiten zu können.

CHECKPOINT CHARLIE

mich am Arsch«-Verhältnis dem Publikum gegenüber, indem wir es aus Frustration heraus zu Konsumdeppen erklärten und unsere Freude darin fanden, uns über sie lustig zu machen.

Der Proberaum lag brach, trotzdem sahen wir uns fast täglich im Karlsruher Nachtleben. Außer Schnibben, der sich inzwischen am Konsum aller zu erreichenden Drogen ergötzte. In diesen Zuständen pinkelte er überall unter die Tische, was ihm Lokalverbot in sämtlichen Kneipen einbrachte. Trotz willenloser Rumhängerei und Unlust hielt Unbenennbares uns davon ab, das Ende der Band auch nur anzudenken. Aus diesem Zustand heraus entwickelten sich die merkwürdigsten Konstellationen. Zeitweise war es Salat, dem gerade etwas in seinem Studium wichtiger war, dann traten Hessewerner und ich mit Musikern einer Band namens Fuckingham Palace auf, deren Name viel versprach, die aber schon nach dem zweiten Gig die Fliege machten. Das war in einem Club in Bielefeld, wo es wieder mal zu Tätlichkeiten kam. Einem der Jungs wurden Instrument und Verstärker beschädigt, was ihn zum Nervenbündel machte, und auch für die anderen Fuckingham-Mitglieder wäre angstfrei die falsche Vokabel gewesen. Für uns waren sie Hosenscheißer und damit falsch bei Checkpoint Charlie. Ein anderes Mal gab ich mich aus einer Verunsicherung heraus, wo es lang gehen könnte, beim Festival auf der Burg Herzberg als verhindert aus. Auch Harald hatte einen Grund für seine Abwesenheit. So blieben nur Salat und Hesse, die dort auf Texte aus dem Buch »Acid«, Underground-Drogenpoesie aus der Post-Beat Ära, improvisierten. Dafür hatten sie sich die Texte ausgesucht, die völlig unbekannte Bereiche sexueller Perversion behandelten. Wie man hörte, soll es nicht besonders prickelnd gewesen sein, erfüllte aber immerhin den lange erhobenen Anspruch von Checkpoint Charlie, der Erwartungshaltung des Publikums Brüche zu verabreichen.

Mein Versuch, Schnibben, der schon länger aus unserem Gesichtsfeld verschwunden war, wieder miteinzubeziehen, endete im Desaster. Nach mehrmaligem Klingeln öffnete ein verwahrloster, irre blickender Schnibben, von Gestank begleitet, die Wohnungstür. Ohne Begrüßung seinerseits, ging ich an ihm vorbei ins Wohnzimmer und erblickte auf einem niedrigen Tisch eine vollgeschissene Kaffeekanne. Ich umrundete ohne Worte zu finden den Tisch und erreichte mit diesem kreisförmigen Gang in Sekundenschnelle wieder die Tür. Das war unsere letzte, traurige, dramatische Begegnung.

Bei Harald taten sich neue Perspektiven der Zukunftsgestaltung auf. Ein Freund von ihm, Sigi, hatte sich angeboten, uns zu managen. Dieser war Diplomvolkswirt, schaffte bei der KLV (Karlsruher Lebensversicherung) und war von Haus aus finanziell gut aufgestellt. Als Mitglied der FDP, die damals noch linksliberal war, nicht vergleichbar mit den heutigen kapitalistischen Wachstumsfanatikern, war er politisch nicht unbedingt unsere Wellenlänge, aber sympathisch. Er versprach uns, die gesamte Organisation zu übernehmen und uns für den Übergang bis zu einem neuen Programm mit Geld zu unterstützen. Er übernahm sogar die Suche nach zwei neuen Musikern, einem Schlagzeuger und einem zusätzlichen Gitarristen. Da kamen dann Skip aus München, der vorher bei einer Unterhaltungsband gespielt hatte, und der Gitarrist einer schwäbischen Gruppe namens Erna Schmidt, die sich gerade aufgelöst hatte. Die beiden bekamen von ihm für zwei Monate Gehalt. In dieser Zeit sollte unser neues Programm entstehen. Er wollte uns auf einen problemloser zu konsumierenden Erfolgskurs schicken. Dazu sollten auch eine Lichtanlage, Dia- und Filmprojektoren beitragen. Inhaltlich sollte es eine bunte Mischung verhaltener Protestsongs über Ausbeutung und Unterdrückung in Erziehung, Elternhaus, Betrieb, Freizeit und Bundeswehr sein, gemischt mit eingängigen, tanzbaren Rock'n'Roll-Nummern. Falls jemanden von uns dabei ein unangenehmes Bauchgefühl überkam, wurde das verdrängt. Nur Salat äußerte manchmal einen gewissen Missmut mit Ausdrücken wie Pipifax oder Schleimscheiße.

Die reibungslose Organisation und vielleicht der heimliche Wunsch nach einem ungebrochenen Leben als Popstar versprachen seine Reize. In einem Artikel der Musikzeitschrift »Sounds« verlieh ich dem eine konstruierte Ratio-Erklärung: Wenn Checkpoint Charlie früher manchmal schnell offene Hosen hatten, so haben sie heute offene Ohren. Die Gruppe hat aus ihren Erfahrungen gelernt und ihre Konzeption umgestaltet. Wir sind keinesfalls politisch abstinent geworden, aber wir verzichten teilweise auf die bewusste Provokation der Zuhörer. Dieses Provozieren hat in der Vergangenheit oft eine feindselige Atmosphäre zwischen den Hörern und uns geschaffen, eine Barriere, von der politische Information nicht selten gestoppt wurde. Wenn schon Aggression, dann auch die Ursachen solcher Aggression differenzierter aufzeigen. Wir wollen Denkvorgänge antippen und Leute durch Identifikation wieder zur Aktion bringen. Wenn das bei einigen läuft, sind wir schon froh.

Oh, wie brav für Leute wie wir, deren Wahlspruch lautet »Wir wollen alles«. Dem entgegen verliefen die Proben auf eine stockige, wenig flüssige oder spannende Weise. Das war ungewohnt und hätte bei Reflektionsfähigkeit eine Warnung sein können. Sonst waren die Proben immer verbunden mit gegenseitigen Überraschungen an komischen, unerwarteten und improvisierten Ereignissen. Unserem Manager gefiel das Programm aber sehr gut. Meine leisen Zweifel an Dramaturgie und Spannung der ganzen Geschichte wurden durch die Hoffnung auf ein ordentliches »Sex, Drugs und Rock'n'Roll«-Leben verdrängt. Gleich die ersten Auftritte fühlten sich jedoch eher an wie ein Bad in lauwarmer Katzenpisse. Das wirkte auf mich nicht wie die Geburt eines neuen Programms, sondern wie das Absterben des Alten. Auch die perfekte Licht- und Diashow und gute Musiker konnten den Mangel an Authentizität nicht ausgleichen, was sich natürlich beim Publikum bemerkbar machte, das uns dementsprechend mit eher mittelprächtigem Beifall bedachte. Unsere DNA war eben in der Radikalität verankert und verpuffte, wenn sie sich in gutgemeinter Kritik verlor. Unsere Musik und Texte ernährten sich von der Energie des Zorns auf gesellschaftliche Missstände und dem noch ungetrübten Glauben der Jugend, die Welt aus den Angeln heben zu können. Dieser Versuch, sich irgendwie an ein Zielpublikum anpassen zu wollen, ohne von der Wirksamkeit wirklich überzeugt zu sein, war zum Scheitern verurteilt. Selbst Schlagersänger müssen hundertprozentig auf ihr Gesülze abfahren, wenn sie damit Erfolg haben wollen. Sonst könnte jeder, der einigermaßen singen kann, Hits machen und die große Kohle scheffeln.

Nach ein paar weiteren Gigs auf ähnlichem Niveau war Ende Gelände. Die ganze künstliche Konstruktion fiel in sich zusammen. Die anorganisch aufgepfropften Musiker verschwanden, als wären sie nie da gewesen. Dieser Versuch, sich aus kommerziellen Gründen ein schöneres Leben zu verschaffen, war auf ganzer Linie gescheitert und damit hatte sich ebenfalls der spezielle Checkpoint-Charlie-Spirit verflüchtigt. Ein dickes Ausrufezeichen dahinter setzte noch ein Erlebnis unseres Managers Siegfried. Der hatte auf einer Geschäftsfahrt einen freakigen Tramper mitgenommen, mit dem er politisierte und seine FDP-lastigen Anschauungen verbreitete. Da es schon spät war, ließ er ihn bei sich übernachten, sorgte sogar gastfreundlich für Speis und Trank. Am nächsten Morgen verließ er die Wohnung auf dem Weg zur Arbeit mit der Ansage, der Typ könne noch frühstücken und möge beim Weggehen die Tür einfach ins Schloss fallen lassen. So weit so gut. Als er abends heimkam, hatte der Gast auf dem Küchentisch seine Notdurft verrichtet. Daneben lag ein Blatt Papier mit der Aufschrift: »So sollte es euch liberalen Scheißern immer ergehen«. Bei aller menschfeindlichen Schizokomik fanden selbst wir das too much.

Da hier von Scheiße die Rede ist, komme ich nicht umhin, über eine andere Begebenheit zu berichten, die sich etwa zeitgleich abspielte. Noch nie hatte ich von sowas gehört oder gelesen und fühlte mich der Menschsein Bewusstheit verpflichtet, Zeugnis darüber abzugeben, welche Wege die menschliche Sexualität betreten kann. Schon weil niemand darüber spricht, muss es gesagt werden. Nach der Aufgabe des Popo-Ladens, hatte Hesse eine Bude im Rotlicht-Bezirk gefunden, der direkt an das Abrissviertel grenzte. Dadurch ergaben sich zahlreiche Kontakte zu den dort lebenden »Liebesdienerinnen«, von denen ihm manchmal die unglaublichsten Geschichten aus ihrem Arbeitsalltag mitgeteilt wurden. Nur diese eine davon soll hier beispielhaft für eine unglaubliche Realität geschildert werden. Eine Tätigkeit bestand darin, sich nackt in eine mit warmem Wasser gefüllte Badewanne zu legen.Währenddessen nahm der Mann ein stark wirkendes Abführmittel ein, um sich dann orgiastisch in das Badewasser zu entleeren. Die Gewinnspanne war für sie optimal, es nahm etwa eine halbe Stunde Zeit in Anspruch und brachte dreihundert DM ein – ungefähr das zehnfache des normalen Preises. Jener Mann soll eine bekannte Persönlichkeit des öffentlichen politischen Lebens gewesen sein und ihr angenehmster Kunde.

Weniger angenehm war die mentale Lage für uns als Band. Ziemlich abgefuckt, ohne Antrieb, den Sinn des Lebens weitergehend zu erforschen, schmorte jeder im eigenen Saft. Gefangen in einem dunklen Loch, warteten wir auf den erhellenden kreativen Blitzschlag der Erlösung. Bis dahin ging jeder mehr oder weniger seiner Wege. Mir kam in den Sinn, vielleicht doch wieder den Lebensunterhalt in meinem erlernten Beruf als Schauspieler zu verdienen. Das ist nicht einfach. Von denen laufen viel zu viele durch die Gegend. Für mich als Faulenzer war klar, nur wenn das ohne allzu viel Mühe, also ohne ständiges Bewerben und Vorsprechen zu erreichen sei, käme es infrage. Am Kammertheater wollte ich es wegen meines schrägen Abgangs nicht versuchen. Meine immer vorhandene romantischsentimentale Beziehung zu Heidelberg verlieh mir die Idee, dort nachzuhaken. Am Stadttheater war nichts, aber am Zimmertheater gab es gleich ein Vorsprechtermin, bei dem sofort Interesse an einem festen Engagement aufkam. Ich sollte erst mal in einem Stückvertrag spielen, was sich später als Glücksfall erwies. Das Stück hieß »Bremer Freiheit« von Rainer Werner Fassbinder und beschäftigte sich mit einer authentischen Frauenfigur aus der Hochzeit der Hanse, die sämtliche männliche Mitglieder ihrer Familie, einem reichen Handelshaus, mit Gift umgebracht hatte. Aufgrund der noch vorhandenen Gerichtsprotokolle über die Frau namens Gesche, die auch das Urteil »Tod durch den Strang« dokumentierten, hatte Fassbinder in ihr eine frühe Kämpferin radikaler Emanzipation ausgemacht.

Die Story ist kurz und schmerzhaft. In den Betrieb hineingewachsen, als gute Geschäftsfrau, wurde sie von den Männern in ihrer Profession behindert, die immer wieder Geschäfte in den Sand setzten, was sie dann ausbügeln musste. Vom Arbeiten hielten sie auch nicht viel. Saufen, Völlerei und Aufspielen als Chef war mehr ihr Ding. Versuche von Gesche, offiziell als Firmenführerin anerkannt zu werden, blieben erfolglos. Dies und das ständige Ausbügeln von Fehlern der sie nicht für voll nehmenden Männer, erzeugte einen ständigen Frustrationsstau, der sich in der Killerei Luft verschaffte. Nach der Vergiftung des Vaters wollte der Ehemann das Geschäft übernehmen und erlitt das gleiche Schicksal. Endlich konnte sie tun, was sie wollte, und das Geschäft blühte auf. Doch schon drohte neues Unheil in Person des aus einem Krieg heimkehrenden Bruders, einem Saufbold und Grobian, der ebenfalls den Laden übernehmen wollte und bald darauf raffiniert ausgeschaltet wurde.

Das war meine Rolle. Mittelgroß und nicht zu arbeitsintensiv, mit akzeptablem Spaßfaktor. Eine Unterkunft fand ich bei zwei Studentinnen, die ich noch aus Karlsruher Brauereikommunezeiten kannte. Inklusive Probe und Aufführungen war mit etwa zwei Monaten zu rechnen. Mein vorherrschendes Gefühl war die Freude, wieder in Heidelberg zu sein. Die während der Schauspielschule dort verbrachten zweieinhalb Jahre sind immer als wunderbare Erfahrung präsent. Klar hatte sich schon wieder einiges verändert. Die Konsumsterilisation einiger Kneipen und Lokale konnten es aber nicht schaffen, die über Jahrhunderte verdichtete, geistige Atmosphäre und Schönheit der Stadt zu beeinträchtigen. Sogar einige Bekanntschaften konnte ich wieder aufnehmen. Es war eine lockere, unbeschwerte Zeit, die mir wieder eine klare Sicht verschaffte.

Am Theater, zumindest an diesem, hatte sich im Vergleich zu früher nichts verändert. Das Bildungsbürgerpublikum war da und auch die scheißfreundlichen, im Konkurrenztrieb gefangenen, oberflächlichen Schauspieler. Das ist eine Verallgemeinerung, aber es muss einen Grund haben, warum sich während der sieben Jahre am Kammertheater keine einzige Freundschaft entwickelt hatte. Außer mit Sexi. An spielfreien Tagen machte sich allerdings wieder der Drang zu den Jungs in Karlsruhe bemerkbar, wo wir dann unverbindlich, aber in unausgesprochener, im Hintergrund vibrierender Erwartungshaltung kommender Heldentaten, in unseren diversen Stammkneipen abhingen. Als Symbol für zukünftige Bewegung wartete der nicht benutzte, ungekündigte Proberaum auf uns. Er sollte nicht mehr allzu lange warten.

Gegen Ende des Heidelberger Theaterausflugs begegnete mir bei einem Vortrag an der Uni der Bericht des Club of Rome: »Die Grenzen des Wachstums«. Darin erklärte eine Elite von Spitzenwissenschaftlern und Nobelpreisträgern, dass der schöne Wald bald nicht mehr schön sei und wenn weiterhin um jeden Preis teilweise sinnlos produziert werde, Abfall und Verschmutzung der Umwelt der Preis für Produktion und Profit wären. Im Grunde wurden da vor knapp fünfzig Jahren schon die Ursachen der heutigen Misere von menschengemachter Klimaerwärmung bis zur Umwandlung des wunderbaren blauen Planeten in eine globale Müllkippe aufgezeigt. Der Bericht war eindringlich und nicht schwer zu verstehen. Umso weniger ist verständlich, wie lange es gedauert hat, bis sich ein Bewusstsein dafür entwickelte, »dass wir Geld nicht essen können« und dass nur die Akzeptanz und der Schutz aller Mitgeschöpfe das Leben sinnvoll macht. Hätte ich nicht durch Zufall diese Informationen des Club of Rome erhalten, wäre mir das Umweltthema sicher erst viel später wichtig geworden. In den Medien, Rundfunk und Presse war mir dieses Thema noch kaum untergekommen. Der Eindruck des Vortrags war derart nachhaltig, dass diese Botschaft so schnell wie möglich der Welt mitgeteilt werden musste. Innerhalb einer Woche hatte ich Songtexte und Sketche zu diesem Thema abgehandelt. Ein Name für das Programm fand sich schnell. Wie sollte es anders sein: Das war die »Rockoperette Scheiße«. Das Plakat dazu in monumentaler Coca-Cola-Schrift vor einer aufgehenden Sonne, stellte sich als sehr zugkräftig heraus.

Die Umweltzerstörung ist nur ein Teil der Zerstörung, der die Menschheitsgeschichte begleitet. Sich selbst ist der Mensch der größte Feind, was er ununterbrochen in großem Gemetzel, auch Krieg genannt, beweist. Umso mehr müssen alle anderen Lebewesen, Tiere und Pflanzen, leiden. Ohne Rücksicht zerstört der Mensch das Gleichgewicht der Natur, deren Teil er ist. Es liegt an der Widersprüchlichkeit der menschlichen Natur, dass in seinem Wesen, in der Philosophie, der Kunst und im Verstand, auch all das, was uns wieder zu einer geistig organischen Verbindung mit der Natur bringen könnte, gedacht und auch schon getan wurde, immer wieder in krankhafter Zerstörung endet. Es muss am Verstand liegen, der sich, getrennt von Emotion und Instinkt zu einer Form des intelligenten Idiotismus entwickelt hat. So leiden beispielsweise die meisten Menschen an unnötiger, entfremdeter Arbeit. Mir nicht erklärbar. »Jeder Mensch ist ein Künstler«, sagte Josef Beuys. Leben ist Kunst – Kunst ist Leben. Wenn wir unser Tun als Kunst begreifen, gibt uns das Freiheit. Kategorien wie rechts, links, grün, rot, spirituell, esoterisch treten hinter sozialer Zusammenarbeit in den Hintergrund. Die Selbsterfahrung der Einzigartigkeit ist Voraussetzung für künstlerisches Handeln. Wie alles klein anfängt, sind die musischen Fächer die ersten Stufen auf dem Weg zum Lebenskünstler. Schon im Kindergarten und in der Schule könnte ein stark erweiterter und fast ausnahmslos veränderter Musik- und Kunstunterricht viel bewirken. Jeder trägt die Freude daran in sich. Das könnte dazu führen, sich jeder sinnvollen Arbeit kreativ und aus freiem Willen anzunähern. Mehr Kunst würde auf jeden Fall das Leben humanistischer machen. Das nur als kleine Abschweifung.

Was die Errettung der Welt betrifft, bin ich im Alter meine persönlichen Beschränkungen betreffend einsichtiger geworden. Nur der nie ganz gezügelte Zorn über die geschilderten Zustände ist trotz Meditation und Yoga geblieben. Die Erklärung, nach der es sich beim Menschen um eine Fehlentwicklung der Natur handeln könnte, ist noch nicht ganz abgelegt. Auf dem Gebiet gibt es die unterschiedlichsten Erkenntnisse. Eine allen herkömmlichen Theorien der Wissenschaft widersprechende Forschung stammt von dem Amerikaner Oscar Kiss Maerth. Dieser studierte in Südostasien die Lebensgewohnheiten der letzten noch lebenden angeblichen Kannibalen. Aus der Frage nach der Entstehung und Entwicklung des Menschen, seiner Intelligenz und seines Verhaltens kam er zu dem Schluss: Der Mensch entstand durch Kannibalismus. Intelligenz ist essbar und vererbbar. Unsere Affenvorfahren sollen irgendwann angefangen haben, ihre Artgenossen zu töten und ihre Gehirne zu verzehren. Das soll ihre sexuelle Potenz gesteigert und ihre Intelligenz erhöht haben. Daraus erklärt sich Maerth das widersprüchliche Verhalten des Menschen: dass sie, da sie nicht bewältigen können, Krieg führen, obgleich sie in Frieden leben möchten, über Gleichheit sprechen und nicht danach handeln, Götter anbeten und in Frage stellen, Waffen produzieren zur gegenseitigen Vernichtung, Sexualität verherrlichen und gleichzeitig als Sünde verdammen. Als Beweise führte Maerth unter anderem archäologische Funde von Affenschädeln aus der Steinzeit an, die angeblich künstliche Löcher aufweisen, um das Hirn herauszusaugen. Beim Lesen des Buches »Der Anfang war das Ende, der Mensch entstand durch Kannibalismus, Intelligenz ist essbar«, gelang es mir allerdings nicht, trotz der Suche nach einer Antwort auf tiefschürfende existenzielle Fragen, den nötigen Ernst aufzubringen. Mit logischem Denkvermögen nur durchschnittlich gesegnet, ging mir nicht auf, warum die Affen mit der Hirnfresserei aufgehört haben. Von keiner der heute lebenden Affenarten ist ein solches Verhalten bekannt. Wenigstens diese These von der Deformation des Menschen konnte als realitätsfern ausgesondert werden. Meinem Seelenfrieden wäre eine Überzeugung, von Gehirn schlürfenden Humanoiden abzustammen, nicht sehr förderlich gewesen.

Wieder in Karlsruhe begann eine intensive Probezeit. Vollkommen überzeugt von unserer Aufgabe und hungrig, wieder Musik zu machen, ergab sich alles weitere wie von selbst. Es entwickelte sich eine energische Spielfreude, da Texte und Sketche genau den Nerv unseres verbindenden Humors trafen. Dabei kümmerte uns die Frage nach der Allgemeinverträglichkeit erst mal überhaupt nicht. Das überzeugte Selbstverständnis, eine wirklich stimmige, uns alle überzeugende, lustige, krasse, wichtige Geschichte, unbedingt in die Welt schicken zu müssen, bündelte unsere Kräfte. Ein Feeling wie in den Anfangszeiten breitete sich aus und ließ die Organisation von Gigs und die damit verbundene Aktion als nebensächlich erscheinen. So ist das, wenn man von einer Überzeugung getragen wird. Da macht alles Spaß und fällt leicht. Die Reaktionen waren wieder extrem geteilt. Wir hatten bei dem für uns unstrittigen Thema damit gerechnet, auf mehr Verständnis zu stoßen. Es zeigte sich wieder mal, dass der Mensch sich selbst der Nächste ist. Für viele war unsere Message eine Art Luxusproblem. Sie hielten andere Gesellschaftsveränderungen für dringlicher, als sich mit der Natur und Umwelt zu beschäftigen. Das machte nichts. Getragen und begleitet vom Wissen der größten Geister der Zeit, den Nobelpreisträgern des Club of Rome, waren wir sicher und überzeugt von der Aufgabe, deren Erkenntnisse von der drohenden Weltkatastrophe zu verbreiten. Jeder Gig ein lustiges Fest, die Apokalypse, der Tanz auf dem Vulkan. Sogar die unvermeidbaren Diskussionen bereiteten keinen Stress.

Dass es beinahe fünfzig Jahre dauerte, bis aufgrund von Naturkatastrophen, Klimaerwärmung, Polschmelze, Seuchen und mehr die Menschheit langsam begann, das längst vorhandene Wissen zu nutzen und nun viel zu zögerlich Maßnahmen ergreift, unsere Erde zu retten, ist einfach nur traurig. Ich bin aber optimistisch. Das liegt an den engagierten Kindern und Jugendlichen, die ihr Recht auf ein lebenswertes Leben einfordern. Bei ihnen stößt die verblödende Überflutung der kapitalistischen Konsumgesellschaft an ihre Grenzen. Befreit von der Manipulation künstlicher Bedürfnisse kämpfen sie völlig unpathetisch für die Rettung der Menschheit. Ich sage bewusst nicht für die Erde, denn darin steckt schon wieder menschliche Überheblichkeit. Die Erde braucht die Menschen nicht, sie wird sich immer wieder neu erschaffen, auch wenn die Menschheit schon lange ausgestorben sein wird.

16

Neben »Notwehr« ist die »Rockoperette Scheiße« die einzige Geschichte, von der es keine Tonträger gibt. Alles andere ist weitestgehend veröffentlicht. Nur zwei Stücke aus der Operette tauchen immer wieder, weil brandaktuell, in der Zukunft und auch auf Platte auf. Hier sind sie:

»LASS MICH DEINEN DÜNNSCHISS GURGELN, SAGTE DER BUNDESKANZLER UND STECKTE SEINE RÜBE IN DEN ARSCH DES GROSSINDUSTRIELLEN«.

Das Stück ist entstanden aufgrund einer Geschichte, die sich vor Kurzem bei uns in der Gegend abgespielt hat, und zwar hat mal wieder so 'ne Industriellensau seine Giftbrühe einfach so in den Fluss reinlaufen lassen. War einer von diesen alltäglichen Skandälchen, an die wir uns alle fast schon gewöhnt haben. Abends im Fernsehen, also bei uns im Regionalfernsehen, gab dann so 'n Typ von dem Werk eine Erklärung ab. War so 'n Roboter mit Krawatte, einer von diesen Typen, die alle gleich aussehen mit ihren Arschgesichtern und das nackte Nichts ausdrückenden Augäpfeln, ein sogenannter Leistungsgesellschaftsidiot. Also, das Arschgesicht sprach die Worte: »Das Ganze ist selbstverständlich völlig ungefährlich …« Ich beobachtete diese Bonzen und Politiker jetzt schon über längere Zeit ziemlich genau, worauf ich hinaus will, ist mein Gedanke, dass es sich bei diesen Leuten um so 'ne Art Mutanten handelt, also Produkte ihrer eigenen, kaputten Industrie oder so was ähnliches und speziell ist mir aufgefallen, dass diese Bonzen und Politiker im Fernsehen immer nur ab der Gürtellinie aufwärts gezeigt werden. Ich meine, manchmal sieht man sie auch ganz, aber es besteht durchaus die Möglichkeit, dass hier Doubles eingesetzt werden, um keinen Verdacht aufkommen zu lassen. Dies wiederum würde meine Theorie bestätigen, dass erstens: diese Lebewesen vom Gürtel abwärts nur noch aus einem riesigen Arsch bestehen und zweitens: diese Mutanten den Sinn des Lebens darin erblicken, diesen Planeten zuzuscheißen, weil sie ihn anscheinend als eine riesige Scheißhausschüssel betrachten. Das können sie natürlich nicht allein. Zu diesem Zweck haben sie sich eine Herde von Sklaven abgerichtet, die alles dafür tun, ihren Schädel in den Superarsch ihres Chefs zu stecken, weil sie sich dort Gott näher fühlen.

Als Herr Müller eines Morgens zu Beginn eines arbeitsreichen Tages, in unserer hektischen, ach so technisierten Welt, seine Zähne mit der Zahnpasta »Pepsomed Superstrahler – klar mit Alkohol« putzen wollte, kam braunes Wasser aus dem Wasserhahn. Müller hielt dies in seinem tiefen Vertrauen zu den städtischen Wasserwerken für ein neues Mittel, um das Wasser keimfrei zu halten. Ihn störten auch nicht die kleinen braunen Stückchen, die auf der Oberfläche des Zahnputzbechers schwammen. Sein wirklich tiefes Vertrauen in die städtischen Wasserwerke und in seine Zahnpasta »Pepsomed Superstrahler – klar mit Alkohol gegen Mundgeruch und Karies ohne Menthol« ließen keine bösen Gedanken in ihm aufkommen.
Herr Müller ist ein armer Wicht, frisst Scheiße und weiß es nicht
Herr Müller ist ein armer Wicht, frisst Scheiße und weiß es nicht
und was noch schlimmer ist, seine Scheiße ist es nicht
es ist – es ist – es ist
Kapitalistenscheiße

Du kannst doch alles haben (Musik von Roy Black)
den Krebs im Sonnenschein, denn
Nitrogen, Kohle, Eisenoxyd, Kohlenwasserstoff,
Schwefel, Blei
ziehst du bei jedem Atemzug in deine Lunge rein
Nehmen auch Sie Kolgate, die Zahnpasta für Scheißefresser

Seid gewarnt, ihr Bonzen
Seid gewarnt, ihr Politiker
die Zeit da ihr die Luft vergiftet
da ihr die Meere und Flüsse als Jauchegrube
benutztet
Die Zeit, da ihr Beton legt, wo Wälder standen
da ihr die Wiesen in städtische Steinwüsten
verwandelte
Die Zeit, da ihr die Küsten mit Öl verpestet
da ihr Giftfässer im Meer versenkt
die Zeit, da ihr Atomkraftwerke baut
da ihr die Städte zu Friedhöfen macht
Die Zeit, in der Tanklastzüge explodieren
Die Zeit, in der sich Wahnsinn, Siechtum und
Krankheit ausbreiten durch euer Gift
Die Zeit geht vorbei
Die Zeit, da ihr Menschen kauft und verkauft,
ihr Menschenverkäufer
die ihr eure Gehirnmasse in Aktentaschen füllt
ihr Sklavenhändler, die ihr die Menschen
zwingt wie Ameisen hintereinander zu laufen, so dass
einer in die Scheiße des anderen tritt
Die Zeit, da ihr Waffen produziert, die die Welt
zwölfmal zerstören können
Die Zeit, da das Elend und der Stumpfsinn
aus den Gesichtern der Menschen glotzt
die jeden Tag bei sinnloser Arbeit langsam sterben
Die Zeit des Betrugs, ihr profitgeilen, zynischen
Industriellen, ihr gewissenlosen, korrupten, irren Politiker
Die Zeit geht vorbei, wir werden leben,
macht euch das klar.

Bruder, Schwester, ich schau in dein Gesicht
Merke, dass es spricht, so leben will ich nicht
Auch du bist aufgewacht, hast viel gemerkt
viel nachgedacht
bist gegen Unterdrückung
und gegen Macht
Willst was machen, jetzt und hier
und es gibt schon viele neben dir,
die spür'n es hat keinen Sinn,
die unterwegs sind auf dem Weg dorthin
ein Land der Freiheit aufzubau'n

zur Mutter Natur, zur Sonne aufzuschau'n
die auf Liebe steh'n, gezwungen sind zu hassen,
weil sie aus sich keine Automaten machen lassen
sie spür'n, es hat einen Sinn,
die unterwegs sind, auf dem Weg dorthin
ihn wahr zu machen, diesen Traum
ein Land der Freiheit aufzubau'n ....

Bruder, Schwester, es ist manchmal hart,
wir kämpfen weiter für das Leben
gemeinsam sind wir stark
Bruder, Schwester, es ist manchmal hart,
wir werden diesen Kampf gewinnen
gemeinsam sind wir stark

SMOGALARM

Die Luft ist grau und undurchsichtig
Über der Stadt liegt ein gelbgrauer, schmutziger
Nebel. Die Leute haben Triefaugen und
Kopfschmerzen, es sticht in der Lunge

Der geile Industiellenbonze fährt mit seinem sinnlos verchromten Straßenkreuzer
durch die Brühe. Die Klimaanlage läuft auf vollen Touren.
Im Autoradion singen die Rolling Stones das Lied: Street fighting Man.
Da, als sie gerade vom Straßenkampf singen, drückt er auf den Knopf. Eine kleine Tablette
fällt in einen Behälter und aromatische Waldluft breitet sich im Wagen aus.
Es sind noch zwei andere Knöpfe da, Seeluft und Schneeluft, aber diesmal ist es Waldluft.
Das bringt den geilen Industriellenbonzen auf einen geilen Gedanken.
Einmal, als er noch ein junger Industriellenbonze war, hatte er auf einer Geschäftsfahrt
einen saumäßig geilen Fick mit der Chefsekretärin von Müller-Wipperfürth
in einem Waldgebiet nahe der Autobahnausfahrt Castrop-Rauxel.
Der Gedanke daran machte ihn immer geiler
und geiler. Die herrliche Waldluft wird immer intensiver. Da – endlich eine Parklücke,
schnell fährt er hinein. Die Luft draußen ist beinah schwarz. Niemand kann ihn sehen.

Schnell zieht er seine Schiesser Unterhose über seine
schon zitternden Schenkel.
Ein Knopfdruck lässt die Wichsautomatik in Form einer schlapprig, fleischigen Gummihand unter dem Drehzahlmesser hervorschnellen und rubbelt ihm einen. Damit es ihm schnell kommt (denn Zeit ist Geld), lässt er den sanft schnurrenden Motor seiner Luxuslimousine im Standgas aufheulen.
Da, die Sirene gibt wieder Smogalarm.
Schon kommt es ihm ganz groß.
Dann schlafft er ab.
Schnell zieht der geile Industriellenbonze seine Unterhose wieder hoch
und fährt erleichtert in Richtung Vorstadt
zu seiner Gattin. Die ist eine fette, aufgetakelte Sau und sitzt auf der Terrasse.
Mit lässiger Geste wirft er eine kleine Schachtel, das Ergebnis seiner Geschäftsreise nach Amerika
auf den Tisch.
In dieser Schachtel befinden sich fünf verschiedene Scheißsorten in drei verschiedenen Farben und Duftnoten: Veilchen, Jasmin, Rose.

Der Amerikaner Henry Winegate meldete im Februar 1978 in Chicago ein Patent an. Hierbei handelt es sich um eine Pille, die es uns ermöglicht, in verschiedenen Farben und Duftnoten zu scheißen. Die Pille hat in den gehobenen Kreisen Amerikas großen Anhang gefunden. 'Ne zwanziger Packung kostet 18 Dollar.

Der Bonze, die Sau, hat die Pillen von einem Geschäftsfreund bekommen und trägt sich mit dem Gedanken, sie in Deutschland einzuführen. Nun wirft er gemeinsam mit seiner Gattin eine Pille ein und lässt einen fahren, der nach Rosen duftet.

Beim Lesen dieser alten Texte wird mir klar, dass für unsere Musik in dieser Zeit einfach keine Differenzierungen möglich waren. Unsere Ästhetik war der »Klang der Revolte«. Im Verlauf des Buches wird noch die Rede von der zweiten Checkpoint-Charlie-Generation sein, die mit anderen zusammen in einer Landkommune auf einem Bauernhof mit Selbstversorgung lebten.

17

Inzwischen waren immerhin acht Jahre seit der Gründung vergangen und gemäß der tiefen Einsicht »Alles hat ein Ende, nur die Wurst hat zwei« löste sich die Ur-Checkpoint-Charlie-Generation ohne große Reflektion auf. Die politische Bewegung der APO hatte ihre letzten Zuckungen schon hinter sich und auch für uns kam langsam die Zeit. Ununterbrochen schockieren und konfrontieren kann auch zum eigenen Klischee verkommen. Wer nicht ständig darum ringt, neu geboren zu werden, ist ständig dabei zu sterben. Harald fand – für mich nicht nachvollziehbar – vom Anarcho zum KABD (Kommunistischer Arbeiterbund Deutschland) und eine neue Sicherheit in dessen fest abgesteckter Weltsicht. In diesem Splitter mehrerer anderer kommunistischer Splittergruppen nahm er eine Arbeit in einer Fabrik auf. Dort wollte er seinen Beitrag an der Basis für die kommende Revolution leisten. Er zog das tatsächlich einige Jahre durch, brachte es bis zum Betriebsrat, schaffte aber rechtzeitig den Absprung. So blieb ihm das Schicksal der meisten Revolutionäre, jung zu sterben, erspart. Die Überlebenden, an die Macht gelangten Revolutionäre dagegen, stellten sich übergangslos schnell als massenmörderische Arschlöcher heraus. Harald wurde dann Journalist, ist jetzt in Rente und erfreut sich bester Gesundheit. Seine Checkpoint-Charlie-Geschichte endete mit dem Abgang in die klassenkämpferische Basisarbeit.

Salat tauchte in sein Kompositionsstudium ab und Hesse wartete im Niemandsland auf einen Wegweiser, der uns über eine längere Zeit immer wieder zusammenführte. Ich wollte es inzwischen genau wissen. Es reichte mir, den radikalen Gesellschaftskritiker abzugeben. Genauso den Verkünder einer ersehnten, erträumten Welt von Liebe und sozialer brüder- und schwesterlicher Gemeinschaft. »Grau, teurer Freund, ist alle Theorie«, heißt es im Faust. So wünschte ich mir, eine alternative Gesellschaft in der Praxis auszuprobieren: eine Landkommune mit Selbstversorgung, in Verbindung mit der Natur, mit sinnvoller Arbeit und liebevollen Menschen, natürlich gleichgestellt und ohne Chef. Phänomenalerweise gingen ohne eigenes Zutun immer wieder Türen auf, die zwar immer mal klemmten und es schwer machten, in neue Räume einzutreten, aber irgendwann waren sie offen, ich konnte das Unbekannte betreten und es kennenlernen.

Die Männer-WG gescheiterter Marxisten/Leninisten hatte Infomaterial von Leuten aufgetan, die unter dem Namen »Longo maï – Europäische Pioniersiedlungen« jugendliche Arbeitslose dafür begeistern wollten, überall in Europa auf brachliegenden Ackerflächen kollektiv betriebene Landwirtschaft zu betreiben. Der Name Longo maï leitet sich aus dem provenzalischen ab und es bedeutet »Es möge lange dauern«. In einem kleinen Ort in Südfrankreich besaß die Gruppe bereits ein sechzig Hektar großes Gelände, sowie eine fünfhundertköpfige Schafherde. Außerdem war sie in Besitz eines Berghofs in der Schweiz. Von einem Büro in Basel aus wurde alles organisiert und anscheinend durch Spenden gefördert. Das war alles, was wir bis dahin wussten. Jugendarbeitslosigkeit stellte in den siebziger Jahren in vielen Ländern ein Problem dar. Langer Wolfgang und kleiner Wolfgang aus unserer WG nahmen Kontakt auf und wurden zu einem Besuch auf den Schweizer Hof eingeladen. Euphorisiert und restlos überzeugt kehrten sie zurück – das war für sie praktizierter Sozialismus. Das Wunder an der Sache war ein mitgebrachter Schlüssel zu einem bäuerlichen Anwesen im Pfälzer Wald, in der Ortschaft Bundenthal. Dazu gehörten einige gepachtete Äcker und zum Teil verbuschte Täler, die gerodet und für die Schafzucht wieder in Kulturlandschaft umgewandelt werden sollten. Ein Waldstück für die Holzgewinnung gehörte ebenfalls dazu. Jener Schlüssel war für uns ein Fingerzeig der Vorsehung.

Wir hatten vor knapp einem Jahr beschlossen, keine Miete mehr zu bezahlen, weil das Haus einem in unseren Augen asozialen Immobilienspekulanten gehörte. Dieser hatte juristische Schritte eingeleitet. Nach mehrfachen Mahnungen lag nun ein Gerichtsbeschluss auf dem Tisch, der zu einem naheliegenden Zeitpunkt die Räumung und unsere Unterbringung in den »Belleäckern« – im Volksmund die Karlsruher Assisiedlung – verkündete. Jetzt bot sich ein schöner Weg, dem zuvorzukommen. Außerdem gab es kaum einen besseren Grund, ein großes Fest zu feiern. Dabei wurde dann, unter dem Einfluss unterschiedlicher Rauschmittel, die Wohnung nachhaltig verändert. Heftigste Sinnsprüche an den Wänden waren noch das harmloseste. Die gesamte sanitäre und elektrische Installation, einschließlich Mobiliar, manifestierten sich in einem kreativen Chaos. Woher die Menge an Zement kam, mit der ein eiserner Ofen und eine Schaufensterpuppe in der Badewanne einzementiert wurden, ist rätselhaft. Dieses Fest bleibt mir in guter Erinnerung, auch wenn wir am frühen Morgen erkennen mussten, dass die Räumlichkeiten als Schlafgelegenheit nicht mehr zu gebrauchen waren. Die letzte Nacht verbrachten wir bei Freunden, verkündeten allen begeistert unseren Umzug ins pfälzische Land und luden jeden ein, uns auf unserem Bauernhof zu besuchen.

Noch verkatert machten wir uns am nächsten Tag auf in das siebzig Kilometer entfernte Bundenthal. Dort erwartete uns ein schmuckes Dörfchen, das mit vielen Einfamilienhäusern mit sterilen Vorgärten und renovierten, umgebauten Bauernhäusern nur wenig unseren Vorstellungen vom Landleben entsprach. Wie wir später erfuhren, gab es im Ort nur noch einen Bauern und einen Schäfer. Da der Boden in dieser Gegend nicht sehr fruchtbar ist, stammte die Bevölkerung von armen Kleinbauern ab, die in der Folge des Wirtschaftswunders ein besseres Auskommen in den in der Gegend ansässigen Schuhfabriken hatten. Ein übler vermiefter Klageweiber-Katholizismus, gemischt mit tiefschwarzer CDU-Dumpfheit, hatten hier zu einer alles bestimmenden Kleinbürgervorurteilsbegrenzung geführt, die wir noch kennenlernen sollten. Die feindselige Atmosphäre, die uns bald entgegenschlug, hatte auch etwas mit unseren Vorgängern von Longo maï zu tun. Aber zunächst musste jetzt der Bauernhof gefunden werden. Dieser stellte sich als ein vierhundert Jahre altes, mitten im Dorf gelegenes, windschiefes, schon auf den ersten Blick von Zeichen des Zerfalls betroffenes Gebäude heraus. Rechts und links eingerahmt von zwei cleanen Neubauten, kam der morbide Zustand besonders zur Wirkung. Das Innere des Hauses zeigte sich nicht gerade für einen Artikel in der Zeitschrift »Schöner Wohnen« geeignet: drei Zimmer und eine Küche mit einem Spülstein, der einzigen Wasserquelle, mit Fußböden, deren Holzdielen erste Zustände der Zerbröselung anzeigten. Immerhin bewiesen sie noch die nötige Stabilität, um nicht in den darunter liegenden Stall durchzubrechen. Die Einrichtung, von Longo maï als ausreichend gepriesen, bestand aus einem alten Herd mit Eisenringen zum Raus- und Reinlegen, je nach Größe der Töpfe, einem langen Tisch mit zehn Stühlen, sowie dem vollständig mit alten Matratzen ausgelegten Schlafraum. Eine Hintertür führte in einen kleinen verwilderten Garten, der eine sanitäre Örtlichkeit in Form eines hölzernen Plumpsklohäuschens enthielt.

Diese Gegebenheiten hatten jedoch keinerlei Einfluss auf unser enthusiastisches Erwartungsgefühl, als Pioniere das Land für unsere Selbstversorgung in kommunenhafter Verbundenheit zu gewinnen. Für den Anfang war uns auch eine Schafherde von dreißig Schafen versprochen worden. Eine ganz besondere, alte Rasse, die vom Aussterben bedroht sei. Sie hießen Rotfüchse, wegen ihrer rötlichen, leicht zugespitzten Köpfe, und sollen das Vorbild zu der Legende vom »Goldenen Vlies« gewesen sein. Nachdem wir unser Zeug aus VW-Bus und PKW ausgeladen hatten, meldete sich der Hunger. Moni und Kirks, die Freundinnen vom langen und kleinen Wolfgang, hatten noch am meisten Geld, dasselbe traf auf meine Freundin Anni zu. Wir Typen hatten wohl realitätsfern erwartet, dass uns das Land sogleich mit seiner Fruchtbarkeit überschütten würde. Sie machten sich also in den Ort auf, um Essen zu besorgen. Ziemlich frustriert von einer feindseligen, ablehnenden Haltung der Leute, die ihnen nur unwillig etwas verkauften, kamen sie zurück. Der Bäcker hatte sie sogar mit den Worten: »Solche Leute wie euch bedienen wir nicht, schaut, dass ihr weiterkommt«, aus dem Laden geschmissen. Anscheinend hatte sich unsere Ankunft blitzschnell herumgesprochen.

Welche Gründe die Ablehnung der Ansässigen hatte, erfuhren wir von einem Mann, der uns am Abend mit zornesrotem Kopf aufsuchte. Wie sich herausstellte, war das der Vermieter. Er behauptete, wir hätten keine Berechtigung, in dem Haus zu wohnen. Er hätte schon längst gekündigt und das ganze Dorf sei froh, Longo maï endlich los zu sein. Diese hätten sich arrogant und unverschämt verhalten, ausgeliehene Geräte nicht wieder zurückgegeben, sogar manche kaputt gemacht und die anfangs durchaus vorhandene Hilfsbereitschaft noch lächerlich gemacht. Er müsse jetzt die Vorwürfe über sich ergehen lassen. Am Schluss tat uns der Mann fast leid, denn sein Zorn ging langsam in ein Jammern über und endete schließlich in der Bitte, wir mögen doch wieder ausziehen. Er mache sich immer noch Vorwürfe, die alte Bruchbude überhaupt vermietet zu haben. Das Haus stehe unter Denkmalschutz, sonst hätte er es schon längst abgerissen. Wir versprachen ihm, bei Longo maï anzurufen, um die Sache zu klären. Betrübt zog er ab. Das Gespräch mit dem für uns zuständigen Ansprechpartner ergab, dass wir den Mann vertrösten sollten, da ein neues Anwesen in Aussicht sei. Es gäbe außerdem einen Vertrag, der die Nutzung des Anwesens noch für ein Jahr garantierte. Die Aussage, dass sich die Bevölkerung Großteils aus debilen, von Untertanengeist geprägten Leuten zusammensetze, hätte uns da schon misstrauisch machen sollen. Während der Bauernkriege schwer dezimiert und traumatisiert, hätten sich die Nachkommen davon nie erholt. Im Laufe des Telefonats wurde uns noch der Besuch eines Fachmanns, Diplomlandwirt, angekündigt, der uns die gepachteten Äcker und Weideflächen zeigen sollte und als Ratgeber zur Seite stehen würde. Das war dringend nötig, denn außer dem kleinen Wolfgang, der als Kind bei seiner Großmutter näher mit einem Gemüsegarten in Berührung gekommen war, hatte keiner von uns einen blassen Dunst. Es war März und Wolfgang beeindruckte mit der Info, dass jetzt schon die Zeit sei, Steckzwiebeln zu setzen, was umgehend erfolgte.

Ein noch aufregenderes Erlebnis offenbarte sich in einer Fahrt zur Beschaffung eines Traktors durch den Pfälzer Wald in das zig Kilometer entfernte Dorf Marienthal im Donnersbergkreis, wo der Traktor in einer ehemaligen »Pioniersiedlung« abgestellt war. Auch dafür gab es einen Schlüssel und eine Adresse. Dort angekommen, wiederholte sich in etwa der Bundenthaler Ersteindruck beim Anblick eines ruinösen alten Bauernhauses und einer keifenden, alten Frau, die uns vertreiben wollte. Nach zähen Verhandlungen, wahrscheinlich, um uns wieder los zu werden, ließ sie uns in eine Scheune zu dem Traktor. Der war nicht das neueste Modell, sprang aber gleich an. Was er nicht hatte, war ein Überschlagbügel. Wie wir später erfuhren, konnte das lebensgefährlich sein. Wenn das Gefährt an einer schrägen Fläche mal umstürzte, was vorkam, sah man alt aus. Wir wussten noch gar nichts und für die Longo-maï-Pioniere waren das wahrscheinlich unnötige Sicherheitsüberlegungen. Die mehrstündige Rückfahrt durch die Auenland-Gegend des Donnersbergkreises und das Pfälzer Bergland hat sich mir als unglaublich schöner, Geist und Körper durchströmender, naturwunderhafter Eindruck unvergesslich gemacht.

Die Arbeit der kommenden Zeit war äußerst intensiv, wurde aber immer freudvoll ausgeführt. Das ganz ungewohnt Neue ließ uns selbst die anstrengendsten Aktionen, wie einige Täler von Buschwerk und kleinen Bäumen zu roden, um sie als Weidefläche für die Schafe nutzbar zu machen, als Abenteuer empfinden. Wie wir an die siebzig Schafe gekommen sind, ist mir entfallen. Sie waren bald zusammen. Auch ein Schäferwagen war vorhanden. Das Hüten erfreute sich einer besonderen Beliebtheit. Wir einigten uns darauf, abwechselnd zu zweit, alle zwei Tage die Schafe zu betreuen. Dabei kam ein Konstrukt zur Anwendung, das sich mit dem Anspruch verband, dass freie Sexualität möglich sein müsse. Der Vorschlag, diese Tage in der Konstellation Mann/Frau zu verbringen, wurde erst mal nichtsdestotrotz nur von zwei Frauen oder Männern und den fest liierten Pärchen wahrgenommen. Diese Arbeit war durch die besondere Verbundenheit, Tag und Nacht in der Natur zu sein, am Feuer zu sitzen, zu kochen, unterm Sternenhimmel Gespräche zu führen, sehr romantisch. Neben den Schafen war mir die Gartenarbeit am liebsten. An dem Flüsschen Wieslauter, das an Bundenthal vorbeifließt, hatten wir ein dreitausend Quadratmeter großes Grundstück für den Gemüseanbau. Dort lernte ich über einen Jahresverlauf die ersten Grundlagen der Gartenkunst. Durch den sonnenverwöhnten Sommer 1977, einen ausgeruhten Boden und genügend Bewässerung aus der Wieslauter gelang eine reiche Ernte mit allen Gartenfrüchten. Meine Lieblinge, die Tomaten, mit einem Standort direkt vor einer die Sonne reflektierenden, senkrechten Felswand, entwickelten in mehreren Sorten und Farben die prächtigsten, geschmackvollsten Früchte. Das Bewusstsein, die Gruppe mit geschmackvoller, gesunder Nahrung versorgen zu können, ließ Glücksgefühle in mir aufsteigen.

Bis dahin sollte es aber noch eine Weile dauern. Zunächst stand der Aufenthalt des Landwirtschaftsexperten bevor, der uns einen Überblick verschaffen sollte. Die zur Verfügung stehenden fünfundzwanzig Hektar gepachtete Äcker und Weideflächen genügten, um mindestens zwanzig Leuten Arbeit und Nahrung zu verschaffen und das möglichst mit den dazu gebräuchlichen Maschinen. Wenn wir uns da Hilfe erhofft hatten, klärte uns der Experte dahingehend auf, dass der Beitrag von Longo maï in Form von Haus und Land und Schafen geleistet sei. Für den Namen Pioniere müsse man schon selbst einiges tun. Es gäbe genügend Menschen, Bekannte, Verwandte, ja alle, die wir für unsere Idee begeistern könnten, die bereit wären uns zu helfen. Vielleicht ließe sich auch in der Umgebung noch jemand finden, der uns das eine oder andere Ackergerät ausleihen würde. Mit diesen Ratschlägen ließ er uns zurück, den großen Wolfgang nahm er mit. Es war eine Abmachung, dass jeder der Gruppe eine Woche in der Longo-maï-Basis verbringen sollte, um mehr über das Leben dort zu erfahren und zu lernen. Warum wir nur einzeln dort auflaufen sollten, war uns nicht klar.

Vorerst stellten sich andere Probleme. Wir saßen hier und es fehlte an allem, außer einem alten Traktor. Wir wollten einen Hektar mit Kartoffeln setzen. Dazu brauchte es einen Pflug, Egge und ähnliches. Mein Versuch, einen Pflug auszuleihen, endete mit der Flucht vor einem Bauern, der mich mit der Mistgabel verfolgte. Was wir brauchten, war also Geld für Maschinen und Leute für die Feldarbeit. Beim Geld konnte jeder kleinere Beträge auftreiben, aber nicht genug, um annähernd unsere Probleme zu bewältigen. Lediglich kleiner Wolfgang, als einziger Kind eines reichen Bauunternehmers, hatte die Chance, einen höheren Betrag zu erhalten, den wir natürlich nur als Kredit annehmen würden. Der Vater war gar nicht glücklich, dass sein Sohn das Architekturstudium geschmissen und einen für ihn unverständlichen Weg, eingeschlagen hatte.

Und wir mussten mit Infos, Artikeln in Stadt- und Untergrundzeitungen in Erscheinung treten. Als prädestinierter Schreiber blieb das an mir hängen. Meine Sehnsucht nach ländlicher Idylle und Harmonie war dadurch empfindlich gestört, aber noch waren wir hundertprozentig überzeugt, auf dem richtigen Weg zu sein. Da fällt alles leicht. Als erstes schwärmten wir nach Karlsruhe aus und sahen uns abwechselnd nach Unterstützern und Spendern um. Wolfgang und ich fuhren in einen Ort in der Nähe von Heidelberg, in seine Heimat. Im Haus seiner Familie hatte der Reichtum einen Namen. Ein großes, parkähnliches Gelände mit Schwimmbad und Villa gab dazu den entsprechenden Rahmen. Der Vater, an sich nicht unsympathisch für einen Kapitalisten, lieh uns nach einem längeren Gespräch, bei dem immer wieder die Hoffnung durchklang, dass sein Sohn das Architekturstudium wieder aufnehmen würde, fünftausend DM. Der Meinung des Vaters nach konnte unser Vorhaben nur scheitern. Für uns war der Besuch ein Erfolg. Nach einer Übernachtung in Wolfgangs Schülerzimmer – im Originalzustand erhalten – verabschiedeten wir uns gut gelaunt mit dem dicken Scheck in der Tasche. Für den Vater, laut Wolfgang, nicht mehr als ein Griff in die Portokasse.

Die Werbung für unsere Sache führte überraschend schnell zu positiven Ergebnissen. Die Aufnahmefähigkeit für große Theorien war merklich geschrumpft. Das direkte Angebot eines Lebens in der Natur mit sinnvoller Arbeit, Selbstversorgung durch alle Bereiche der Landwirtschaft, in einer gleichberechtigten, liebevollen Gemeinschaft ohne Chef und frei nach dem Ton-Steine-Scherben-Song »Keine Macht für Niemand«, schien in seiner Einfachheit einen starken Reiz auszuüben.

Eine unserer ersten Maßnahmen war es, einen Hektar Brachland in einen Kartoffelacker zu verwandeln. Einen Termin dafür hatten wir in Karlsruhe mit Freunden und Bekannten ausgemacht und auch mit ganz neuen Leuten, die wir in unseren Stammkneipen aufgetrieben hatten. An einem Wochenende drängelten sich zwanzig, dreißig Menschen in unserem viel zu kleinen Haus, für die sofort Bewegungsfreiheit geschaffen werden musste. Glücklicherweise lagen die Felder abseits vom Dorf, denn was jetzt passierte, hat es wohl in der Landwirtschaft in Bundenthal noch nicht gegeben. Der Acker war zwar teilweise vorbereitet, einige gebrauchte Geräte hatten wir uns besorgt. Das heißt, es war gepflügt, aber beim Eggen war uns der Traktor verreckt. In einer kurzen Beratung reifte der Entschluss, dass diese Anforderungen auch mit Muskelkraft zu bewältigen seien. Was wir noch brauchten, waren jede Menge Hacken für die Pflanzlöcher und Schnüre, um die Reihen zu markieren. Der Laden, in dem wir dreißig Hacken besorgten, machte nicht nur ein gutes Geschäft, sondern kam aus dem Glotzen so lange nicht heraus, bis wir mit unserem alten VW-Bus aus dem Blickfeld verschwanden.

Am Wochenende also fuhren wir zu besagtem Acker und Wolfgang begann, die verschiedenen Arbeitsgänge professionell zu erklären und sogar zu begründen, warum wir keine Maschinen zum Einsatz bringen wollten. Dafür zolle ich ihm Respekt. Er hatte, wie wir alle, keine Ahnung von Landwirtschaft. Immerhin hatte er dem Land durch das Pflügen schon ein Stück menschlicher Kultur abgewonnen. Für den nächsten Arbeitsgang war eine alte, rostige Egge aus besseren Zeiten vorbereitet. Sie wurde mit Stricken versehen. Sechs Leute spannten sich jetzt abwechselnd davor und zogen diese schweißtreibend unter anfeuerndem Gebrüll über das Feld. Unsere drei Kinder, die das sehr lustig fanden, sprangen auf die Egge, trieben uns wie Pferde an und gingen nicht mehr herunter, bis alles fertig war. Trotzdem wir total geschafft waren, hat uns diese Aktion bestimmt nicht weniger gefallen als unseren Kindern, vor allem, weil der Acker nun ebenmäßig und fertig zum Setzen vor uns lag.

In der nächsten Zeit wurden in durch Schnüre markierte Reihen 60.000 Saatkartoffeln eingepflanzt. Da es uns damals nicht möglich war, Maschinen einzusetzen, mussten auch alle anderen Arbeitsgänge wie Häufeln, Beikraut-Beseitigung, Kartoffelkäfer-Absammeln und Ernte im Laufe des Jahres von Hand gemacht werden. Dieses Mehr an Arbeit hat keiner von uns bereut. Wir hatten Spaß und jeder wusste, dass wir etwas

Wichtiges und Notwendiges für uns alle tun. Wir haben auf drei Feldern die größten Kartoffeln des Ortes geerntet. Auf einem Acker war das Beikraut allerdings stärker als wir und die Ernte dadurch sehr gering. So traf die alte Bauernregel vom dümmsten Bauern mit den dicksten Kartoffeln doch nicht ganz zu. Das freute uns. Die Ernte deckte dann den Eigenbedarf an Esskartoffeln und Futterkartoffeln für die Schweine und Saatkartoffeln für das nächste Jahr. Aber so weit waren wir noch nicht.

Eine bleibende Einrichtung war die wichtige Arbeitshilfe unserer Besucher. Ohne sie hätten wir dem versteppten Brachland niemals die Flächen abgewonnen, auf denen wir einen großen Garten und die Felder anlegten, wodurch die Selbstversorgung schon zu einem großen Teil gesichert war. Mit unserer 70-köpfigen Schafherde haben wir durch Beweidung und Einpferchung dem Brachland 30 Hektar Land abgewonnen, auf dem im nächsten Jahr Wiesen für Beweidung und Heugewinnung zur Verfügung stehen würden. Auch wenn es oft schwierige und chaotische Zustände in der Organisation gab, herrschte eine spannende, freudige Grundstimmung. Im Verlauf unserer Arbeiten entwickelten sich Organisationsformen, die sich aus der Praxis ergaben, und sich als richtig für Menschen erwiesen, die zusammen, ohne Unterdrückung, sinnvoll und in direktem Bezug zu ihren Bedürfnissen leben wollen. Wir lernten jeden Tag dazu, was wir wirklich brauchten und was wir wollten; mehr als in vielen Jahren zuvor. Wir fingen an, viele Berufe zu erlernen, Gärtner, Landwirt, einschließlich Kleintierzucht, Schäfer, Bäcker, Mechaniker, Koch usw. Für jedes Mitglied der Gruppe stellte sich ein ganz bestimmter Verantwortungsbereich heraus. Das hieß nicht, dass einer immer das Gleiche tat, sondern, dass er die Verantwortung trug für seinen Bereich, in dem aber auch alle anderen mitarbeiten konnten. Die Verantwortlichen mussten ihre Forderungen für ihren Bereich in den alltäglichen Diskussionen in die Gruppe einbringen und durchsetzen. Wir lernten, konkrete ehrliche und harte Kritik zu verteilen und anzunehmen, immer orientiert an der lebenswichtigen Praxis der Selbstversorgung, die dem Überleben der Gemeinschaft dient.

Unsere Vorstellungen darüber, was wir wollten, als wir im März des Jahres nach Bundenthal kamen, festigten und erweiterten sich. Wir waren sicher, dass wir die Zukunft mitbestimmen würden. Unser Weg lag vor uns, frei, ohne Angst, unabhängig von Absicherungen und Versicherungen. Lebensversicherungen werden bekanntlich erst nach dem

Tod ausbezahlt. In unserem Info, das auch viel dazu beitrug, Helfer und Unterstützung zu bekommen, hörte sich das dann so an:

> Die einzige Sicherheit, die wir brauchen, ist unsere Gemeinschaft, ist die Echtheit der Beziehungen zwischen den Menschen. Diejenigen unter uns, die erkannt haben, dass der Sinn des Lebens nicht darin liegen kann, in Wohnschachteln aus Beton isoliert nebeneinander zu leben, dafür zu arbeiten, diese Wohnschachteln, ein Auto, einen Fernseher zu bezahlen und im Jahr einmal in Urlaub zu fahren, versuchen etwas dagegen zu unternehmen, sie sprechen darüber, schließen sich Parteien an und verteilen Flugblätter. Wir gehören zu diesen Menschen, die etwas tun, aber wir sind nicht bereit, unsere Kraft, die wir hierfür brauchen, weiterhin durch den Terror der Städte, den Zwang einer sinnentleerten Arbeit und durch eine Industrialisierung, die das Leben auf der Erde vergessen hat, schwächen zu lassen. Unsere Kraft kommt aus dem Zusammenleben mit Menschen, die sich gernhaben, und aus einer Umgebung, die wir uns selbst ausgesucht haben, und aus dem Bewusstsein, dass wir uns kennen und immer zusammenbleiben werden.

(Dieser letzte Satz lässt sich nur aus einer idealistischen, jugendlichen Menschenkenntnis heraus erklären.)

> Wir fangen neu an. Wir übernehmen Verantwortung für uns selbst, für unsere Freunde, unsere Kinder. Wir haben Land gerodet, es bebaut. Wir werden Weizen haben und Brot. Wir haben Gärten angelegt. Wir haben Hühner, Ziegen, Hasen, Schafe und einen Esel. Wir haben eine Mechanikerwerkstatt, wir machen unsere Möbel selber, wir werden unsere Häuser bauen, wie wir es wollen. Nicht nur für uns machen wir das so. Wir können sagen: so und so viele können wir beherbergen.

Dafür stand uns allerdings nur ein mit Stroh ausgelegter Schafstall mitten in der Pampa und dieser auch nur im Sommer zur Verfügung. Unsere Helfergäste fanden das romantisch, zumal sich nach den anstrengenden Arbeitstagen bei abendlichen Lagerfeuern angeregte Gespräche, schöne Stimmungen und Annäherung zwischen Männlein und Weiblein ergaben.

> So und so vielen können wir helfen. Wir überlassen diese lebenswichtigen Fragen nicht irgendeinem ungewissen Schicksal, sondern wir stehen auf eigenen Füßen und fest auf dem Boden, lösen die Probleme gemeinsam. Das Leben bei uns ist interessant, begeisternd und im Grunde so einfach. Unsere Gemeinschaft kann uns keiner mehr nehmen.

Das Brachland allein in der Pfalz beträgt 30.000 Hektar. Daran hat sich bis heute nichts geändert und wartet auf mindestens hundert Landkommunen.

> Viele Jugendliche sind von unserem Projekt begeistert und wollen ähnliches machen. Wir werden ihnen dabei helfen, aus eigener Kraft, aber auch mit Unterstützung vieler Freunde.

Vieles aus dieser Beschreibung entstammt nicht den realen Verhältnissen, sondern erzählt eine Projektion in die Zukunft, von der wir aber tief überzeugt waren. Während dieser Anfänge konnten wir vor Kraft und Energie kaum laufen. So wunderbar nach dem Motto »Schritt für Schritt ins Paradies« hätte es weitergehen können – zusammen mit Longo maï sollte eine riesige Bewegung von in ganz Europa gegründeten Pioniersiedlungen entstehen. Unser Beitrag war uns allerdings noch nicht so richtig klar. Bisher hatten wir schon einige unserer Helfer nach Südfrankreich geschickt. Die Eindrücke von Langer Wolfgang, unserem ersten Rückkehrer, waren nicht ganz ungebrochen und wurden mit einer vorsichtig skeptischen Begeisterung vorgetragen. Als praktischen Hinweis erzählte er, dass die Siedlung abseits jeder Einkaufmöglichkeit läge, als Raucher müsse man sich für die Woche den nötigen Vorrat zulegen. Man käme auch schlecht von dort weg, weil sich dort eine Meute von sechzig Schäferhunden herumtrieb. Das Anwesen könne nur in Begleitung einer der Bewohner betreten oder verlassen werden. Das war dem Umstand geschuldet, dass in der Vergangenheit mehrere Felder von Einheimischen angezündet worden waren. Das hörte sich für mich nicht sehr anregend an, aber ich war für den nächsten Tag als zweiter unserer Gruppe in die Zentrale angefordert worden.

Auf der Fahrt übernachteten wir in Basel in einer Wohnung, die als Büro für ihre Organisation diente. Mehrere Ereignisse lösten in mir unterschiedliche Eindrücke aus, von Verwunderung, Ablehnung, Begeisterung bis hin zu Verunsicherung. Dazu gehörte schon die Fahrt in einer neuen Citroen-Limousine und die modern ausgerüsteten Büroräume mit zwei Schlafzimmern und einer Küche. Als wir dort ankamen, waren Leute am Telefonieren. Die Gespräche drehten sich um Spenden und machten einen vor Selbstsicherheit protzenden, professionellen Eindruck. Kurz nach der Ankunft gingen wir zum Essen in ein sehr gutes und teures Restaurant, wozu ich eingeladen war. Sie gaben sich nur das

Beste. Schon hier machte ich die erste Bekanntschaft mit der Hierarchie der Longos, der Funktionärskaste. Nach dem Essen wurde ich ins mir zugewiesene Schlafzimmer verabschiedet. Die Wände waren nicht schalldicht, sodass ich zwangsläufig ein Telefongespräch mitbekam. Dabei drehte es sich um 40.000 DM, die einer von möglichen Spendern beschaffen sollte. Er hatte schon 35.000 DM aufgetrieben und wollte damit zurückkommen. Das wurde aber nicht akzeptiert und es hieß, bevor er die 40.000 nicht zusammen hätte, brauche er sich gar nicht blicken zu lassen. Die Diskussion endete damit, dass der Mann übel beschimpft und danach aufgelegt wurde. Zwischendurch wurde mit einem Typ namens Remi telefoniert, der, wie ich schon von Wolfgang erfahren hatte, so was wie eine Führungsfigur darstellte. Mir kam das alles irgendwie verdächtig vor und hinterließ ein unangenehmes Gefühl in der Magengegend, was sich auch am folgenden Tag auf der Fahrt nach Südfrankreich nicht änderte. Verstärkt wurde das noch von einem jungen Typen aus der Baseler Büromannschaft, der die Weisheit mit Löffeln gefressen hatte und der meine Fragen mit Bemerkungen abwehrte wie, ich solle mich gefälligst gedulden und mich mit der Praxis vor Ort beschäftigen und keine unwichtigen Fragen stellen. Dabei erzählte er selbst großkotzig von seinen Heldentaten bei den »Falken« und gab Selbstverständlichkeiten über den schlimmsten Kapitalismus ab. Aus meiner Minderheitsposition heraus verzichtete ich vernunftgesteuert darauf, ihn wegen seiner Überheblichkeit kräftig zusammenzuscheißen. Mein Magengefühl verstärkte sich daher und wurde auch nicht besser durch ein Essen, wieder in einem erstklassigen Restaurant. Meine Genussfähigkeit erwies sich durch die ersten Eindrücke als sehr beschränkt.

Das steigerte sich bei der Ankunft. Besagte Hundemeute stürzte sich uns mit lautem Gebell entgegen, aber nach kurzen Befehlen zogen sie wieder ab. Der Schreck fuhr mir in die Knochen, sodass ich beim Aufstieg zu der auf einer Anhöhe gelegenen Siedlung große Anstrengung darauf verwenden musste, nicht durch wackelige Beine aufzufallen. Zuerst kamen wir in eine langgezogene große Holzhalle, eine Mischform aus Veranstaltungsraum mit Bühne und Gemeinschaftsraum, eingerichtet mit langen Holztischen und Bänken und einer gut eingerichteten Großküche. Mir wurde gleich ein Typ zugeteilt, der mich durch die gesamte Anlage führen sollte. Das war Philipp, Österreicher und gelernter Landwirt. Wir waren uns gleich sympathisch und er gab mir ein paar Tipps, die sich als nützlich erweisen sollten. Bei der Nutzung der verschiedenen Gebäude offenbarte sich, dass es sich hier nicht um eine Gesellschaft des utopischen Sozialismus handeln konnte. In einer zweistöckigen, großen Halle konnte ich die mit Matratzen ausgelegten großen Schlafräume besichtigen. Dabei bekam ich gleich meinen Übernachtungsplatz zugewiesen. Der war glücklicherweise ganz am Rand neben der Tür, denn so ein Massenlager war nicht mein Ding. Wie sich herausstellte, schliefen da alle bunt gemischt, wobei die Frauen höchstens ein Drittel bei der Belegung ausmachten. Bei meiner eine Woche dauernden nächtlichen Anwesenheit ist bemerkenswert, dass mir nichts an aktivem Liebesleben auffiel. Vielleicht war das auf das anstrengende Tagwerk zurückzuführen. Zwei andere Häuser, in denen sich anscheinend Einzelzimmer befanden, wurden mir nur von außen gezeigt. Diese wurden von Leuten bewohnt, die das Außenbild der Organisation bestimmten. Deren Aufgabe war in erster Linie das Einbringen von Spenden, vordergründig für die Idee, arbeitslosen Jugendlichen in ganz Europa eine sinnvolle Lebensperspektive in positiver Gemeinschaft zu ermöglichen. Wie sich erst im weiteren Verlauf der Bekanntschaft und Zusammenarbeit zeigte, sollte sich das durch eine Strategie verwirklichen, die auf der Grundlage einer sozialistisch-anarchistischen Ideologie die beste Form menschlichen Zusammenlebens versprach. Das Konstrukt ging von Remi aus, der sich als Guru entpuppte. Er wohnte auf dem höchsten Punkt des Geländes allein in einem Haus, nur manchmal hatte er junge Männer zu Besuch, die nicht ständig dort wohnten, sondern aus einem der verschiedenen Kollektive kamen. Um diesen Mann, den ich während meiner zwei Besuche nur einmal zu Gesicht bekam, rankten sich unterschiedlichste Legenden. Aus seiner Biographie heraus, als jüngster Résistance-Kämpfer im 2. Weltkrieg und der Herkunft aus einer Romasippe, habe er die Idee der »Europäischen Pioniersiedlung« entwickelt. Außerdem spielte in dieser bunten Mischung auch noch ein Anarchist aus den Zeiten der Französischen Revolution, dessen Namen ich vergessen habe, für den Überbau eine Rolle. Bei wichtigen Fragen und Entscheidungen wurde letztlich nur Remis Urteil angenommen.

Das Bestreben, die europäischen Länder mit Pioniersiedlungen zu überziehen, um in der Zukunft mit anderen progressiven Kräften aus der Arbeiterbewegung die Macht zu übernehmen, konnte nur mit viel Geld realisiert werden. An Menschen für diese Ideen fehlte es nicht. Aus den

Restbeständen der APO, gescheiterte K-Gruppen und linken Jugendorganisationen wie den Falken, hatten sich die ersten Siedlungen in Österreich, Deutschland, der Schweiz und Frankreich gegründet. Dafür hatte Remi ein System von Strategie und Taktik entwickelt, das sehr erfolgsversprechend war.

Eine Avantgarde sollte in den vorhandenen und weiterhin neu gegründeten Kollektiven, das als Defensive bezeichnete sozialistische Leben in der Zukunft vorbereiten. Das als Offensive nach außen verbreitete Bild richtete sich, je nach Ansprechpartner, an alle gesellschaftlichen Gruppierungen, wie Parteien von ganz rechts bis links, Kirchen, Vereine, praktisch alle, aus denen man Kohle herausleiern konnte. Am beliebtesten waren die sogenannten »Bürgerlichen Liberalen«, von denen es schon in den genannten Ländern »Freundeskreise der Europäischen Pioniersiedlung e. V.« gab, deren Mitglieder sich meist aus Akademiker- und Unternehmerkreisen zusammensetzten.

Beispielsweise sprang da ein Typ herum, der sich später als katholischer Priester herausstellte. Der war von der Kirche extra als Seelsorger für Longo maï abgestellt worden. Die beste Connection zu den reichlich gefüllten Töpfen dieser Institution. Unter anderem hatte die Kulturgruppe in einer südfranzösischen Kathedrale eine LP mit Kirchenliedern aufgenommen, die in vielen Gemeinden einen guten Absatz fand. Dieser Priester arbeitete, wie die anderen Funktionäre, ausschließlich für die Darstellung nach außen. Dabei erlebte ich ihn einmal bei einer Info-Veranstaltung der Kulturgruppe für den Freundeskreis Freiburg. Wir waren eingeladen und bei der Begrüßung, die normalerweise mit einer Umarmung erfolgte, flüstere er uns zu: »Nicht hier, nur Handbegrüßung«. So spielte er dort einen würdevollen Priester, der respektheischend einen gewissen Abstand halten musste. Dazu trug er seine schwarze Berufskleidung mit Priesterkragen.

Zurück bei meinem ersten Besuch wurden mir auch die übrigen Räumlichkeiten, Ställe, Scheunen und Werkstätten gezeigt. Dazu gehörte auch die Ausrüstung mit allen Maschinen, die für die Landwirtschaft gebraucht werden. Die in der Nähe liegenden Felder schauten wir auch an. Ich staunte über einen großen Knoblauchacker, auf dem eine Gruppe mit Hacken unterwegs war, um Beikraut zu beseitigen. Laut Auskunft musste bei manchen Böden Handarbeit angewendet werden. Überall wurde emsig gearbeitet. Als ich eine Bemerkung über die viele Arbeit machte, entgegnete mein Begleiter, das wäre kein Problem, dafür wären genug Helfer da, was noch fehlte seien Leute, die das große Ganze im Blick hätten, die die Idee weitertragen und glaubhaft vertreten könnten. Für mich eine Aufforderung, die intellektuelle Betrachtung der Bewegung stärker in den Fokus zu nehmen, als mit anstrengender körperlicher Arbeit einen Beitrag zu leisten. Schließlich unternahmen wir noch eine kurze Autofahrt zu einer fünfhundert-köpfigen Schafherde. Schafe waren der Hauptwirtschaftszweig, da sie die Grundlage für eine weitere Bewirtschaftung durch Beweidung der Brachflächen legten. Logischerweise nahmen die Schäfer in der Hierarchie, die uns erst im weiteren Verlauf sichtbar wurde, einen Platz im oberen Bereich ein. Nach Ende der Besichtigung erzählte mir mein Führer noch, dass in drei Tagen Plenum sei, bei dem die Besucher, es waren noch zwei andere da, nach ihren Eindrücken befragt würden. Vor der Abreise aus Bundenthal hatte mir Wolfgang schon eine kurze Warnung davor zukommen lassen. Mehr war nicht drin, denn in der kurzen Zeitspanne zwischen seiner Ankunft und meiner Abfahrt, meist in Anwesenheit der Longos, waren wir selten ungestört.

Während der folgenden Tage schaute ich mich überall um, führte Gespräche, wobei auffiel, dass bei den wenigsten authentische Kommunikation möglich war, während die meisten ihr wahres Ich hinter einem gruppeneigenen, ideologischen Slang versteckten, der sich bis in Betonung und Melodie anglich und sogar in der Gestik eine Fortsetzung fand. Für mich besonders grotesk äußerte sich das während der Mahlzeiten, bei denen sich dann siebzig Personen innerhalb ihrer Klischees ergänzten. Ich erzähle das aus der heutigen Sicht, hätte ich das Ausmaß damals schon erkannt, wäre mir vieles erspart geblieben. Zunächst war der Eindruck eines gut funktionierenden Gemeinwesens sehr überzeugend. Bei einem Fest machte die Kulturgruppe Musik, es wurden Arbeiterlieder, Volkslieder, auch Brechtlieder gesungen, begleitet von Instrumenten wie Geigen, Akkordeons, Gitarren und Flöten. Das war richtig gekonnt. Dabei saßen alle in einem großen Kreis auf Strohballen, hatten sich die Arme um die Schultern gelegt, wiegten sich im Takt und sangen viele der Lieder mit. Das übte durch die eindringliche Ausstrahlung liebevoller Gemeinschaft einen starken Eindruck aus. Ein ganzer, am Spieß gebratener Hammel und guter Rotwein unterstützten die gute Stimmung. Außerdem unterhielt ich mich fast den ganzen Abend mit einer jungen

Frau, die aus einem anderen Kollektiv hier zu Gast war und anscheinend auch dem Offensivclub angehörte. Dass wir uns zueinander hingezogen fühlten war nicht zu übersehen, was aber leider eine unliebsame Reaktion auslöste. Ein Typ kam zu uns und flüsterte ihr etwas ins Ohr. Kurz darauf verabschiedete sie sich. Meine Versuche, sich ihr wieder zu nähern, scheiterten. Es war wohl nicht konform, sich einem Neuling zu nähern.

Was ich mir hoch anrechne, ist, dass ich während meiner Anwesenheit kein einziges Mal dort meine Arbeitskraft für diesen Arschlochverein einsetzte. Vielmehr schaute ich mir alle Arbeitsbereiche genau an, verschaffte mir einen Überblick und führte Gespräche. Die damalige Überzeugung, es mit einer guten Sache zu tun zu haben, war noch nicht angeknackst. Für leise Zweifel, die sich regten, wurden Entschuldigungen gefunden. Der Höhepunkt meines Aufenthalts war der Bericht der Gäste vom Eindruck ihres Aufenthalts vor dem Plenum. Von wegen Bericht, das war mehr ein Verhör, in dem jeder aus der siebzigköpfigen Menge seine Fragen stellen konnte.

Ein etwa 18- bis 20-jähriger schüchterner Kerl wurde als erster damit konfrontiert, dass Leute aus den verschiedenen Arbeitsbereichen ihre Eindrücke über ihn von sich gaben. Die bestandenen überwiegend in scharfer Kritik. Ganz schlecht für ihn war seine Zigarettenschnorrerei, die ihm geradezu als Charakterschwäche angekreidet wurde. Wie froh war ich da als starker Raucher über Wolfgangs Warnung. Zwei Päckchen Tabak und Zigarettenpapier retteten mich vor Verlegenheiten. Selbst sein intensiver Arbeitseinsatz wurde nicht positiv bewertet, da er nur gearbeitet habe, ohne sich über Sinn und Zweck der Arbeit zu informieren. An Arbeitssklaven wären sie nicht interessiert. Nachdem sie sich mit weiteren negativen Kritiken an ihm abgearbeitet hatten, kam dann die Frage: »Was willst Du?« Damit können alle sich auf der Suche Befindenden, noch dazu nicht gerade selbstsicheren, jungen Menschen ins flippen gebracht werden. Genau das passierte. Als der schüchterne Kerl stammelnd versuchte, sich durch Hinweise auf seinen intensiven Arbeitseinsatz ein besseres Image zu verpassen, wurde er ausgelacht und ihm mitgeteilt, dass sein Besuch am nächsten Morgen beendet sei. Ich fand das übel und war ein paar Mal nahe dran einzugreifen, aber mein Mut muss sich da im Keller versteckt haben.

Als nächster in der Befragung der Siebzig ging außerdem mir der Arsch auf Grundeis. Wäre nicht nötig gewesen, dann meine Erfahrungen als Schauspieler und bei Diskussionen halfen, eine selbstsichere lockere Schau hinzulegen, teilweise gespickt mit Stories, die das Plenum in Gelächter ausbrechen ließen. Voll erleichtert, das überstanden zu haben, brachte ich bei meinem Betreuer die Rede noch einmal auf den für mich brutal abgewiesenen Jungen. Das müsse so sein, erklärte er. Die Revolution könne nur von starken und selbstbewussten Menschen angeführt werden. Die sozialen Fragen, wozu auch der Schutz der Schwachen gehöre, könnten nach der Revolution geregelt werden. Das war der Kern der Theorie und ich wundere mich noch heute, dass ich zumindest kurzfristig dieser Knochentrockenheit etwas abgewinnen konnte.

Man sollte immer misstrauisch werden, wenn es heißt, man müsse jetzt asozial sein, um später sozial werden zu können. Das gleiche gilt für die Moral. Also jetzt unmoralisch, später moralisch. Ebenso wichtig für jede Sekte sind Feindbilder, auf die Aggressionen gerichtet werden können. Bei den Longos gehörten dazu eben auch teilweise die Besucher. Es muss etwas mit dem Reiz des Elitegedankens zu tun gehabt haben, der jeder Sekte und manchmal ganzen Völkern eingetrichtert wird. Das Horrorbeispiel sind die Nazis, deren Rassenwahn und Übermenschentum Millionen von dummen und intelligenten Idioten bis heute folgen. Jahre später begegnete mir irgendwo ein Buch mit dem Titel »Hitlers Tischgespräche«. Aus dieser Ansammlung grausamer Komik der Unwissenheit ist mir nur ein Ausspruch Hitlers in Erinnerung, in dem er als Beispiel für den Erhalt der Reinheit der Rasse argumentiert, ein Pferd würde sich ja auch niemals mit einer Kuh kreuzen.

Bei meinem anfänglichen Mitläufertum kann ich mir nur zu Gute halten, dass das Bild eines gut funktionierenden, landwirtschaftlichen Kollektivs und einer scheinbar idealen Gemeinschaft sehr überzeugend war. Dieser Eindruck war allerdings schnell vergessen, denn plötzlich kam die Aufforderung, mich stärker bei der Arbeit zu beteiligen. Im Gegensatz zu unserer kleinen Lebens- und Arbeitsgemeinschaft in der Pfalz war mir das alles zu anonym und fremd. Mir war zumindest eine freundschaftliche Nähe wichtig, für die ich meine Arbeitskraft einsetzte, und nicht für unbekannte Menschenansammlungen. Wohl aus diesem Unwillen heraus fuhr mir beim Heben eines schwergewichtigen Teils ein Hexenschuss in den Rücken. Bis heute ist das eine Schwachstelle. Durch Yoga weitgehend unter Kontrolle, muss dennoch in seelischen Stresssituationen immer aufgepasst werden. Mit leicht schräg gestelltem Oberkörper hing ich da jetzt in der Gegend herum und wurde ebenfalls ausgelacht. Anscheinend war das sich über Schwache Lustigmachen eine ihrer Energiequellen.

Mein Begleiter machte da nicht mit, sondern informierte mich, dass Remi heute am gemeinsamen Essen teilnehmen würde. Da er auch heilerische Fähigkeiten besäße, würde er ihn bitten mir zu helfen. Diese, meine erste und letzte nähere Begegnung mit einem »Guru«, zeigte mir einen 50- bis 60-jährigen südländischen Typen, umgeben von den Spitzen der Gruppenhierarchie, unter denen er der Einzige war, der ab und zu was von sich gab, was in seiner Umgebung Gelächter auslöste.

18

Ob man ihn deshalb als humorvoll bezeichnen kann? Leute, die sich in Kontaktanzeigen voller Ernst als humorvoll beschreiben, sind oft gar nicht zum Lachen und mit äußerster Vorsicht zu genießen. Es könnten auch Lustmörder sein. Eine ebenfalls weit verbreitete Humor-Spezies sind Witzeerzähler, die über ihre eigenen Witze am meisten lachen. Eine Variante meines Humors ist es, Witze zu erzählen, die gar keine Witze sind, wobei ich mich über die absolute Verständnislosigkeit des Zuhörers dann vor Lachen nicht mehr einkriegen kann. Das bringt's nur, wenn ein Gegenüber präsent ist. Daher kann ich den werten Leser hier nicht mit meinen Witzen strapazieren, freue mich aber, ihnen vielleicht bei einer meiner Lesungen damit zu dienen.

Genug der Abschweiferei. Mein Anliegen wurde vorgebracht, ein Tisch freigeräumt und ich aufgefordert, mich darauf zu legen. Dabei wurde von Remi viel geredet, allerdings auf Französisch, wovon ich kaum etwas verstand. Der fing, von Gelächter begleitet, an, mich zu massieren, das heißt er walkte mich richtig durch. Nach der Behandlung fühlte ich mich erst mal viel besser, doch schon bald stellten sich die Schmerzen wieder ein – noch stärker. Das dürfte dazu beigetragen haben, nie eine Guru-Hörigkeit aufkommen zu lassen. Auch meine Arbeitsunfähigkeit kam mir sehr zupass. Die restlichen Tage saß ich auf einer Arschbacke ab und freute mich auf unsere kleine überschaubare Gemeinschaft in Bundenthal. Vor der Abreise hatte ich noch ein unheilvolles Erlebnis. Ein Pärchen mit einer vier- bis fünfjährigen Tochter wurde wegen Streitereien in ihrer Beziehung kritisiert, was auch negative Auswirkungen auf die Gruppe hätte. So gab es einen Beschluss, der besagte, dass die Mutter mit dem Kind auf unbestimmte Zeit in das Schweizer Kollektiv versetzt würde, während der Vater dort bleiben solle.

Begleitet von zwei Longos und wieder zurück in Bundenthal, schauten sich diese unsere weit fortgeschrittene Arbeit an, ohne sich zu einem Lob hinreißen zu lassen. Im Gegenteil, sie erschöpften sich ausschließlich in Kritik, vor allem an unserem Bild in der Öffentlichkeit, für das wir viel zu wenig getan hätten. Auch das Sammeln von Spenden, bei dem wir nur mit dem Hinweis auf das Geld des Vaters vom kleinen Wolfgang aufwarten konnten, wurde als lächerlich abgetan. Sie verkündeten uns nach einem Telefonat mit Remi ihren Entschluss, dass sich in Zukunft regelmäßig einer von uns sich in Longo maï aufhalten solle, um sich dort die erwarteten Fähigkeiten anzueignen. Als nächstes fuhr eine der Frauen mit, deren Namen ich nicht nenne, weil ihr damaliges Verhalten ihr jetzt peinlich ist. Bei ihrer Rückkehr erlebten wir einen Menschen, dessen Authentizität hinter einer biomatenhaften Longo-Sprechweise- und Gestik verschwunden schien. Aus meiner über Jahrzehnte angesammelten Menschenkenntnis heraus würde ich sie heute als halb Mensch, halb Fahrrad bezeichnen. Der Hohn dieser Geschichte liegt darin, dass dieses Verhalten ihr später durch die Longos abwertend als Voluntarismus vorgehalten wurde. Harte Kritik und Verunsicherung wird von jeder elitären Bewegung als Mittel der Machtausübung eingesetzt.

Bei uns hatte alles so gut angefangen. Hätten wir nur auf unser Gefühl gehört. Keiner wollte sich eingestehen, dass ihm das Spendensammeln unangenehm war. Uns beherrschte ein »Schizo« zwischen Ablehnung, Akzeptanz und Begeisterung, der sich nach jedem Besuch in Longo maï in stressigen Diskussionen wiederholte. Dabei taten sich inzwischen auch bei uns intern einige Probleme auf. Wie üblich spielte auch die sexuelle Revolution eine Rolle. Dabei sollte die bisherige Praxis des Schafehütens eine neue Stufe der Emanzipation erklimmen. Es wurde ein Konstrukt verabredet, in dem abwechselnd Pärchen mit wechselnden Partnern die Schafe hüten sollten. Jeweils mit zwei Übernachtungen. Hier zeigte sich, dass mich die Erfahrungen im Kinderladen nicht klüger gemacht hatten. Bei allen schönen Momenten unterm Sternenhimmel, am romantischen Lagerfeuer und in unberührter Natur ließen die Verwerfungen nicht auf sich warten. Mich traf es als ersten mitten im Sternum samt Nervenzentrum. Meine Freundin Anni entdeckte ihre Zuneigung zum langen Wolfgang. Ich will niemanden mit meinen Zuständen langweilen, aber von Eifersucht bis gerade noch abgewendeter Schlägerei war alles dabei. Nicht der einzige Betroffene zu sein, war auch kein Trost. Es stellte sich aber heraus, dass die Durcheinandervögelei durchaus ihr Gutes hatte. Wir lernten uns besser kennen. Nach einem holperigen Übergang spielten sich die ursprünglichen oder neu gefundenen Pärchen-Konstellationen wieder ein und das vorher als frei bezeichnete Durcheinander wurde als solches nicht mehr ersehnt, geschweige denn Grund für ernsthafte Diskussionen. Mögen andere sich darüber ein psychoanalytisches Urteil bilden. Wichtig ist, dass diese Geschichten nach kurzen Unruhen nicht dazu führten, uns den Spaß an unserem Projekt zu verderben.

Das lief immer besser. Alles wuchs und gedieh prächtig. Das lag an den ausgeruhten Böden der ehemaligen Brachflächen, die sehr fruchtbar waren. Ein wirkliches Geschenk. Dass dies nicht die Regel ist, haben alle dann mit wachsender landwirtschaftlicher Erfahrung mitbekommen. Sogar unser Verhältnis zu einzelnen Dorfbewohnern änderte sich. Andauernde Freundlich- und Höflichkeit, sowie unsere mit Freude ausgeführte Arbeit trug Früchte. Das machte den Unterschied zu der überheblich arroganten Haltung der Longo-maï-Vorgänger, wie deren Beschreibung der einheimischen Bevölkerung, die sich im Grenzbereich zur Debilität befände. Der Begriff »debil« war ein Lieblingsausdruck der Longos und wurde in passenden und unpassenden Angelegenheiten benutzt. Was mich dabei störte, waren die Verallgemeinerungen. In Gegenden, die früher von Armut und tiefschwarzem Katholizismus geprägt waren, mit Menschen, die auf Knien rutschend Gebete und Litaneien herunterleierten, die aus Angst vor Sünde gar nicht zwischen Gut und Böse unterscheiden können, die in den Abgründen spießigen Kleinbürgertums alles ihren engen Horizont übersteigende Geschehen als Teufelszeug von sich weisen – dass da so manches als debil bezeichnet werden kann, ist nicht zu bestreiten. Noch 2020, während der Teilnahme an einer Beerdigung dort, erlebte ich in der Kirche eine Gruppe alter Klageweiber, die während der gesamten Zeremonie in schrecklich jammernder Gleichförmigkeit irgendwelche Litaneien, Ave Maria oder so was abseierten. Es hätte mich nicht gewundert, wenn ich mit einer Zeitmaschine im Mittelalter gelandet wäre.

Es gab damals dennoch viele, die offenherziger waren und uns mit Rat und sogar Hilfe, wie dem Ausleihen von Maschinen, zur Seite standen. So hätte es weitergehen können, wenn nicht die Besuche in und von Longo maï unangenehme Diskussionen zur Folge gehabt hätten. Auf Dauer war das ein ermüdendes Pro und Kontra, das schließlich mit dem Entschluss endete, die regelmäßigen Besuche dort mit dem Argument zu beenden, dass jede Arbeitskraft vor Ort dringend gebraucht würde. Natürlich war das nicht nur gegenüber Longo maï, sondern auch uns gegenüber eine Ausrede. Wir wollten einfach unser eigenes Ding machen, ohne den ständig kritisch überwachenden Big Brother als Gehirntrigger. Der Entschluss sollte beim nächsten Treffen übermittelt werden. Die zwei Abgesandten aus Longo maï, denen wir das vortrugen, reagierten indifferent und meinten, darüber müsse bei ihnen gesprochen werden.

Hesse Werner, dessen erster Besuch dort anstand, reiste, wie wir meinten, gut vorbereitet als Gesandter nach Südfrankreich. Es gibt so vieles, was einem erst später klar wird. Das zeigte sich auch darin, dass von uns immer nur eine oder einer mitreiste, während die Longos immer zu zweit in Erscheinung traten. Eine einfache Methode. Zwei sind stärker als einer. Eine Tragödie, für mich im Besonderen, war Hesses Rückkehr. Mein bester Freund war nicht wiederzuerkennen. Automatenhaft und mit sturem Blick gab er Bruchstücke irgendwelcher Longoformeln von sich. Hesses Eigenschaften, wie ein milder Autismus und seine Psyche, die nach dem Einwerfen von über 200 LSD-Trips besonderen Einflüssen unterworfen war, schienen einer Gehirnwäsche unterzogen worden zu sein. Unsere Kommunikation war wie abgeschnitten. Ich habe nie, bis zu seinem frühen Abwandern in andere Dimensionen, erfahren, was da passiert ist. Er wollte oder konnte nicht darüber sprechen. Nur ein Ereignis hat er mir später erzählt. Nach seinem Vortrag unseres Entschlusses vor dem Plenum wurde er total kritisiert, beschimpft und auch als Arschloch bezeichnet. Ziemlich durch den Wind habe er nachts in dem Gemeinschaftsschlafsaal wachgelegen. Plötzlich wäre Remi mit einem Begleiter durch die Reihen gegangen, sei bei ihm stehen geblieben und hätte ihm den vollen Psycho verpasst. Im Mittelpunkt stand, er könne nicht schlafen, weil er verklemmt wäre und nicht damit klarkäme, dass in dem Raum gevögelt würde. Er hätte ihm einen eindringlichen Vortrag über seine sexuelle Verklemmtheit gehalten, was von dem anderen Typen vom Französischen ins Deutsche übersetzt wurde. Näheres war nicht rauszukriegen, Hesse muss aber regelrecht verhört worden sein. Es sei der Beschluss gefasst worden, dass die zwei Abgesandten uns als Beistand zugewiesen worden seien, um als Helfer unsere schwache Gruppe wieder zu festigen. Bis dahin sollten unsere drei Kinder nach Longo maï gebracht werden. Ich kann es nicht beschreiben, warum wir dem nichts entgegensetzen konnten. Es war ein Zustand der Hilflosigkeit und Traurigkeit. Ich hatte mich dort wirklich wohl gefühlt. Gleichzeitig war klar: Meine Weigerung, Didel wegzugeben, war auch mein Abschied aus Bundenthal.

Am nächsten Tag fuhr mich jemand nach Karlsruhe. Didel kam wieder zu seiner Mutter und ich begab mich auf die Suche, der Obdachlosigkeit zu entfliehen. Was ich später aus Bundenthal hörte, ließ mich diese Entscheidung nie bereuen. Dort wurde die Richtung äußerst unappetitlich straight. Hesse Werner, der als Fan sämtliche LPs von Jimmy Hendrix besaß, musste diese wegen irgendeinem unsäglichen Grund alle verbrennen. Das sagt wohl alles und damit wird der Bericht über meine einzige Sektenerfahrung beendet. Einige Monate später schon fiel das Haus, angeblich durch Brandstiftung, einem Feuer zum Opfer. Auf einem schnell gefundenen Aussiedlerhof hielt sich, wieder von Longo maï übernommen, die Gruppe noch einige Jahre am Leben. Die Gründungsmitglieder aber verließen nach und nach mit nichts außer einer vielleicht wichtigen Erfahrung den Scheißverein.

Schon am Ankunftstag in Karlsruhe fand ich mich abends im Probekeller wieder. Salat wollte da seit einem Jahr Checkpoint Charlie wieder auferstehen lassen. Mit drei mir bis dahin unbekannten Musikern passte das von der Musik her ganz gut. Die Suche nach Frontfrau oder -mann war bisher erfolglos verlaufen und mein Erscheinen löste eine freudige Überraschung aus. Die Jungs hatten sogar einige von den alten Sachen drauf, die gleich mal angespielt wurden. Sie waren sehr professionell und hatten schon in anderen Bands gespielt. Willi, der Gitarrist, hatte wie Salat auf der Musikhochschule studiert. Jürgen, Bassist und Sänger, spielte in Amiclubs. Lothar hatte da weniger erlebt, war aber ein sauguter Schlagzeuger. Was sie alle drei besonders machte, war eine enge Freundschaft, die seit Kindergarten- und Schulzeit bestand. Wir mochten uns auf Anhieb und die Zusammenarbeit wurde zur Selbstverständlichkeit. Willi bewohnte eine kleine Zweizimmerwohnung im Erdgeschoss eines maroden Hinterhauses in Karlsruhe-Mitte. Da fand ich Unterschlupf. Aus einem zerplatzten Traum kommend, zeigte mir gleich die raue Wirklichkeit ihr Gesicht.

Es war Ende November und während der Faschingszeit, Vereinsfesten und dergleichen spielte Willi bei einer Musikkapelle namens Die Hoffies. Er war das einzige Nichtfamilienmitglied der Hoffmanns. Weil er das Geld brauchte, um seine übers Jahr angesammelten Schulden zu begleichen, unterzog er sich dieser Qual, die er nur unter einem gewissen Alkoholpegel stehend ertragen konnte. Das wurde ihm leichtgemacht, da die Band Publikumswünsche erfüllte, die dann mit Getränken belohnt wurden. Sein Getränk, Cola mit Cognac, hatte ihm den Namen Asbach Willi eingebracht. Er meinte, als Leuteschocker müsse ich selbst auch mit Schocks fertig werden. Ich solle mir das auf jeden Fall mal antun, vielleicht spränge ja ein Text dabei raus. In einem rammelvollen, mit Faschingsdeko ausgeschmückten, riesigen Brauereifestsaal, quetschte ich mich an eine Wand, um nicht den grölenden, schunkelnden Massen hilflos ausgesetzt zu sein. Die Lieder, die ich mir dann anhören musste, machten mich völlig kirre. Das war mir noch nicht untergekommen. Nach einer Stunde verließ ich die Veranstaltung mit tiefem Mitleid, aber auch mit großem Respekt vor dem Cognacsaufenden Willi, der die Tortur bis in die frühen Morgenstunden überstehen musste. Hier nur ein paar jener Liedtexte, die ich natürlich vergessen habe, die Willi mir aber aus Anlass dieses Buches übermittelt hat. Aufgrund der für ihn fast traumatischen Erfahrung konnte er sie noch auswendig:

Lesbisch, lesbisch und ein bisschen schwul.
Wir bumsen hier, wir bumsen da
1000 nackte Weiber auf dem Männerpissoir

Alle Buben haben, alle Buben haben
einen kleinen Zinnsoldaten
Alle Mädchen haben, alle Mädchen haben
einen kleinen Schützengraben

Zwischendurch wurden Witze gemacht die ich nicht begriff, wie:

Alle Mann aufs Dach
der große Hund ist los

oder:

Jeder Mann hat 100.000 Schuss, wenn die weg sind, ist nichts mehr.

Eine Nazireplik durfte auch nicht fehlen, die mit dem Lied »Schwarzbraun ist die Haselnuss, schwarzbraun bist auch Du« erfüllt wurde.

Willi hätte noch einiges an Texten draufgehabt, aber mit »Trara, trara wir fahrn ins Puff von Barcelona«, will ich es genug sein lassen.

Außer einem Dach über dem Kopf war von Anfang an auch für das leibliche Wohl gesorgt. Regelmäßige, große Tüten mit Lebensmitteln von Willis Mutter und sein Lohn aus der fünften Jahreszeit sorgten für den Unterhalt.

Bevor ich mich wieder dem Allerwichtigsten, der Lebensader Checkpoint Charlie zuwende, fühle ich mich gezwungen, ein Ereignis am Rande nicht zu verschweigen. Warum mich ein Thema immer wieder einholt, möchte ich weder ergründen, noch in die tiefere Bedeutung erkenntnistheoretisch eindringen. Das soll dem Leser überlassen bleiben, der wahrscheinlich schon ahnt, um was es sich im weitesten Sinn handelt, nämlich um Scheiße. Ich kann ja nichts dafür, dass dieser Stoff sich in meinem Leben immer wieder aufdrängt.

Ein Nachteil von Willis Quartier bestand im Fehlen eines Klos, das heißt, es gab eines außerhalb der Wohnung, als Häuschen im Hinterhof, allerdings nur als Fragment. Die Kloschüssel fehlte, nur das Restunterteilrohr konnte bestenfalls als Abfluss zum Pinkeln benutzt werden. So waren wir auf Kneipen oder den Proberaum angewiesen. Das folgende Ereignis darf nicht unerzählt bleiben, auf die Gefahr hin, den werten Leser mit meinen Scheißgeschichten zu überfordern. Ich verspreche aber, dass es dann damit ein Ende hat, obwohl mir das Thema noch oft begegnet ist, wie zum Beispiel mit einem Mann aus Frankfurt, der wahrscheinlich das einzige Scheißemuseum der Welt betreibt, mindestens in Europa. Als Weltreisender sammelte er dabei die Scheiße tausender Tiere und Insekten von der Ameise bis zum Schnabeltier, von der Raupe bis zum Nilpferd, die er dann in durchsichtige Würfel aus Kunstharz eingießt und damit der Vergänglichkeit entreißt. Sein Glanz- und Paradestück war ein riesiger Brocken Tyrannosaurus-Rex-Scheiße. Aber wie erwähnt, mit diesen Geschichten soll nach der Hinterhofgeschichte Schluss sein.

Dort wohnte über uns eine Frau, deren Name uns dadurch bekannt wurde, dass wir regelmäßig spät nachts durch ein besoffenes »Hiiiiiiiildegaaaaaad, Hiiiiiiiiiiildegaaaad« geweckt wurden. Der Geräuschpegel flaute erst ab, wenn Hildegard den Mann rein ließ, oder wenn er sich nach vergeblichem Geschrei im Eingangsbereich einer anderen vom Hof abgehenden Wohnung mit Bundeswehrschlafsack und alten roten Federbetten ein Nachtlager bereitete. An Abenden, an denen Hildegard ihn rein ließ, ging die Lautstärke über uns mit Poltern und besoffenem Gelalle noch eine ganze Weile weiter. Es handelte sich um Leute aus der Penner-Szene. Hildegard bin ich selten begegnet, aber es reichte, um einen Zustand totaler Verwahrlosung zu erkennen. Eines Tages fand Willi vor einem unserer Fenster im Erdgeschoss einen großen Haufen Scheiße. Auf der Suche nach der Ursache entdeckten wir, dass sich an der Hauswand ab dem Fenster im ersten Stock braune Striche und Flecken abzeichneten, die in dem Haufen ihren Endpunkt fanden. Diese Einmaligkeit des aus dem Fenster Scheißens verpflichtet mich gegenüber der Nachwelt dazu, diesen Vorgang dem Vergessen zu entreißen.

Das nur nebenbei. In erster Linie musste ich jetzt dem Anspruch gerecht werden, die Band mit guten Songs und Sprechtexten zu versorgen. Aus dem einfachen Landleben kommend, verschaffte mir der Kontrast zum städtischen Konsumbetrieb sofort genug Eindrücke und Einfälle, um innerhalb von zehn Tagen ein abendfüllendes Programm, genannt »Rockrevue Blutsturz«, auf die Beine zu stellen. Es beschrieb die Geschichte des Pärchens Uschi und Karl-Hein Bauschutt, die durch entfremdete Arbeit und einen dadurch ausgelösten Konsumtrieb ihre Deformationen an ihre Kinder weitergeben. Wir waren so angeturnt, dass man uns bis kurz vor Weihnachten fast jeden Tag im Proberaum fand. Wir waren so weit, einem Auftritt stand nichts mehr im Weg. Nur die Anlage war jenseits professioneller Ansprüche. Wir errechneten eine Summe von ca. 5.000 DM, um zumindest auf Ratenbasis das Nötige zu besorgen. Aus unseren Beratungen entstand der Beschluss, dass jeder versuchen sollte, so viel Kohle aufzutreiben wie möglich. Das klappte prima. Von jedem kam im Schnitt etwas mehr oder weniger als ein Tausender zusammen. Meistens geliehen. Mein Beitrag bestand aus dem Erlös eines Meißner Porzellanservices, das bei Karin untergestellt war. Meine Mutter, inzwischen als Altenpflegerin im Altersheim und Bewohnerin einer kleinen Zweizimmerwohnung, hatte dafür keinen Platz und es mir weitergereicht. Es war ein großer Berg Geschirr, den ich für einen Tausender in einem der Geschäfte des Vaters von Stalinjörg ganz bestimmt weit unter seinem Preis verkaufte.

Nach Probenschluss machten wir am späteren Abend die Kneipen durch. Ich kannte da immer noch einige Leute, auch von denen, die uns

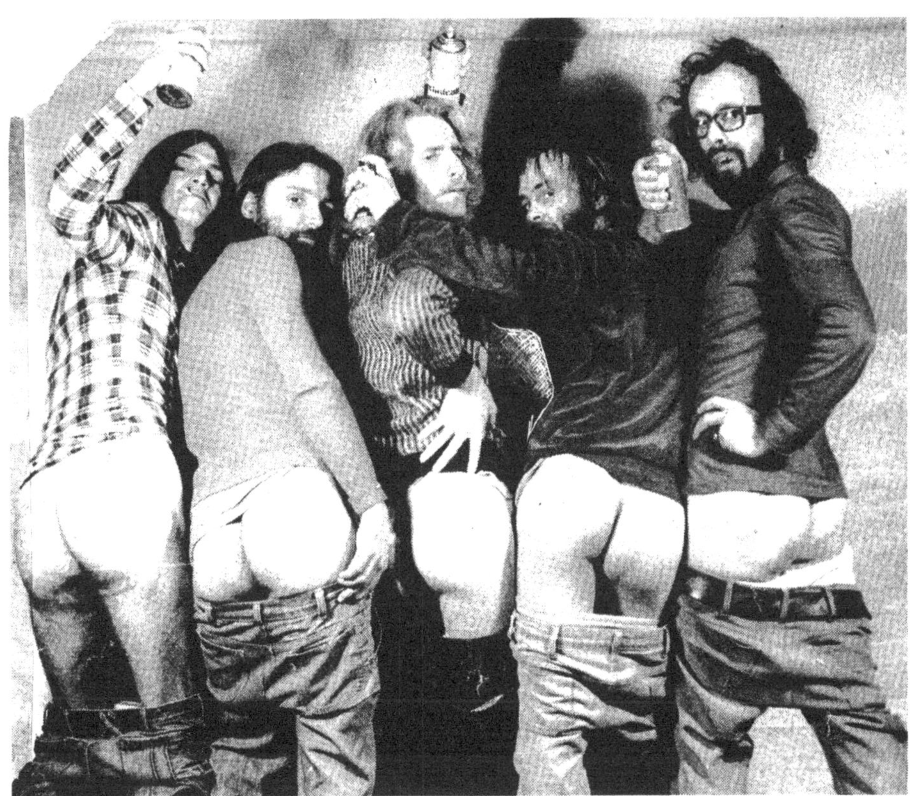

Foto: Bernd Elsner

in Bundenthal besucht hatten und sich Gedanken übers Aussteigen und ein selbstbestimmtes Leben auf dem Lande machten. Auch in mir waren diese Ideen, trotz Longo maï, nicht gestorben. Vorerst jedoch stand Checkpoint Charlie hundertprozentig im Vordergrund. Im neuen Jahr streckten wir gleich die Fühler aus, um die ersten Gigs an Land zu ziehen. Das klappte gut und der erste Auftritt musste selbstverständlich in Karlsruhe stattfinden. Schon bei der Eröffnung des Programms war uns etwas eingefallen. Ein Kumpel arbeitete bei einer Werbefirma, die jene riesigen, aus mehreren Teilen zusammengesetzten Plakate produzierte, wie z.B. für Palmolive, Persil und alle möglichen anderen Produkte. Da blieben immer viele übrig, die er uns besorgen konnte. Vor Beginn der Schau sah sich das Publikum jetzt einem vor die ganze Bühne aufgespannten Plakat gegenüber. Nach penetrantem Abspielen der blödesten Werbespots sprangen wir laut kreischend durchs Plakat, die zerfetzten, zusammengeknüllten Teile ins Publikum werfend. Damit erfüllten wir unseren Anspruch, durch eine extreme Eröffnung dem Publikum die komplette Aufmerksamkeit abzuverlangen. Dieser erste Auftritt in Karlsruhe wurde mit Begeisterung aufgenommen, wobei das Publikum aus Leuten bestand, die von uns schon einiges gewöhnt waren. Voller Euphorie führte das bei uns zur totalen Fehleinschätzung der Publikumsreaktionen, die das Programm auslösen könnten. Zur Verständlichkeit der Ursachen hier der Eröffnungstext der Rockrevue, auch weil es davon wie auch von »Rockoperette Scheiße« und »Notwehr« keine Tonträger gibt.

ROCKREVUE BLUTSTURZ

Dies ist die romantische Liebesgeschichte von Uschi Müller, geb. Bauschutt, früher Büroangestellte bei der Firma Müller-Wipperfürth, jetzt Hausfrau, und Bernd Müller, technischer Zeichner.

Chor: Wir wünschen Euch ein frohes Wochenende, das schönste Wochenende der Weltanschauung.

Uschi und Bernd lernten sich auf einer Party kennen. Gleich nach Feierabend an jenem Schicksalstag spürten beide, dass dies ein ganz besonderer Tag in ihrem Leben werden würde. Uschi bereitete sich sorgfältig auf die Party vor. Sie zog ihr neues Cocktailkleid aus der mit Persil gefüllten Waschmaschine, sie presste es an sich, erwartungsvoll, fühlte sich wie neu geboren.

Liebe Uschi, ich bin Dein Gewissen
Du bist auf dem rechten Weg
aber hast Du auch an alles gedacht

Vor der kreisrunden Tür der Waschmaschine kniend, liefen kleine, nach Persil riechende Schauer über ihren Rücken. Wie eine Offenbarung des Lichts lag das Kleid in ihren Händen, so weiß, weißer geht's nicht.

Gut gelaunt, fröhlich, optimistisch, mit dem Gefühl, ihre Aufgabe musterhaft erfüllt zu haben, setzte sie sich in den bequemen Fernsehsessel und zündete sich eine Zigarette an. Extra lang für Frauen und dachte an ihn, den sie zwar noch nicht kannte, dessen Bild sie aber schon vor Augen hatte. In Gedanken an ihn:

Song: Nur Du, Du, Du, Duu allein
könntest alles für mich sein

schaltete sie den Fernseher ein und griff automatisch nach dem Fernsehgebäck, auf ihre reizende, neckische Art daran herumknabbernd. Sie wollte gerade etwas einschlafen, denn die Arbeit heute im Büro war sehr anstrengend gewesen, als die Werbung sie kerzengerade emporschnellen ließ.

Wo die Reinheit nicht ist,

ist die Zuneigung des Partners in Frage gestellt. Da sprang Uschi ängstlich auf. Oh Schreck, nur noch zwei Stunden Zeit bis zur Party. Schnell streift sie die Kleider ab und huschte ins Badezimmer. Unter der Dusche begann sie ihren augenblicklichen Lieblingsschlager zu singen.

Roy Black Song: Schön ist es auf der Welt zu sein, sagt die Biene zu dem Stachelschwein

Dann trocknete sie sich schnell ab. Wie muss man doch als Frau daran denken, unangenehme Gerüche zu vermeiden. Eine leise Wut über derartige Peinlichkeiten stieg in ihr hoch. Sie griff schnell nach dem Intimspray und spritzte sich durch mehrmaliges Drücken eine Doppelladung Spray in die Möse. Das wunderbar freie Gefühl, das Intimkosmetik vermittelt, stellte sich sofort ein. Ein paar Striche mit dem Deodorant machte sie vollends sicher. Sie putzte die Zähne mit einer Zahnpasta, die dem Atem einen aufregenden Geschmack verlieh und brachte ihr Haar mit Taft in eine ordentliche Form. Dann putzte sie schnell mit einem Kleenex-Tuch ein paar Spritzer von Spiegel und Kacheln und alles ist wieder appetitlich sauber und keimfrei. Schnell zieht sie ein Höschen über, das im Schritt geöffnet ist, sowie den BH, der ihren Brüsten eine schönere Form verleiht, zieht das Cocktailkleid an und schaut in den Spiegel. Sie ist schön und begehrenswert und ein kleines Lächeln erscheint auf ihrem Gesicht, als sie daran denkt, dass es ihr nicht schwerfallen dürfte, den richtigen Mann an sich zu fesseln. Die Frische und Gepflegtheit, dazu der betörende Körpergeruch, welcher Mann konnte da widerstehen? Dafür hat Uschi diesen Monat etwas viel ausgegeben. Allein das neue Kleid und die Kosmetika haben sie 360 DM gekostet. Sie verdient 900 DM netto und muss davon noch Wohnungsmiete, Essen usw. bezahlen. Das Geld ist gut angelegt, denkt sie. Sie muss immer daran denken, dass sie als Frau anziehend wirken muss und gepflegt. Die Arbeit im Büro macht wirklich keinen Spaß und so möchte sie wenigstens ihre Freizeit genießen und auf den Mann ihres Lebens warten, der ihr Liebe gibt und mit dem sie ihre eigene Welt aufbauen kann.

Coca-Cola Song
Die Uschi hat die Taschen leer
aber ihre Pussy schmeckt nach mehr
denn sie macht diese Coca-Cola-Spülung

Der restliche Text des Coca-Cola Songs ist verschollen.

Etwa um die gleiche Zeit wie Uschi verlässt auch Bernd frisch gewaschen und frisiert sein Zuhause. Er nimmt schnell seine Topkraft 66 Fluid Tablette ein, denn unsere Zeit fordert Aktivität, um verbrauchte Kräfte schnell zu erneuern. Während er die Straße hinuntergeht, gehen viele Gedanken durch seinen Kopf.

Song: Mit Heiratsanzeigen – Totenanzeigen

Dann dachte er daran, dass sich heute Abend etwas Entscheidendes ereignen würde. Er dachte an seine Wunschfrau. Lieb musste sie sein und anschmiegsam, am besten ohne Angehörige, dass sie ganz für ihn allein da sein könnte. Vielleicht ein Waisenkind. Wie schön würde es sein, wenn sie ihn abends nach der Arbeit mit einem freundlichen Lächeln und einem Kuss an der Tür seiner Junggesellenwohnung empfangen würde.

Action-Song von Ur-CPC: »Er war ja nur ein armes Waisenkind«

Tonband: Und wie es kam was kommen musste. Uschi Bauschutt und Bernd Müller wurden ein Paar. Nach der Party fragte er sie, ob er noch einen Kaffee in ihrer Wohnung mit ihr trinken dürfe und es wurde eine ganze Nacht daraus.

In dieser Nacht wurde klein Fritzle, der Held unserer Geschichte, gezeugt. Bald darauf bildeten Uschi und Bernd eine Familie. Die Gespräche drehten sich um die Wohnungseinrichtung, einen neuen Fernseher, ein Auto usw. Sie verbrachten sehr viel Zeit damit durch die Stadt zu gehen und die Schaufenster zu betrachten. Nachdem sie ein halbes Jahr verheiratet waren, hatten sie eine voll eingerichtete Wohnung von Möbelmann, Farbfernseher, ein 12-teiliges Besteck, vieles andere, ein Auto, das sich sehen lassen konnte, 8.000 DM Schulden, die in Raten abgezahlt werden mussten, und Uschi hatte noch nie einen Orgasmus. Zum Ficken kamen sie ohnehin nicht mehr oft, da Bernd Überstunden machen musste, denn sie hatten sich finanziell übernommen. Uschi las viele Illustrierte und tröstete sich damit, dass die Großen auch ihre Sorgen hatten. Wieviel Liebeskummer musste Kaiserin Soraya ertragen und die Ehe zwischen Prinzessin Margret und Tony war auch gestört. Wenn Bernd müde nach Hause kam, sahen sie oft noch fern. Wenigstens der Fernseher brachte ein paar schöne Stunden.

An einem dieser Abende passierte Bernd, was so vielen Menschen unserer dynamischen Gesellschaft passiert. Er schlief während dem Fernsehen ein. Dann hatte er einen sonderbaren Traum: Er ist auf einer Party und sitzt an der Hausbar, als plötzlich der Cocktailmixer explodiert. Der versehentlich von einem Splitter getroffene Schah von Persien bricht in der Mitte auseinander und hinterlässt auf dem 100 Prozent reinen, echten Perserteppich eine Gänsehaut. Einige Partygäste, die gerade mit Rateficken beschäftigt sind (ein Spiel, bei dem jeweils Mann und Frau mit verbundenen Augen raten müssen, wer bei wem drinsteckt, bzw. wer wen drin hat), fahren erschrocken zusammen. Beim Erleiden einer kleinen Menschlichkeit des Kronprinzen der Niederlande (Furz) verkrampft sich das Gebiss des Gastgebers im Parkett und schleudert Holzsplitter in den offenen Kamin. Plötzlich schlagen zehn erregte Schwänze im Takt das Lied: »So ein Tag, so wunderschön wie heute«, auf die Cocktailbar. Ein hündisch blickender Katholik isst Blutsuppe und drückt sich die hier als Bierdeckel verwendeten Hostien unter die Vorhaut. Ein Gast der neben ihm sitzt, weiß Interessantes zu erzählen. Er ist Mitglied des Vereins für die vegetarische Ernährung von Haustieren und Erfinder einer Zahnpasta für radioaktiv erzeugten Zahnschmelz.

Ein kleiner Einschub: Auch ich habe mich viele Male als Erfinder versucht, jedoch leider nie einen Interessenten gefunden, der sich bereit erklärt hätte, etwas davon in Serie zu produzieren. Eines dieser Produkte liegt mir wegen seiner Nachhaltigkeit besonders am Herzen: Die Baderöhre. Am besten veranschaulichen lässt es sich am Beispiel des Michelin-Männchens mit seinem aus Wülsten zusammengesetzten Gummianzug aus natürlichem Kautschuk. Ähnlich, nur ohne Wülste, mit steifem, 20 cm Scheibenkragen, endend mit ebensolchem Abschluss an jedem Bein, sieht die Baderöhre aus. Nun kann durch einfüllen durch den Einfüllstutzen am Hals mit nur zwei Liter Wasser und etwas flüssiger Seife der Reinigungsvorgang beginnen. Die Möglichkeit, mit der Baderöhre allen möglichen Tätigkeiten nachzugehen, vor allem Spazierengehen, hat sich sehr vorteilhaft gezeigt, da durch die Bewegung die Säuberung mit einer geringen Menge an Seife und Wasser den besten Nachhaltigkeitswert erreicht. Zum Endc dcs Rundgangs kann dann durch Pressen auf die am Kragen angebrachten Düsen Wasser für die Haarwäsche entnommen werden. Das Gleiche gilt für den Scheibenabschluss über den Füßen. Durch kleine Wasserhähne am Bein kann das Restwasser genutzt werden, um die Füße zu waschen. Weitere meiner Erfindungen müssen woanders ihren Platz finden. Das würde meinem Empfinden nach diesem Buch einen zu technologischen Schwerpunkt verleihen. Das nur nebenbei. Nun zurück zum Traum.

Plötzlich unterbricht ein Aufschrei ihre Unterhaltung. Ein von Motten befallener Dressman entfernt seine Gesichtsmaske, Marke: ›Was kann denn schöner schöner sein‹ und hängt seinen Friedhofsspargel in den

Ausschnitt der First Lady, die diesen mit dem Ausruf: »Heintje, fick mich«, wieder hervorzieht und ihn mindestens zwölfmal schmatzend zwischen ihren Blutwurstlippen hindurch zieht und ihn dann unter der Absolution des anwesenden Papst Paul des 6. in ein Stück Kesselfleisch wickelt, worauf der Dressman sie über die Schwelle trägt und die Lebensgemeinschaft durch ein gegenseitiges Lecken des Dammes besiegelt wurde. Plötzlich ist ein Riesenkrach im Raum. Ein bärtiger, langhaariger Typ ist eingedrungen und schlägt der Kennedy-Statue auf dem Kamin mit einem Schlag den Kopf ab und geht wieder. Der Gastgeber fängt sich schnell und holt eine neue Kennedy-Statue aus dem Schrank und stellt sie auf, während dufte Partymusik erklingt. Bernd ist das alles etwas peinlich. Er setzt sich in den Fernsehsessel und betrachtet die Sportschau. Er wundert sich etwas, dass er als Kopfbedeckung die Absaugvorrichtung eines Staubsaugers trägt, unter der die Haare wie ein Stück kurzgemähter Rasen hervorschauen, der nur aus dem Vorgarten des Bundespräsidenten gestohlen sein kann. Er trägt ein gestreiftes Sporthemd, während sein Unterkörper nackt ist und betrachtet das Fußballländerspiel. Mit seinen spiralförmigen Greifern drückt er sich eiskalte Cocktails in die Geschmacksfurche, mit der anderen Hand auf den 37 Programmtasten seine Lieblingsmelodie spielend. Von Zeit zu Zeit pisst er in die Schüssel mit Fernsehgebäck. Bei jedem Tor schmeißt er die Schüssel hoch und lässt sich das Gebäck auf die Glatze prasseln, um sich dann die feuchtwarmen Vanillebiskuits auf dem Luststeg, sowie auch um die Lust zu erhöhen auf der Innenseite der Schenkel langsam zu zerreiben. Sein Gehirneikern drückte ihm blutiges Dotter durch die Poren auf der Stirn, als das zweite gegnerische Tor fällt, und nässt ihm die Augenwinkel. Das Spiel ist zu Ende. Er öffnet den Reißverschluss an seiner rechten Körperhälfte und lässt den angesammelten Sexualeiter in eine bereitgestellte Schüssel fließen. In einer letzten gewaltigen Konvulsion stellt sich sein Schwanz in die Höhe und lässt drei Pfund Pfanni Kartoffelpüree gegen den Fernseher klatschen, sodass die Bildröhre mit einem ohrenbetäubenden Knall explodiert. Von diesem Knall wachte Bernd auf und hatte den Traum auch schon wieder vergessen. In diesem Moment betrat Uschi das Zimmer. »Hast Du mir mein Bier mitgebracht?«, fragte Bernd. »Nein«, sagte Uschi und Bernd wollte schon böse werden, als Uschi sagte: »Ich habe eine freudige Nachricht: Wir bekommen ein Kind«. Auch Bernd freute sich, aber er dachte auch gleich daran, dass sie sich sehr würden einschränken müssen, denn ein Kind kostet Geld. Er gab Uschi einen Kuss. »Ich komme gleich wieder«, sagte er. Dann lief er fort und kaufte eine große Packung Mon Cheri und schenkte sie Uschi. Sie sprachen noch ein wenig über die finanzielle Seite der Angelegenheit, dann sahen sie noch etwas fern und aßen die Mon Cherie dazu. Neun Monate später kam Fritzle zur Welt.

19

Soweit der Text von »Blutsturz« bis hierher. Er ist wichtig, um die Reaktionen auf die nächsten Gigs nachzuvollziehen. Da war zunächst der Auftritt an der Uni in Mainz wie eine kalte Dusche. Weit kamen wir nicht. Eine größere Gruppe, hauptsächlich Frauen, störten mit »Aufhören!«- und »Scheiße, Scheiße!«-Rufen. Die Beschreibung von Uschis Party-Vorbereitungen war beim Coca-Cola-Song angekommen, als die Störungen einen Grad erreichten, der uns zum Aufhören zwang. Also war wieder mal Diskussion angesagt.

Für die Frauen war die Uschi-Darstellung frauenfeindlich. Als doofe Tussi mit durch Werbung klischeehaft produzierten Gefühlen und Verhaltensweisen. Besonders sauer waren sie über unsere Dia-Show, die zugegeben teils ziemlich voyeuristisch war. So wurden beim Cola-Song eine überdimensionierte Vulva, später eine weibliche Comicfigur mit einem Riesenschwanz in der Hand, an die Wand projiziert. Der Vorwurf war, wir würden unsere pornografischen Männerphantasien widerspiegeln. Damit wären sie als Frauen tagtäglich konfrontiert und wollten sich dem nicht noch einmal abends aussetzen. Außerdem sollten wir als Männer erst mal von uns ausgehen und zeigen, wie wir von der Werbung verarscht und in Rollen gezwungen würden, mit denen wir nicht zurechtkämen. Die Beschreibung von Uschi Bauschutt bei der Vorbereitung zur Party spiegele pornografische Männervorstellungen wider und habe mit Kritik an der Vermarktung der Frauen in der Werbung nichts zu tun. Das von uns mit Stöhnen begleitete Überstreifen des Slips vermittele den Eindruck, das Fertigmachen zum Ausgehen sei für die Frau eine Befriedigung an sich. Warum sie das mache, ihre Ängste, Hoffnungen, Sehnsüchte, Wünsche, Erwartungen, sei nicht erkennbar. Aber gerade dies meinten wir beschrieben zu haben. Nicht abstreiten lässt sich das Ausbaden in voyeuristisch, pornografischen Bildern.

Auffallend bei der Diskussion war, dass sie sich fast ausschließlich zwischen uns und einer verhältnismäßig kleinen Gruppe von Frauen abspielte und dies in einem mehrheitlich mit Männern voll besetzten Saal. Ein einziger Mann nahm wütend für uns Partei ein, indem er argumentierte, dass die Frauen ihren Frust über täglich erfahrene, sexistische

Scheiße hier an ein paar Musikern auslassen würden. Es ginge ihnen gar nicht um Diskussion und Auseinandersetzung, sondern darum, hier ihre Macht zu demonstrieren. Die Frauen steigerten sich immer mehr in eine feindliche Haltung hinein, gefördert von Salat, der die Gabe besaß, provozierende Spitzen zu setzen. So meinte er in seiner manchmal arroganten Art, unser Publikum würde nicht aus abgehobenen Großstadtfrauen bestehen, die aufgrund ihres Bewusstseins mit der dargestellten Problematik nichts anfangen könnten. Dagegen gäbe es genug Frauen in der Provinz, wo wir großen Anklang finden und Denkprozesse in Gang setzen würden, was den Sprechchor »Dorfmissionare, Dorfmissionare, aufhören, aufhören« auslöste. Die Aufregung steigerte sich noch, als unser mutiger Verteidiger etwas pathetisch behauptete, es ginge hier nicht um den Konsum von bürgerlicher Kultur, sondern um einen kulturrevolutionären Anspruch, den wir vertreten würden, die Frauen, die uns behinderten, jedoch nicht.

Ein gutes Ende war nicht in Sicht. Wir verzichteten auf die Weiterführung des Programms mangels masochistischer Charaktereigenschaften und spielten noch eine Weile guten alten Rock'n'Roll, was aber auch die geballte Ladung Indifferenz, die den Abend überschattete, nicht auflösen konnte. Salat und ich waren einiges gewöhnt, starke Reaktionen hatten fast eine gewisse Normalität. Die Jungs waren aber ganz schön verunsichert und am Zweifeln. Das steigerte sich beim nächsten Gig im linken Frankfurter Szene-Club »Batschkapp«. Dort ließ schon lange vor Beginn der Einlauf einer größeren Gruppe Frauen mit tiefernster Miene, manche mit Trillerpfeifen um den Hals, Schlimmes erahnen. Im Nachhinein war zu erfahren, dass die Mainzer einen Rundbrief an alle möglichen Frauengruppen- und Zentren losgelassen hatten, in dem aufgefordert wurde, die üblen Chauvi-Checkpoints bei ihren frauenfeindlichen Auftritten zu stören, noch besser: sie zu verhindern. Im Unterschied zu Mainz begann in Frankfurt die Störung früher, unter Geschrei und dem Einsatz von Trillerpfeifen. Schon bald unterbrachen wir und versuchten die Frauen zu überzeugen, uns erst mal spielen zu lassen und dann zu diskutieren. Da war nichts zu machen, auch nicht von Typen, die eher schüchtern versuchten, uns bei diesem Vorschlag zu unterstützen. Das lief ins Leere. Unsere Wut über die Ergebnislosigkeit führte zum Aufdrehen der Verstärker und der Fortsetzung des Programms, was jede Störung übertönte. Das gelang immerhin bis zur Cola-Spülung, welche die Frauen so erboste, dass sie die Bühne stürmten und es irgendwie schafften, uns den Saft abzustellen. Bei dem Versuch, das zu verhindern, kam es zu einem regelrechten Handgemenge, bei dem sich Salat und Jürgen einige Kratzer zuzogen. Ein Vergleich zu den vom Comiczeichner Crump dargestellten »Militanten Panthertanten« ist da angebracht. Dann ging nichts mehr außer unproduktiver Diskussion, die dann im Auflegen von Platten durch die Batschkapp-Leute ihr Ende fand. Nicht aber die Diskussion, die in mehreren Ausgaben des »Pflasterstrand«, einem linken Frankfurter Spontiblatt, ihre hoch erregte Fortsetzung fand. Für uns war das auf längere Sicht gesehen als positiv anzusehen, als Zuführung eines sich vergrößernden, interessierten Publikums. Die Reflektion in der Band führte zu der einhelligen Meinung, dass etwas passieren müsse. Die fortlaufende Konfrontation mit wütenden Frauengruppen konnte wirklich nicht in unserem Interesse sein. Da gingen unsere Wünsche wirklich in eine ganz andere Richtung. Das Programm an sich wurde nicht in Frage gestellt, aber gewisse Entschärfungen und Gewichtungen ließen sich nicht vermeiden.

Viele Veränderungen brauchte es gar nicht. Anstelle der Party-Vorbereitung Uschis begann ich den Text nun mit Bernd. Bei Uschi wurden Dias und Beschreibungen entfernt. Die Coca-Cola-Spülung ließ ich mir trotz kontroverser Meinungen aber nicht streichen, da ich den Text für eine geniale Darstellung des Konsumterrors hielt. Schon beim nächsten Auftritt in Kassel trugen die Veränderungen Früchte. Auch da lief wieder eine Gruppe gebriefter Frauen ein, von denen aber außer Beifall nichts zu hören war. Danach kamen wir ins Gespräch. Sie erzählten von dem Brief und vermittelten uns ihr Unverständnis, warum wir frauenfeindlich sein sollten. Über die Textveränderungen klärten wir sie nicht auf, baten sie vielmehr darum, auch einen Rundbrief mit ihrem Eindruck an Frauengruppen zu versenden. Das haben sie tatsächlich getan. Wir erfuhren später, dass sie uns in dem Brief unter anderem als total nette Jungs beschrieben hatten. Das von Frauen gesagt zu bekommen, ging natürlich runter wie Öl. Bei Männern hätten wir das als Verunglimpfung unseres Selbstbildes empfunden, das seine Identifikation, Ästhetik und Energie aus mutigem Räuber-, Rebellen- und Revoluzzertum schöpfte. Gerade in diesen nicht immer erklärbaren Widersprüchlichkeiten liegt der Reiz, der uns nach der Wahrheit suchen lässt, die, aus vielen Wahrheiten zusammengesetzt, vielleicht nie gefunden wird.

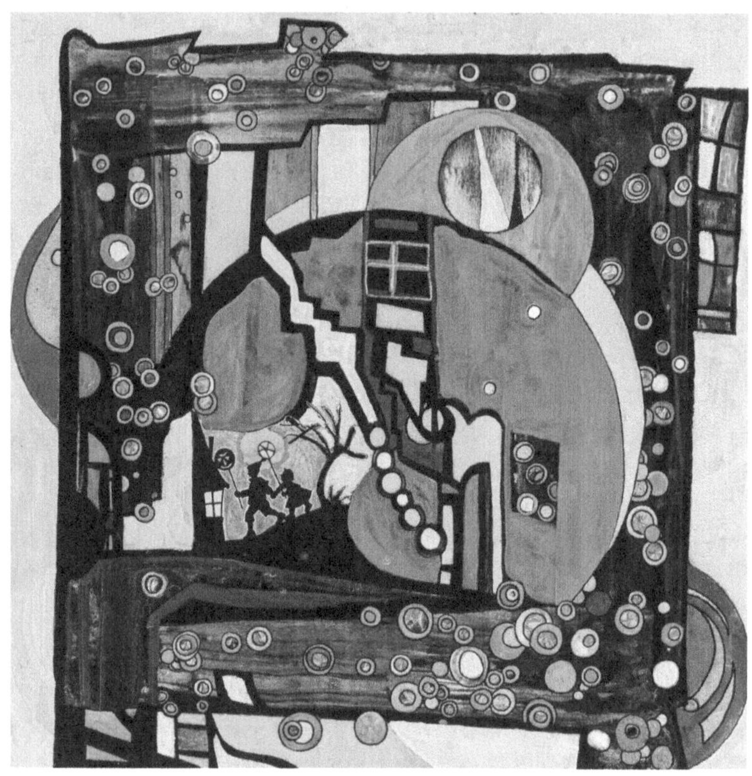

Uwe v. Trotha: »Nach Hause gehen«, 1978

Das Malen von hyperidyllischen, naiven, ländlichen Heile-Welt-Bildern war eine von meinen Wahrheiten, die bei einem Besuch der Musiker von Missus Beastly Erstaunen auslösten. Sie hatten sich mit anderen Bands wie Embryo, Ton Steine Scherben, Sparifankel und Munju zu einem von der Industrie unabhängigen Kollektiv zusammengetan und organisierten die Gigs, Plattenproduktion und Vertrieb eigentlich selbst. Da wollten wir natürlich mitmachen, wurden mit offenen Armen aufgenommen, was unsere gesamten Umtriebe erleichterte.

Das passierte aber erst ein paar Monate später. Zurückgekehrt vom aufregenden Geburtsvorgang der zweiten Checkpoint-Charlie-Generation musste einiges aufgearbeitet werden. Willi und mir stand ein Umzug in eine neue Wohnung bevor, zu zwei Mädels, die zusammenwohnten, und in die wir uns verliebt hatten. Ihrem Vorschlag, zu ihnen zu ziehen, konnten wir, auch mit der Aussicht auf den Luxus funktionierender sanitärer Anlagen, nicht widerstehen. Das waren Barbara und Regina. Durch sie lernten wir eine Menge neuer Leute kennen. Hauptsächlich Erzieherinnen. Auch Lothar fand unter ihnen seine Freundin Petra.

Mein Traum vom Kommuneleben auf dem Land war durch Bundenthal nicht gestorben. Im Gegenteil. Die Erlebnisse gaben mir die Gewissheit von der Möglichkeit eines sinnvollen und naturverbundenen Lebens. Ideen dazu waren in der Szene nach wie vor aktuell und ich breitete mich begeistert darüber aus. Schnell fanden sich eine Menge Freaks, die Interesse hatten, ein Haus zu mieten oder zu kaufen und Land zu pachten. Die Band mit Freundinnen sowieso. Nur Salat war nicht dabei. Er hatte ein Kompositionsstudium begonnen und außerdem schon in der Ur-Checkpoint-Charlie-Kommune gemerkt, dass das für ihn nicht passte. Es trafen sich also um die zwanzig unterschiedlichsten Leute, um das Projekt zu besprechen. Wie immer, wenn es darum geht, Nägel mit Köpfen zu machen, sprangen bald einige ab. Andere disqualifizierten sich selbst durch Fragen z.B. nach der Kennzeichnung der Lebensmittel im Kühlschrank. Nach mehrwöchigen Diskussionen blieben die Band mit Frauen und ein Pärchen übrig. Das waren Manu, ebenfalls aus dem Erzieherinnen-Umfeld, mit ihrem Freund Manne, der zukünftig unseren Sound machte. Umgehend wurde die Suche aufgenommen.

Es fand sich bald ein geeignetes Objekt in der Vorderpfalz, in dem Ort Freckenfeld, nur 25 km von Karlsruhe entfernt. Das Haus mit großer Halle, einer ehemaligen Schreinerei, war ideal. In der Halle wurde, in Form einer mit Matratzen vollgestopften Holzkonstruktion, ein großer Proberaum gebaut, der tatsächlich ziemlich schalldicht war. Das war wichtig, denn in der Halle war gleichzeitig unser Gemeinschaftsraum mit Küche. Einen Garten gab es auch, dem ich mich sofort widmete. Es war Frühling und die spannende Verheißung von wunderbaren schmackhaften Früchten und Gemüse für die ganze Familie lag in der Luft.

Die Versorgung der Gemeinschaft war noch sehr fragwürdig. Die Zahl der Auftritte war sehr überschaubar und reichte im besten Fall für die Miete. Die Frauen hatten, außer einigen Rücklagen, tolle Ideen zur Ernährungssituation. Als Erzieherinnen schrieben sie alle möglichen Lebensmittelfirmen an, mit der Frage nach Proben für die Speisung im Kindergarten. Das funktionierte perfekt und vor allem an Müsli-Variationen war kein Mangel. In großen Mengen verzehrter Bärlauch aus einem in der Nähe gelegenen Auenwald ist mein Schlusspunkt meiner dortigen

Ernährungserinnerungen. Noch erwähnenswert ist das von den Frauen gegründete Rotznasentheater, eines der ersten Kindertheater, das bis heute besteht.

Eine große Hilfe in dieser Anfangszeit war auch das Musikerkollektiv »April«. Da hatten sich kurz vor unserer Neugründung Bands zusammengetan, um unabhängig von der Industrie ihr eigenes Ding zu machen. Also LPs , deren Vertrieb, Auftritte usw. Dazu gehörten Embryo, Missus Beastly, Ton Steine Scherben und Munju. Wir wurden sofort mit offenen Armen aufgenommen und bekamen gleich eine Menge Adressen von möglichen Spielorten.

Ein weiteres Highlight bildete für uns die Aufnahme der zweiten LP »Frühling der Krüppel« im Sunrise Studio in der Schweiz. Inzwischen Mitglied bei »April«, hatte uns Embryo den Aufnahmetermin vermittelt. Die Leute vom Sunrise Studio waren professionelle Freaks, die unsere damaligen Ansprüche voll erfüllten. Diese Erfahrung der Professionalität der Schweizer Freaks bestätigten sich später bei Auftritten, unsere Gastgeber hatten manchmal schon fast eine Nähe zu bürgerlich verdächtiger Ordnungsperfektion. Es gab Kommunen und Projekte, die bis ins Kleinste durchgeregelt waren, von den Alltagsaufgaben, Monatsgehalt, Urlaub bis zur Freizeitgestaltung. Für uns leicht verdächtig, überzeugten sie uns dennoch durch gutes Draufsein und innige Gastfreundschaft.

Der Titel der LP erforderte eine entsprechende Bildgebung. Die Vorderseite zierte mein Porträt mit Unterhose auf dem Kopf. Als Collage mit umgedrehten Augen und Mund. Das ergab einen speziellen Ausdruck, der uns zufrieden stellte und zu dem Entschluss führte, diese Bildhaftigkeit im Innenteil des Covers weiterzuführen. Meine Idee, uns in der belebten Kaiserstraße mit Unterhosen auf dem Kopf, laut »Uuhhh – Aahhhh – Uuhhh – Aahhh!« brüllend, mit den darauf reagierenden Menschen abzulichten, erwies sich als kompliziert. Von dem Gebrüll erschreckt, liefen sie davon und wir konnten sie nicht zusammen mit uns aufs Foto bekommen. Nach einigen vergeblichen Versuchen war der Einfall, uns vor die aussteigenden Fahrgäste der Straßenbahn zu postieren, nur mit Einschränkungen erfolgreich. Der von uns gewünschte irritierte bis geschockte Gesichtsausdruck war nur ansatzweise fotografisch festzuhalten. Mit der LP im Gepäck und hochmotiviert, im ständigen Austausch mit den anderen Bands, lief es jetzt wie geschmiert. Bei den Ur-Checkpoint-Charlie waren wir viel auf AStA-Veranstaltungen und

Clubs angewiesen gewesen, jetzt hatte sich das Spektrum der Möglichkeiten erweitert.

Eine neue Jugendbewegung, die ihre Kultur unabhängig von den ihnen staatlich zugewiesenen Institutionen mit Jugendpflegern und im schlimmsten Fall Kirchenleuten leben wollte, hatte diese Stätten in autonome Jugendzentren umgewandelt oder durch Hausbesetzungen neue Plätze geschaffen. Professionelle Jugendbetreuer, zu denen sie einen Draht hatten, konnten mit ihnen zusammenarbeiten. Andere wurden rausgeschmissen. Dass die Musik in der Jugendkultur ganz oben steht, versteht sich von selbst. Wir hatten auch die Ehre, beim ersten vom Jugendzentrum Vlotho veranstalteten Umsonst-und-Draußen-Festival dabei zu sein, dem Ursprung einer phantastischen Bewegung.

Bald holte uns der Ruf als Störer der öffentlichen Ordnung wieder ein. Das besetzte Anarcho-Jugendzentrum Eschhaus in Duisburg druckte äußerst angetan vom Auftritt den Text von »Blutsturz« in ihrer Eschhaus-Zeitung ab. Sofort fanden sich wieder angepisste Empörte, die meinten, den Staat um Hilfe gegen die bösartigen Zersetzer bürgerlicher Moral bitten zu müssen. Diesmal traf es uns nicht direkt, sondern zunächst die presserechtlich Verantwortlichen. Nach den üblichen juristischen Vorgängen wie Zeugenvernehmung, Erstellung der Anklageschrift, mehreren Artikeln und Leserbriefen in der lokalen Presse, sowie einem erneuten Auftritt mit viel Zustrom und Anklang, verlief sich das irgendwann im Sand und endete mit der Einstellung des Verfahrens. Mein Verdacht ist, dass der Staatsanwalt äußerste Mühe hatte, zur Verurteilung unserer Poesie und Prosa die passenden Paragraphen zu finden. Die Unfähigkeit zur Einordnung in die Strafbarkeit des Bürgerlichen Gesetzbuches ließen ihn eine mögliche Blamage befürchten. Hilfreich war uns auch das oft angeführte Argument, dass es sich hier um Kunst handele. Dass Juristen eine Höllenangst haben, sich beim Antreten des Gegenbeweises lächerlich zu machen, brauche ich nicht zu erläutern. Als Beispiel spricht ein Ausschnitt der Anklageschrift für sich selbst (siehe Abbildung Seite 244).

Wir hatten uns gerade eingelebt. Die Nachbarschaft, Weintrinkende Vorderpfälzer, war freundlich und aufgeschlossen. Erfreut über frisches Blut im Dorf, fanden wir viel Unterstützung, was sich nicht in guten Ratschlägen zu Haushaltsführung und Gartenarbeit erschöpfte, sondern sogar Gaben in Form von Gemüse, Obst, Kuchen und Wein miteinschloss. Leider bildete unser Vermieter eine Ausnahme. Ein Blödmann, der

In dieser Zeitschrift erschien anläßlich des bevorstehenden Auftretens einer Musikgruppe ein von dem Sprecher dieser Gruppe verfaßter Text mit der Überschrift "Geschichte von Herrn Müller". Im Rahmen einer als Traum dargestellten Schilderung einer Party heißt es darin u.a.:

"... Ein hündisch dreinblickender Katholik ißt Blutsuppe und drückt sich die hier als Bierdeckel verwendeten Hostien unter die Vorhaut..."

Ferner wird ausgeführt:

An das
Amtsgericht
- Strafrichter
4100 Duisburg

"... Ein von Motten befallener Dressman entfernt se Gesichtsmaske, Marke: Was kann denn schöner sein, und hängt seinen Friedhofsspargel in den Ausschnit der First-Lady, die diesen mit dem Ausruf: Heintje fick mich wieder, hervorzieht und ihn mindestens zwölf Mal schmatzend zwischen ihre Blutwurstlippen hindurch zieht und ihn dann unter der Absolution des anwesenden Papst Paul IV in ein Stück Kesselfleisch wickelt, worauf der Dressmann sie über die Schwelle trägt und die Lebensgemeinschaft mit eine gegenseitigen Lecken des Darmes besiegelt wird."..

Die zitierenden Äußerungen, insbesondere die Erwähnung von Hostien und des Papstes in dem dargestellten Zusammenhang, erhalten eine erhebliche Herabsetzung eines religiösen Bekenntnisses und deren Einrichtungen, die geeignet ist, Teile der Bevölkerung zu beunruhigen.

Vergehen gegen §§ 166 Abs. I u. II, 25 Abs. II StGB,
§§ 1, 105 ff. JGG.

Beweismittel: I. Zeugen:

1. Bernhard Ramroth,
Im Stillen Winkel 8, 4100 Duisburg 11.
2. Frau Tölle,
zu laden bei dem St. Hildegardis-Gymnasium,
Realschulstraße 11, Duisburg .
3. Herr Bungert,
zu laden bei dem Oberstadtdirektor - Stadtinformation - Duisburg.

II. Urkunde: "Esch-Haus-Blatt 4/78" in Hülle Bl. 3

- 3 -

Ausschnitt der Anklageschrift zum Abdruck des Texts von »Blutsturz«

ständig auftauchte, etwas zu meckern hatte und uns seine Ordnungsvorstellungen aufdrücken wollte. Nach einem Jahr begriff er die Aussichtslosigkeit seiner Bemühungen und kündigte uns, angeblich wegen Eigenbedarfs. Wir wären gerne in der Gegend geblieben, aber unsere intensive Suche nach einem neuen Haus in der Nähe von Karlsruhe blieb erfolglos.

Dann stießen wir beim Durchforsten von Anzeigen in der »Rheinpfalz« auf ein Objekt im Donnersbergkreis. Ein Bauernhof in Bisterschied, einem kleinen Dorf zwischen Kaiserslautern und Bad Kreuznach. Dort empfing die ganze Mannschaft im vollgestopften Bus eine Landschaft ähnlich dem Auenland in »Der Herr der Ringe«: Sanft gewellte Hügel, Wiesen und von blühenden Hecken umschlossene Felder, dazwischen, harmonisch eingeschmieg, schnuckelige Dörfchen. Bei dem Unfug der Flurbereinigung in den achtziger Jahren wurden die meisten dieser Hecken abgeholzt, was bei heutigen Unwetterereignissen die Schäden durch Bodenabschwemmung noch verstärkt. In dem Haus, einem Viereck-Hof mit zwei Scheunen und einem 3.000 qm großen Gartengrundstück, wohnte ein altes Bauernehepaar, das ins Altersheim wollte, weil ihnen die Arbeit über den Kopf wuchs. Das zeigte sich schon im großen, kopfsteingepflasterten Innenhof, wo sich überall Gras und Kräuter Platz geschaffen hatten. 120.000 DM war im Vergleich zu den Immobilienpreisen in der Vorderpfalz sehr günstig. Für uns erst mal unerreichbar, herrschte dennoch sofortige Klarheit, dass es dieses Haus sein musste. Jürgen hatte bereits seine Fähigkeiten und Organisationstalente im Finanzbereich bewiesen und war der Aufseher über unser Bankkonto. Bei der Volksbank in Freckenfeld hatten wir sogar einen Fan – man kann es kaum glauben –, von dem Jürgen die Zusage erhielt, eine Empfehlung für unseren Versuch, einen Kredit zu erhalten, auszusprechen.

Für die zuständige hinterste Provinzvolksbank Rockenhausen war der Einlauf von uns Gestalten etwas Besonderes. Wie alle Banken auf Sicherheit bedacht, entsprach unser Äußeres eher dem Gegenteil. Dafür hatten wir Arbeitsverträge von einem Jahr dabei, die aber mit einem Durchschnittseinkommen von 66 DM im Monat für den Einzelnen nicht sehr hilfreich waren. Es muss der Spirit gewesen sein, denn unsere Begeisterung und die Rede vom kurz bevorstehenden Durchbruch der Band bewirkten, dass die Banker sich überzeugen ließen. Letztlich führte der Anruf bei der Volksbank in Freckenfeld dann zum Erfolg und der Kredit wurde genehmigt. Wir hatten ein neues Zuhause.

Mit fünf kleinen Zimmern, für jedes Pärchen eines, waren wir wunschlos glücklich. Eine Küche gab es auch und nebenan einen Raum, in den genau ein Tisch mit zwölf Stühlen reinpasste: Der Gemeinschaftsraum. Kurz nach dem Einzug gings los mit Diskussionen über Alltäglichkeiten. Es erwies sich als nützlich, dass ich vierzehn bis sechzehn Jahre älter als meine Mitbewohner war und einige Erfahrungen mit dem Leben in Kommunen aufzuweisen hatte. Dabei hatte sich gezeigt, dass die meisten Streitereien wegen im Grunde nachrangigen Sachen entstanden.

Trotz immer wieder aufkommender Spießer-Verdächtigung konnte ich mithilfe der Frauen einen Wochenplan durchsetzen. Das Argument, es sei Energieverschwendung, sich über Unwichtiges zu streiten, trug auch zur Überzeugung bei und führte gleich zu einer weiteren Regel, die über die gesamte Kommune-Zeit eingehalten wurde, nämlich bei Unstimmigkeiten so lange zu streiten bis man sich geeinigt hatte. Der Wochenplan, der sämtliche Alltagstätigkeiten wie Kochen, Spülen, Putzen und Wäsche Waschen organisierte, verhinderte Streit über Banalitäten. Um Langeweile zu vermeiden, wurden immer zwei Personen eingeteilt. Das hatte Vorteile, denn vieles musste noch erlernt werden. Gut Kochen, Spülen und Putzen kann nicht jeder. Vor allem beim Kochen war die Zusammenarbeit von Könnern und Nichtkönnern sehr vorteilhaft fürs Erlernen. Der Wochenplan ist eine Erfolgsgeschichte. In zwölf Jahren haben wir uns kein einziges Mal wegen jener Tätigkeiten gestritten. Im Gegenteil, vor allem beim Kochen stellten sich mit der Zeit Spezialisten für manche Gerichte wie z. B. Dampfnudeln, Kartoffelpuffer oder Kuchen heraus, sodass der Genuss nicht zu kurz kam.

Schon im ersten Jahr konnten wir viel Gemüse aus dem Garten holen. Außerdem machte es einen Riesenspaß, alles Mögliche aus der Umgebung zu sammeln. Es gab nicht mehr genutzte Streuobstwiesen mit Zwetschgen, Birnen und alten Apfelsorten. Von Beginn an stellte die Vorratswirtschaft einen wichtigen Bestandteil der Ernährung dar. Eine im Nachbardorf vorhandene Mostpresse konnten wir jeden Herbst zur Produktion von mindestens hundert Litern Apfelsaft nutzen. Jede Menge Brombeeren, Hagebutten, Holunder und Himbeeren sorgten für Marmelade. Mit Begeisterung entwickelten wir uns zu einem kleinen Stamm von Sammlern ohne Jäger. Es gab Walnüsse und Haselnüsse, Pilze und auch für Wildkräuter und Gemüse fanden sich zwei der Frauen, die sich dafür interessierten und mit ihrem Wissen unser Essen mit leckeren Salaten und Gemüse erweitern konnten. Ich kann es nur mit dem altmodischen Ausdruck Segen bezeichnen. Der umgab uns als heilsame, vibrierende, abenteuerliche, intensive, lebendige Atmosphäre. Noch unkonkrete Wunschvorstellungen verwirklichten sich schrittweise in den kommenden fünf Jahren wie von selbst.

Es meldeten sich neue Mitbewohner, Joachim und Rita, die beide mit biologischer Landwirtschaft Erfahrung hatten. Hochwillkommen übernahmen sie die Verantwortung für die Selbstversorgung. Es wurden drei Hektar Acker und Wiesen gepachtet, um Kartoffeln und Getreide anzubauen. Auf dem Hof gab es auch einen Holzbackofen, in dem eine große Menge Brot auf einmal gebacken werden konnte. Das war eine von Ritas vielen Tätigkeiten. Außer Backen und Landwirtschaft konnte sie auch verschiedene Käsesorten herstellen, was dann zu unserer »Einkuhhaltung« führte, die genügend Milch brachte. Ein kleiner Acker wurde zusätzlich zum Garten für den Gemüseanbau genutzt. Dort wuchsen größere Mengen Karotten, rote Bete, Sellerie und verschiedene Kohlsorten. Für die Haltbarkeit benutzten wir die Vorratshaltung der Großeltern. Die verschiedenen Rüben und Sellerie wurden im Keller in Sandhaufen eingemietet. Kohlköpfe auf Holzlatten gelagert. Die Kartoffeln fanden dort ebenfalls ihren Platz. Eine Menge Sauerkraut wurde in noch vorhandenen großen Steinguttöpfen eingelegt. Auch an Tieren waren bald alle da, die zu einem Bauernhof gehören. Hühner, Stallhasen, besagte Kuh, Gänse und pro Jahr zwei Schweine wurden angeschafft. Das war viel Arbeit, bei der Rita und Joachim geholfen werden musste.

In den folgenden fünf Jahren erweiterte sich unsere Großfamilie aus sechzehn Erwachsenen um sich orgelpfeifenmäßig einstellende fünf Kinder. Die Arbeit der Selbstversorgung wurde nicht weniger und jeder übernahm einen Bereich, natürlich nur bei Anwesenheit, die Checkpoints waren mit im Schnitt über hundert Gigs pro Jahr viel unterwegs. Auch das Rotznasentheater wurde immer öfter gefragt. Jeder von uns machte diese Aufgaben gern.

Ich wollte unbedingt Gänse haben. Sechs davon und ein Gänserich wurden angeschafft. Sie kamen als Küken, fraßen nur Gras, waren dadurch äußerst pflegeleicht und zeichneten sich durch den Gänsemarsch, ununterbrochenes Schnattern und hingeplotzte, kleine, grüne Häufchen verdauten Grases aus. Ich liebte diese kleinen, lustigen Kacker.

Nach dem Heranwachsen wurde der Gänserich Igor zu einem prächtigen Exemplar. Mein ganzer Stolz, der jeden mit giftigem Gezische angriff und der nur meine Nähe duldete, die sogar das auf den Arm nehmen und Streicheln erlaubte.

Ein einschneidendes Erlebnis ergab sich aus dem Anspruch, dass jeder die ihm anvertrauten Tiere, wollte er sie essen, auch selbst schlachten müsse. Die Gänse brüteten bald Nachwuchs aus, Weihnachten nahte und es wurde beschlossen, sechs der alten Gänse zu schlachten. Manne, der die Stallhasen betreute, hatte damit keine Schwierigkeiten. Denen zog er sogar das Fell ab und bearbeitete sie kochgerecht. Er erklärte sich bereit, mir zu helfen. Dazu musste ich die Gänse mit dem Hals auf einem Hackklotz platzieren, wo Manne ihnen dann mit der Axt den Kopf abschlug. Merkwürdigerweise ließen die Tiere das ohne Widerstand über sich ergehen. Nach Abschluss dieses Vorgangs stellten sich Nachwirkungen ein, die mich mit einem äußerst schmerzhaften Hexenschuss für eine Woche arbeitsunfähig aus dem Verkehr zogen. Das bedeutete für mich den Abschluss der Gänsehaltung. Die Übriggebliebenen konnten ihr Leben bis zum natürlichen Ende weiterführen oder wurden vom Fuchs geholt.

So mussten immer wieder auch unerfreuliche Erfahrungen gemacht werden, manchmal relativiert durch ihre lustigen Beigaben. Eine Anzeige in der Zeitung – »Ziegen zu verschenken« – hätte an sich schon Verdacht erregen müssen. Petra erklärte sich bereit, deren Betreuung zu übernehmen. Infos darüber glaubte sie sich aus dem Bestseller »Leben auf dem Lande« des Engländers John Seymour beschafft zu haben. Allein die Prozedur, die vier Ziegen samt Bock in den Bus zu bringen, war umständlich und zeitraubend. Die Ziegenhaltung stellte sich bald als Überforderung heraus. Weder Umzäunung noch Anpflocken bildeten dauerhaft eine Möglichkeit, den unbändigen Freiheitsdrang dieser charaktervollen Tiere einzudämmen. Ständig hauten sie ab. Einmal mussten wir sogar eine von ihnen von einem etwas schräg stehenden Baum herunterholen. Nachdem der Bock seine Aufgabe erfüllt hatte und eine Ziege trächtig war, wurden wir ihn durch Verschenken wieder los. Sein Gestank hatte schon zu Beschwerden von Nachbarn geführt. Die zwei zur Welt gebrachten Zicklein waren zwar äußerst putzig, spielerisch und erregten durch unglaubliche Sprünge die belustigte Aufmerksamkeit. Nach einem ihrer Ausbrüche, gefolgt von ihren Eltern, überwog der Schaden bei Weitem den Nutzen. Sie hatten es sich in Nachbars Garten gut gehen lassen. Wir trennten uns von ihnen. Es fand sich ein Schäfer, bei dem sie frei mit der Herde mitlaufen und so in ihrem Leben eine artgerechte Erfüllung finden konnten.

Nachdem sich unser Treiben als Landkommune verbreitete, stellten sich einige Besucher ein, die mitmachen wollten. Schon von den Räumen her waren dem Grenzen gesetzt. Natürlich passte nicht jeder. Auch da hatten wir Glück. Uschi kannten wir noch aus Karlsruhe. Mit ihrem sich noch sehr nützlich erweisenden Beruf als Schneiderin kam sie mit ihrem neuen Freund Dieter, der gerade sein Diplom als Bauingenieur erworben hatte. Das führte wie von selbst dazu, den Ausbau der angrenzenden Scheune in Angriff zu nehmen. Als erstes erfolgte von der Küche aus der Durchbruch einer Tür durch ein meterdickes Mauerwerk. Der weitere selbständige Ausbau zeigte jedoch sehr bald die Grenzen unserer handwerklichen Tätigkeiten.

Auf Tour hatten wir eine Gruppe reisender Zimmerleute kennengelernt, die in der Nähe von Bremen zusammenwohnten, wenn sie nicht unterwegs waren. Sie pflegten traditionelle Bräuche, zogen außer im Winter durch die Gegend und litten ihren Erzählungen nach nie an Arbeitslosigkeit. Mit diesen sechs Jungs, die umgehend bei uns auftauchten, wurde in einem halben Jahr der Ausbau vollendet. Das gesamte Erdgeschoss verwandelte sich in einen großen Gemeinschaftsraum mit Toilette und Badezimmer. Bis dahin nur mit einem außer Haus gelegenen Plumpsklo ausgestattet, war dieser Luxus hart erarbeitet, da für die Abwasserrohre Gräben angelegt werden mussten, die diese hinter dem Haus in eine Grube leiteten. Erst Anfang der Zweitausender Jahre wurde Bisterschied an die öffentliche Kanalisation angeschlossen. Im ersten Stock und unter dem Dach entstanden mehrere Wohnräume und noch ein kleines Gemeinschaftszimmer, Bibliothek genannt, da die Wände vom gesamten Lesestoff der Kommune eingenommen wurden. Selbst die Einrichtung eines kleinen Studios für Proben und Aufnahmen in einem ehemaligen Stall konnte verwirklicht werden. Die Zimmermänner lebten mit uns wie Familienmitglieder, hatten aber ihren ganz eigenen Groove, der sie wieder in ihr Nomadenleben zog.

Nach Beendigung der Arbeit, der Auszahlung eines sehr moderaten Lohnes und der Zusicherung eines lebenslangen freien Eintritts bei Checkpoint Charlie und Rotznasentheater, verabschiedeten wir uns herzlich mit der Gewissheit baldigen Wiedersehens. Unsere Vorstellung eines lebenslangen Zusammenbleibens lag damals noch in unserem Selbstverständnis und wurde von keinerlei Zweifel getrübt. Auch zu Wiedersehen kam es mehrmals, vor allem bei Festivals und Besuchen, wenn sie in südlichen Gefilden unterwegs waren.

Nachdem sich bereits in den ersten Jahren neue Arbeitsbereiche auftaten, erwies sich die Benennung unserer Gruppe als Checkpoint-Charlie-Kommune als zu einschränkend. Es erhob sich die Forderung, der Vielseitigkeit einen Namen zu geben. Wir landeten bei dem Begriff »Familie Hesselbach«. Hessel, ein Szenewort für Aufregung und Streit, was diesem Begriff für uns eine positive Bedeutung verlieh, sowie durch die gleichnamige Fernsehserie für Einprägsamkeit sorgte.

Woran keiner gedacht hatte, war, dass gleich zu Beginn des »April«-Projekts die Musikindustrie auf uns aufmerksam wurde. Im Brief eines Rechtsanwalts von CBS wurden eine Zahlung von 100.000 DM gefordert, wegen eines gleichnamigen Labels bei CBS und das sofortige Ablegen des Namens »April«. Dem maß erst mal keiner eine größere Bedeutung bei. Mit der Zeit häuften sich jene Briefe und bei der drohenden Gefahr einer Gerichtsverhandlung konnten wir die Möglichkeit einer hohen Geldstrafe nicht mehr ignorieren.

Friedemann von Missus Beastly und ich wurden delegiert, in Verhandlung zu treten. An einem neuen Namen führte kein Weg vorbei, aber auch nur eine müde Mark in den Rachen dieses Industriekonzerns zu stopfen ging gar nicht. Die Strategie, dem zu entgehen, speiste sich aus unserer für einen Plattenboss nicht einschätzbaren Herkunft aus einem unberechenbaren, verwilderten und dadurch möglicherweise gefährlichen Musikuntergrund. Dem entsprechend verstärkten wir unser Outfit noch durch mit Gaffa verklebte Jeans und abgefuckte Lederjacken, um jede Ausstrahlung von Harmlosigkeit auszuschalten. Eine Aktion im Fernsehen hatte damals Aufsehen erregt. Nikel von den Scherben als Vertreter der Independent-Szene in Diskussion mit Leuten der Plattenindustrie zog nach der Erkenntnis nicht möglicher Zusammenarbeit eine Axt aus der Aktentasche und machte mit konzentrierter Energie den Konferenztisch unbrauchbar. Heutzutage nicht durchführbar, ist es aber dank neuer Medien im Internet anzuschauen und wurde schon mehr als 100.000 Mal aufgerufen. Vielleicht hatte der Boss das mitgekriegt, was, so hofften wir, unsere Mission unterstützen würde.

Der Termin im obersten Stockwerk des CBS-Wolkenkratzers in Frankfurt ließ sich nicht schlecht an. Unsere Bonzen-Vorstellungen erwiesen sich als wirklichkeitsnah. In einem Bar-ähnlichen Vorzimmer mit Luxusmobiliar wurden wir von zwei aufgetakelten Damen aufgefordert, uns noch etwas zu gedulden und gefragt, ob sie uns einen Drink anbieten könnten. Es war alles da. Unser Image ließ jetzt nur Whisky zu. Ob der Typ wirklich so Wichtiges zu tun hatte, oder ob er uns durch das Warten seine Macht demonstrieren wollte, ist unwichtig. Wir jedenfalls fühlten uns mit jedem weiteren Schluck unserer Aufgabe mehr gewachsen. Der Vorschlag, die Whiskyflasche gleich da zu lassen, wurde nicht befolgt, trotzdem konnten sie sich der ständigen Aufforderung nachzuschenken nicht entziehen. Die Warterei verging wie im Flug und die Unterbrechung durch den Termin beim Chef wurde fast als bedauerlich empfunden. Bester Stimmung und mehr als lässig pflanzten wir uns vor dem monströsen Schreibtisch eines griesgrämigen, dicklichen, mehlgesichtigen Krawattenmannes mit einer leicht gequälten Sprachmelodie auf. Ich würde ihn als den Prototyp eines unter Hämorrhoiden oder Magengeschwür Leidenden bezeichnen. Es schien, als sei unsere Geschichte für ihn irgendeine unangenehme Nebensächlichkeit, die er sich schnell vom Hals schaffen wollte. Das mit der Änderung des Namens war schnell geklärt. Nur bei der Kohle zeigte er sich zuerst hartnäckig. Wir mussten uns letztlich ziemlich aufblasen und bluffen. Wir verlangten die Rücknahme der Geldstrafe. Wenn nicht drohten wir mit Demonstrationen tausender Fans, die auch an einer Veränderung der Innenarchitektur des CBS-Hochhauses großen Spaß hätten. Dem Mann war das alles zu viel und er gab uns die Zusage, die Klage zurückzuziehen. Mit 100.000 DM, für ihn ein Betrag aus der Portokasse, schaffte er sich uns – das lästige Ungeziefer – vom Hals.

Nach der Änderung des Label Namens in »Schneeball Records« war dieses Kapitel abgeschlossen. Die Zusammenarbeit unter den Bands lief immer besser. Damals hatte jede kleinere Stadt noch einen Plattenladen und der Vertrieb der LPs durch Fans und die Bands, die immer eine Plattenkiste Schneeball-Bands bei ihren Auftritten dabeihatten, sorgte für beste Verbreitung, denn nach den Gigs wurde gut verkauft. Durch die große Anzahl alternativer Spielmöglichkeiten wie autonome Jugendzentren und den sich verbreitenden Umsonst-und-Draußen-Festivals, waren wir gut beschäftigt. Bei uns kamen noch alle möglichen Ereignisse bei Bürgerinitiativen wie »Atomkraft? Nein Danke«, »Rock gegen rechts« oder »Startbahn West« dazu. Dabei ließen sich das häufige Abräumen der Bühne und die Beschlagnahmung der Anlage durch die Polizei mit Zustellungen von Strafbefehlen nicht vermeiden. Das entbehrte nicht einer spannenden Dramatik, wurde von uns aber, umhüllt von solidarischer Wärme, als Stärke im Kampf empfunden. Allgemein hatte sich eine Gegenkultur entwickelt, die mit den 68ern und dem folgenden lustfeindlichen K-Gruppen-Desaster nichts zu tun hatte.

Beispielhaft dafür ist die Umsonst-und-Draußen-Bewegung, die frei von jedem Mainstream eine Öffentlichkeit und Vernetzung unter den Jugendlichen erreichte. Das Vlotho-Festival, von dem die Idee ausging, wuchs jährlich immer mehr an. Die jedes Jahr wachsende Zuschauermenge führten nach fünf Jahren mit 100.000 Besuchern zum Höhepunkt einer von der Konsumgesellschaft unabhängigen Gegenkultur. Die gesamte Organisation basierte auf der Zusammenarbeit von Jugendzentren und Initiativen mit den Bands. Neben der örtlichen Werbung verlasen die teilnehmenden Musikgruppen das Jahr über bei jedem Auftritt einen Aufruf, der zu diesen gemeinsamen Kulturfesten aufrief. Gemeinsam auch im praktischen Sinn. In der Tradition des ersten Umsonst-und-Draußen-Festivals in Vlotho trafen eine Woche vor Beginn die teilnehmenden Bands ein, um den Aufbau der Bühnen, Buden und Zelte, überhaupt die gesamte Vorbereitung, mit zu organisieren. Auf diesen Festen wurden kleine Utopien gleichberechtigten Gemeinschaftsleben verwirklicht. Das zeigte sich auch bei den Auftrittszeiten der Band. Bei den üblichen Festivals richtete sich dies nach dem Bekanntheitsgrad. Bei uns ging es um Gleichberechtigung. Man spielte im Wechsel jedes Jahr der Teilnahme an einem besseren Platz. Dieses System beschenkte uns bei jenem legendären fünften Vlotho-Fest mit 100.000 Zuhörern mit der idealen Zeit um 22 Uhr ein unvergessliches, umjubeltes Erlebnis. Nicht vergleichbar mit den Monsterfestivals wie »Rock am Ring« und ähnlichen, waren hier an drei Tagen ganz bewusst jeweils nur fünf bis sechs Bands am Start. Musik stand zwar im Zentrum, aber die Kommunikation und der Austausch verschiedener engagierter Initiativen politischer Aktivisten und Underground-Medien, sowie Auftritte von Straßen- und Kindertheatern, Jongleuren und Feuerschluckern belebten das Gelände.

Es ist schwer vorstellbar, wie eine Veranstaltung mit so vielen Menschen überhaupt bewältigt werden kann. Es muss das Bewusstsein der

deutschland im sommer · umsonst & draußen

Vlotho '79

Rock und kunstmeeting in Vlotho 79

Vor'n paar jahren hatten 'ne menge freaks und musiker die schnauze voll davon, sich auf irgendwelchen ghettorockfestivals unter polizeibelagerung und für kriminelle eintrittsgelder musik anzuhören, die mit dem, was rock, blues oder jede andere musik,, die von unterdrückten kommt, ursprünglich ausdrückt, nichts mehr zu tun hatte.

Damals entstant Vlotho "umsonst und draussen". Leute aus der gegend, bands, jugenszentren, kommunen, die sich kannten und befreundet waren, wollten ein fest machen, auf dem was anderes abgehen sollte, als wie auf herkömmlichen festivals: Tagelang aufeinander zu hocken und sich marathonmässig musik reinzudrücken, die jede menschliche aufnahmefähigkeit überschreitet, und wo bühne und publikum durch stacheldraht getrennt sind. Einfach ein fest sollte es sein, 'ne situation, in der ideen, kommunikation, phantasien, auseinandersetzungen sich frei entwickeln können. Von allen, denn alle waren eingeladen.

Keine kommerziellen gründe, keine popstars, sondern einfach der wunsch nach einem fest von allen für alle. Das ist es geworden trotz vieler schwierigkeiten, die es immer wieder gibt. Die musik, theater, clowns u.s.w. sind nur ein teil der Vlotho-geschichte, genauso wichtig sind z.B. die versorgung mit gutem essen, die organisation, das geld sammeln, informationen über alternativen und die tägliche reinigung des geländes (80.000 leute waren letztes mal da), an der sich alle beteiligen, weil sie wissen, daß es ihr fest ist. Ich möchte dazu einen ausschnitt aus einem brief von schülern des gymnasiums in Rinteln zitieren, der für sich spricht:

"Wir langweilen uns fast zu tode. Je länger man zur schule geht, um so sinnloser erscheint sie einem. Wir fragen uns, wie lang wir die kälte um uns herum noch ertragen können. Man setzt hoffnungen in die paar wochen sommerferien, an deren ende man dann jedesmal feststellen muß, daß die zeit zu kurz war, um ein mensch werden zu können. In diesem zusammenhang sollte man die rolle eurer "umsonst und draußen" veranstaltung nicht unterschätzen. Sie ist für uns hier eine gute möglichkeit, endlich mal 'ne menge vernünftiger menschen auf einem haufen zu treffen, damits weitergeht."

Die idee sowas durchzuführen war wirklich phantastisch. Es ist schön zu spüren, daß Vlotho kraft geben kann auf dem weg zu einem menschlicheren leben. Inzwischen steht die "umsonst und draußen" idee auch nicht mehr allein. Es gibt jetzt mehrere plätze in deutschland wo ähnliches versucht wird. Es ist aber auch wirklich an der zeit, denn es ist nur noch selten was zu spüren von dem, was das rockfeeling so umfaßt, nämlich raus aus der atmosphäre des warmen chefarschleckens und den damit verbundenen verhaltensnormen: wer am besten schleckt, leise auftritt, sich in genormten biomatenredewendungen ausdrückt, ordentlich und sauber ist, gehorcht, bei der arbeit, zu haus, bei der bundeswehr und überall kann sich ein auto, mann, frau, fernseher, haus usw. kaufen oder sich das gehirn mit ketsch up mästen. Die väter haben lange die große kohle aus dem, was sie am beginn als "urwaldmusik" bezeichneten, (sie haben die ecken und kanten dieser musik auch so abgeschliffen, daß man sie nur noch als vorgarten der bundespräsidentenmusik bezeichnen kann) und die söhne sind innen nachgefolgt, diese lackierten popärsche mit ihren sterielen klischeesounds. So'n amerikanischer undergroundpoet hat mal den spruch getan:"Wenn die musik sich ändert, erzittern die mauern der städte." Bis jetzt hats nur selten gezittert und wenn einer sogar die hoffnung hatte, daß vor lauter zittern was zusammenbricht, dann isser bös enttäuscht worden. Aber die zukunft liegt in den eiern unserer phantasie und es gibt auch ne menge musiker und freaks, die auf unserer musik stehen, die einiges ausgebrütet haben und noch immer gemeinsam voll lust am brüten sind (100 oder 1000 oder 80.000 (Vlotho 78) da kriegen sie langsam ohrensausen – ton-steine-scherben). Das wird helfen, unsere wirklichen bedürfnisse zu erfahren und damit dieses system zu ändern.

Also, wir stehen bis zum nabel in der popscheiße und legen Vlotho-eier und jedesmal, wenn so ein Vlotho-ei platzt, dann knallt die scheiße durch die klimatisierten großraumbüros von CBS und die musikpostillen der bewustseins-

Selbstdarstellung des Umsonst-&-draußen- Festivals in Vlotho, 1979

zermatschungsindustrie. Der kampf gegen die ausbeutung des bedürfnisses nach musik, ist ein teil des kampfes gegen jede unterdrückung. MUSIKER UND MUSIKHÖRER ALLER LÄNDER - VEREINIGT EUCH ! und natürlich nicht nur ihr. Das schlimme an der ganzen popscheiße ist, daß die meisten musikgruppen sich selber total den verblödungsgesetzen der musikindustrie angepasst haben. Ihnen ist es scheißegal, wieviel eintrittsgeld ihr bezahlen könnt und ihre absicht ist, kohle rauszuschlagen, genau wie ihre manager. Der botschaft von der freiheit, der neuen art zu fühlen und zu denken, die unsere musik vermitteln sollte, haben diese musikbeamten die spitze abgebrochen und sie schön schmierig an die konsumgewohnheiten angepasst. Diese gruppen haben kein interesse an kommunikation mit euch, sondern nur daran, gewinnbringend vorm publikum zu onanieren.
Die rockmusik erfüllt heute zum größten teil dieselbe funktion die alle bürgerlichen kulturellen einrichtungen nämlich verdrängen: Ablenkung von der beschissenen lage im täglichen leben (umwelt, arbeitsplatz, schule, elternhaus).

Die musik, die sich auflehnt gegen unterdrückung, ist vor den musikern eine erwiderung auf gesellschaftliche verhältnisse. Diese musik kann aber nur erlich bleiben, wenn sie draußen bleibt aus dem system. Wenn die musiker sich selbst organisieren. Im leben als gruppe, bei der verbreitung ihrer musik, beim veranstalten von konzerten; zusammen mit freaks, die interesse daran haben, zu sehen, wie sich menschen durch ihre musik ausdrücken; und nicht daran, daß auf der bühne ein musikautomat steht, der von managern verkauft wird, deren beruf es ist, mit irgend einer ware märkte zu erschließen, seien es bomben oder musik.

Aber es gibt immer mehr lichtblicke. Die musikerkooperative Schneeball (früher April), die auch irgendwie im zusammenhang mit Vlotho entstanden ist, macht schon zwei jahre ihre sache selbst, unabhängig von jeder maffia. Viele gruppen haben daran gesehen, was möglich ist, und bringen ihre eigene geschichte. Überall ist diese musik wieder da zu hören, wo sie herkommt, aus dem widerstand. Obs um selbstverwaltete jugendzentren geht, um ne linke tageszeitung, Rock gegen Rechts, um geld für angeklagte AKW-gegner, um alternative projekte usw. die musik ist wieder dabei, unterstützt und hat was dazu zu sagen. Unabhängig davon ist die scene so groß, daß es inzwischen möglich ist, gute konzerte zu machen, für wenig geld, gemessen an der komerz-scheiße, die sonst am kochen ist.

Über Vlotho/Porta ist schon viel geschrieben worden, meistens von journalisten und gehirnspastikern, die mit 'nem notizbuch im kopf und den schwanz in der Schiesser-unterhose eingeklemmt ihre berufsrunden drehend, irgendwelche klischeekacke verbraten à la "Die neue Woodstockgeneration geht ihren weg" oder "Grüß Gott, wir waren auch im Zoo !" wie immer, wenn in diesem land leben entsteht, stehen die dosenköpfe davor und lassen ihre erbsen klappern, aber gerade das ist unsere große chance, denn sie begreifen nicht, daß hier eine der situationen ist, in der sich leben entwickelt und leben ist sabotage am tot, der uns bis jetzt noch überall umgibt !

Mir, der Vlotho mitmacht und dabei ist, fällts schwer, was drüber zu sagen. Lieber wärs mir, Ihr wärt einfach da, wenns soweit ist und erlebts, aber Ihr müßt ja davon erfahren, und so muß halt 'ne beschreibung herhalten. Komm nach Porta, vielleicht wird hier was von dem traum wirklichkeit, den Du im kopf hast. Denn nur die erfahrung der wirklichkeit kann uns die kraft geben, uns auszuschrauben aus der maschine und was zusammen zu machen, was spaß macht. Kommt alle hin, Ihr schule-, elternhaus-, arbeitsplatz-, underground- und politische arbeit-geschädigten, alle einsamen, hoffnungsvollen und ängstlichen, laßt uns ein paar sommertage zusammen sein musik machen, süielen, tanzen, reden, essen und arbeiten ! Viele von Euch werden vielleicht anders von dort fortgehen, als sie hingekommen sind; denkt daran: 1984 ist nicht mehr weit und bevor sie Dich am fliesband ermorden oder an den unis zu intelligenten idioten verarbeiten, marke: Halb mensch halb fahrrad, mußt Du Dir was einfallen lassen und dort fällts Dir vielleicht ein.

Vlotho 79 "umsonst und draußen" findet am 17., 18., 19. august 79 wieder an der Porta Westfalica statt.

checkpoint charly

ap gedruckt auf echtem umweltschutz-papier herzestellt von stöcklin/schweiz aus 100 % altpapier ohne gewässerbelastung, bleichung, färbung vp

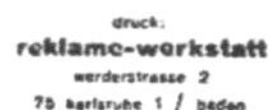

druck:
reklame-werkstatt
werderstrasse 2
75 karlsruhe 1 / baden
☎ 0721 - 694798

Vielen gewesen sein, dass es ihr Fest war, an dem jeder beteiligt war. Nur so konnte es funktionieren. Das zeigte sich schon an der Menge Müll, der zwangsläufig anfiel. Alle paar Stunden wurden von der Bühne aus Säcke mit der Bitte verteilt, diesen einzusammeln. Das klappte fantastisch. Die obligatorisch anfallenden Kosten für die Miete der Bühne, von Sound und Lichtanlage und der großen Zelte für Versorgung und Verkaufsstände mussten aufgebracht werden. Dafür hatte sich eine 10-Prozent-Abgabe des Umsatzes der Verkaufsstände bewährt, an denen Bio-Essen, Schmuck, Hippie-Klamotten, Werkzeug rund um Dope und Platten, die einen Teil unserer Gage einbringen mussten, angeboten wurden.

Ein bestimmter Betrag wurde immer zurückbehalten. Falls ein Umsonst-und-Draußen-Festival wegen schlechtem Wetter ins Wasser fiel, wurden die Unkosten aus diesem Topf bezahlt. Das passierte natürlich hier und da und so konnte wirkliche Solidarität gezeigt werden. Beim letzten Fest blieb so viel Geld hängen, dass wir damit noch einen Film drehen konnten, der dieses von der Öffentlichkeit fast unbemerkte, damals aber größte Musikfestival in Europa festhalten konnte. Außerdem wurde jedes Jahr eine Live-LP aufgenommen. In der Umgebung hatte sich unser Treiben selbstverständlich herumgesprochen, was auch diverse Händler veranlasste, an den Rändern des Veranstaltungsgeländes, einem riesigen Steinbruch, mit Würstchen, Eis, Waffeln, Kartoffelpuffer und sonstigen Buden aufzutauchen. Das sahen wir nicht allzu gern, aber mit der Nahrungsversorgung manchmal an der Grenze zur Überforderung, genehmigten wir ihre Anwesenheit, nach der Zusage einer zehnprozentigen Abgabe des Umsatzes.

Wir wunderten uns dann, dass bei den Abrechnungen trotz des regen Betriebs nur wenig rüberkam. Wir meldeten unsere Zweifel an den geringen Beträgen an, was die Händler aber nicht beeindruckte. Nach ausgiebigen Beratungen beschlossen wir einen Wächterdienst, heißt, in stündlicher Ablösung wurde an jeder Bude der Verkauf beobachtet. Abends erfolgte dann die Einschätzung des Umsatzes. Dieser Betrag wurde als feststehende Forderung verlangt. Die Alternative war das Verlassen des Platzes. Beides kümmerte die Budenbesitzer wenig. Sie zeigten sich hartnäckig und meinten wohl, sie könnten die harmlosen »Love and Peace Hippies« über den Tisch ziehen. Hier konnte nur die harte Tour Erfolg versprechen. Bei Verweigerung unserer Forderung wurde jetzt von fünfzig bis hundert dafür abgeordneten Freaks in mafioser Art so eine Bude bis an die Grenze des Umfallens durchgeschüttelt. Dieser Vorgang sorgte ganz schnell für die Begleichung der gestellten Berechnung. So blickt Vlotho bis zum letzten Fest immer auch auf materieller Ebene auf einen starken Gewinn zurück. Das alles war »Umsonst und Draußen«, selbst die Gagen waren gut. Wie immer, wenn viele Menschen zusammenkommen, waren auch solche dabei, die gar nichts hatten. Auch diese konnten versorgt werden. Zu Essen und Trinken gab es genug. Warum das große Vlotho-Fest auch das letzte war, lässt sich schwer beantworten. Ein paradiesischer Zustand ist der Abnutzung unterworfen. Außerdem stößt eine »Gesellschaft ohne Herrschaft« mit zunehmender Größe an ihre Grenzen. Allein die Anforderungen der Organisation führen zur Machtfülle Einzelner. Aber das ist ein anderes Thema. Den Vlotho-Leuten wuchs jedenfalls das Ganze über den Kopf. Fast gleichzeitig mit ihnen endeten auch die anderen größeren Umsonst-und-Draußen-Festivals. Die kleineren hielten sich noch einige Jahre. Vielleicht bedeutete diese Gegenkultur-Bewegung ein letztes Aufbäumen im Schleim der Konsumgesellschaft. Ich freue mich, mit dem Umsonst-und-Draußen-Aufruf einen Beitrag geleistet zu haben. Getragen von der Sehnsuch, an das zu glauben, was wir selten erreichen.

Die neue Checkpoint Charlie unterschied sich von der Ur-Band. Es wäre traurig, hätte sie nichts aus ihren turbulenten Erfahrungen gelernt. Die allzu heftigen Happening-Geschichten à la Innereien, schön verpackt an Weihnachten zu verteilen, in schwarz-rot-goldene Klos zu pinkeln oder vom Kreuz Micky-Maus-Geschichten zu verlesen, hatten wir hinter uns. So was war auf Dauer einfach zu anstrengend. Die dadurch provozierten Auseinandersetzungen minderten den Lustgewinn und brachten wenig ein.

20

Die Anfangseuphorie, mit den Konzerten Menschenmassen überzeugen zu können, erwiesen sich als trügerisch. Letztlich machte es viel mehr Spaß und damit auch Sinn, Leute zu bestärken, die ähnlich drauf waren wie wir und sie im Streben nach einer besseren Welt zu unterstützen. Mehr geht nicht. Dieses Bewusstsein zu erreichen brauchte aber eine

Weile. Bei »Blutsturz« waren Schockelemente teilweise noch vorhanden. Im weiteren Verlauf merkten wir, dass viel mehr Freude aufkommt, wenn man möglichst vielen im Publikum durch Musik und Text den Ausdruck ihrer Bedürfnisse schenken kann. So entwickelte sich ein nicht mehr ganz so experimenteller, eingängiger Musikstil, der dem guten alten Rock'n'Roll mehr Spielraum verschaffte. Das wirkte sich, trotz weiterhin radikaler Texte, sehr positiv auf die gegenseitige Empathie von Publikum und Band aus. Ebenso auf den Verkauf der Platten. Durch die Eigenproduktion blieb das Zehnfache im Vergleich zu einer Industrieband bei uns hängen. Mit der zweiten LP »Die Durchsichtige«, die unser Renner war, konnten wir bereits unseren Hof abbezahlen.

1979 schockte die Nachricht der Kandidatur von Franz-Josef Strauß zum Bundeskanzler, der Feind aller im weitesten Sinn links bis liberal angesiedelten Strömungen in der Gesellschaft, die er in ständigen Ausfällen beschimpfte. Das führte zu seiner bekannten Äußerung, sie als Tiere zu bezeichnen, was starke Reaktionen hervorrief. Einige davon waren über das ganze Land verstreute »Rock gegen Rechts«-Konzerte. Neben kleineren, lokalen Auftritten gab es große Festivals in den Städten. Es war in unserer Geschichte angelegt, dass wir dabei sein mussten. Dazu wurde schon wieder ein armes Schwein in Form einer zwei Meter großen Pappsau mit der Aufschrift »Franz-Josef« diskriminiert. Diese wurde das ganze Jahr über am Bühnenrand aufgestellt und als unser Maskottchen »Franz-Josef, die Sau« vorgestellt. Dazu gab es jede Menge erheiternde Sprüche, die jedem klar machten, welcher Franz-Josef gemeint war. Bei einer der größten »Rock gegen Rechts«-Veranstaltungen in Frankfurt steigerte sich die Maskottchen-Schau in das Aufsteigen eines an Gasballons hängenden Papierschweins.

Der erste Gig in Anwesenheit des Schweins ereignete sich auf einem Open-Air-Festival in Kempten auf der Burghalde. Von da an hatten wir ein Jahr lang, zumindest bei allen großen Veranstaltungen, den Verfassungsschutz zu Gast. Selbst im Dorf machten sie sich breit. In der unserem Hof gegenüber liegenden Dorfkneipe wollten sie sich einquartieren. Das wäre für sie ein optimaler Aussichtspunkt gewesen. Dieses Anliegen wurde vom Wirt strikt zurückgewiesen und mit Lokalverbot belegt. So saßen sie zu zweit in einem Wagen mit getönten Scheiben vor unserem schönen schmiedeeisernen Hoftor herum. Was sie da erspähen wollten, blieb rätselhaft. Wir machten uns immer mal wieder einen Spaß daraus,

Thomas Loeck
Falkenried 57
2000 Hamburg 20
Telefon 040 / 46 26 54

22. DEZ. 1978

ERKLÄRUNG von »RGR«

Der eingetragene Verein, die Initiative "Rock gegen Rechts" schließt sich der in England befindende/entstehenden Bewegung und Initiative "Rock agains Racism" an, indem sie hier in der Bundesrepublik mit der Unterstützung von vielen Musikern und Rock/Musikgruppen der Jugend und den Menschen wieder den Bezug zum Faschismus, der Unfreiheit und Unterdrückung klar mechen will.

Wir wissen, daß die Unfreiheit und Unterdrückung schon immer vom Faschismus und totalitären Rechten praktiziert wird und wurde. Im Bezug dazu, schon immer diese politischen Strömungen die Musik, die unsere Generationen prägt, als "minderwertige Musik" abqualifiziert und den Rock am liebsten verboten hätte(n). Noch immer wird, von Rechts aus, gegen den Rock vorgegangen, weil es die Musik der Arbeiterklasse ist, die ihr Lebensgefühl beschreibt und zur Kritik an jedes bestehende System anregt. Nicht zuletzt deshalb wird von den Rechten und Nationalisten gegen diese Musik vorgegangen, weil sie von den Schwarzen kommt und noch nie so weiß war, daß sie diesen Rock zu ihrer Musik hätten machen können.

Noch immer ist der Rock schwarz, er ist so schwarz wie die Ghettos, die Slums und die Arbeiterviertel, aus denen er kommt. Und immer hat der Rock in seinen Variationen Bewegungen ausgelöst, die von rechts bekämpft wurden wie's auch beim - Rock'n Roll die Rocker, beim Punk die Punker, beim Reggae die Rastas, beim Flower Power die Hippies - gewesen waren und alle Bewegungen spiegelten das Elend, die Probleme, den Kampf gegen die Unterdrücker wieder.

Doch in der BRD scheinen die Ausdrucksmittel des Rock die Menschen abzuschlaffen, kritiklos gegenüber dem Bestehenden zu machen und mit Ignoranz die Berufsverbote, das wiedererstarken der Faschisten, den gefährlichen Atomstrom, die Schnüffeleien, die Isolationshaftbedingungen, und die unzähligen politischen Unterdrückungen, die allesamt von Rechts kommen, aufzunehmen. Ja, heute werden sogar wieder die Neo-Faschisten, wie auch schon in der Weimarer Republik, von den hiesigen Politikern und Polizisten geschützt, wärend es offensichtlich (schon) wieder gefährlich ist, Antifaschist zu sein, die von der Polizei verhaftet, verprügelt und politisch verfolgt werden.

In der BRD werden daher auch Musiker und Gruppen von Radiostationen gemieden, von Zeitungen totgeschwiegen und von Plattenkonzernen verleugnet, die das Übel an der Wurzel packen und lauthals herausschreien, wie's bei Gruppen wie OKTOBER, TON STEINE SCHERBEN, BRÜHWARM, SCHMETTERLINGE, CHECKPOINT CHARLIE, ALCATRAZ, DEN 3 TORNADOS ect. pp., der Fall ist. Diese Gruppen kaum oder nie die Möglichkeit ihre Aussagen über die großen Medien zu verbreiten und viele Menschen anzusprechen, weil sie einfach unter den Tisch gefegt werden.

Die Initiative "Rock gegen Rechts" will die Jugendlichen und Menschen wecken und wieder in Bewegung bringen, in Bewegung gegen rechts. Wir wollen mit Musikern, die etwas zusagen haben, mit bekannten Gruppen und unbekannten Musikern zusammenarbeiten, Veranstaltungen aufziehen, mehr an die Jugendlichen herantreten und die Ziele und Aufgaben der Initiative "Rock gegen Rechts" bekannt machen. Wir wollen eine Reihe von Veranstaltungen machen, von deren Erlös finanzschwache Initiativen, Organisationen, Kinderhäuser, Frauengruppen, Gefangenengruppen u.s.w. unterstützt werden sollen.

Wenn Du (Ihr) mit Deiner (Eurer) Gruppe diese Ziele für richtig haltet und damit einverstanden bist (seit), diese Bewegung mit anleiern willst (wollt), helft mit, indem Du (Ihr) mit Deiner (Eurer) Unterschrift das anerkennst, was sich die Initiative "Rock gegen Rechts" zur Aufgabe gemacht hat. Wenn wir genug Unterschriften von Musikern und Gruppen verzeichnen können, wird diese Erklärung als Pressemitteilung an alle Musikzeitungen, Illustrierten und Alternativblätter zur Öffentlichmachung, verschickt.

Deine (Eure)

UNTERSCHRIFT

Rock-gegen-Rechts-Eerklärung, 1978

in schleimig-freundlicher Art anzuklopfen und Kaffee oder Fernsehgebäck anzubieten. Solche eigentlich eher lächerlichen Begebenheiten vermischten sich allerdings mit lästigen Strafanzeigen – wegen den Schweinebeleidigungen – und wiederholten Kontrollen auf der Autobahn – als Folge des RAF-Irrsinns. Damit hatten wir nie etwas zu tun. Vielleicht lag das an unseren Sympathieäußerungen, die wir anfangs mehrmals für den von Gudrun Ensslin und Andreas Baader gelegten Kaufhausbrand zeigten. Schon da hatten wir aber klar gemacht, dass Gewalt gegen Sachen die Grenze sei. Es sollte sich noch herausstellen, dass der Verfassungsschutz alles andere als professionell ist, sonst hätte er schnell erkennen können, dass es sich bei uns um radikale Pazifisten handelte, die jede Gewalt gegen Lebewesen ablehnten; sie hätten in vielen unserer Songs unsere Einstellung zur Gewalt hören können.

Lästig war das wiederholte Überprüfen auf der Autobahn. Unser bemalter Bus, mit Hanfblättern, »Legalize it« und »Atomkraft? Nein Danke«-Motto, hätte eigentlich jedem Vernunftbegabten klarmachen müssen, dass ein solches Fahrzeug für Terroristen ungeeignet war. Mit der Zeit entwickelten wir die Fähigkeit, die drohenden polizeilichen Maßnahmen rechtzeitig zu erkennen und uns darauf vorzubereiten. Ein über eine längere Strecke hinterherfahrender Wagen musste natürlich auffallen und führte dazu, dass irgendwann Polizeiautos vor uns auftauchten und uns auf einen Parkplatz herauswiesen.

Vorsicht war angebracht. Langsam zogen wir die Ausweise heraus. Hektische, unkontrollierte Bewegungen hatten anderweitig schon dazu geführt, dass ein angstzittriger Finger den Abzug der MP ausgelöst hatte. Einige Male mussten wir uns breitbeinig mit erhobenen Händen an den Bus stellen und wurden nach Waffen abgetastet. Schön war es nicht und angstfrei schon gar nicht. Die Karlsruher Zeit hatte uns auf einiges vorbereitet. Die dortigen höchsten deutschen Gerichte waren jetzt von hohen Zäunen, Kontrollpunkten, Kameras und mit Maschinenpistolen ausgerüsteten Polizisten umgeben. Die Ermordung des Richters Ponto, Schleyer-Entführung und Ermordung, sowie diverse Anschläge hatten zu diesem Zustand geführt. Diese Atmosphäre und der Einsatz der großen Anzahl von Polizisten, nicht nur Erfahrene, sondern auch viele Junge, die mit Schiss in der Hose und entsicherter MP durch die Gegend patrouillierten, hatte schon zu Ausrastern geführt. Da gab es Tote und Verletzte. Wir mieden diese Gebiete und nahmen dafür größere Umwege in Kauf. Im Text »Hitler in Dosen«, unserem Hit auf der LP »Die Durchsichtige«, wird das gespiegelt.

Ein kleiner Ausschnitt daraus:

HITLER IN DOSEN

Es sind wieder ein Haufen Arschlöcher unterwegs, die ihren Schwanz in der Aktentasche herumtragen und mir mordgeil ins Gesicht blicken, von wegen dem Bombenanschlag am Tag vorher auf das Gericht und weil jeder Dosenkopf halt merkt, wenn einer noch keinen Dosenkopf hat. Die Gewalt läuft wieder mit Krawatte auf der Straße herum und möchte gern Polizist sein. Ich lauf' im Tchibo Stehfick ein. Zwei Sekretärinnen mit Feuchtigkeitscreme-Gesichtern und geilen Hosenanzügen, die Hose schneidet zwischen Arschspalte und Möse, unterhalten sich geziert über Terroristen. Mein Schwanz zuckt reaktionär. Typen an meinem Tisch rülpsen Worte wie: »Kopf ab«, »Vergasen«, »Verhungern lassen«, in den Raum. Mein Gehirn fängt an zu brennen. In einem kurzen Anfall von Irrsinn schleudere ich ihnen meine Worte ins Gesicht: »Du«, sag ich zu einem, »ich komm' heut Abend und werf' deinen Farbfernseher auf die Straße, ich zerreiße dein Geld, ich kille deinen Kühlschrank, ich stech' dir die Autoreifen ab«, brülle ich. Sein Gesicht ist wie 'ne Scheibe Gott, denn dieser soll uns ja nach seinem Ebenbild geschaffen haben. Ich haue schnell ab, bevor sich sein Gesicht wieder in eine Scheibe Hitler verwandelt hat. Es ist ein dreckiges Bild des Todes, dieses Gekotze menschlicher Stimmen am frühen Morgen im Tchibo auf der Kaiserstraße. Hitler in Dosen. Das perverse Machtgesocks in den Konzernen und in der Regierung hat Deutschland zur Dosenfabrik erklärt.

Für alle, die an Gott glauben: Oh, mein unbarmherziger Gott, warum musstest Du so viele dumme Deppen auf unserer schönen Erde absetzen?

Durch die mehrmalige Beschlagnahmung unserer Pappsau erweiterte sich die Kontrollsituation ins Penetrante. Weil ich das am besten konnte, war die Herstellung der neuen Schweineschilder meine Sache und nervte auf Dauer, auch wenn die Erzählungen über die Erlebnisse rund um die Schweine beim Publikum immer für einen Lacher gut waren. Unbenommen davon waren wir froh, dass mit der Terminierung des Strafprozesses nach einem Jahr ein Ende in Aussicht war. Wiederholungen waren nicht unsere Sache und an Franz-Josef hatten wir uns abgearbeitet. Jetzt ging es darum, das Beste daraus zu machen. An alle Freunde, Fans und uns zugängliche Medien wurden Einladungen zu diesem Event verschickt. Das Solidaritätskonto füllte sich innerhalb weniger Wochen und überschritt die geforderte Summe sogar um einiges. Jetzt war es an uns, Dank zu verbreiten, schließlich wollten wir uns nicht bereichern. Dem Vorgang ist nichts hinzuzufügen, außer dem Hinweis, dass es eine Zeit der Schwester- und Brüderlichkeit gab, die bei jeder Begegnung unter langhaarigen, freakigen oder annähernd hippieesken Gestalten, ein in der Erinnerung verklärtes, warmherziges Gefühl aufkommen lässt. Die Öffentlichkeit, die uns der Schweineprozess verschaffte, unter anderem Berichte im »Stern« und »Der Spiegel« und weiteren Medien, ließ uns den Begriff »bekannt aus Funk und Fernsehen« als berechtigt erscheinen. Unser Bekanntheitsgrad jedenfalls erreichte durch diese Vorgänge eine neue Dimension.

Das Jahr 1981 sah uns selten daheim und fast ununterbrochen unterwegs. Für meinen Biorhythmus empfand ich das nicht als das Gesündeste. Als hochgradig vom Lampenfieber Geplagter hatte ich mir angewöhnt, mir pro Gig eine halbe Flasche »Johnnie Walker« rein zu tun. Im Grunde meines Wesens Idylliker und harmoniesüchtig, war es langsam genug der Aufregungen. Die ersten Samenkörner der Wünsche nach dem überschaubaren Leben mit Gartenarbeit, Selbstversorgung, umgeben von schöner Natur, dem geruhsamen Malen von Heile-Welt-Bildern und getragen von der Zuwendung und liebevoller Gemeinschaft, fingen an zu keimen. Außer sehnsüchtigen Gedankenfluchten waren diese Phantasien noch große Schritte von der Umsetzung entfernt. Erstmals entwickelte sich jetzt aus der Zusammenarbeit der Schneeball-Bands die Idee eines gemeinsamen Projektes, genannt »Schneeball Oper«. Treibender Initiator dieses Unternehmens war Christian von Embryo. Immer angeturnt und Meister der Improvisation. Jeder, der Embryo und ihre Musik kennt, weiß was ich meine. Er war immer begeisterter Ideengeber, brachte mit seinem nie versiegenden Spirit die Musiker dazu, auf seine hochgradig flippigen, theoretischen Vorgaben abzufahren. Die praktische Umsetzung musste sich dann in einem gruppendynamischen Gärungsprozess entwickeln oder auch nicht. Die nächsten ungewöhnlichen, über jede Grenze gehenden Einfälle warteten schon.

Das hoch gesteckte Thema der »Schneeball-Oper« sollte im weitesten Sinn die Unterdrückung von Kunst, in unserem Fall von Musik, in der gesamten Menschheitsgeschichte darstellen. Wie selbstverständlich ging Christian davon aus, dass der Text dazu von mir geliefert würde. Über die Musik dazu machte er sich keine Gedanken. Wie das mit über dreißig Musikern klappen sollte, überforderte meine Vorstellungskraft. Der Anspruch auf ein gewisses Maß an Probezeit schien ihm nicht besonders eingängig. Wichtiger war die spannende Idee, ein aufregender Weg ins Abenteuerland. Gleichzeitig wurde ein Zeitrahmen für eine Tour ausgemacht, die Christian organisieren sollte. Die Handlung begann mit trommelnden Urgermanen, deren heilige Eiche ein Mönch mit der Axt fällen wollte, was das Trommeln unterbrach, um den Mönch zu killen und ihn so zu einem katholischen Heiligen zu machen. Im Mittelalter mussten natürlich die strafverfolgten Lieder des François Villon herhalten. Derartig historische Ereignisse vermischten sich mit erfundenen, aber durchaus möglichen Geschichten.

Der Verlauf der Story wurde von einem Erzähler bzw. Reporter namens Klaus-Dieter Lügensack begleitet. Vorlage dafür war der damals omnipotente, medienpräsente Klaus-Dieter Lueg, der mir durch seine hohlphrasenmäßige Berichterstattung aufgefallen war. Meinen Klaus-Dieter Lügensack dachte ich mir als lachhaften, die Herrschenden entlarvenden Sprücheklopfer aus.

Vom Theater war ich ein paar Wochen Probezeit gewohnt. Das erwies sich als illusorisch. Es war nicht möglich, an die dreißig Musiker, die darauf angewiesen waren, möglichst viel zu spielen, um ihre Brötchen zu verdienen, zusammenzubringen. Christian fand den Text klasse und meinte, ich solle ihn kopieren und an die Bands verschicken. Drei Tage Vorbereitung vor dem ersten Auftritt erschienen ihm ausreichend. Wenn wenigstens darauf Verlass gewesen wäre. Embryo tauchte erst einen Tag vorher an unserem ersten Spielort, dem Ufa-Gelände, auf. Um sich aufzuregen, war es zu spät. Die Regie konnte nur in einer groben Absprache des Handlungsverlaufs und der Verteilung der Textblätter für die verschiedenen Rollen bestehen. Außerdem mussten auf die Schnelle die nötigsten Kostüme und Requisiten besorgt werden. Das klappte erstaunlicherweise gut. Sogar ein Mönchsgewand tauchte von irgendwoher auf. Immerhin konnte ich am Abend des Vortrags die Bande dazu bringen, wenigstens einen Durchlauf zu absolvieren. Aus Freude an dem großen Musikertreffen und der frohen Erwartung der gemeinsamen Unternehmung, hatte der Dope-Konsum eine nicht unbeträchtliche Menge erreicht. Die außergewöhnliche Generalprobe konnte allerdings nicht bis zum Ende gespielt werden, ständige Unterbrechungen durch

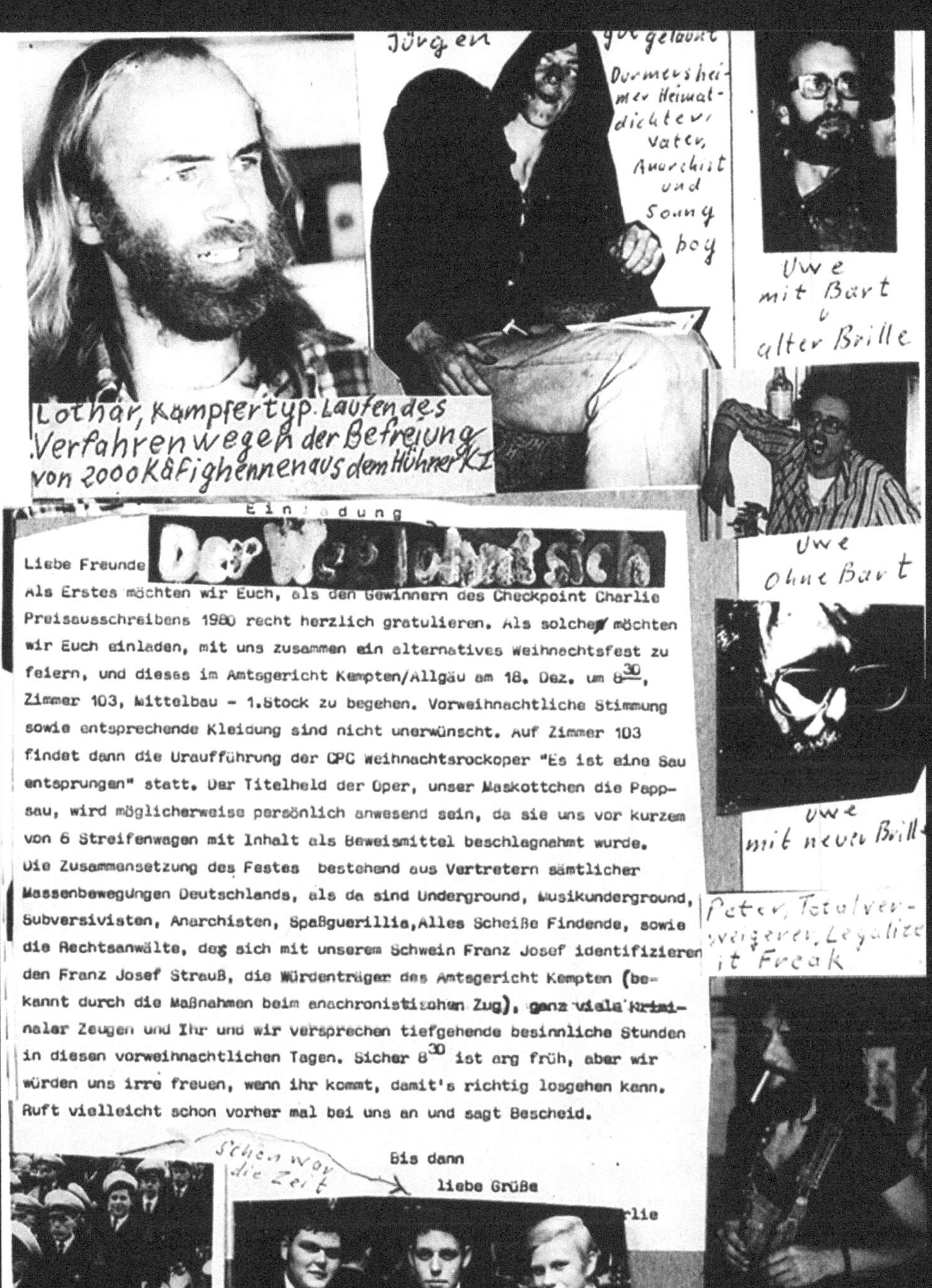

Einladung

Liebe Freunde

Als Erstes möchten wir Euch, als den Gewinnern des Checkpoint Charlie Preisausschreibens 1980 recht herzlich gratulieren. Als solche möchten wir Euch einladen, mit uns zusammen ein alternatives Weihnachtsfest zu feiern, und diese im Amtsgericht Kempten/Allgäu am 18. Dez. um 8[30], Zimmer 103, Mittelbau – 1.Stock zu begehen. Vorweihnachtliche Stimmung sowie entsprechende Kleidung sind nicht unerwünscht. Auf Zimmer 103 findet dann die Uraufführung der CPC Weihnachtsrockoper "Es ist eine Sau entsprungen" statt. Der Titelheld der Oper, unser Maskottchen die Pappsau, wird möglicherweise persönlich anwesend sein, da sie uns vor kurzem von 6 Streifenwagen mit Inhalt als Beweismittel beschlagnahmt wurde. Die Zusammensetzung des Festes bestehend aus Vertretern sämtlicher Massenbewegungen Deutschlands, als da sind Underground, Musikunderground, Subversivisten, Anarchisten, Spaßguerillia, Alles Scheiße Findende, sowie die Rechtsanwälte, die sich mit unserem Schwein Franz Josef identifizieren den Franz Josef Strauß, die Würdenträger des Amtsgericht Kempten (bekannt durch die Maßnahmen beim anachronistischen Zug), ganz viele Kriminaler Zeugen und Ihr und wir versprechen tiefgehende besinnliche Stunden in diesen vorweihnachtlichen Tagen. Sicher 8[30] ist arg früh, aber wir würden uns irre freuen, wenn ihr kommt, damit's richtig losgehen kann. Ruft vielleicht schon vorher mal bei uns an und sagt Bescheid.

Bis dann

liebe Grüße

[...]rlie

Info zum »Franz-Josef-Schweineprozess«

Gelächter versprachen uns zwar eine Menge Spaß, ließen bei mir aber Zweifel aufkommen, ob das Publikum den Einstieg in diesen Humor finden würde. Das Checkpoint-Charlie-Prinzip, immer mit einem Eklat zu beginnen, konnte ich nach einigem Widerstreben durchsetzen. Die diebische Freude darüber, den Chaotenhaufen als wilde Urgermanen splitternackt mit Trommeln um die heilige Eiche zu platzieren, musste ich mir gönnen. Diese erste Szene mit dem Einlaufen der Nackten durch das Publikum, sorgte sogleich für eine äußerst gelöste Stimmung und bildete die Grundlage für einen abgefahrenen Abend. Aus der hauptsächlich aus Intuition und Improvisation entwickelten Musik entstand ein Spirit, der sich nur aus der gemeinsamen Schneeball-Identifikation erklären lässt. Auch die Texte fügten sich wie angeboren ein und lösten immer wieder viel Beifall aus.

Die Spielfreude konnte während der ganzen Tour beibehalten werden, obwohl sie von den äußeren Umständen her durchaus anstrengend war – die Versorgung und die Übernachtungssituation stellten für die Leute aus der Szene eine Überforderung dar, oft mussten Teile der Meute auf dem Boden der Auftrittshallen übernachten. Trotzdem konnte uns das den Spaß nicht verderben und hat bei allen Beteiligten eine tolle Erinnerung hinterlassen. Ein solches Erlebnis, bei dem aus einem gemeinsamen Bewusstsein heraus ein spontaner künstlerischer Ausdruck erwächst, ist ein seltenes Geschenk.

Jahre später, bei der zweiten Schneeball-Oper, nach Auflösungserscheinung von Checkpoint Charlie, hatten wir nicht so viel Glück. Als »Libretto« hatte ich mir eine Verarschung der unzähligen Serien im Fernsehen, spezielle Arztserien, vorgenommen. Der Titel lautete:

DIE SCHLOSSKLINIK

Nachtschwester Ingeborg schläft schon
Beste Arzt–Kriminal Polit Oper
der Welt in Einem
eine Polit Oper
Ein Film für die ganze Familie
Untertitel das Kothaus im Spessart

Als Drehbuch für einen Film gedacht, sollte es jetzt als abendfüllendes Theaterstück herhalten. Einen schönen Effekt erhoffte ich mir durch die von Männern gespielten Frauenrollen: Der Nackt- und Nachtschwester und der Oberschwester Hildegard. Eigentlich war klar, dass für diese Handlung Professionalität nötig war, aber noch euphorisiert vom Erfolgserlebnis der ersten Schnellball-Oper ließ mich mein Realitätssinn im Stich. Selbst meine nachdrückliche Forderung nach vierzehn Tagen Probezeit wurde zwar bejaht, aber wieder einmal nicht eingehalten. Gerade mal vier Tage vor dem ersten Gig waren die Schauspieler da. Die von mir gepflegte Spielweise des genialen Dilettantismus reichte in dieser kurzen Zeit nicht aus, um dem Stück seinen Reiz abzugewinnen. Auch in der Musik fehlte der fließende Groove. So richtig Freude konnte nicht aufkommen. Als ideal erwies sich nur die Ausrüstung an Krankenhaus-Material und Requisiten. Meine Freundin Angelika, von Beruf MTA, konnte abgelegtes Krankenhauszubehör wie Arztkittel, Stethoskop und Spritzen besorgen.

Die kurzen Proben waren nicht unlustig, aber die von Männern gespielten Schwestern mit Kastratenstimmen und der von anderen Musikern vorgetragene Text, teils im Operngesang, der eher an ein Jaulen erinnerte, war über längere Strecken als Komik auch nicht überzeugend. Ebenso konnte der immer wieder auftauchende Pfleger Ronnie, der Mägen und andere Organe unter abwegigen Sprüchen in eine Kühltruhe packte, den Kohl auch nicht fett machen. Um die Gags rüberzubringen, hätte es mehr komödiantische Fähigkeiten gebraucht. Es lief nicht rund, was sich dann auch auf die Musik auswirkte und im Chaos ausuferte. Entsprechend ratlos, schon bei der ersten Veranstaltung, war die Reaktion des Publikums. Die unverständlich herumjaulenden Darsteller, und die jeden Konsum ausschließende Musik, konnten bei höchstens einem Zehntel der Zuschauer Anklang finden. Nach dem dritten Gig in Hannover beschlossen wir, das Unternehmen aufzugeben, mit der Erkenntnis, dass die erste Schneeball-Oper eine Gnade der kosmischen Geburt gewesen war. Ohne Mühe geht selten etwas. Ohne Fleiß kein Preis. Aus der Schlossklinik hier ein kurzer Ausschnitt. Auf der folgenden Seite der Beweis, dass bei entsprechender guter Darstellung ein Scheitern vermeidbar gewesen wäre.

-7-

4. Innen- Flur/ O. Schw. H.- Lernschw. A. -- später Atze+ Ronny

O. Schw. H.

Ich wollte schon lang mal mit ihnen reden- Kleines. So einfach so- unter vier Augen. Ich weiß ganz genau- sie haben ein Sack voll Probleme.

Lernschw. A. (weinerlich)

Aber Oberschweser ich. . .

O. Schw. H.

Hand aufs Herz- Kindchen. Sie haben noch nicht begriffen, daß unsere liebe Schloßklinik wie ihr zu Hause ist.

Lernschw. A.

Aber- das Krankenhaus ist doch mein Arbeitsplatz.

O. Schw. H. (ernst)

Nein- nein Astrid- das ist ganz falsch. Wir sind hier wie eine große Familie und in der Familie- daheim- wird doch auch immer mal einer krank oder hat Probleme. Ist es nicht so- Kindchen.

Lernschw. A. (gerührt)

O. Schw. H. ich weiß gar nicht wie ich ihnen danken soll. Ich bedanke mich soo sehr.

O. Schw. H. (auch gerührt)

Schon gut, schon gut. Ich bedanke mich- bei unserm lieben Herrgott- daß er mich eine Brücke schlagen ließ- von Mensch zu Mensch.

O. Schw. H. und Lernschw. A. liegen sich weinend in den Armen
Pfleger Atze und Ronny kommen aus Krankenzimmer
Atze zu O.Schw.H.

Atze / Dr. Vogelsang Dr. Senf (Sohn vom Chef

Oberschwester- der Junior macht uns Sorgen. Der Schlauchneutralisator und der Ozonabsorbierer halten den Kollaps zwar stabil....

Ronny

Jetzt hat sich aber eine akute negativ Regeneration eingestellt.

O.Schw. H. ernst zu Lernschw. A.

O. Schw.H.

Schauen sie einmal Astrid- so mischt das Schicksal seine Karten. Gut- daß wir dieses ernste Gespräch geführt haben. Seien wir doch mal ehlich- der Junior hat doch mal wieder seine Unterreizlibidispannung. Ich weiß Kindchen- sie haben in den letzten Minuten viel gelernt. - Tuen sie was sie für jeden in ihrer Familie tun würden. ich weiß sie werden es richtig machen.

Lernschw. A. sammelt sich- gibt sich einen Ruck und geht in Notaufnahme

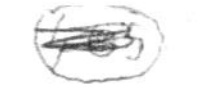

-8-

5. Notaufnahme/ S.S liegt auf Bahre an Schläuche angeschloßen- Gasmaske auf/ Lernschw. A. betritt Notaufnahme- geht zu S.S.- fühlt ihm den Puls- schaltet Pusverstärker ein- Pusgeräusch kommt wie langsamer stumpfer Fickton: Uh--uh--uh--.../Lernschw. A. schüttelt bedenklich den Kopf- nimmt ihm Gasmaske ab- streicht ihm das Gesicht ihn kuhäugig verliebt anblickend- faltet die Hände und schickt einen gläubigen Blick zum Himmel- gibt sich einen Ruck- geht zum Kopfende der Bare stellt sich mit dem Rücken zu Kopf von S.S.- hebt den Rock und setzt sich mit nacktem Hintern auf Kopf von S.S.- langsam kommt Bewegung in S.S.

Dr. Senf

Ah-oh- ah-oh- wo bin ich? Oh-ah-ah- wo bin ich- wo bin ich?...

-9-

6. Innen- Flur/ Atze- Ronny- O. Schw. H./ Atze- Ronny hechelnd vor Schlüsselloch zu Notaufnahme

Atze

Is gebongt- der Junior weilt wieder unter uns.

Ronny

Alles klar- wenn der was in die Nase ziehen kann- war er noch immer gleich wieder Quietschfidel.

O. Schw. H.

Das ist wirklich ein Freudentag. Nun gehört Lernschw. A. ganz zu unserer großen Familie.- Aber kein Wort zum Professor- er hat da so seine Vorurteile zur Gesäßakkupressurbehandlung. Aber ich weiß genau- wie gut meine alten Hausmittel den Menschen oft Hilfe bringen.

Atze

O. Schw. H. mir wird so komisch-- Hilfe- hilfe. ich glaube meine Unterreizlibido- wie wär's denn- könnten sie mir nicht eine ganz kleine Gesäßakkupressur...

O. Schw. H. schelmisch mit dem Finger drohend

O. Schw. H.

Na- na- na- na- na ihr kleinen Schlingel. Wir haben wohl noch ernstere Fälle hier- sogar Todesfälle. Bis später dann in der Cafeteria.

O. Schw. H. geht ab/ Atze+ Ronny glotzen ihr mit raushängender Zunge hinterher

Ausschnitt aus »Die Schlossklinik«

21

Die Produktion der LP »Krawall im Schweinestall« ergab sich aus dem Trubel um unser Maskottchen. Wir ließen gleich 6.000 Stück davon pressen, aus dem Verkauf von 14.000 Exemplaren »Die Durchsichtige«, die wir mehrfach nachpressen mussten, meinten wir gelernt zu haben. Wie immer kommt es anders als man denkt. Noch immer liegen 2.000 der Schweinereien im Keller. Der schlechte Verkauf dürfte ein erstes Anzeichen dafür gewesen sein, dass unsere Hochzeit überschritten war.

Eine weitere Veränderung kam für uns durch unsere häufige Abwesenheit überraschend: Im Rotznasentheater hatte sich ein tiefgehender Bruch zwischen Babs und den anderen Frauen aufgetan. Der führte trotz aller Bewältigungsversuche dazu, dass Babs die Familie verließ und sich nach Karlsruhe absetzte. Ein erster tiefer Einschnitt in das sich bisher organisch weiter entwickelnde Kommuneleben.

Willi verbrachte jetzt die spielfreie Zeit in Karlsruhe. Dieser Zustand zog sich noch über ein Jahr hin. Erstaunlicherweise ohne großen Einfluss auf die Kreativität zu nehmen, denn es sprang sogar noch unsere letzte LP »Feuer und Flamme« in dieser Zusammensetzung dabei raus. Danach entschied sich Willi für seine Beziehung und die neue Band Schäggi Bädsch. Da konnte er seine musikalische Begabung in neue Dimensionen schicken, die bei uns durch die Textlastigkeit gewissen Einschränkungen unterworfen war. Für mich war Willis Abgang eine schmerzliche Angelegenheit und sein Fehlen und damit sein entscheidender Einfluss auf unsere Musik machten sich bald bemerkbar. Es gab zwar noch ein beträchtliches Potential, aber eine Weiterentwicklung war nicht in Sicht. Tourstress, Lampenfieber und Whiskysauferei intensivierten meine Sehnsucht nach Harmonie und direkter Verbindung zur Natur, eingebettet in die liebevolle Umgebung meiner »Familie Hesselbach«. Die Beschäftigung mit Gartenarbeit und der aus Kindheitsgefühlen schöpfenden Malerei erschien mir als Weg zum Glück. Ein Jahr später war mein vorläufig letzter Gig an der Uni in Ulm. Der bleibt in Erinnerung, weil ich am Veranstaltungsort, der Mensa, in einem Nebenraum riesige Klopapier-Packungen entdeckte, von denen ich eine in den Bus packte und damit die Kommune über lange Zeit versorgte.

Im Rückblick ist erkennbar, dass das Paradies nicht von jetzt auf nachher zu erschaffen ist, schon gar nicht durch Verdrängung der Realität. Wenn, dann geht es »ins Paradies«, wie es im Scherben-Song heißt, vielleicht nur »Schritt für Schritt«. Hoffentlich nicht, um festzustellen, dass das Paradies gar nicht anzustreben ist, weil es sich als langweilig herausstellen könnte. Richtungsschilder mit Weisheiten wie »Der Weg ist das Ziel«, oder »Der kürzeste Weg zu sich selbst führt um die Welt« dürften bei der Suche hilfreich sein.

Die Jungs machten noch eine Weile weiter. Mit wechselnden Musikern wurde versucht, den typischen Checkpoint-Charlie-Stil fortzusetzten, was aber nicht von Erfolg gekrönt war. Die Jugendbewegung der siebziger Jahre, autonome Jugendzentren, Umsonst-und-Draußen-Festivals, Rock gegen Rechts, Anti-AKW, Wohngemeinschaften und Landkommunen hatten sich zunehmend aufgelöst. Außerdem waren große Teile unseres Publikums älter geworden. Mit über zwanzig geht man nicht mehr ins Jugendzentrum. Es gab allgemein mehr Individualisierungstendenzen, was zur Rückkehr in Formen wie Kleinfamilie, feste Zweierbeziehungen und private Wohnungen führte. Die Utopie und die Zuversicht, eine gewaltfreie, lebensfreundliche Gesellschaft gemeinsam zu erschaffen, schien sich erschöpft zu haben. Dem Anspruch, sich dem Müll der Konsumgesellschaft zu entziehen, stand ein scheinbarer Rückzug der Jugend aus dem Politischen entgegen. Angesagt war, sein eigenes Ding zu machen, es herrschte kein Interesse an Gemeinschaftsaufgaben und von einer über die eigenen Vorteile hinausgehenden Solidarität hatte man sich verabschiedet. Die alles überschüttende, weiterwachsende Konsumwelle hatte mit immer raffinierteren psychologischen Methoden einen Sieg errungen und zu Bewusstlosigkeit und dem »No future«-Gefühl der Punks geführt. Die RAF suchte mit ihrem mörderischen Irrweg des bewaffneten Kampfes gegen das »Schweinesystem« einen anderen Ausweg aus diesem Zustand.

Die Wunschvorstellung, die Kommune könnte in ihrem Streben nach der idealen Gesellschaft von diesen Zeitläufen unberührt ihren Weg stetig weitergehen, musste sich häufig ungewohnten Hindernissen stellen. Die Jahre des pärchenhaften Wohnens in einem Raum ließen das Bedürfnis aufkommen, auch mal allein zu sein. Der Ausbau und mehrere neue Zimmer hatte an der Wohnsituation nichts geändert, da wir weiter gewachsen waren. Vier Kinder – Rosa, Lena, Lotte und Felix im Vorschulalter – erzeugten Leben in der Bude und einen fast durchgehenden Geräuschpegel. Bei den Erwachsenen waren Conny und Dave von der Ufa-Fabrik bei uns gelandet. Ebenso Rainer, unser jüngster, der von der Bundeswehr abgehauen war und sich eine Zeit lang verstecken musste. Die Erkenntnis der Bedeutung, sich mal aus dem Alltag rausziehen zu können, führte zum Kauf eines kleinen Hauses am Dorfende, das dann auch meistens gern bewohnt wurde. Die nächsten drei, vier Jahre verbrachte ich im Geist meines idyllischen Abenteuerlandes.

Um mich herum veränderte sich einiges, ohne dass ich es als Gefahr für unsere Gemeinschaft erkennen wollte. Nach Auflösung der Band gingen die Musiker ihren eigenen Weg. Lothar stieg bei Embryo ein, Jürgen gründete die Brides, die sich darauf beschränkten, die Rolling Stones nachzuspielen. Manne machte den Sound bei anderen Bands. Später bei The Blech, wovon noch die Rede sein wird. So waren Teile der Arbeit schon mal ausgelagert, was für den Durchblick, die Befindlichkeit der Betroffenen zu erkennen, hinderlich war. Auch in Beziehungen zeigten sich erste Brüche. Manu trennte sich von Manne und kam mit Dave zusammen. Dann wurden Conny und Manne ein Paar. Selbst die damit verbundenen, die Gruppe manchmal vereinnahmenden Psychos konnten mein Wohlgefühl nicht einschneidend stören. Das ging bis April 1986, Tschernobyl. Das Thema »Atomkraft? Nein Danke« war in unseren Texten immer präsent gewesen, der Supergau aber nie real vorstellbar. Nun erzeugte die Flut unterschiedlichster Informationen Hilflosigkeit und unkontrollierbare Horrorgefühle. Die Unwissenheit über wetterbedingte Luftströmungen, die atomare Niederschläge über Europa verteilen könnten, sorgte für Gefühle der Lähmung und Ausweglosigkeit. Einige aus unserem Bekanntenkreis setzten sich panisch mit dem Flugzeug nach Portugal ab. Innerhalb kürzester Zeit waren sämtliche Geigerzähler ausverkauft. Es gab Warnungen, nicht aus dem Haus zu gehen. Vor allem Kinder seien gefährdet. Erst eine Woche nach der Katastrophe gelang es, einen Geigerzähler aufzutreiben. Er zeigte bei uns nur geringe Konzentrationen, trotzdem ließen wir die Kinder nicht im Sandkasten spielen und tauschten später den Sand aus. Meine Gartenarbeit, die schon mit der Vorbereitung von Beeten, dem Setzen von Steckzwiebeln und Salatsetzlingen ins Frühbeet begonnen hatte, fand ein jähes Ende. Meine Beziehung zu dieser geliebten Tätigkeit konnte erst Jahre später wieder gesunden. Nicht, dass ich nichts mehr gemacht hätte, aber eine nicht fassbare Untergangsstimmung ließ den Sinn verloren gehen und die Arbeit mühselig werden. Ich betreute den Garten weiterhin, aber anders. Der Sommer sah den Garten überwuchert mit Beikraut und einer mageren Gemüseernte. Ich bewegte mich lieber in meinen geträumten Malereien. Wir mussten sogar Gemüse kaufen.

Im Zustand unterschwelliger Depression und schlechtem Gewissen kam mir ein Buch zu Hilfe, Titel »Die Zen-Buddhistische Landwirtschaft«. Darin beschrieb ein japanischer Zen-Mönch ein System meditativer Gärtnerei, die darauf setzte, Kulturgemüse sich in seine ursprüngliche Wildform zurück entwickeln zu lassen. Dazu brauchte es nur ein Stück Land und die Beobachtung der Pflanzen aus den angeflogenen Samen. Um die essbaren Gewächse herum musste dann sparsam Raum geschaffen werden. Auf diese Art könne auf kontemplative Weise und mit reduzierter Arbeitskraft gesunde Nahrung erwachen. Das ist eine grob vereinfachte Beschreibung dessen, was mir aus den ausführlichen Beschreibungen des Zen-Mönchs in Erinnerung geblieben ist. Damals konnte ich allerdings endlos darüber referieren und baute mir damit eine Brücke aus Theorie, um meine Untätigkeit zu tolerieren. Meine Ausführungen sorgten für Irritation und Gelächter und dazu, nicht für voll genommen zu werden.

Ich richtete im kleinen Haus mein Atelier ein und vertiefte mich in die Malerei, für die ich keine anderen Menschen brauchte. Nur die Aufgaben des Alltags, wie Kochen, Abwaschen, einmal die Woche Plenum usw. liefen weiter. Es wäre noch genug Nähe zu meinen Mitbewohnern da gewesen, um zu bemerken, was aus der Spur geriet. Bei der Rückkehr von einem Kommune-Treffen auf dem Arpshof bei Hamburg, erklärte mir Regina, sie habe sich in Peter verliebt. Der hatte bei Checkpoint Charlie als Roadie und an Lichtanlage und Diaprojektor gearbeitet. Er wohnte außerhalb, stand uns aber sehr nahe und ging ein und aus. Hätte ich mich nicht so eingeigelt, wäre mir bestimmt schon längst was aufgefallen. Auch hier gilt wieder das Prinzip, tiefer gehende psychologische Betrachtungen zu vermeiden, es sei denn, sie sind zum Verständnis des Zeitgeschehens unbedingt erforderlich oder können als Anlass zur Erheiterung dienen. Davon war jetzt ganz und gar nicht zu sprechen. Kein einziger Pinselstrich an meinen bunten harmonischen Weltbildern war mehr möglich. Aus den fiebrigen Gesprächen zu zweit und in der Gruppe ergab sich bald, dass es nichts mehr zu kitten gab. Abstand musste her. Die aufgeheizten Psychovibrationen waberten durch Tage und Nächte, ohne dass ein Ende in Sicht war.

Sich rauszuziehen bot sich als Hoffnung an, einen Ausweg zu finden. Befreundete Menschen, die sich über einen Besuch freuen würden, gab es. Da fiel mir zuerst Heidelberg ein, meine ewige Liebe, und dann Karlsruhe, Geburtsort von Checkpoint Charlie. Der Blick in die Gemeinschaftskasse zeigte gähnende Leere. Auch das ein Anzeichen, dass einer unserer Ansprüche, die Abschaffung des Privateigentums, der lange Jahre immer funktioniert hatte, Auflösungserscheinungen zeigte. Eine im Büro befindliche Kasse war immer so weit gefüllt gewesen, dass jeder, wenn er mal ausgehen oder ein Kleidungsstück kaufen wollte, fündig wurde. Mit den individuellen Tätigkeiten außerhalb der Gruppe und dem Wegfall des alles Verbindenden, gesellschaftsverändernden Kampfes durch Checkpoint Charlie, zerfaserten die Zielvorstellungen in manchmal nicht mehr benennbare Indifferenzen. Die sonst wie selbstverständlich immer wieder aufgefüllte Kasse blieb öfter leer. Ich will es nicht betteln nennen, aber um die Reise zu finanzieren musste ich mich umtun. Immerhin ging das problemlos. Aus der Lederwerkstatt, die gut im Geschäft war, aber auch von anderen kam gut was rüber.

Die erste Station in Heidelberg war ein alter Freund, inzwischen Inhaber einer angesagten Kneipe. Dem Gesundheitszustand nicht unbedingt förderlich, meldete sich mein ehemaliger Kumpel »Johnnie Walker«, der mich auf der vernunftlosen Suche nach einer neuen Beziehung begleitete. Tagsüber latschte ich nostalgischen Emotionen nachgehend durch die Gegend oder lungerte bei schönem Wetter auf den Neckarwiesen rum. Als Verdrängungsunterstützung erwies sich die Entdeckung von »Der Herr der Ringe«. Lange bevor diese Bücher zu Bestsellern wurden, gab es schon eine Übersetzung ins Deutsche, die als Geheimtipp kursierte. Dieser Lesestoff war über zehn Tage die beste Seelenstütze. Mit dem Ende der Lektüre setzte aber wieder eine Konfrontation mit der Echtzeit ein, die den Weg durch das Tal der Tränen als noch nicht beendet aufzeigte. Das wurde noch bestärkt durch zwei Damenbekanntschaften, die sich abends in der Kneipe unter einem erhöhten Whiskypegel ereigneten. Im Zimmer der ersten, die nach Betreten sofort einen am Fußende des Bettes befindlichen Fernseher anwarf, kamen wir gleich zur Sache. Das gestaltete sich schwierig. Meinem Vorschlag, den Kasten abzustellen, wurde mit der Erwiderung: »Ich mach das immer so«, eine Absage erteilt. Die ziemlich krampfhafte Handlung erreichte keinen Höhepunkt, sondern einen Niedergang, als sie mir mit dem Gesicht zum Fernseher ihren Hintern entgegenstreckte. Noch heute erinnere ich mich, dass da irgendwelches Popzeug mit Fernsehballett gesendet wurde. Im Regal unter dem Gerät befanden sich zwei Fächer, die ausschließlich mit »Readers Digest«-Heften ausgefüllt waren. Welches dieser Artefakte, noch verstärkt durch den Alkoholkonsum, zum Scheitern einer geschlechtlichen Vereinigung führte, ist unklar. Der Begriff »One-Night-Stand« war damals noch nicht geläufig. Von »Standing« konnte ohnehin keine Rede sein. Nach einer dumpfen Nacht waren wir beide froh, uns aus dem Gesichtsfeld des anderen entfernen zu können.

Die nächste Bekanntschaft ließ sich besser an. Zu Beginn klappte es mit der Kommunikation und wir hatten Gesprächsstoff, der sich nach einigen Tagen aber sonderbarerweise immer mehr erschöpfte. Das äußerte sich auch darin, dass sie mir ständig Zettel mit kritischen Bemerkungen über mein Verhalten hinterließ, sowie allgemeine Lebensweisheiten. Sie studierte Germanistik und Philosophie. Damit fehlte es nicht an Stoff. Mein Hinweis, ich würde mich lieber persönlich unterhalten, änderte nichts. Eine kurze Nähe genügte nicht für einen Austausch der Chemie. Auf Teufel komm raus eine neue Beziehung zu finden war so nicht möglich. Bei mir nicht. Erst die Akzeptanz und auch die Freude am Single-Dasein eröffnete in der Zukunft wieder eine neue Liebe.

Schon zu Checkpoint-Charlie-Zeiten passierte es mehrmals, dass ausgerechnet Frauen mit jede Norm sprengenden Eigenheiten mich zum Objekt der Begierde machten. Bei einem Auftritt in Bochum überfiel mich während des Konzerts, ich saß im Seitengang der Bühne, eine Frau, küsste mich ab und versuchte mir die Kleider vom Leib zu reißen. Mein herumfuchtelnder Befreiungskampf löste bei Lothar, der am Schlagzeug sitzend Einblick hatte, ein schüttelndes Lachen aus, das sein Weiterspielen gefährdete. Ich konnte dann auf die Bühne flüchten und etwas ramponiert den nächsten Song abliefern. Nach dem Auftritt sah ich sie vor der Bühne in ein angeregtes Gespräch verwickelt. Ich stellte mich dazu, interessiert irgendetwas begreifbares zu erfahren. Pustekuchen. Ihr Blick streifte mich ausdruckslos, als hätte sie mich noch nie gesehen – eine der zahlreichen Unverständlichkeiten menschlichen Tuns.

Ein anderes Mal, Spielort war ein Club in Paderborn, wurde ich in einer Pause an der Bar von einer Dame zu einigen Whiskys eingeladen.

Angeblich lebte sie im Wald mit einem Typen und einem Kamel zusammen. Eine Trennung von dem Typ stehe kurz bevor, der wäre völlig weg vom Fenster und ernähre sich nur aus der Natur, in der Hauptsache von Brennnesseln. Ihre sozialen Beziehungen bestanden ihrer Erzählung nach in Treffen mit anderen Kamelhaltern, im Austausch über Empfindlichkeiten dieser Tiere. Interessiert an Außergewöhnlichem, versuchte ich eine tiefergehende Motivation für ihr Verhalten zu ergründen. Meine Fragen müssen den Eindruck erweckt haben, ich wolle den Kontakt zu ihr intensivieren. Der Gig war zu Ende, wir bauten die Anlage ab, luden den Krempel in den Bus und sie saß immer noch an der Bar. Der Clubinhaber hatte sie mehrmals aufgefordert zu gehen, was sie mit der Behauptung ablehnte, sie sei mit mir verabredet. Normalerweise wären wir einfach abgefahren. Hier war das Blöde, dass die Übernachtung im Haus war. Es lag also an mir, die Frau zum Verlassen des Raumes zu bewegen. Das erwies sich als kompliziert. Sie eröffnete mir, dass sie mit mir schlafen wolle. Außerdem hätte sie mich zu einigen Drinks eingeladen und erwarte, dass ich mich revanchiere. Erst mal um Beruhigung bemüht, gab ich dem nach und überredete den Barmann, der genervt war, weil er Feierabend machen wollte, noch was auszuschenken. Alles Zureden, selbst die Notlüge, es herrsche hier ein Verbot für Musiker, Frauen im Club übernachten zu lassen, zeigte keine Wirkung. Auch mein Versprechen, sie am nächsten Tag gerne zu treffen, ging ins Leere. Es zog sich und zog sich, bis der Besitzer sagte, sie müsse jetzt wirklich gehen. Zwecklos. Sie grabschte sich meine Brille mit der Bemerkung, die bekäme ich erst im Bett wieder zurück. Ratlos standen wir in der Gegend rum. Ich bin stark kurzsichtig. Als erstes musste die Brille unbeschädigt wieder her. Es blieb nur die Strategie der nicht allzu sanften Gewalt. Zwei wurden beauftragt die Hand mit der Brille zu packen und diese vorsichtig auszulösen. Alle zusammen verfrachteten wir die Frau dann vor die Tür, was dauerte, da sie starken Widerstand leistete. Endlich draußen, krakelte sie, nicht wenig alkoholisiert, eine ganze Weile umher. Die Geschichte jener Begegnung der besonderen Art könnte noch fortgesetzt werden, aber hiermit müssen diese Unerquicklichkeiten ein Ende finden. Warum immer mir das passierte, habe ich nie herausgefunden.

Die nächste Etappe der Reise in Karlsruhe konfrontierte mich mit anderen Herausforderungen. Alte Freunde und Bekannte aus Ur-Checkpoint-Charlie-Zeiten gingen mir mit ihren Fragen nach dem Zustand von

Band und Kommune auf den Wecker. Ich hatte keine Lust, die angefressene Situation der Gruppe zu beschreiben und so zwangen sie mich zu Beschreibungen, die eher Schönrederei waren. Gerade das aber drängte mich, ob ich wollte oder nicht zur Reflexion. Grübeleien wie eine alle Mitglieder einbindende Idee, die unserem Gemeinschaftsgefühl neues Leben einhauchen könnte, führten zu einem Gedankenblitz, dessen Energie in meinem Umfeld Verbreitung fand und in einem Brief an die Kommune ein Zeichen setzte.

Ihr Lieben,
dieser einer meiner wenigen Briefe sollte Euch schon einmal signalisieren, dass es sich um mehr oder weniger Bedeutungsschwangeres handelt. Die durch meine Abwesenheit bedingten Umstände, die mich in der letzten Zeit durch eine Serie bewusster, wie auch unbewusster Exzesse getrieben haben, habe ich mir ein paar Gedanken gemacht, die schon länger da waren, die aber erst jetzt konsequente Existenz erkennen lassen. War teilweise auch ziemlich finster drauf. Siehe Anruf – Tschuldigung (ich hatte da mal eine böse Beschimpfung, Marke kleinbürgerliche Rückfalltäter, durch die Leitung geschickt). Jetzt gehts mir wieder tierisch gut und die positiven Momente vermehren sich, wobei von permanentem Orgasmus zu sprechen etwas übertrieben wäre. Auf jeden Fall, die sich selbst erniedrigen werden erhöht werden, spricht der Herr. Wow. Nun zu meinen bereits vorher erwähnten kristallinen Gedanken, betreffend, die von uns geschaffene, in neun Jahren verankerte Realität der Kommune, die aber leider auch dazu geführt hat, dass wir jetzt ein von der Volkszählung jederzeit zu erfassender Haushalt geworden sind. Ihr wisst was ich meine, wenn ihr diesen Gedanken, in vielleicht meditativer Form, etwas weiterführt. Das spirituelle Wunderhorn unserer Vorstellungskraft zur permanenten persönlichen und damit gesellschaftlichen Veränderung ist fast bis zum Boden ausgeschöpft. Wir sind an einem Punkt angelangt, wo wir uns wirklich mal wieder mit Härte fragen müssen, was wir wollen. Woher das kommt, muss sich jeder selbst beantworten, nicht zuletzt ich. Anscheinend bedarf es in meinem Leben immer irgendwelcher beziehungspsychischer Härtetests als Katalysatoren, um den Berg zu sprengen, der dem Fluss der Lebendigkeit seinen Weg versperrt hat.

Wir haben damals die Kommune gegründet, um in menschenfreundlicheren Zusammenhängen zu leben und das auch rüberzuschicken. Wir haben fast alles, was wir uns damals erträumt haben, erreicht. Ein kleines Wunder. Aber Wunder gibt es immer wieder, wie wir aus dem Schlager wissen. Wenn es jeden Tag Wunder gibt, kannst du dich nicht mehr wundern. Auf künstlerisch, spirituellem Gebiet jedenfalls flackert ein Energiesparflämmchen, und das, weil die Idee fehlt, das Konzept künstlerisch und damit für uns gesellschaftsbeeinflussender, intensivster, aktiv energischer Ernst und Spaßhaftigkeit erfahrbar zu machen. Da wir als Wundertäter alte Hasen sind, ist konsequenterweise ein neues Wunder angesagt. Wir müssen die Ketten der Wiederholung unserer eigenen, glorreichen Vergangenheit sprengen und auf die nächste Stufe der konsequenten Veränderung unserer Existenz. Das Erreichen des Unmöglichen als Teil der absoluten kosmischen Wahrheit zu erkennen. Da die Idee der Kommune selbst als Gesamtkunstwerk schon in Kopfkisten abgelagert ist und verändernde, bewegendere Wirkungen nur noch minimal abstrahlen, heißt es, das Ganze auf einer anderen qualitativ veränderten Ebene mit einem erweiternden Bewusstsein zu erfüllen, unserer Message ein neues Medium zu finden. Im Zeitalter der Elektronik ist es unsinnig, einen Volksempfänger als Radio zu benutzen, genauso wie vielleicht die höchstens ein Dutzend funktionierenden Kommunen in Deutschland medienmäßig den jetzt noch vorhandenen Volksempfängern entsprechen. Da wir die Medien dieser Gesellschaft nicht benutzen können, müssen wir unser eigenes Medium schaffen, die Realität des Unmöglichen, die reale Utopie und damit das absoluteste aller Massenmedien. Indem wir die Träume aller, die unbewussten wie die bewussten Sehnsüchte aller Menschen zusammenfassen, durch etwas, was es nicht gibt und auch nur manchmal geben wird, die Liebe der Menschen zueinander, das Paradies. Wir rufen das Paradies aus. Ob es das gibt ist völlig unwichtig. Um ins Paradies zu gelangen, ist jede Lüge gerechtfertigt. Denn in diesem Fall sind die Begriffe Lüge und Phantasie gleichzusetzen. Da uns die Ausrufung des Paradieses niemand glauben wird, müssen wir subversiv arbeiten, deshalb die von Deutschland losgelöste »Freie Republik am Donnersberg« (der Donnersberg ist die höchste Erhebung der Pfalz, mythenumwobene ehemalige keltische Siedlung). Damit eröffnen sich grenzenlose Möglichkeiten, unser Land zu beschreiben und spielerisch in jeder Form, vor allem auch dadurch, dass alle Funktionsträger dieses Staates mit entsprechenden Attributen in wechselnder Form unter uns beibehalten werden, nur mit anderen, gewichtigeren, vor allem wirksameren Inhalten gefüllt werden. Die Band, als Staatsorchester der »Freien Republik«, dürfte keine Schwierigkeiten haben, Texte flippigster Art für unsere Nationalhymne, unsere Folkore etc. zu finden. Ich will das jetzt nicht weiter ausführen. Lange Briefe sind anstrengend. Jedenfalls hab ich ne Menge Ideen. Befinde mich in einem permanenten Happening und bin in Karlsruhe und Heidelberg in den verschiedenen Szenen als Botschafter, Präsident, Arzt, Geschichtsprofessor (eine Universität haben wir natürlich auch) aufgetreten. Es ist irre, wie die Leute darauf abfahren. Hab bis jetzt fünf Plätze aufgetan, wo Konsulate, in Heidelberg eine Botschaft, errichtet werden, mit raushängender Fahne, repräsentativem Schild usw. Muss aber erst noch viel geschrieben werden, zum Beispiel Verfassung und Proklamationen. Jetzt langts. Hoffe ich habe etwas anregend in Euren Kreislauf eingegriffen. Das Wetter ist herrlich. Gehe jetzt zum Baden.

Freue mich auf Euch.

Die liebsten Grüße sendet
Euer Uwe (z. Zeit geheimer Sonderbotschafter)

Der Brief wirkte durchaus anregend und führte zu ausgiebigen Flippereien rund um das Thema der Gründung einer »Freien Republik«. Als passender Termin für die Staatsgründung bot sich das zehnjährige Jubiläum der Kommune an, für das ein Riesenfest geplant war. Jürgen, berühmt als Beschaffer von Subventionstöpfen, machte umgehend beim Kultusministerium, das Fördermittel unter der Devise »Kultur im Dorf« zu vergeben hatte, eine stattliche Summe locker. Auf diese Weise konnte der Staat dabei unterstützen, uns von ihm zu trennen und eine eigene Nation auszurufen.

Dieses Projekt, das unter dem Namen »Wilde Zeiten« als eine Rockrevue zu den Leuten gebracht werden sollte, war die letzte wirkliche Gemeinschaftsarbeit. Von wilden Zeiten konnte man bei der Show wirklich nicht mehr sprechen. Die Ausrufung der Staatsgründung, sowie die Reden einzelner Minister konnten in ihrer Verrücktheit dem Wildheitsbegriff noch was abgewinnen. Die meisten anderen Darbietungen von unterschiedlicher Qualität, wie Bände- und Stepptanz, Jonglieren und Pantomimen, unterbrochen von Liedern wie »Komm, wir lieben das Leben«, erschienen mir eher als unbewusste Individualitäts-Trips, Marke »Ich bin allein, bitte hab mich lieb, dann hab' ich euch auch lieb«. Für Außenstehende unbemerkt manifestierten diese Auftritte die Entfernung der Einzelnen von der Gruppe. »Wilde Zeiten« war in ihrer Unverbindlichkeit sehr erfolgreich, für mich ein alternativer bunter Abend. Selbst der wirklich große Erfolg der Aufführungen konnte den schleichenden Zerfall, der von keinem von uns wirklich wahrgenommen werden wollte, aufhalten. Das an sich unerschöpfliche Potential an Ideen die »Freie Republik« betreffend brachte nicht die Rettung. Auch meine Bemühungen in diese Richtung entbehrten der überzeugenden Energie. Sie wurden belächelt und nicht ernst genommen. Das Maß an Verrücktheit, das gebraucht wird, um der Surrealität eine Tür zu öffnen, hatte sich verflüchtigt. Wir haben die Möglichkeit einer neuen Form von Gemeinschaft versäumt und uns in die nie endende Geschichte der »Brüderschaft der romantischen Verlierer« eingereiht.

Für kommende Staatsgründer soll die Proklamation der »Freien Republik am Donnersberg« zur Loslösung von der Bundesrepublik Deutschland eine Hilfestellung leisten (siehe folgende Doppelseite).

Es folgten die Reden der verschiedenen Minister. Diese hier abzudrucken würde zu weit führen. Als Beispiel für den sich durch die Vorträge ziehenden und konkrete Ziele anpeilenden Ton, mag die Rede des Vögelministers dienen. Als Zeichen seiner Autorität trug er als Amtstracht eine Mütze in Form eines Kopfeuters. Dieses symbolisierte mit seinen senkrecht aufgestellten Zitzen die Verbindung selbst zu den am höchsten fliegenden Vögeln wie Adlern, ja zum Kosmos überhaupt.

REDE DES VÖGELMINISTERS (JOACHIM)

Guten Abend meine sehr verehrten Damen und Herren,

zunächst einmal möchte ich Sie mit dem Stimmlaut des Uhus vertraut machen: »Uhu – uhuhh – uhu – uhuhhh – uhuuhh«.

Ganz im Gegensatz dazu erscheint der Gesang des Wendehalses. Ich bin mir nicht sicher, ob dies Spaß oder Ernst ist. Wenn alles Lüge ist, ist dies schwer zu entscheiden – Ich kann Sie nur dazu auffordern, mich so zu nehmen, wie ich bin.

Ich weiß, es fällt ihnen schwer – sich z. B. meine Kopfbedeckung wegzudenken, aber dieser Anspruch muss an Sie, meine Damen und Herren, gestellt werden. Es wird in meiner Geschichte Situationen geben, in welcher das Kopfeuter durchaus passend und angebracht erscheint, trotzdem aber extrem fehl am Platz ist. Das Gleiche gilt für die anders herum vertauschte Situation, oder aber auch besteht die Möglichkeit, dass das nicht vorhandene Kopfeuter sich von Ihnen dazugedacht werden muss, um Zugang zu mir zu finden.

Ich nehme das Kopfeuter jetzt einige Male auf und ab, um Ihnen Gelegenheit zu geben, sich ein Vorurteil zu bilden.

Das Sein bestimmt das Bewusstsein: Er trägt ein Kopfeuter = Ist er es? Er trägt ein Kopfeuter – also ist er.

Nun zu meinem Lebensweg. Ich begann denselben als zu spät erwartete Frühgeburt, sodass es zu früh wäre, jetzt schon alles darüber zu sagen zu können. Wohl war ich nicht die einzige Frühgeburt gewe-

Rede zur Unabhängigkeitserklärung der „Freien Republik am Donnersberg“

Meine sehr verehrten Damen und Herren, liebe Ausländer,
ich freue mich ganz herzlich Sie heute abend hier in meinem Namen begrüßen zu dürfen. Ich selbst bin nicht anwesend, es handelt sich hier um eine sprechende Holografie meiner Persönlichkeit, da die offizielle Gründungsfeier der Lostrennung unseres Landes, der „Freien Republik am Donnersberg“, von der BRD erst am 1. September 1989 erfolgt. Wir halten es aber für unsere Pflicht Ihnen, die an den Grenzen unseres Landes leben und deren Wohlwollen uns am Herzen liegt, schon jetzt einige Informationen mitzuteilen. Ich möchte aber gleichzeitig nicht unerwähnt lassen, daß auch viele von Ihnen dazu beigetragen haben uns mit der „Freien Republik am Donnersberg“ von der BRD loszutrennen. Daher heißt ein wichtiger Artikel unserer Unabhängigkeitserklärung: Inländer raus ! Der Ausspruch unseres Nationaldichters Karl-Heinz Maria Müller sagte treffend: „Ich habe schon so viel Geduld mit Euch gehabt, daß es mir den Fußschweiß auf die Stirne trieb und den Stirnschweiß in die Füße.“ Aber damit genug.
Wir haben uns heute hier zusammengefunden um einen heiteren und erfreulichen Abend zusammen zu erleben. Einen Staatsgründungsvortrag zu halten würde den Rahmen dieser Veranstaltung sprengen. Ich werde daher nur kurz einige Fakten nennen die zur Gründung der „Freien Republik am Donnersberg“ führten:
Die erste unblutige und erfolgreiche Revolution der Welt ereignete sich am 9.1.1989 in Deutschland. Die älteste Kommune Deutschlands, die Familie Hesselbach, verkündet an diesem Tage ihre Unabhängigkeit. Sie erklärt, beginnend mit dem permanentesten Kunsthappening aller Zeiten die Lostrennung von der BRD, die „Freie Republik am Donnersberg.“ Die verfassungsgebende Versammlung einigte sich schnell, da der erste Punkt der Tagesordnung durch den spirituellen Zusammenschluss aller Lebewesen unseres 5 Hektar großen Landes, d.h. tausende von Pflanzen, Tieren, 21 Menschen und diverse Geistwesen, blitzartig und einstimmig erfolgte. Dieser erste und wohl gewichtigste Artikel unserer Verfassung heißt: Das Volk ist abgeschafft. Es bestimmt demzufolge jeden Mitbewohner unseres Landes zum gleichberechtigten Regierungsmitglied. Wir einigten uns aufgrund unserer persönlichen Geschichte und der Nostalgie wegen als erstes auf die Staatsform der Freien Republik. Artikel 1 unserer Verfassung ist aber ein sog. Gummiparagraph, der es uns ermöglicht auch andere Regierungsformen, z.B. die Monarchie usw., zu errichten. Lediglich die Staatsform der Parlamentarischen Demokratie ist ausgeschlossen.
Ich möchte Ihnen noch einige Ereignisse schildern, welche der Unabhängigkeitserklärung im internen Kreis der Regierung mit einigen inoffiziellen Vertretern des Auslandes, die dann ab 1.September als offizielle Botschafter in verschiedenen Metropolen unsere Interessen verteten werden, folgten:

15. Januar 1989 : Verschickung der Unabhängigkeitserklärung an die BRD – noch keine Antwort. Falls die Anerkennung unserer Souveränität noch lange auf sich warten lässt werden wir durch öffentliche Aktionen darauf hinarbeiten, daß sich die Regierung der BRD einer Stellungnahme nicht mehr entziehen kann: Entwertung der Personalausweise und Pässe der BRD, Schaffung eigener Ausweise, der Nationalhymne, der Nationalfahne, diverser Wappen sowie repräsentativer Outfits der Mitglieder des Kabinetts.

Proklamation der »Freien Republik am Donnersberg«

Gründung der Staatlichen Akademie der Nichtwissenschaften, die der Forschung und Begreifbarmachung des menschlichen Nicht-Wissens gewidmet sind, z.B. in gesellschaftlichen Bereichen wie Kultur, Landwirtschaft, Kunst usw. Sämtliche Regierungsmitglieder gehören dem Kuratoriumc der Akademie an. Dabei sei besonders auf die soeben erschienenen Werke „Kunst im Haushalt" Band 1 und 2, auch auf Cassette, hingewiesen. Als Jahrhundertwerk erscheint im Sommer die vierteilige Schrift „Mitte, Rechts und Links auf seine Weise – macht das Grundgesetz zu Scheiße". Dabei handelt es sich um eine Umarbeitung und Verdichtung des Grundgesetzes in Poesie, daß es von Menschen richtig oder gar nicht verstanden werden kann.

15. Februar 1989: Abschluss der Forschungsarbeiten an unserer Geheimwaffe „Aphrodite 1" . Diese aus der Kommunikation mit sämtlichen Lebewesen unseres Vater- und Mutterlandes entstandene Waffe ermöglicht es uns, anorganische Materie zu pulverisieren. Es hnadelt sich um eine Energiewaffe. Im Prinzip eine in das Gegenteil verwandelte Neutronenbombe. Bei einem Feldversuch im Rahmen eines Manövers in unserer Gegend konnten wir in Sekundenschnelle die Mannschaft eines Panzers in den Staub setzen. Wie wir aus informierten Kreisen erfahren haben haben die Terroristischen Geheimdienste dieses Gescehnis zum Staatsgeheimnis Nr. 1 erklärt.

Ab September`89 : Einrichtung von Botschaften und Konsulaten in mehreren Orten, deren Inhaber als Außerordentliche Mitglieder unseres Landes zu gelten haben. Diese werden auf ihrem Weg Schritt für Schritt integriert, damit dann das Geld zum Zweck des Abbaus der Machtstrukturen entsorgt werden kann.

Als Verteter der 1. Sanften Revolution der Weltgeschichte, welche Ungerechtigkeit durch Abschaffung des Volkes beseitigt und alle Angehörigen des Staatswesens zu gleichberechtigten Regierungsmitgliedern ernennt, fordere ich alle Welt dazu auf, unser Land als souveränen Staat anzuerkennen. Ich danke Ihnen.

sen, die, nach vergeblichen Versuchen einen Weltverband der zu früh Geborenen zu gründen, bemerkte, dass ich zu spät gekommen gewesen war. Denn es existierte bereits ein Verein der zu früh Geborenen, der die zu spät Geborenen bis aufs Messer bekämpfte. Ich begriff daher sehr schnell, dass meine verfrühte Existenz ein zeitlicher Irrtum war und mich darum wiederum von allen übrigen und weiteren Frühgeburten unterschied, welche ihre Frühgeburt eher als Verspätung betrachten. Ich glaube nun, als Vögelminister der Freien Republik am Donnersberg, den Sinn meiner Geburt, egal ob zu früh oder zu spät, zu begreifen.

Es lebe die Inkarnation der Exkommunizierten.

22

Leider verlief nach dem Ende von »Wilde Zeiten« die Idee der Staatsgründung im Sande. Meine Versuche, eine Entwicklung voranzutreiben, stießen auf wenig Widerhall und ich kam mir allmählich vor wie ein nicht ganz ernst zu nehmender, belächelter, sonderlicher Eigenbrötler. Eine nicht greifbare Verbindung im Gruppenleben war verloren gegangen. Die weiterhin funktionierende Rundumversorgung mit Nahrung, Unterkunft und selbstbestimmten Tätigkeiten reichte nicht aus, mir den Liebesverlust in der Hesselbach Familie und die leere Gemeinschaftskasse zu ersetzen. Dem musste abgeholfen werden. Impulse dazu konnten nur außerhalb gefunden werden. Die Idee zur Geldbeschaffung ließ mich auf Altbewährtes zurückgreifen.

Immer wieder reizten mich neue Interpretationen meines treuen alten Freundes François Villon. Mit Willi, der zusammen mit Barbara in Dahn im Pfälzer Bergland inzwischen eine Musikschule betrieb, beschäftigten wir uns mit mittelalterlichen Klängen à la Oswald von Wolkenstein und anderen. Anfangs trommelte Lothar noch mit. War nicht so sein Ding. Sein Interesse ging mehr in Richtung Embryo. Willi und ich probten intensiv weiter, was in der Überzeugung gipfelte, eine starke Ausdruckskraft entdeckt zu haben. Hinzu kam, dass der alte »Franz« im etablierten Kulturleben gerade sehr angesagt war. Die Organisation von Auftritten in Kulturvereinen, Bibliotheken, Jazzclubs und kleinen Theatern gestaltete sich daher einigermaßen stressfrei. Einmal gab es sogar ein Villon-Festival, bei dem wir mit drei anderen Interpreten konkurrierten.

Es machte Spaß, sich mal wieder auf kulturell angepassten Pfaden zu bewegen. Trotz seines Ausnahmecharakters und der radikalen Systemkritik gab es niemanden, der etwas gegen einen mehrere Jahrhunderte alten kriminellen Rebellenpoeten mit Bezügen zur Gegenwart zu sagen hatte. Damit war der finanzielle Mangelzustand beseitigt. Alles in allem ein hundertprozentiger Erfolg – ohne Diskussionszwang, mit Hotelübernachtung und vertraglich abgesicherter Nahrungsaufnahme. Der häufige Aufenthalt in Dahn führte außerdem wieder zu einer Verbindung mit Hesse Werner. Der hatte sich inzwischen von der Pioniersiedlung Bundenthal gelöst. Die anderen, die mit mir zu den Gründungsmitgliedern gehört hatten, waren ebenfalls nicht mehr dabei. Nach dem Brand hatten sie sich eine neue Bleibe, den Reinigshof besorgt, der aber inzwischen von den Longos übernommen worden war.

Im »Debut«, einer Kneipe der Dahner Jugendszene, traf ich Hesse nach vielen Jahre Funkstille zum ersten Mal wieder. Die große Freude darüber wurde bald durch den Eindruck abgelöst, dass vieles von dem, was ihn ausgemacht hatte, wie in einem inneren Zimmer verschlossen war. Befangen in einer Art Erstarrung konnte ich ihm nur nach und nach bruchstückhafte Berichte aus seinem Leben seit unserer Trennung entlocken. Das war mein Herzensfreund Hesse, nur schienen Teile seines Wesens hinter einer Wand aus Melancholie und Realitätsverlust eingemauert. Er war gerade erst aus der Klapse in Klingenmünster entlassen worden, in die er, seiner Erzählung nach, durch das Abfackeln seines VW-Busses eingewiesen worden war. Jetzt habe er sich in Schönau, an der Grenze zum Elsass, ein kleines Haus mit Garten gemietet, wo er mit fünf Schafen, die er sich von den Longos abgegriffen habe, eine Herde aufbauen wollte. Außerdem hatte er die Idee, sich von seinen Eltern 1.000 DM zu leihen, Lotto zu spielen und dann mit dem Gewinn die Checkpoints wieder auferstehen zu lassen. Das zu seinem Realitätsverlust.

Egal. Ich war froh, den Freund wieder in Reichweite zu haben und versuchte, ihn zu überreden, Checkpoint zu reanimieren und an unsere frühere Kommunikationsebene anzuknüpfen. Schließlich hatte er seine Fender-Gitarre aus der Hölle der verrückten Idiotensektierer retten können und die Jimmy-Hendrix-Platten waren ersetzbar. Das schien ihn zu animieren. Wir verabredeten, uns so oft wie möglich zu treffen. Dies hatte einige vollgeschriebene Spiralblöcken voller absurder Fantasien zur Folge. Stoff für ganze Bücher voller Underground-Prosa und -Poesie.

Bis jetzt hat sich das nur in Texten zur letzten LP, der 1991 erschienenen »Gurglersinfonie« manifestiert. Nur auf dieser von Ionesco und Kafka inspirierten Wahrnehmungsebene gelang uns eine nicht hinterfragbare Harmonie. Bei alltäglichen Gegebenheiten und Anforderungen betreffenden Tätigkeiten jedoch waren nicht übereinstimmende Sichtweisen fast die Regel. Das betraf auch jegliche Hygienemaßnahmen, was sich in einem strengen Müllgeruch in seiner näheren Umgebung äußerte. Ihn darauf anzusprechen schien aussichtslos. Nachdem er mich bei seinem ersten Besuch in Bisterschied im Bad beim Zähneputzen antraf, platzte er lautstark, fast empört mit dem Ruf heraus: »Uwe, du putzt dir ja die Zähne!« Auf dieser Ebene konnte ich ihm nicht folgen und beschloss, mich da der Stimme zu enthalten. Auch mein Besuch bei ihm sollte der letzte bleiben. Die kleinbürgerlichen Vormieter waren verstorben und in diese Spießerkulisse hatte es Hesse verschlagen. Ohne etwas zu verändern hatte er Möbel, Federbetten und Kitschbilder an den Wänden übernommen. In irgendeiner Weise geputzt worden war seit seinem Einzug nicht mehr. Die ganze Bude befand sich im Zustand eines schwer zu beschreibenden verdreckten Chaos. Seine Verwahrlosung machte mich ratlos. Er ernährte sich ausschließlich von Thunfisch aus Dosen und der Zufuhr starken Kaffees. Im Haus lebten auch Mitbewohner – das waren Kobolde, die sich nachts im Haus herumtrieben und deren Lärm ihm den Schlaf raubten. Inzwischen habe er sie aber im Griff, eine Methode war, abends eine Dose Thunfisch vor die geschlossene Schlafzimmertür zu stellen, seitdem wäre Ruhe. Tatsächlich waren Ratten oder Mäuse zu Gange. Von denen bekam ich in der Nacht meines ersten und letzten Besuches etwas mit. Es war Winter. Vergraben unter einem ekligen Federbettgebirge verbrachte ich unruhige Stunden in einem kalten Raum.

Auch Hesses soziales Umfeld war sehr eingeschränkt. Außer der Mitgliedschaft im Dahner Schachclub, in dem er der beste Spieler war und an Wochenenden bei anderen Clubs spielte, gab es keine Kontakte. Sein Bedürfnis, eine Freundin zu finden, hatte er aufgegeben. Beim Besuch auf einem Dorfschwoof hatte er nach mehrmaligen Aufforderungen zum Tanz nur Abfuhren erhalten. Damit sei für ihn diese Geschichte erledigt. Ich stellte mir Hesse vor, mit seinem pennerhaften Outfit, wild um den Kopf herumstehende Haarmengen und speziellem Eigengeruch, wie er auf einem Tanzabend bei Schlagermusik mit starrem Blick versucht, die Dorfschönheiten aufzureißen. Bei Checkpoint Charlie immer der mit dem reichlichsten Anklang bei den Damen, waren ihm die Abfuhren ganz unbegreiflich.

Dieser Hessezustand auf einer mir unzugänglichen Erfahrungsebene erfüllte mich mit Traurigkeit. Das wurde noch verstärkt durch die Antwort auf die Frage nach seiner Gitarre, die einsam in einer Zimmerecke stand: Er habe seit dem Weggang von Karlsruhe nicht mehr darauf gespielt. Jetzt wollte er aber, mit der Aussicht auf eine Checkpoint-Evolution, wieder damit anfangen. Das war auch meine leise Hoffnung. Da ich mir dahingehende Beschäftigungen bei ihm zu Hause nicht vorstellen konnte, blieben nur Besuche bei mir, denen aber auch zeitlich Grenzen gesetzt waren, da Hesse in die Tätigkeiten des Alltags im Gemeinschaftsleben nicht einzubinden war und dadurch für Unmut bei meinen Mitbewohnern sorgte. Hesse war nur mit mir zu Gesprächen in der Lage. Ansonsten saß er stumm in der Gegend herum. Wir waren in unserer speziellen Kommunikation abgeschottet, in einer Form der Isolation, nur von irrem Gelächter unterbrochen. Jenen nicht endenden Improvisationen über den »großen Gurgler« soll hier ein kleiner Ausschnitt gewidmet sein.

DIE ÜBERWINDUNG DES STADTKERNS

In dem Versuch, den Stadtkern zu überwinden betrat der große Gurgler die Straßenbahn. Die geschlechtslosen Ausdünstungen der Fahrgäste ließen ihn beinah sofort begreifen, dass der Feierabend angebrochen war. Er war in Gefahr, jedoch schien niemand zu bemerken, dass ein Kriegsleiden ihn daran hinderte, den Bleigehalt der Luft zu verringern. Sein grabsteinartiger Oberkörper wurde nicht wahrgenommen. Die meisten Leute suckelten hingebungsvoll an ihren Flaschen mit Nährflüssigkeit. Vorsichtshalber stieg er jedoch an der nächsten Haltestelle aus und schob seinen klopapierumwickelten Körper über den Zebrastreifen. Ohne Ziel und kaktusförmig, wie sein Hirn nun einmal war, geriet er in die Gefangenschaft von zehn Gorrha Gorhaas, deren zooähnliches Aussehen eine wahrscheinlich unruhige Jugend in Krisenzeiten verriet. Obwohl seine Familie die Kernfusion nicht überlebt hatte, reagierte er blitzschnell, tat seine Pflicht und zog sich seine geringelten Kniestrümpfe über beide Ohren. Er kämpfte sich durch bis zur nächsten Bedürfnisanstalt, betrat dieselbe wieder locker in der Hoffnung, unerkannt etwas zu gebären. Elf gierige, verwahrloste Rentnerinnen lauerten dort bereits mit zäher Ausdauer. Ihr von Napalm durchdämpftes Haar schrie nach Lockenwicklern. Die Kloake verlassend war er sichtlich leichter. Da er wie kaum ein Zweiter die Menschlichkeit ergänzte, machte ihm dennoch die Sparkasse das Leben zur Hölle. Schnell zwängte er sich wieder in eine überfüllte Straßenbahn, in welcher unvermutet zwei quallenförmige Mutanten erschreckend wild begannen mit ihren tennisschlägerhaften Unterkiefern den Kunststoff zu bearbeiten. Die ausdruckslosen Gesichter der anderen Fahrgäste zeigten eine unausgeglichene Gleichgültigkeit, der Totenstarre verwandt. Ihre treuen, germanisch blauen Augen ließen keine Täuschung zu, es handelte sich tatsächlich um das nackte Nichts. Sie bestätigten das, indem sie ununterbrochen Lochkarten in einen gelben Kasten steckten. Die Luft war angefüllt mit Spruchblasen. Um sich einen Platz in der Bahn zu verschaffen, ließ der Gurgler krachend sein Luftgasgemisch in den Raum strömen. Der Mann auf dem Notsitz starb sofort. Die übergroßen Werbetafeln an den Gebäuden für Zigaretten oder Deodorants blitzten in natürlichen Zeitabständen hell auf, während die Straßenbahn, die in Richtung Hauptbahnhof fuhr, an ihrer Seitenwand den Stempel der Apokalypse trug.

Leider sollte sich die Zusammenarbeit mit Hesse weiterhin nur auf den Gurgler fixieren. Eine Anknüpfung an Checkpoint Charlie gestaltete sich schwierig. Dabei hatten wir die beste Voraussetzung. Hubl, ein Musikerfreund aus Bayern, hatte in der Nähe, in Glashütte im tiefsten Pfälzer Wald, ein Studio aufgemacht. Dort arbeitete er mit seiner neu gegründeten Band The Blech an der ersten LP. Ich hielt mich gern und oft dort auf, weil sich mit den beiden anderen Bandmitgliedern umgehend eine selbstverständliche Vertrautheit eingestellt hatte, irgendwo im Grenzbereich einer absurd surrealistischen Geistesverfassung. In dem großen Haus samt Aufnahmestudio ergaben sich die besten Möglichkeiten, zu grooven und Entwicklungen anzustoßen. Außerdem war es ein neutraler Platz, an dem ich mich ohne Verbindlichkeiten mit Hesse treffen konnte. Das ließ sich auch gut an. Er brachte seine Gitarre mit und nach einer Session mit den Blech-Musikern herrschte helle Begeisterung. Schwierig war nur seine Sprachlosigkeit, die ein Zusammenkommen auf verbaler Ebene verhinderte. Nur mir gelang es, diese Mauer manchmal zu überwinden und dies weiterhin meistens auch nur in den Gurgler-Dimensionen. Hesses schon immer vorhandener leichter Autismus hatte sich früher unter anderem darin geäußert, dass er oft nach Konzertende nicht aufhörte zu spielen und nur nach eindringlicher Aufforderung wie aus einer Trance herausgerissen zum Aufhören gebracht werden konnte. Es konnte sein, dass er dann richtig sauer wurde und Rufe wie »Was ist denn los?« oder »Lass mich! Lass mich!« ausstieß.

Diesen schwer nachvollziehbaren Zustand demonstrierte er gleich beim ersten Treffen in Glashütte: Abends nach der Session gingen wir ein Bier in der Dorfkneipe trinken. In angeregter Unterhaltung, wie üblich ohne Hesses Anteilnahme, schreckten wir plötzlich auf, als er den Satz: »Hitler wollte Gott ficken«, in den Raum brüllte. Danach irgendwie Stimmung aufkommen zu lassen, schien nicht möglich. Wir zahlten und zogen schnell Leine. Eine Begründung für den schweren, aus Granit geformten Satz fanden wir nicht. Letztlich ging der Eindruck dieser Situation, vor allem die Glotzerei der neben uns am Stammtisch sitzenden Dörfler, in immer wieder neu ausbrechendes, prustendes Gelächter über. Leider ohne Hesses Beteiligung, der dieses Geschehen tierisch ernst und ohne zu reagieren begleitete. Ein Motiv, den Satz in die Welt zu schicken, konnten wir nicht finden. Möglicherweise waren bei den neben uns politisierenden Stammtischbrüdern Nazisprüche gefallen, sodass sich zusammen mit den in Hesses Kindheit ins Hirn gestempelten Katholizismus-Prägungen in einem Kurzschluss seiner Hirnwellen jener Spruch seine Endgültigkeit verschafft hatte. Leider ließ die fehlende Zugänglichkeit die Begegnungen mit Hesse immer seltener werden. Ihn kommunikativ einzubeziehen erwies sich als aussichtslos. Auch die Besuche in Bisterschied hörten auf. Es war traurig. Hesse, eingeschlossen in seiner Raumkapsel, hatte eine Fahrt angetreten, bei der ich ihm nicht folgen konnte. Die vielen Trips, zusammen mit Longo maï samt Guru, dürften ihn auf diese Reise geschickt haben. Die Longos hatten auf jeden Fall einen wichtigen Anteil. Das verstärkte meine tiefe Abneigung gegen Gurus jeglicher Art. Die hatten bei mir – ich begegnete noch einigen – nichts zu lachen. In meinen Augen ein Haufen verdammter Arschlöcher, die von ihrem Scheißhausthron gestoßen werden müssen.

Bei unserem letzten Treffen im »Debut« in Dahn mochte ich folgendes Ereignis als Hesses symbolischen Abschiedsgruß betrachten. Er saß mit einem Paar am Tisch, das er von früher kannte, Angelika mit ihrem Mann, die zusammen einen Biohof bewirtschafteten. Sie gefiel mir sofort und das schien auf Gegenseitigkeit zu beruhen. Wir unterhielten uns so intensiv, dass die Zeit verflog. In uns versunken, wäre es bestimmt noch weitergegangen, hätte ihr Mann nicht zum Aufbruch gedrängt. Doch für mich hatte es schon zum Verlieben gereicht. Immerhin hatte sie mir ihre Telefonnummer hinterlassen. Die Info, dass sie verheiratet war und zwei kleine Kinder hatte, ließ mich zwar etwas abkühlen, konnte die

Bemühung, sie unbedingt wieder zu treffen, aber nicht einschränken. Ich rief an und wir verabredeten uns in einer Kneipe in Bad Bergzabern. Dabei forderte das Schicksal gleich ihren Humor heraus. Ich betrat das gut besuchte Lokal, sie war schon da und strahlte mich an. Ich entledigte mich meiner Lederjacke, hänge sie über die Stuhllehne und landete auf dem Fußboden. Ohne ein Geräusch zu verursachen, hatte das Gewicht der schweren Jacke den Stuhl nach hinten kippen lassen, dadurch war ich beim Hinsetzen auf dem Hosenboden gelandet. Dies leistete meiner gerne als harter Bursche erscheinenden Präsenz nicht gerade Vorschub. Für den Beginn unserer Beziehung setzte dieses kleine Malheur ein Ausrufezeichen, es locker angehen zu lassen.

Anders als bei unserem nächsten Treffen in einem Café in Kaiserslautern. Wir saßen an einem Tisch am Fenster zur Straße, als ich von einem verwilderten Freak gesichtet wurde. Er kam herein und näherte sich unserem Tisch: »Du bisch doch von Checkpoint Charlie?« Das bejahend begann er, mich unflätig zu beschimpfen, was mit der Äußerung endete: »Ich hab alles gemacht was du gesagt hast – jetzt schau mich an, was aus mir geworden ist!« Dann drehte er ab und verließ den Ort genau so schnell wie er ihn betreten hatte. Das war ein Déjà-vu, mir war das schon einmal mit den beinahe gleichen Worten untergekommen. Trotzdem traf es unvorbereitet und hinterließ bei Angelika eine Irritation. Es sollte im Zusammenhang mit meiner Person nicht die Letzte sein, konnte unserer Liebe aber keinen Abbruch tun. Der Beweis ist unsere vierunddreißigjährige, von Krisen nicht ungeschüttelte Beziehung.

Über ein Jahr trafen wir uns nun meistens an den Wochenenden entweder in Glashütte oder in Bisterschied. Das führte zur Trennung von ihrem damaligen Mann. Sie arbeiteten aber noch im gemeinsamen Betrieb. Mit der Zeit ging ihr diese Wochenendbeziehung aber zunehmend auf den Wecker. Nicht, dass ich nichts gemerkt hätte. Ehrlich gesagt war mir diese Form der unverbindlichen, lustbetonten Verbindung, direkter will ich es hier nicht ausdrücken, sehr recht. Nachdem ich auf ihre Signale, unsere Beziehung zu verändern, nicht reagierte, zog sie sich zurück und schockte mich damit, sie könne keinen Sinn darin finden, mit mir zusammen zu bleiben. Das unterstrich sie noch damit, dass sie ein Techtelmechtel mit einem Typen anfing, der sich später als Blödmann entpuppte. Immerhin zeigte sie mir dadurch, was sie mir bedeutete und ich startete Versuche, sie wiederzugewinnen. Mit einem

Sturkopf, sie ist im Sternzeichen Stier geboren, der mich noch heute aufregen kann, blockte sie erst mal ab. Mir wurde klar, dass sie als Mutter von zwei kleinen Kindern, das waren Theresa, vier Jahre alt, und Georg, genannt Schorsch, sieben Jahre, nach einer Struktur suchte, in der die beiden sich gut behütet frei entwickeln könnten. Durch die Trennung von ihrem Mann waren sie ohnehin schon verunsichert. Mir war klar, nur mit einer konkreten Ansage könnte ich sie vielleicht umstimmen. Mein Vorschlag, nach Bisterschied zu kommen, löste erst mal keine besonders positive Reaktion aus. Verständlich, sie hatte die Kommune nicht auf dem Höchststand ihrer Lebensfreude kennengelernt, sondern bereits im Zustand der ersten Auflösungserscheinungen. Mit den Frauen verstand sie sich zwar gut und es hatten sich schon freundschaftliche Beziehungen angebahnt, es bedurfte aber wochenlanger, wirklich anstrengender Überzeugungsarbeit, um sie von der Ernsthaftigkeit meiner Bemühungen, eine feste Beziehung mit ihr einzugehen, zu überzeugen. Ein Jahr in erster Linie lustbetonter, stimmiger Chemie reichten nicht aus für die Überzeugung, dass ein Leben mit mir auch für ihre Kinder ein guter Weg sein könnte.

Mit der Gruppe hatte ich ausgemacht, dass wir für ein halbes Jahr das kleine Haus zur Verfügung hätten. Für danach wollte ich mich nach einer anderen Wohnstätte umsehen. Es dauerte, aber zu Beginn der Sommerferien war sie bei mir. Ein Wunder, und es bedeutete eine rundum veränderte Alltagssituation. Für die Kinder mussten Möglichkeiten gefunden werden, ihnen durch eine Überschaubarkeit und Struktur im täglichen Leben wieder Sicherheit zu geben. Eine ganz große Hilfe waren dabei die Kommunekinder. Etwa im gleichen Alter, nahmen sie die beiden sofort in ihren Kreis auf und boten ihnen die ganzen Attraktionen eines Kommunehofs mit Tieren, einer Scheune, in der man herumspringen und Häuser aus Strohballen bauen konnte, und vielen anderen Abenteuern, die man in der Umgebung, in Wald und Feld und am Bach erleben konnte. Auch der Schulwechsel von Schorsch in die 3. Klasse und von Theresa in den Kindergarten verliefen problemlos. Die gemeinsamen Essen, überhaupt das Zusammenleben mit so vielen Menschen, schien ihnen zu gefallen, auch damit verbunden, dass immer ein Ansprechpartner zu finden war. Der afrikanische Spruch »Um ein Kind zu erziehen, braucht es ein ganzes Dorf« offenbarte hier seine Weisheit. Alle vierzehn Tage an den Wochenenden und in den Ferien verbrachten Theresa und

Schorsch Zeit bei ihrem Vater. In verhältnismäßig kurzer Zeit normalisierte sich ihr Leben und im Rückblick kann ich sagen, dass sie diese Trennungsphase ihrer Eltern ohne einschneidende Beschädigungen überstanden haben. Mir war immer klar, dass ich mich in der Beziehung zu ihnen zurückhalten musste und schon gar nicht den Vaterersatz geben durfte. Das wurde schon durch Angelika verhindert. Ihre bedingungslose Zuwendung, um die Kleinen durch die schwierige Zeit zu bringen, ließen bei mir manchmal dumme Eifersüchteleien aufkommen. Das konnte aber in Grenzen gehalten werden. Alle Kinder waren so einzigartig und liebenswert, dass ich meistens nur Spaß mit ihnen haben konnte, was sich in vielerlei Spielen äußerte.

Eines, auf das sie mich manchmal, heute alle so um die 40 Jahre alt, noch ansprechen, ist der große Uggahh – Uggahh. Das Spiel beginnt mit dem kleinen Uggahh – Uggahh, wobei ich ganz klein in der Hocke sitzend und niedlich: »Armer armer Uggahh – Uggahh«, piepsend das Mitgefühl der Kinder durch das Streicheln meiner Wange herausfordere. Mit vermehrtem Streicheln der Wange wird das »Uggahh – Uggahh« dann lauter und lauter. Gleichzeitig erfolgt ein langsames, immer gefährlicheres Aufrichten, wobei bereits etwa auf halber Höhe sich das letzte, mutigste Kind von zärtlicher Zuwendung verabschiedet, um sich in Sicherheit zu bringen. In voller Höhe mit emporgestreckten Armen aufgerichtet und horrormäßig »Uggah – Uggahh« und »Hunger – Hunger« brüllen, macht sich der große Uggahh – Uggahh jetzt auf die Suche, um die Kinder aufzufressen. Kann er das erste Kind in seinem Versteck aufstöbern und versucht, unter Kitzelei sein Vorhaben auszuführen, schreit es um Hilfe, die anderen Kinder kommen herbei, stürzen sich auf ihn und das Spiel endet in einer Balgerei, Kitzelei und Gelächter. Manchmal musste ich den geforderten Wiederholungen eine Grenze setzten, da mir die Puste ausging. Dieses Spiel, inzwischen in verschiedenen Kindergenerationen bewährt, kann ich nur empfehlen. Erfolg garantiert. Das Kinderbuch »Oma kennt den richtigen Weihnachtsmann« spiegelt auch etwas von meiner Beziehung zu Theresa und Schorsch. Das Erkennen der Fehler, die ich bei Christoph begangen habe, waren nicht rückgängig zu machen, konnten aber wenigstens den beiden zu Gute kommen.

Über Nacht fand ich mich in einer Kleinfamilie mit Kommuneanschluss wieder. Ein Zustand, dem ich mit der Bewegungsfreiheit in einem ganzen Haus, nur für uns, großen Gefallen abgewinnen konnte. Ein erstmaliges Erlebnis. An sich ideal. Der Dienst an der Gemeinschaft, Angelika einbezogen, beschränkte sich weiterhin auf einmal in der Woche kochen und spülen, alle paar Wochen für eine Woche die Waschmaschine bedienen und wenige andere Arbeiten, wie einkaufen etc. Das musste jetzt öfter passieren. Die Selbstversorgung beschränkte sich inzwischen auf Gemüse aus dem Garten und nur noch von einem kleinen Acker. Die Kühe und die anderen Tiere waren abgeschafft. Landwirtschaft ist einfach eine Heidenarbeit. Vom Ackerbau mal abgesehen, fordern die Tiere nicht nur ständige Anwesenheit wegen des Fütterns, sondern bei Kühen morgens und abends auch die Melkerei, bei uns per Hand. Zwar hatten sich neben Rita und Joachim auch Petra und Uschi das Melken draufgeschafft, um ihnen auch mal eine Zeit außerhalb zu ermöglichen, aber bei Rita und Joachim hatte mit dem schwindenden Zusammenhang der Gruppe der Sinn und damit die Motivation nachgelassen. Joachim hatte eine Lehre als Bauzeichner bei Dieter begonnen. Dieser hatte in Rockenhausen mit einem Architekten ein Büro für biologisches Bauen eröffnet. Gut, dass er die Lehre dort beendete. Nach Auflösung der Kommune konnte er diesen Beruf bis zur Rente ausüben, unter anderem in einer Firma, die Niedrigenergiehäuser baute.

In der Rückschau betrachte ich die schrittweise Veränderung der Kommune in viele kleine Familien als natürliche Entwicklung. Auf den ersten Blick hatten wir alles erreicht, was wir uns vorgenommen hatten: Zusammenleben- und arbeiten, Abschaffung des Privateigentums und Abschaffung jeder Hierarchie. Das hört sich fantastisch an, manifestierte aber gleichzeitig den riesigen Anspruch, ein Leben als Beispiel für eine neue, humane Gesellschaft zu führen. Die Vorstellung, in einer Art »Stamm« zu leben und die Sicherheit liebevoller Beziehungen untereinander über alles zu stellen, entwickelte unmerklich mit der Zeit einen Druck, der seine Auswege suchte. Solange, getragen von den Jugendbewegungen der sechziger und siebziger Jahre, Checkpoint Charlie den Aufruf zu alternativen Lebensformen in Verbindung mit der Kritik am Establishment durch die Lande trug, herrschte dafür ein vollkommenes Selbstverständnis. Der von uns als pervertiert und materialistisch angesehenen Konsumgesellschaft konnte nur mit dem Glaubensbekenntnis an eine humane Utopie begegnet werden. Wenn man bedenkt, dass außer mir zu Beginn der Kommune die Mitglieder Anfang zwanzig waren und die meisten in ihrer ersten festeren Beziehung, liegt schon ein Keim des Scheiterns im Anspruch der Gruppe, immer zusammenzubleiben. Natürlich schwirrten auch da die Theorien von freier Sexualität durch den Raum, jedoch zeigte sich, dass die Fähigkeit, diese unverklemmt zu betreiben, marginal zu nennen sind. Es lassen sich viele Gründe finden, warum die Gruppe zu einem Ende kam. Nur die Wurst hat zwei. Ganz genau werden wir nie wissen was dazu führte. Jeder von uns wurde mit Fragen nach dem Warum konfrontiert. Dazu hier ein Zitat von Lothar: »Der ständige Gruppensex führte zu ideellen Ermüdungserscheinungen«.

Der Umzug von Angelika, Theresa und Schorsch nach Bisterschied bedeutete den Beginn einer neuen Lebensphase für mich. Die Anforderungen, den veränderten Alltag auf die Reihe zu bringen, wurden, inspiriert durch unsere Liebe, entspannt und ohne Anstrengung bewältigt. Dem Egotrip, in spitzwegscher, Armer-Poet-Manier, sich einsam, idyllisch im Malen der Harmoniesucht hinzugeben, ging der Reiz verloren. Wie durch eine neue Daseinsspritze angetrieben öffneten sich unverhofft alle möglichen Türen.

Die Absetzbewegungen von der Kommune hatten außer der Freundschaft zu den Jungs von Blech, der Wiederbegegnung mit Hesse, auch wieder zum Kontakt mit Salat im nicht weit entfernten Karlsruhe geführt. Ihn zu treffen war mit Schwierigkeiten verbunden. Inzwischen hatte er sein Kompositionsstudium beendet und war dabei, sich auf dem Gebiet der Neuen Musik einen Namen zu machen. Da hatte er schon viele Preise abgesahnt, wie den Beethovenpreis der Stadt Bonn und Stipendien, etwa einen Jahresaufenthalt in der Villa Massimo in Rom und ebenfalls den Jahresaufenthalt einer Stiftung in einem luxuriös eingerichteten Bauernhaus in Lüchow-Dannenberg. Ganz in der Nähe von Gorleben, Ort des erfolgreichen Kampfes zur Verhinderung eines Endlagers für Atommüll. Dort hatte ich ihn einmal besucht und einige Tage in schöner Natur, abends mit Nachtigallengesang, gutem Rotwein und dem ersten und letzten Besuch in der hauseigenen Sauna verbracht. Dabei bestätigte sich, was Salat früher mal gesagt hatte, als ich bedauerte, dass wir uns so wenig treffen würden: »Das ist nicht nötig, wir sind durch unsere einzigartigen Erlebnisse verbunden.« Der Draht steht und wenn die Zeit reif ist, geht er auf Sendung.

Genau das passierte jetzt. Über mich hatte er auch The Blech kennengelernt und da war es schon zur Zusammenarbeit gekommen. Nun wollte er, in einer Mischung aus seiner Neuen Musik und ihrer mystischen Jazz-Art-Rockmusik, ein revoltierendes Werk entwickeln, mit Gesang und Sprechtexten. Der Begriff Oper ist nicht ganz angebracht, aber in diese Richtung kann man sich das vorstellen. Nun sollte ich einen spektakulären Text liefern und als Sprecher und Actionman fungieren. Die Uraufführung in einigen Monaten war bereits terminiert: Die Darmstädter Musiktage für Neue Musik. Für die abschließenden Proben boten sich uns die besten Voraussetzungen: Ein schöner Theatersaal und Versorgung in einem Hotel. Jenes Werk, das es erst mal noch gar nicht gab, wollte er dann auch auf den Donaueschinger Musiktagen, dem Olymp für diese Musik, und weiteren speziellen Plätzen der Neutöner-Szene spielen. Der zeitgemäß progressivste Text war sofort gefunden. Nicht umsonst hatten Hesse und ich uns mit dem »Großen Gurgler«, unserer Symbolfigur für den Ausspruch des Dichters Allen Ginsberg: »Ich sah die größten Köpfe meiner Generation vom Wahn zerstört«, ausgiebig befasst. Aus Ginsbergs Hauptwerk »Das Geheul« entwickelte sich unser poetischer Widerspruch zum realen Irrsinn. Salat war sofort Feuer und Flamme. Nur die Auswahl, welcher Teil am Aussagekräftigsten sei, war schwierig. Jede Lebensäußerung des Gurglers ist so bedeutungsschwanger, dass wir das Problem durch Auslosung klären mussten.

In dem Zusammenhang startete ich einen neuen Versuch, Hesse dazuzuholen und erfuhr, dass er schon vor Wochen gestorben war. Ein Briefträger hatte ihn tot aufgefunden. Worte dazu fehlen mir. Er war mein bester Freund und manche Erlebnisse mit ihm sind noch heute bei mir. Der bis jetzt fortgeschriebene Lebenslauf des Gurglers ist ihm gewidmet und taucht immer wieder in Arbeiten von Salat und mir auf. Ein sehr eindringlicher Abschnitt dieser Biographie ist die LP »Gurglersinfonie«, eine von uns als Nachruf verstandene Aktion.

Die »Narrcantan«-Aufführungen waren etwas Besonderes, machten einen Riesenspaß und schufen eine bis heute enge Verbindung zu meinem Freund Rupi, dem damaligen Blechsänger. Es entwickelte sich eine Ausnahmekommunikation, die man fast mit gemeinsamen Erfahrungen im Mutterbauch, vorsprachlichen Lebensgefühlen, späteren Kindheitseindrücken und Bewusstseinserweiterungen vergleichen kann. Unser geistiger Austausch bewegte sich auf einer Ebene des absoluten Verständnisses – bei gleichzeitig begleitendem Gelächter. Vor allem die vor- und postsprachlichen Wortschöpfungen mit ihren Spezialbetonun-

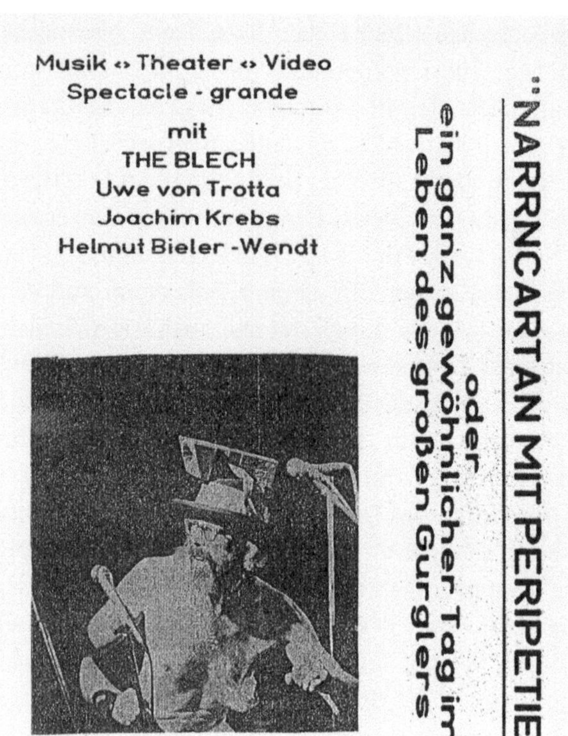

Plakat für die Darmstädter Musiktage. Man beachte die auf meinem Hut installierte Signalverkehrsleuchte, die ich nach Bedarf grell aufblinken lassen konnte.

gen, die niemand außer uns verstehen konnte, erbauten eine Mauer zwischen uns und dem Rest der Menschheit. Das empfanden wir aber nicht als Verlust. Selbst unsere Frauen verlangten manchmal unseren Rückzug in ein anderes Zimmer oder zumindest einen gewissen Abstand für dieses, unser eigenes Ding. Heute wohnen wir vierhundert Kilometer voneinander entfernt. Er im Allgäu, ich weiterhin in Bisterschied. Wir sehen uns nicht mehr so oft, pflegen aber unsere Telefonate an unseren Rückzugsorten.

Mit dem Erfolg von Narrncantan bahnte sich eine weitere Zusammenarbeit an. Ein groß aufgemachtes Multimediawerk mit Tänzern, Diashow, Streichquartett, Blech und mir am Karlsruher Staatstheater. Es ließ sich allerdings sehr mühsam an. Salat, vorrangig ständig das Streichquartett kritisierend, verbreitete nicht die beste Stimmung. Wir, als die nicht gerade kompetenten Kenner von Streichquartetten, konnten auch nichts zur Harmonisierung beitragen. So übertrug Salat in seinem Perfektions-

"NARRNCARTAN MIT PERIPETIE"

oder ein ganz gewöhnlicher Tag im Leben des großen Gurglers

Ein Projekt der Art-Rockgruppe **THE BLECH**, den beiden Komponisten für zeitgenössische Musik **Joachim Krebs** und **Helmut Bieler-Wendt** und dem Dichter / Schauspieler **Uwe von Trotta**.

1988 arbeiteten sie an einem **Gesamt"kunst"werk** (Musik <> Literatur <> Tanz Schauspiel <> Video <> Film <> Dia) das ursprünglich für eine einmalige Aufführung bei den **"Darmstädter Ferienkursen für Neue Musik 88"** geplant war.

Kurz nach der Uraufführung bei den Darmstädter Ferienkursen im August 88 ging die Gruppe **THE BLECH** auf Tournee nach **Südamerika - USA** und **Kanada** und arbeitete im Studio zum Teil in **São Paulo** (Brasilien) an der neuen LP und CD "Ich wollte meine Schuhe zerschneiden". **Joachim Krebs** wurde für 1 Jahr nach **Rom (Villa Massimo)** eingeladen, um dort an Auftragskompositionen zu arbeiten.
Uwe von Trotta veröffentlicht als Sprecher und Sänger mit seiner eigenen Gruppe eine CD mit Balladen von **François Villon**.
Helmut Bieler-Wendt war mit Lehrtätigkeiten an verschiedenen Musikhochschulen beschäftigt, arbeitete in Berlin mit dem **Ensemble Opera Brut** und tourte mit **THE BLECH** nach **Frankreich** und in die **CSSR**.

Nach einem aufregendem Jahr, indem die **Aktionisten** viele neue Ideen entwickelten, beschließen sie weiter an diesem Projekt zu arbeiten. Geplant sind **Konzerte** ab Januar 1990 Im Frühling 1990 soll die **LP/CD** und ein **Videofilm** erscheinen.

///

"Das Loch im Pissoir"

"Hier liegen die **Keile** zu unserer großen Freude nicht nur in der Luft, sondern es kommt zu einer **Auseinandersetzung** mit Stuhlbeinen, Schlüsselbunden und Stiefelknechten. Der Raum, in dem wir wie besessene toben, wankt, die Hose eines Freundes bleibt tot auf dem Schlachtfeld liegen und ein Anderer bekommt etwas hartes auf den Kopf, sodaß er durch eine **Vision** erleuchtet wird und genau beobachten kann, wie die **Jungfrau Maria** sich langsam an dem Kronleuchter herunterläßt. Das ganze Mittelalter mit Tortur, Henker und Hexenprozessen sieht er in **deformierenden** Gestalten wach werden, die **Goethe, Gott, Gothik** und weiß der Teufel was verteidigen wollen, während sich ihr Gesäß und ihre Schultern verbreitern und der **Urwaldaffe** in ihren Augen sitzt. Von Kunst ist hier keine Rede mehr. **Narrncartan mit Peripetie** ist gegen die abstrakte Kunst, gegen jede Kunst überhaupt. **Narrncartan mit Peripetie** will eine neue **Primitivität**, eine neue **Gegenständlichkeit**, eine neue **Aktion**. **Narrncartan mit Peripetie** ist **unsentimental**, geht über Engel, Sonntagsanzüge- und Schamhaare. Der **Gurgler** ist ein Mensch der die Sonne mit Sonne und den Tisch mit Tisch anredet. **Narrncartan mit Peripetie** ist für die **Hose der Primadonna** oder für den **Schwanz** des **Lamas im Zoo**."

NARRNCARTAN MIT PERIPETIE

oder ein ganz gewöhnlicher Tag des großen Gurglers

///

Joachim Krebs	Idee und Gesamtkonzept <> Synthesizer Flügel <> Sampler
Helmut Bieler-Wendt	Violine <> Bariton-Violektra <> Knackfrösche
Uwe von Trotta	Sprache <> hypermoderner Ausdruckstanz shoe-loving <> Unterwasser-performance
Hans Leo Rohleder Tilmann Küntzel	Licht <> Film-und Diaprojektion <> Blitz Video-Live-Aktion
THE BLECH	
Rupert Volz	Gesang <> Gitarre <> Mini-Trompete <> Aktion
Hubl Greiner	Schlagzeug <> Metalle <> Radkappen <> Sampler Computer
Therofal	Keyboards <> Sampler <> Tablebass <> Stimme
Texte	Uwe von Trotta <> Werner Hess <> Rupert Volz Ernst Jandl <> Leonore Kandel <> C. Bukowski
Kompositionen	THE BLECH & Joachim Krebs
Tontechnik	Manfred Ostermay

Textauszug aus "NARRNCARTAN MIT PERIPETIE"

Dabei dachte er an seinen 3. Geburtstag, als er zum ersten mal seine Augen aus den Höhlen nehmen durfte. Schnell ließ er kindgemäß die Augäpfel an den 4 m langen elastischen Glasfieberstangen hinab in die Schlitze des Gullis am Straßenrand gleiten. Ein auf dem Gehweg entgegenkommender Passant, der sich eine auf Rollschuhen geschnallte Bibel hinter sich herzog, und dem es nicht gelang, einem entgegenkommenden anderen Passanten auszuweichen, der die Hand zum deutschen Gruß ausstreckend ihm dadurch das rechte Ohr abriß.

(Uwe von Trotta)

///

Info-Blatt zu den Narrncantan-Aufführungen

anspruch die schlechten Vibrationen oft auf das ganze Ensemble. Wenn es das Streichquartett nicht war, dann der Sound von Manne an der PA, der sich alle Mühe gab. Trotz Streitereien erregte die Uraufführung in der entsprechenden Zielgruppe Aufmerksamkeit. Für Blech, frag nicht warum, war das kreative Potential mit Salat nach diesem Werk erschöpft. Anders bei mir, wo es mit Rupi und Therofal noch zu einigen gemeinsamen Projekten führte. Aber bis dahin sollte es noch dauern.

Mittlerweile hatten Angelika, die Kinder und ich ein ganz tolles geräumiges altes Bauernhaus gefunden. Für jeden gab es ein Zimmer und auch sonst ausreichend Bewegungsfreiheit. Ein Zustand, den ich auf Grund bisheriger Ermangelung genießen konnte. Der Wechsel von Gartenarbeit, Malerei, an Wochenenden oft Auftritten mit Willi und Villon, sowie hausmännlichen Tätigkeiten, füllten mich voll aus. Letzteres hatte sich ergeben, da Angelika einen Job in ihrem Beruf als MTA angenommen hatte. Das brachte finanzielle Sicherheit, wichtig, erstrangig wegen der Kinder, denn die Familie Hesselbach verharrte in dieser Hinsicht inzwischen in einem indifferenten Zustand. Manche der Frauen hatten sich ebenfalls in ihrem ursprünglichen Beruf Arbeit gesucht und schliefen zunehmend außerhalb bei ihren Freunden. Auch Manne, als guter Mixer sehr gefragt, hatte bei Blech eine neue Aufgabe gefunden, tourte mit ihnen auf der ganzen Welt herum. Unter anderem in Brasilien, Kanada und Polen. Die Besetzung der Kommune war in der Regel nur zur Hälfte auf dem Hof. Dem Gedanken, dass unsere Geschichte ihrem Ende entgegenging, wollte sich aber keiner so richtig stellen.

In diesem Zustand überfiel uns das weltpolitische Ereignis des Zusammenbruchs der DDR. Die damit verbundenen Ereignisse verhinderten bei mir von Beginn an die bei vielen ausbrechende Euphorie. Schon der Spruch »Wir sind das Volk« ließ Misstrauen aufkommen. Der Titel der Autobiographie des Liedermachers Julius Schittenhelm »Ich bin kein Volk« entsprach mehr meiner Stimmungslage. Die direkte, umgehend erfolgte Begegnung mit einer Ex-DDR-Familie sollte dies unterfüttern. Rosa hatte eine Weile vor der Wende einen Luftballon mit einer Nachricht und Adresse eines Mädchens aus Thüringen gefunden. Daraus ergab sich ein freundschaftlicher Briefwechsel und die Verschickung kleiner Geschenke zum Geburtstag. Dem Wunsch des Mädchens von drüben, Rosa zu besuchen, wurde nach dem Mauerfall sogleich entsprochen.

Schon die Abholung am Bahnhof mit unserer arg mitgenommenen Mercedesschüssel und das langhaarige freakige Outfit müssen der Familie in ihren Erwartungen einen Stich versetzt haben, der durch die Ansicht unseres Anwesens noch gesteigert wurde. Im Gemeinschaftsraum waren zur Begrüßung Kaffee und Kuchen gerichtet. Die Einrichtung, die außer einem großen Esstisch, einem Abhäng- und Plenumsbereich mit verschlissenen Sofas und einem fast antiquarischen Herd zum Heizen, mit Ringen zum Herausnehmen der Kochplatten und einem Schiff für warmes Wasser bestand, musste ihre Vorstellung vom westlichen Konsumparadies konterkarieren. Ihrer Verunsicherung schienen sie damit zu begegnen, den Satz: »Wer hätte das gedacht?«, des Öfteren zu wiederholen.

Auch sonst war erst mal nicht viel an Hintergrundinfos über ihre Vorwendegesellschaft zu erfahren. Einen Ausspruch des Mannes möchte ich hier festhalten. Auf die Frage nach der Versorgungslage in der DDR entgegnete er: »Es gab ja Nischt. Wenn de Glück hattest einmal Wild im Jahr!« Außer der Antwort, ich hätte in meinem ganzen Leben vielleicht zweimal Wild gegessen, fiel mir dazu nichts mehr ein. Es muss für die Familie nach dem einwöchigen Besuch bei uns und unserem einfachen, von Konsum weitgehend unbelasteten Alltagsleben leicht traumatisch gewesen sein. Dem Wunsch der Kleinen nach einer Cola und Bananen wurde nachgegeben. Es blieb jedoch ihr einsames Vergnügen, da unsere Kinder daran kein größeres Interesse zeigten. Wir lebten weitab von Wendeauswirkungen. Freunde, die in Grenznähe wohnten, erzählten von Menschenmassen mit stinkenden Trabis, die sich überfallartig Richtung Supermärkte ergossen, mit dem Anspruch für umme einzusacken. Es würde hier zu weit führen, das ganze Desaster der Wende, die Vereinnahmung und grenzenlose Ausbeutung der ostdeutschen Bevölkerung durch den Turbokapitalismus zu beschreiben. Für mich konnte der Ausdruck dafür nur in der Kunst liegen.

Die zu diesem Thema entstandenen Texte führten zu einer Neubelebung von Checkpoint Charlie mit Rupi und Therofal. Diese Konstellation ergab sich aus einer Auflösung von The Blech und meinem neu erwachten Antrieb, der Welt wieder etwas sagen zu müssen. Innerhalb kürzester Zeit, angetrieben von einem Textfragment absurder Komik, schafften wir, verbunden mit vielen Möglichkeiten zu Improvisation und einer wesensgleichen Spiellaune, eine Struktur, in der wir uns spontan

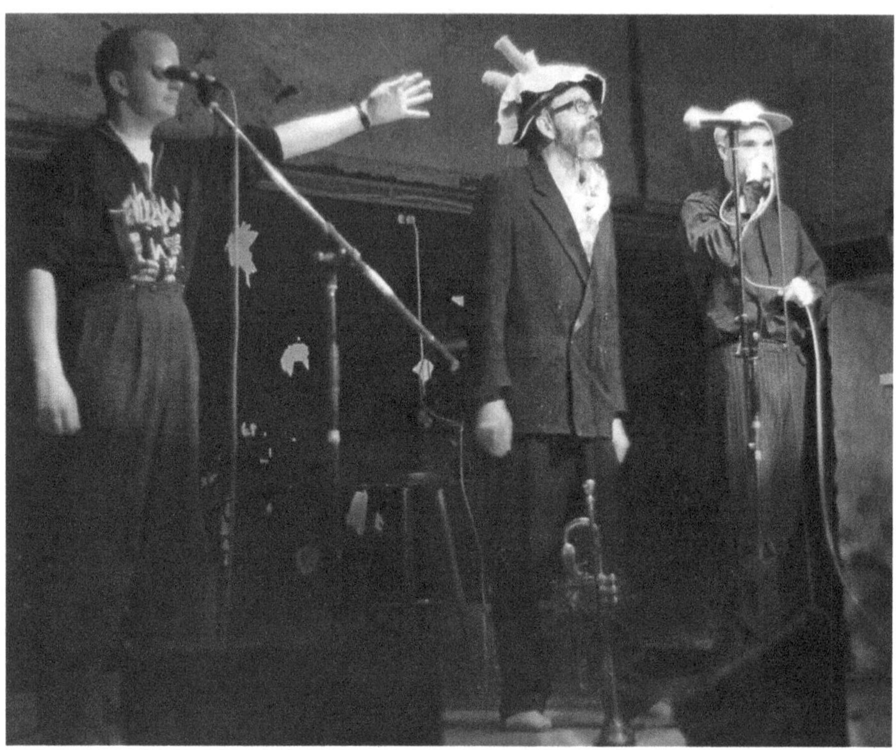

Checkpoint Charlies letzte Generation mit Rupert Volz und Therofal im KOMM der Uni Frankfurt, 1990

und möglichst frei von irgendwelchen Publikumserwartungen bewegen konnten. Ein paar Gigs waren schnell organisiert.

Der erste wieder mal in Frankfurt im »Komm«, Kulturzentrum der Uni. Für die Eröffnung hatte ich mir nach altem Erfolgsrezept wieder was Besonderes ausgedacht. Unter dem Abspielen der bundesrepublikanischen Nationalhymne, nur mit einer Windel und der schwarz-rot-goldenen Fahne als Toga bekleidet, auf dem Kopf jenes Kopfeuter, begann ich mir den Oberkörper einzuölen und eine Bodybuilding-Performance abzuziehen. Das trug bei meiner Muskelentwicklung automatisch zur Belustigung bei. Dies eine Weile ausgebadet, erklang die DDR-Nationalhymne »Auferstanden aus Ruinen«, worauf Therofal, angetan mit der DDR-Flagge mit Hammer und Sichel, buckelnd auf allen Vieren auf der Bühne um mich herumkroch. Dann kam der Augenblick, in dem ich die Toga zur Seite schlug und den um den Bauch geschnallten Gummiknüppel zum Abkauen präsentierte, dem er sofort unter lautem Schmatzen nachkam. Dazu erklang der Song »Alles Banane«, der auf die Gier der Ostdeutschen auf Südfrüchte anspielte.

Im proppenvollen Saal des »Komm«, in dem anscheinend ein Studentenfest abgehen sollte, konnten wir nur periodisch Aufmerksamkeit erregen. Unsere Show war ihnen wohl zu crazy und zu weit entfernt von der gepolten Erwartungshaltung eines Unifestes, sodass ein ständiger, ablenkender Geräuschpegel der Unaufmerksamkeit aufzeigte, welchen Bezug diese brav gewordenen Studenten zu einem der letzten Aufschreie des deutschen, nicht korrumpierten Undergroundartrockpunk hatten. Wir beendeten den Auftritt nach einer guten halben Stunde mit dem Argument, es läge an der Normalität des Punks, nicht länger zu spielen. Schwierig, das den Leuten vom AStA zu verklickern. Die wollten die Gage kürzen. Nach einer stressigen, unergiebigen Diskussion, schnappte Rupi die Kasse und nahm die uns zustehende Kohle heraus. Diesem illegalen Verhalten waren die Studies nicht gewachsen und wir machten uns schnellstens aus dem Staub.

Ein leises Verständnis für die Reaktion von Publikum und Veranstalter ist jetzt vorhanden. Das Programm, die Beschreibung eines Tagesablaufs des Großen Gurglers als Rahmenhandlung von heftiger Punkmusik in seiner futuristischen, Science-Fiction-Abstrahierung, stellte eine Überforderung der Leute dar, die ein Fest feiern wollten. Zum Verständnis einige Zeilen vom morgendlichen Treiben des Großen Gurglers:

> Des Großen Gurglers Anblick übertrumpfte heute mal wieder das Dreieck Gottes.
>
> Als er in den Spiegel schaute, erkannte er die stümperhafte Ausführung seiner selbst, die ihm aber, trotz seines Wiedererkennens, seine Einmaligkeit nicht als Gnade Gottes erscheinen ließ. Seine Darmfluoreszens meldete sich und er stellte die abgefüllte Packung seines Darminhaltes in das Recyclingfach seiner Tiefkühltruhe.
>
> Da stand er nun mit seinem Sonntagsanzug, dessen Bügelfalten die Zeit in Scheiben schnitten, rasierte sich mit dem Abschaum der Menschheit die Schamhaare und klebte sie sich als abschreckendes Beispiel für Neonazis unter die Nase, nicht ohne zu vergessen, mit einem Haarrest seine Stirnglatze auszubessern.
>
> Der Gewohnheit Ausgeburt überging er heute, um die Blutblase der Gegenwart zu sprengen, damit die Verdammten dieser Erde wenigstens nicht im Rhythmus des Zähneputzens sterben müssten.

Der nächste Auftritt war in einem Club in Freiburg. Es kamen gerade mal vierzig Leute. Bei den folgenden Auftritten sollte sich nicht viel ändern. Bis auf ein paar Altfans zeigte sich ein Publikum, das mit den politisierten Jugendbewegungen der siebziger Jahre nichts mehr zu tun hatte. Mein Erfolgsrezept für mediale Provokation mit juristischer Strafverfolgung zeigte keine Wirkung. Die von mir erhoffte staatliche Reaktion auf die Verballhornung von Nationalhymne und Flagge juckte niemanden. Ganz allgemein hatten sich Underground und Subkultur in einer überflutenden Welle von Kommerzialisierung verflüchtigt. Dem guten alten Rock'n'Roll konnte man jetzt auch als verkaufsfördernde Untermalung in Supermärkten und Kaufhäusern begegnen.

Natürlich erregten wir immer noch Aufsehen. Aber diese kleinteiligen Auseinandersetzungen hatten etwas anstrengend sektiererisches und nichts mit unseren Hochzeiten zu tun, bei denen wir uns manchmal, wenn uns die Bullen von der Bühne räumten, vertrauensvoll ins Publikum stürzen konnten und aufgefangen wurden. Rupi, den das für ihn müßige Diskussionsgequatsche nach fast jedem Gig nervte, wollte sich lieber ein Soloprogramm draufschaffen. Er verabschiedete sich nach München. Dort machte er übergangsweise Straßenmusik in Form von zu Tonbandmusik gesungenen Arien. Als ausgebildeter Opernsänger sicherte ihm das ein gutes Überleben bis zur Vervollständigung des Soloprogramms. Für Therofal und mich überwog die Freude an unserer Musik sowie die Tabubrecherei die weniger komfortablen Begleiterscheinungen.

23

Eine Blutzufuhr wurde uns durch einen Brief aus Jena verabreicht: Eine Anfrage, ob wir in einem dortigen Jugendclub spielen könnten. Das war spannend, zwecks näherer »Ossiwelterfahrung«, aber wegen eines Gigs lohnte das nicht. In einem Telefongespräch mit dem Veranstalter namens Ulf erklärte er, es sei für ihn ein Leichtes, eine Tour auf die Beine zu stellen. Eine vierzehntägige Tour im Januar 1991 wurde organisiert. Kurz vor Beginn erreichten uns beängstigende Nachrichten von Umtrieben rechter Nazitypen mit gewalttätigen Übergriffen auf Ausländer und Andersdenkende. Waffen wären überall ausverkauft. Das machte sich sogar im Westen bemerkbar. Therofal, leicht paranoid, konnte nach langem Suchen in München noch eine Schreckschusspistole besorgen. Mir schien das übertrieben.

An einem grauen Januartag machten wir uns erwartungsvoll auf in eine unbekannte Welt. Ein alter VW-Bus brachte uns auf den Weg zu unseren Brüdern und Schwestern in der Ostzone, für die früher öfter als Zeichen der Anteilnahme brennende Kerzen in die Fenster gestellt worden waren. Kurz nach der ehemaligen Grenze war das schneelose, graue Januarwetter, das durch die Variationen in weiteren Grau- bis Schwarztönen in den dörflichen Häusern seine Fortsetzung fand, nicht gerade stimmungsaufhellend. Es fand nach kurzer Fahrt seine Unterbrechung in einem mit bunten Plakaten beklebten Ort. Der Zweck war, in dicker Leuchtschrift gedruckt, unübersehbar. Das Wort »Heiratsmarkt« sprang uns an. Was war das denn? Der Begriff war uns unbekannt und musste erforscht werden. Wir wollten es nicht glauben. Es handelte sich tatsächlich um eine als Heiratsmarkt bezeichnete Tanzveranstaltung, mit der Männer aus dem Westen als Ehepartner angeworben werden sollten. Unglaublich, wie schnell die objektivierende Betrachtung von Menschen als Ware aus der kapitalistischen Ideologie ihren Weg nach »Drüben« gefunden hatte. Dieses allererste einschneidende Ost-Erlebnis ist im folgenden Song der »Gurglersinfonie« festgehalten.

ER FÄHRT NICHT MEHR NACH THAILAND, WEIL ER SEIN GIRL IN SACHSEN FAND

Karl-Heinz fährt nach Sachsen
wo schöne Girls auf Bäumen wachsen
sein Geldbeutel ist dick
sein Girlfriend ist der Hit

Er fährt nicht mehr nach Thailand, weil er sein Girl in Sachsen fand

Dann fährt er nach Chemnitz
mit seinem Opel wie der Blitz
sein Girlfriend, sie ist auch dabei
sie fühlen sich so frei

Er fährt nicht mehr nach Thailand, weil er sein Girl in Sachsen fand

Karl-Heinz fährt nach Warnemünde
dafür hat er Gründe
er bringt ihr auch Bananen mit
sein Girlfriend ist der Hit

Er fährt nicht mehr nach Thailand, weil er sein Girl in Sachsen fand

Er fährt mit ihr nach München
sein Girlfriend darf sich alles wünschen
bei Weißbier und bei Sauerkraut
da hat er sich ihr anvertraut

Er fährt nicht mehr nach Thailand, weil er sein Girl in Sachsen fand

Als nächste aus dem allgemeinen Grau hervorstechende Auffälligkeit erwies sich die Leuchtreklame »Wo Hollywood zu House ist«. Dahinter verbarg sich ein Videoverleih. Zahlreiche, alle naslang auftauchende Thüringer Bratwurstbuden, zeigten erste, zaghafte Versuche, sich der freien Marktwirtschaft anzupassen. Ohne weiteres Erwähnenswertes fuhren wir in Jena ein. Nach schwieriger Parkplatzsuche landeten wir in einer Seitenstraße mit Braunkohlehaufen vor den Häusern und einer Kirche, vor der ebenfalls Haufen lagen, allerdings aus Steinen, die aus der Fassade herausgebrochen waren. Auf der Suche nach dem Veranstaltungsort im Zentrum mussten wir an einer Ampelanlage warten, als sich plötzlich eine dicke, stinkende Smogwolke auf uns herabsenkte. Wir hielten uns die Nase zu und liefen bei grün so schnell es ging über die Kreuzung. Im Zentrum angekommen erwartete uns ein Markt mit dem größten Schrott, der wahrscheinlich über Jahre in westdeutschen Depots gelagert worden war, um ihn jetzt den Ostlern anzudrehen.

Die Stände, betrieben von schmierigen, westdeutschen Assifiguren, enthielten alles an Kitsch und jeder Qualität spottenden, selbst in der Konsumgesellschaft als minderwertig und unverkäuflich betrachteten Waren. Dem Ganzen wurde noch eine Steigerung an Widerlichkeit hinzugefügt. Die Verkäufer machten ständig die Marktbesucherinnen primitiv an, um eine Übernachtung zu organisieren. Hotels oder Pensionen gab es nur vereinzelt, aber die schlüpfrige Art löste bei uns Fremdscham aus, dem wir uns schnell entziehen mussten. Außerdem meldete sich der Hunger und wir machten uns auf die Suche nach einem Speiselokal. Das erwies sich als gar nicht so einfach. Da entdeckten wir in einer vom Markt abgehenden Straße eine Leuchtreklame. Bei näherer Betrachtung überraschte uns ein Geschäft mit Sexartikeln der Firma »Beate Uhse«. Die gehörte mit zu den ersten, die erkannten, wo im Osten die schnelle Mark zu machen war. Der Hunger wollte uns schon weiterführen, als sich eine Familie, Vater, Mutter, Opa und zwei Kinder im Teenageralter, vor das Schaufenster schoben. »Gugge mal, was ham die im Angebot«, war der erste, vom Opa in Thüringisch ausgestoßene Satz, dem sich Kommentare der weiteren Familienmitglieder anschlossen. »Gugge mal, Elastebuller und Bubben mit Löchern.« Diese Beobachtung fraß sich uns ins Gedächtnis als real existierender Comic ein, im parallel dazu verlaufenden Abgesang des real existierenden Sozialismus. Aus dieser Szene entstand ein Sketch, der im Westen garantierte Lacher einbrachte. Eigentlich eine gemeine Verarschung, die nur aufzeigte, dass die Ostler noch nicht so sehr an die diversen Konsumverblödungsmechanismen gewöhnt waren. Im Gegensatz zur DDR, wo der Begriff »Angebot« überschaubar gewesen war, vermittelte ihnen die rüber schwappende westliche Konsumwelle, die alles im Angebot hatte, was irgendwie Geld brachte, ein großes fehlgeleitetes Freiheitsgefühl. Darüber machten wir uns noch keine tiefergehenden Gedanken, sondern setzten hungergetrieben unsere Suche nach einem Lokal fort.

Wieder erblickten wir in einiger Entfernung ein einsames Schild, das mit dem Wort »Pizza« zum Essen einlud. Dort erwartete uns eine beinahe voll besetzte Kneipe mittelalter und älterer Männer. Wir setzten uns an den einzig freien kleinen Tisch, worauf sich sofort Stille ausbreitete. Die Speisenauswahl beschränkte sich auf zwei verschiedene Fertigpizzen, wie man sie früher an Kiosken oder Autobahnraststätten bekommen konnte. Was soll's, essen muss der Mensch. Vom Mann hinter der Theke wurden wir sogleich bedient und mampften die Teile, aufmerksam beobachtet, genussfrei hinunter. Markus stellte den Männern am Nebentisch die Frage nach einem sicheren Parkplatz. Darauf erfolgte eine erregte Diskussion, welcher Platz der Geeignetste wäre. Sie wollten es uns so recht wie möglich machen, indem jeder versuchte, den anderen mit einer noch besseren Idee zu übertrumpfen. Dies war das Erste von vielen Symptomen der Anpassungsversuche, sich aus der Diktatur des Proletariats fließend in eine Diktatur der Konsumgesellschaft spülen zu lassen. Wobei wir in diesem Fall die Position des Diktators einnahmen, dem alles recht gemacht werden sollte.

Im Verlauf der Tour begegnete uns das Phänomen immer wieder, dass die Leute ohne klare Ansage oft handlungsunfähig waren. Natürlich gab es auch jene, die ihren eigenen Kopf behalten hatten. Sie erklärten uns diese Zustände damit, dass in der DDR der Staat als absoluter Bestimmer wie ein autoritärer, strenger Vater alle Regeln bestimmte. Die Bürger, als die brav folgenden Kinder, konnten sich dann im spießig begrenzten Rahmen dieses Lebens erfreuen. Jedes Kind, das eigene Vorstellungen hatte, war böse und musste mit Strafe rechnen. Während der Diskussion kristallisierte sich als bester Parkplatz eine Stelle gegenüber einer Polizeistation heraus. Während uns die Männer durcheinanderredend den Weg dorthin devot beschrieben, öffnete sich die Eingangstür, durch die ein Besoffener in den Raum taumelte. »Du hast Lokalverbot, Alf«, rief Ulf, »ich sag's dir zum letzten Mal. Außerdem haste wieder unter dich gemacht. Es reicht jetzt«. Tatsächlich breitete sich im Schritt des armen Kerls ein nasser Fleck aus. »Gomm, Gomm Alf, mach doch mal ne Ausnahme«, lallte Alf. Es half nichts. Mit dem Spruch »Absolutes Lokalverbot« wurde die bemitleidenswerte Existenz auf die Straße verfrachtet.

Nachdem wir unseren Bus in der Nähe des Clubs geparkt hatten, wurden wir dort vom Veranstalter mit den Worten: »Hallo, ihr olden Haudeschen« empfangen. Hier war alles normal organisiert. PA, Lichtanlage, Catering wie im Vertrag ausgemacht. Das sollte sich im Tourverlauf nicht immer als Selbstverständlichkeit erweisen. Der Abend war ausverkauft. Bei Einlass des Publikums überraschte uns, dass jeder nach Waffen abgetastet wurde. Das ergab eine bis zum Rand mit Pistolen und Messern gefüllte größere Pappkiste. Einen leisen Schiss machte das schon, der sich dann im Verlauf des Auftritts schnell verflüchtigte. Wir kamen gut rüber, auch wenn wohl die wenigsten mit den Gurgeler-Texten etwas anfangen konnten. Dafür war die Musik fetzig genug zum Abfahren.

Als ich danach wie üblich meine Platten zum Verkauf präsentierte, war die Kiste gleich bis zur Hälfte geleert, das heißt fünfzig LPs fanden ihren Liebhaber. Insgesamt hatte ich um die hundert mitgenommen, was im Westen gut für zehn bis fünfzehn Gigs gereicht hätte. Hier schien, ein gutes Jahr nach der Wende, durch Umtausch eins zu eins von Ostmark in DM und sonstige milde Gaben, sowie des Kanzlers Kohl Versprechen, dass sich das Land in ein Paradies blühender Landschaften verwandeln würde, genügend Optimismus vorhanden zu sein, das Geld mit der Gewissheit auf Nachschub mit vollen Händen auszugeben. Das böse Erwachen sollte sie schon bald aufschrecken. Für uns war ärgerlich, dass die Platten schon zu Beginn den baldigen Ausverkauf ankündigten. Ein Beispiel dafür, wie schwer einschätzbar dieses fremde Land war.

Der nächste Auftritt in Halle im Kulturzentrum Moritzburg bot wieder eine andere Variante des Ex-DDR-Lebens. Schon nachmittags bei der Ankunft erwartete uns ein reger Betrieb, der sich über ein großes Gebäude mit Saal, Café, Tischtennisraum etc. ausbreitete. Außer einem einzigen Checkpoint-Charlie-Plakat wies nichts auf unseren Auftritt hin. In einem größeren Veranstaltungsraum mit Bühne, den wir als für uns geeignet ausmachten, ging ein leicht debiler Trubel in Form einer Schlagerdisco ab. Es war 17 Uhr und wir versuchten einen Ansprechpartner zu finden. Auf Anfrage wurde auf einen »Chef des Abends« verwiesen, der noch nicht da wäre. Als sich um 18 Uhr noch keinerlei Vorbereitungen zu unserem Auftritt erkennen ließen, nahmen wir das selber in die Hand und verscheuchten die Discobesucher mit der Erklärung der im Vertrag zugesicherten Benutzung des Saales ab 17 Uhr. Das ging problemlos. Nachdem wir, ohne dass jemand behilflich war, unser Zeug ausgeladen hatten, stellte sich heraus, dass es technische Schwierigkeiten gab. Stecker passten nicht und anderes funktionierte nicht. Inzwischen tröpfelte auch eine größere Gruppe mit Teilen der PA-Anlage herein. Der Rest käme später mit dem Mixer, der als Chef bezeichnet wurde. Dem war nicht so. Gegen 20 Uhr stellten wir uns darauf ein, das Ganze von der Bühne aus zu regeln. Bis dahin war immer noch kein Verantwortlicher aufzutreiben. Von dem ebenfalls vertraglich zugesicherten Speis und Trank gar nicht zu reden. Andererseits fiel auf, dass die Publikumsgarderobe schon frühzeitig mit einer größeren Mädelsgruppe besetzt war, die auf jeden Fall, selbst bei einem Ansturm abgegebener Mäntel, Jacken und Taschen, unterfordert war. Dafür wurden die Garderobieren und Bedienungen mit Tabletts voll mit belegten Brötchen und Getränken versorgt. Von uns angesprochen hieß es: »Das ist für Mannschaft. Die Kapelle kriege ihre Versorgung um Neune.« Auf die Frage, ob wir dann ein Schauessen auf der Bühne machen sollten, da um neun bereits die Show abging, hieß es: »Da gönn wir nischt machen, das hat der Chef des Abends organisiert.« Die Abwesenheit der diversen Chefs und die dadurch entstehende Unklarheit unseren Gig betreffend, schien niemanden groß zu berühren. Bis zu Beginn des Auftritts war keinerlei Zuständigkeit auszumachen. Wir waren auf uns selbst zurückgeworfen. Einem Typ mit einem Tablett voller belegter Brötchen wurde dies abgenommen und im Café griffen wir uns einen Kasten Bier und Säfte. Das ging ohne große Proteste vor sich. Allmählich trudelte auch das Publikum ein, ohne dass der Chef des Abends und der Chef der PA sich blicken ließen. Wir hatten Sound und Licht so abgecheckt, dass wir das von der Bühne aus bedienen konnten.

Der Untertanengeist, der sich uns durch die wiederholten Hinweise auf irgendwelche nicht vorhandenen Chefs offenbarte, nervte kolossal. Wir hatten trotzdem unseren Spaß und konnten den Rest der Platten verkaufen. Dabei kamen wir ins Gespräch mit ein paar Freaks. Die Chef-Problematik erklärten sie uns damit, dass früher die Zuständigkeit für das Freizeitverhalten, funktionärsmäßig von FDJlern (Freie Deutsche Jugend) organisiert wurde. Das umfasste alle Bereiche. Bei Musikveranstaltungen gab es staatliche Agenturen, die die Bands an die Jugendhäuser vermittelten und bezahlten. Da gab es Profis, Semi-Profis und Amateure. Die Profis hatten alle Musik studiert. Auch die irritierende Anzahl mehrerer Leute für Aufgaben, bei denen weniger ausgereicht hätten, fand eine Erklärung. Da es in der DDR keine Arbeitslosigkeit geben durfte und jeder, der keiner Arbeit nachging, damit rechnen musste, als »asozialer Krimineller« im Knast zu landen, ergab sich manchmal, dass für Jobs, die lässig von einer Person bewältigt werden könnten, gleich drei Leute zuständig waren. Da es bei den Löhnen kaum Unterschiede gab, nutzten Unangepasste das, um ihren Bedürfnissen in einer der staatlichen Obrigkeit entzogenen Subkultur nachzugehen. Anders als in Halle, wo im Eingangsbereich noch eine große Tafel mit den »Verhaltensregeln des sozialistischen Jugendlichen« angebracht war, erlebten wir in anderen Zentren einiges, was sich dem Dirigismus schon früher entzogen hatte. Einmal hatten wir eine Vorgruppe, die schon zu DDR-Zeiten Ton Steine Scherben nachspielte und einen begrenzten Bekanntheitsgrad besaß.

In Halle jedenfalls zog sich die in Watte verpackte Unzuständigkeit über den gesamten Aufenthalt am Spielort hin. Das betraf auch die Gage und Übernachtung. Es bedurfte einer ätzenden Diskussion mit dem Kassierer, der ebenfalls die Verantwortlichkeit dafür auf einen Abwesenden schob. Unterstützt von der Fürsprache der Freaks kam endlich die Kohle rüber. Das Übernachtungsproblem erledigte sich durch die Einladung von einem unserer Unterstützer. In seiner Zweizimmerwohnung überraschte uns eine umfangreiche Plattensammlung, die von Pink Floyd bis

Zappa alles enthielt, was auch in einer westdeutschen Sammlung hätte stehen können. Wundersam war uns sein Besitz von zwei Checkpoint-Charlie-LPs und einer in der Tonqualität ziemlich schlechten Kassette eines Live-Gigs. Wie diese Tonträger ihren Weg in die DDR gefunden hatten, war nicht herauszufinden. Unser Gastgeber erzählte, er habe eine Entscheidung getroffen zwischen der Anschaffung eines Trabis, auf den er Jahre hätte warten müssen und seiner illegal angeschafften Plattensammlung. Lebenszeichen, sich dem bis ins Privatleben regulierenden und überwachenden Staat zu entziehen.

Wir machten noch bei einigen der Auftrittsorte positive Erfahrungen, die Organisation und kreative Selbstverwaltung der Jugendzentren betreffend. So was wie in Halle, wo Jugendliche auf der Suche nach Chefs durch die Gegend rannten, war nicht einmalig, hielt sich aber in Grenzen. Nach vielen Eindrücken und Gesprächen erschien uns der ehemalige DDR-Staat wie ein strenger Übervater, der seine Kinder, solange sie seine Anweisungen brav befolgten, gut leben ließ. Schon kleine Vergehen wurden aber hart bestraft.

Umso mehr Respekt nötigten uns die Geschichten ab, die zum Beispiel von heimlichen Punkkonzerten und dem Anhören verbotener Musik erzählten. Die überall, bis in die kleinsten Orte vorhandenen Jugendzentren wurden nach der Wende zwangsläufig autonom, da die staatliche Fürsorge weggefallen war. An sich eine fantastische Möglichkeit für die Jugendlichen, ihr eigenes Ding zu machen. Doch schon zur Zeit unserer Tour waren viele Jugendzentren geschlossen, denn es fehlte an jeder Unterstützung. Möglichkeiten, selbstständig Kohle locker zu machen, lagen noch außerhalb des Erfahrungsbereiches. Damit war eine große Chance vertan. Der Turbokapitalismus, der nur gewinnorientiert den Osten überfallen hatte, war gemeinsam mit der CDU-geführten Regierung nur an Profit und neuen Wählerstimmen interessiert.

Im Verlauf des Jahres 1991 wurden sämtliche Zentren geschlossen und die Jugendlichen hingen auf der Straße herum. Die Folgen davon konnten wir ansatzweise in Rudolfstadt in Thüringen erleben. Nach unserem Auftritt wurden wir von ein paar Typen als Kommunistenschweine beschimpft. Einen Kopf kürzer sollten wir auch gemacht werden. Die Kerle wurden sofort rausgeschmissen. Wir erfuhren, dass sich NPDler aus dem Westen überall herumtrieben. Die hatten natürlich bei vielen Jugendlichen, die entwurzelt und sinnentleert in der Gegend rumhingen, große Chancen, deren verlorenes Selbstbewusstsein und Identifikation mit Nationalismus und Rassismus aufzufüllen, um der Frustration ein Ventil zu verschaffen. Ganz allgemein breitete sich, nach anfänglicher Euphorie, in der Ostbevölkerung große Enttäuschung aus. Der Verlust von Arbeitsplätzen und eines sozialen Umfeldes, konnten auch durch den Verzehr von Südfrüchten und die neue Reisefreiheit, die man sich nicht leisten konnte, ersetzt werden. Die späteren Pogrome in Rostock und anderswo lauerten schon unter der Oberfläche.

Ein Symptom der Haltungslosigkeit könnte auch die Sauferei gewesen sein. Nach jedem Auftritt wurde dem exzessiv nachgegangen und wir konnten uns dem schlecht entziehen. Ein besetztes, baufälliges Haus in Weimar empfing uns schon nachmittags mit seinen vollgedröhnten Bewohnern. In einem vergammelten Keller mussten wir wieder selber sämtliche Voraussetzungen für unseren Auftritt schaffen. Das wurde der einzige Gig mit kaum Publikum. Anscheinend war keinerlei Werbung gelaufen. Nach einem abgezogenen Routineauftritt begannen wir, uns verzweiflungsgesteuert der alkoholisierten Kommunikationsebene anzupassen. Die alles überlagernde Indifferenz ließ es auch nicht zu, von irgendjemandem eine Gage zu verlangen. Da nutzte der beste Vertrag nichts. So blieb uns nichts anderes übrig als uns der Sauferei anzuschließen, mit einem anscheinend im Osten sehr beliebten Kräuterschnaps. Etwas anderes gab es nicht. Für Thero eine Unverträglichkeit, die zum Kotzen vorm Haus auf die Straße führte. Als wir uns nachts völlig fertig irgendwo ablegen wollten, stellte sich heraus, dass alle Räume belegt waren. Nur die verdreckte Küche bot Aufenthalt. So verbrachten wir auf Stühlen sitzend, mit dem Kopf auf dem Tisch, die unbequemste Nacht unseres Lebens, das Kopfweh beim Aufwachen nicht mitgerechnet. Wenigstens gab es Kaffee. Einige stark dosierte Tassen leiteten eine Belebung ein, begleitet von Theros Suche nach seinem Dopevorrat. Das Piece war nicht auffindbar. Das hatte gerade noch gefehlt. Ersatz zu finden war im Osten schwierig. Manchmal hat man Glück im Unglück. Eine Idee, dass ihm das Stückchen während des Reiherns herausgefallen sein könnte, erwies sich als richtig. In Alufolie gewickelt, von der Kotze unberührt, blinkte uns das Teil Freude auslösend entgegen.

Umfassend betrachtet hinterließ die DDR-Tour sehr gemischte Gefühle. Die beschriebenen Auftritte werfen nur einige Schlaglichter, meist wurden wir sehr gastfreundlich aufgenommen.

Zurück im Westen erwartete uns ein sich über drei Abende erstreckendes Engagement auf der Reeperbahn in Corny Littmanns »Schmidts Tivoli«. Corny kannte ich flüchtig aus der Hochzeit der Umsonst-und-Draußen-Festivals und einigen gemeinsamen Auftritten als Kopf der schwulen Theatergruppe Brühwarm. Nur auf Grund dieser Beziehung hatten sich die gut bezahlten Auftritte ergeben. Wir fuhren bereits vormittags in Hamburg ein und Thero wollte noch eine alte Freundin besuchen, die Maskenbildnerin war. Wir wurden von ihr freudig aufgenommen und mussten zunächst von unseren Erlebnissen im Osten berichten. Die Idee, ihre maskenbildnerischen Fähigkeiten in Anspruch zu nehmen, hatte damit vermutlich etwas zu tun, was auch immer die von uns gewünschten Narben und Wunden in Gesicht und an den Armen genau ausdrücken sollten.

Die Ankunft erzeugte einen Eklat. Unsere Erklärung für die Narben, wir hätten einen Autounfall gehabt, musste zurückgenommen werden. Die liebevoll besorgten, aufgeregt durcheinander rufenden Schwulen und Transsexuellen, hätten uns sonst ins Krankenhaus verfrachtet. Die Ansage, die Wunden seien unter dem Begriff »Wunden- und Narbenparade« Teil der Show, trugen ein wenig zur Beruhigung bei, auch wenn sie die Erklärung nicht einordnen konnten, was sich in einer plötzlichen Schweigsamkeit äußerte. Für uns der Beweis für die überzeugende Natürlichkeit der grauseligen Verletzungen. Damit waren zu der Fahnenaktion inklusive Gummiknüppellutschen, einem von einem jungen Schlesier mit dem Kopf unter Wasser vorgelesenen Grundgesetz, dem Spirit-Engeneering von mir als Prinz Uwe, der Darstellung der DDR-Familie im Beate-Uhse-Shop und weiteren Show-Elementen die Narbenparade hinzugekommen.

Der Abend erwies sich als eine Varieté-Veranstaltung von Schwulen, ein satirisches Treiben über deren Befindlichkeiten. Das Publikum bestand überwiegend aus Betriebsausflüglern und mental ähnlichen Touristengruppen. Die immer gut ausverkauften Vorstellungen zeigten uns ein Publikum, das sich von Erotik- und Exotiksucht gesteuert ein typisches Reeperbahn-Event reinziehen wollte. Dass wir diese Erwartungen niemals erfüllen konnten, musste jedem, der uns kannte, klar sein. Außer Corny, der sich nicht blicken ließ – vielleicht wusste er warum –, hatte keiner der Jungs dort eine Ahnung, was ihn bei uns erwartete. Corny hatte uns auf meine Anfrage hin engagiert, möglicherweise aus Solidarität mit Blick auf die guten alten Zeiten bei Schneeball und unsere

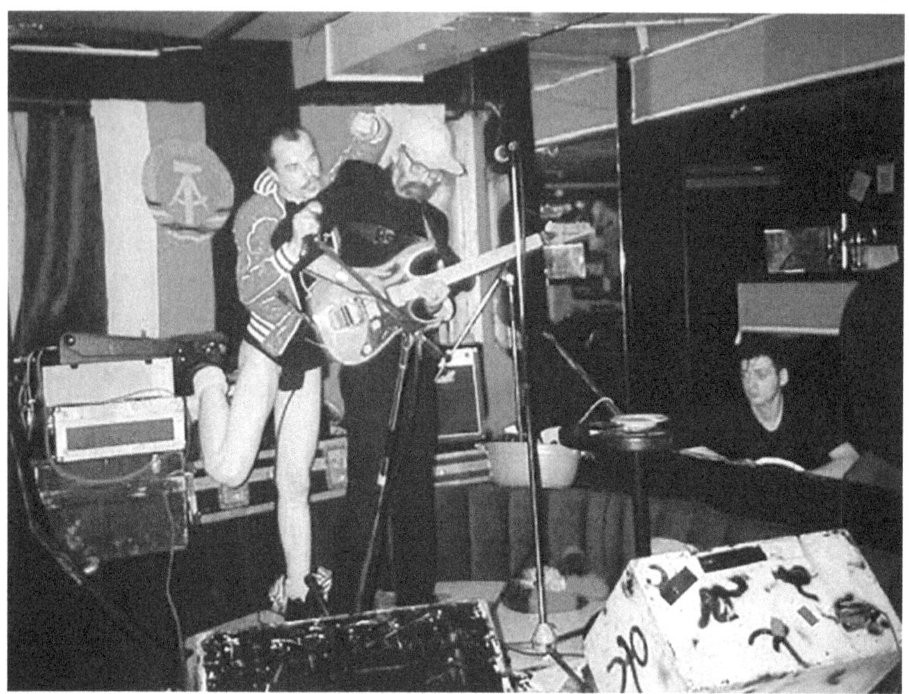

Einer der letzten Auftritte von Checkpoint Charlie in einem Nachtclub in Frankfurt, ca. 1992

gemeinsamen Auftritte. So sprengte unser erster Auftritt am Beginn des Abends, wie jeder Beitrag beschränkt auf 30 Minuten, jede Erwartungshaltung und führte in der Pause zur Entfernung von Teilen des Publikums. Dies entsprach nicht dem Interesse des übrigen Ensembles. An den zwei weiteren Abenden wurden wir an den Schluss der Vorstellung verlegt, wo wir keinen großen Schaden mehr anrichten konnten. Das wiederum war nicht gerade ein überzeugender Antrieb für den Glauben an die Wirksamkeit unserer Botschaften. Wir stellten auch fest, dass es uns ganz schön geschlaucht hatte. Auch ein Spaßguerilla muss seine Grenzen anerkennen.

Daheim war's jetzt auch schön, was nun wieder den privaten Bereich berührt und nicht beschrieben wird.

Weitere meiner sehr gern vorgenommenen Beschäftigungen, wie das Anziehen von Gemüsesetzlingen und weitere Vorbereitungen für das Frühjahr im Garten, können besser aus der entsprechenden Fachliteratur zur Kenntnis genommen werden. Schon bald aber holte unser Ruf als »keine lebende Legende – sondern die lebende Leckente« uns zurück in den Untergrund. Ein Artikel im »Stern« und unser Beitrag auf der CD »Perlen deutscher Popmusik« bei Trikont, brachte uns in Erinnerung und damit einiges an Auftritten. Der Song auf der CD konnte natürlich nur das »Sachsengirl« sein. »Er fährt nicht mehr nach Thailand, weil er sein Girl in Sachsen fand«. Damit hatten wir so was wie einen kleinen Subkultur-Hit, der uns teilweise noch jüngere, von unserer glorreichen Vergangenheit bisher unbeleckte Menschen zuführte.

Dieser gute Lauf gipfelte im Sommer in der Wiederauflage der ersten Umsonst-und-Draußen-Festivals in Porta Westfalica. Das war klasse. Das Freundestreffen mit den ganzen alten Bands wie Embryo, Missus Beastly, Hammerfest, Munju, Aera und anderen, aber auch ganz viele neuen Gruppen, erzeugte eine relaxte, euphorische, entspannte, freudige Erwartung. Das dreitägige Fest bot einen wunderbaren Spielraum für Zwischenmenschlichkeit und außer Musik noch andere Ausdrucksformen. So schleppte Thero, wir hatten gerade mal unser Zelt aufgebaut, einen großen schweren Kiosksonnenschirm an, mit der Idee, uns unter ihm durch die Menge zu bewegen. Er wollte bei Fragen erzählen, ich sei sein Guru, der in zwei Tagen das Schweigen brechen und allen seine Message verkünden würde. So wetzten wir ununterbrochen bei intensiver Sonnenhitze durch die Gegend. Thero schwitze wie verrückt, er tat mir echt leid, aber er wollte das Ding unbedingt durchziehen. Diejenigen, die uns kannten, hatten ihren Spaß, aber bei dreißigtausend Leuten stellten sie nur eine Minderheit dar.

Einmal, als wir Hunger hatten, wollten wir uns an einem Stand mit indischem Essen versorgen. Es herrschte großer Andrang und wir wollten schon woanders schauen, als der Inder mit Rufen und Armbewegungen die Menge vor dem Stand dazu brachte, auseinander zu gehen und eine Gasse zu bilden. Durch diese schritten wir langsam hindurch, um ehrfurchtsvoll bedient zu werden. So wurde dieser Stand für die Dauer des Festes unsere einzige Anlaufstelle für die Nahrungsaufnahme. Die Auflösung des Guru-Sonnenschirmrätsels, als wir die Bühne betraten, das Publikum begrüßten und uns als Checkpoint Charlie outeten, überraschte uns mit einem Beifallssturm. Mich freute es vor allem für Thero, der mit der tagelangen Schirmschlepperei einen echten Kraftakt hinter sich gebracht hatte. Bei der Begrüßung konnte ich es mir nicht verkneifen unsere Brüder und Schwestern von »Drüben« mit der Nachricht zu veräppeln, für sie wären im angrenzenden Waldgebiet mehrere Körbe mit Südfrüchten, hauptsächlich Bananen, versteckt. Dem Finder des größten Korbes wurde zusätzlich noch ein Jahr freier Eintritt zu unseren Konzerten versprochen. Man konnte unter dem überwiegenden Gelächter auch sächsische »Buh! Buh!«-Rufe heraushören.

Im Anschluss ging es nach Konstanz ins Studio um die letzte LP und CD »Gurglersinfonie« aufzunehmen. Aufgefüllt bis unter die Schädeldecke mit kreativer Energie konnte das Projekt sich nur als Jahrhundertwerk manifestieren. Es wurde der letzte Tonträger von Checkpoint Charlie.

NEUE LP: Gurglersinfonie

Die CHECKPOINT CHARLIE walzen wieder durch die BRD! Mit neuer LP/CD (Jahrhundertwerk!) & echter "LIVEBLOCKING-SHOW" gastieren sie im Dschungel EUROPA...

Anspieltip: ER FÄHRT NICHT MEHR NACH THAILAND, WEIL ER SEIN GIRL IN SACHSEN FAND!

ZÜNDUNG LÄUFT! In ihrem FESTIVAL DER STIMMEN reflektieren PRINZ UWE & THEROFAL die Bekenntnisse des heutigen Europas.

PRINZ UWE: "Der glamouröse Abschied von 20 Jahren Untergrund. Meine Band knallt los!

THEROFAL: "In Brasilien fand eine Explosion in mir statt. Ich trug alle Geister mit nach Hause. Ihre Musik spiele ich!

PRINZ UWE: "Die Kunstfigur Europamensch ist uns der liebste Gott, weil Komponist der Gurglersinfonie. Wir verbessern die Lebensqualität: God bless you!"

DIE LECKENTE LEBT!

TOP ANGEBOT A: Wir blasen euren Club auf!
TOP ANGEBOT B: Wir lassen die Luft aus eurem Saal!

PRINZ UWE: "Die musikalische Realität Europas zwang uns zum EUROPASOUND!" Gesang bei **CHECKPOINT CHARLIE** auf portugiesisch, französisch, englisch, deutsch, polnisch, tschechisch, & amerikanisch. Musik bei **CHECKPOINT CHARLIE** auf brasilianisch (Samba), bayrisch (Zwiefacher), klassischer Punk im 4/4 Takt. Herzloser Rock & Roll im eigenen Europastil...

AUßERDEM: SAGENHAFTES BÜHNENERSCHEINEN! DIE NEUE DIMENSION DES MUSIKALS IST ENDLICH DA! DAS DURCH **CHECKPOINT CHARLIE** ERFOLGREICH GEWORDENE EREIGNIS: **EUROPA !**

EIN NEUER MUSIKSTIL WURDE GEBOREN!

THEROFAL: "Der Stachel unter dem Sitzfleisch der mitteleuropäischen Kultur."

BOOKING: Agentur Hesselbach D-6761 Bisterschied Hauptstr.54 Tel. 06364 1294

FANCLUB & MEARCHANDISING:
MILES FROM HOME D-8960 Kempten
Frühlingstraße 2 Tel. 0831 12884
Kennwort: Checkpoint Charlie
(T-Shirts, Cappis, Feuerzeuge, Poster, etc.)

DISCOGRAFIE:

	Best.Nr.
Grüss Gott mit hellem Klang	01006
Frühling der Krüppel	01015
Die Durchsichtige	01019
Krawall im Schweinestall	01024
Feuer & Flamme	01033
Die Gurglersinfonie LP	0104608
Die Gurglersinfonie CD	0104626

CHECKPOINT CHARLIE

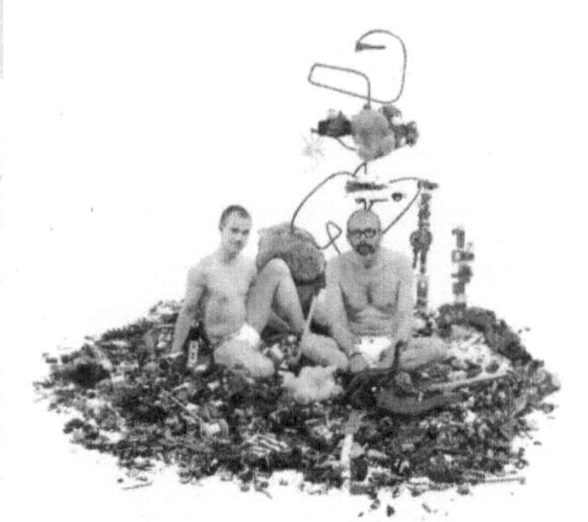

Checkpoint Charlies letztes Album:
»Echtes Liveblocking Gurglersinfonie«, 1990

24

Es sollte nicht die letzte Endlichkeit sein. Ein großes Fest mit über hundert nahestehenden Menschen auf unserem Hof, ausgerichtet von meiner Exzellenz, dem »Präsidenten der freien Republik am Donnersberg«, fand anlässlich meines 50. Geburtstags statt. Ein melancholisch freudiger Tanz auf dem Friedhof der Kommune. Ein halbes Jahr später war unser Hof verkauft. Die Großfamilie ging auseinander. Nach zwölf Jahren hatten wir mit dem Versuch, das Unmögliche zu erreichen, immerhin die Möglichkeit dazu erlebt. Auch wenn nur wenige Freundschaften geblieben sind, will keiner von uns diese Zeit missen. Besonders die Kinder, jetzt alle schon in den Enddreißigern, erinnern sich liebevoll. Das Geburtstagsfest kündigte auch sonst einiges an Veränderungen an. Thero eröffnete mir seinen Ausstieg. Der Ernst des Lebens hatte ihn eingeholt. Als Familienvater mit zwei kleinen Kindern waren die unregelmäßigen, meist nicht ausreichenden Einnahmen auf Dauer zu stressig. Sein Vater, ein bekannter Filmproduzent, hatte ihm angeboten, eine Postproduktionsfirma aufzumachen. Damit war fett Geld zu verdienen. Ich konnte es ihm in seiner Situation nicht verdenken. Ich hatte auch selbst das Gefühl, dem »Großen Gurgler« allmählich Ade sagen zu müssen.

Dafür entwickelte sich während des Geburtstags in angeturntem Zustand mit Rupi eine ausufernde Flipperei über die penetrante Überflutung aus der Flimmerkiste mit Arztserien, Kochshows und Schlagerparaden. Wir konnten uns da in der Zuspitzung ein tolles Programm vorstellen, über die verlogene Menschlichkeit jener Sendungen. Daraus entstand, bunt gemischt mit einigen aktuellen Texten von Erich Kästner, eine Art Musikkabarett-Happening: »Zeitgenossen haufenweise«. In unseren Augen eine eher konventionelle Darstellung, allerdings gab es zwischendurch immer wieder Aktionen, die sich dem Verständnis der Zuschauer entzogen, woraus sich vorwiegend unser Humor ernährte. Im Großen und Ganzen erreichten wir aber auch das normale Kabarett-/Comedy-Publikum und bewegten uns damit – ungewohnt – auf einer hundertprozentigen Erfolgsspur. Manche Sketche allerdings, etwa über den Satz »Ich bedanke mich«, in dem wir uns über seinen schleimig-unterwürfigen Ausdruck schrecklich aufregten, fanden nur selten

Lacher. Wir erörterten darin minutenlang die Sinnlosigkeit der Worte »ich« und »mich«, die dem »Danke« vor und nachgestellt sind. Bei einem Dankesager schließt das ja ein, dass er »ich« ist und »mich« nur eine devote Zusätzlichkeit des Dankes bedeutet. Diese Diskussionen hatten etwas von humoresker Selbstbefriedigung.

Da sich bis heute, nach dreißig Jahren, die Zahl der Krimiserien und Schlagersendungen noch gesteigert hat, kann ich es mir nicht verkneifen, die Sketche, die bei den Kochshows pantomimisch dargestellt wurden, hier festzuhalten. Die Show wurde äußerst minimalistisch mit nur zwei Perücken als Requisite betrieben. An Musikinstrumenten gab es ein umgehängtes E-Piano und eine Trompete. Das Kochen wurde rein pantomimisch betrieben.

Guten Tag, meine Damen und Herren, liebe Leute,
wir sind bekannt aus Funk und Fernsehen und möchten Ihnen heute unser neues Show-Event vorstellen. Nach dem großen Erfolg mit unserer eigenen selbstgedichteten Schlagerparade haben wir zusammen mit einer Kochrevue in der intimen Küche bei uns zu Hause, praktisch in der privaten Wohnküche mit Nasszelle – mehr geht nicht – die Grundlage für eine große Koch- und Schlagerrevue im Fernsehen gelegt. Sie kennen uns bestimmt, wir sind die drei Harrys. Einer fehlt heute wegen Darmgrimmen.

Ich beginne jetzt am Anfang unserer Koch-Schlagerparade mit einem unserer Superhits. Damit möchte ich den Jammerlappen und altklugen Laberpsychos der deutschen Sing a Song Writer Szene zeigen, dass die Avantgarde mit progressiver Musik noch da ist.

Es heißt: Ich schick meine Zähne auf Reisen.

(Während des Vortrags hielten wir Zahnprothesen verstorbener Opas und Omas in den Händen, die wir uns im Bekanntenkreis, schon aus Recyclebarkeitsgründen, organisiert hatten und ließen sie während des Gesangs begleitend wellenförmig im Rhythmus durch die Luft schweben)

Ich schick meine Zähne auf Reisen
ich schick sie auf die Reise zu Dir
ich sitz ohne Zähne hier am Klavier
und spiel dieses Lied für uns vier
wenn ich vielleicht zwei Kinder habe
von Dir – oh Baby

Ich schick meine Zähne auf Reisen
ich schick sie auf die Reise zu Dir
ich sitz ohne Zähne auf dem Klo
und ich bin wirklich froh,
dass ich nie mehr Zahnweh habe
weder in der Nacht
oder auch am Tage – oh Baby

Ich schick meine Zähne auf Reisen
ich schick sie auf die Reise zu Dir
Wenn du dich über meinen zahnlosen
Mund beschwertest
hast du meine inneren Werte nicht bewertet
oh Baby

Ich schick meine Zähne auf Reisen
ich schick sie auf die Reise zu Dir
ich träume von deinem zahnvollen Mund
oh Baby, verzeih meinen zahnlosen
Schlund

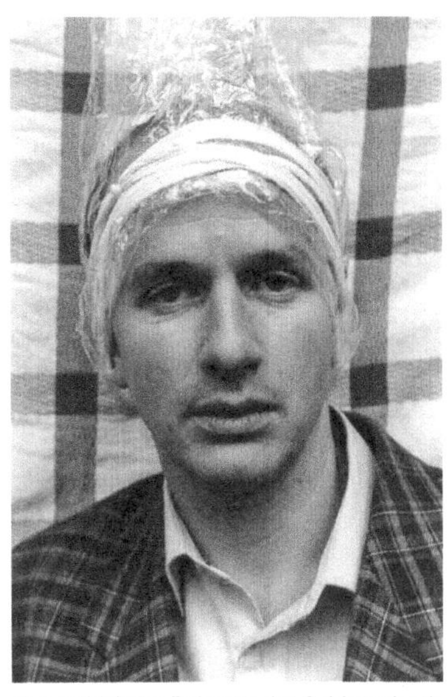

Rupert Volz im Rahmen der Schlagerkochkunstparade

I am walking down the Street
und schick dir dieses Lied – oh Baby

Und nun beginne ich mit unserer intimen Kochrevue, heute mit einem Candlelight Dinner für zwei bis vier Personen. Wir beginnen mit der Vorspeise (Hors d'oeuvre).

Wir nehmen eine Bratpfanne. Da hinein kommen zwei bis vier Laugenbrezeln und braten diese mit Öl und Maggi, damit sich die Restaromen ausbreiten können. Klein geraspelter Hasenspeck dazu, bringt die Restaromen zum Schwitzen. Wir rösten nun die Laugenbrezeln 10 Minuten bei 40 Grad Unterhitze. Wir nehmen nun die Bratpfanne vom Herd und kühlen sie im eiskalten Wasserbad herunter.

Während die Laugenbrezeln herunter kühlen nehme ich die zwei vorbereiteten pochierten harten Senfeier und schwenke sie 10 Minuten in einer Beize auf dem Eichenfass. Ich nehme nun die Laugenbrezeln aus dem Sud und garniere sie auf den schönen Vorspeisetellern. Ich bringe nun die pochierten harten Senfeier in die Löcher von den Brezeln ein und stecke Petersilienstengel um die Eier herum.

Weil das Auge mitisst, lege ich in der Mitte von jeder Brezel eine schwarze Kartoffel. Als Deko drapiere ich um den Tellerrand kleine Gewürzgürkchen, übergieße diese mit 80 Jahre altem Scotch Whisky und flambiere das Ganze als Highlight. Eine andere Variante kommt von meiner Oma, die an Stelle der schwarzen Kartoffel immer eine Ananasscheibe auf die Laugenbrezel garnierte.

Ich darf Ihnen jetzt, wie immer bei unserer Schlagerrevue, einen Spezialgast ankündigen. Hier ist Roy, der bekannte Jürgen Drews Imitator.

Roy mit dem Superhit: Ein Bett im Roggenfeld

Roy singt: Ein Bett im Roggenfeld
Ein Bett im Roggenfeld
das ist so schön – so schön
das ist so schön – so schön

Ich: Aus, aus, aus, aus das ist der falsche Text
Roy: Das muss so sein, sonst muss ich Geld an Jürgen zahlen
Ich: Also gut, aber bitte schöner singen

Roy: Ein Bett im Roggenfeld
das ist schön – so schön
Ich bin der König von Mallorca
ich hör den Beat
and I'm going through the street
Ich: *(mit Teppichklopfer)* Aus, aus, aus, aufhören, Roy, Roy, Roy, Roy, bist Du in Deutschland oder wo? Roy, Roy, du Arschloch, sing deutsch. Nein, so kann ich nicht arbeiten.

Kurze Unterbrechung, in welcher wir pantomimisch die Vorbereitungen für das Hauptgericht darstellen.

Wir kommen nun zu unserem leckeren Hauptgericht.

Im Zentrum dieser Speise steht ein gut abgehangener Sausack, der gefüllt mit Entenmuscheln, direkt aus der Bratröhre serviert wird. Alternativ für Bios geht auch ein Wildsausack, gefüllt mit Speisemorcheln aus dem Kurpark von Bad Salzuflen.

Man nehme ein Kilogramm scharf mit Curry gewürzte Entenmuscheln und presst sie mit dem Quirl durch das Sausackloch bis der Sausack gefüllt ist.

Für den Wildsausack gilt das Gleiche mit Speisemorcheln.

Nun binde ich das Loch zu und stecke mit dem Keitel in drei Zentimeter Abstand dünne Löcher in den Sausack. In diese Löcher stecke ich viele Gewürzpflanzen, hauptsächlich Dill, aber auch Speisewurzeln und marokkanischen Knoblauch. Das sieht schön aus. Der Spießbraten heißt manchmal auch Spießbratensausack. In seiner Vollendung drücken die Geschmacksknospen sein ganz eigenes Gewissen aus.

Ich nehme jetzt die am Vortag luftgetrockneten Hühnereidotter und karamellisiere sie in einer kleinen Soufflé-Pfanne etwas vor und klebe die Dotter mit Speisestärke rund um den ganzen Sausackspießbraten überall fest.

Nun saugt der ausgetrocknete Dotter die Flüssigkeit auf, damit der wertvolle Bratensaft des Sausacks nicht verloren geht.

Nun nehmen wir den Ochsenschwanz, aus der Schwanzsuppe vom Vortag, aus dem Dampftopf und schneiden ihn in kleine Scheiben und kleben als krönenden Abschluss auf jede Schwanzscheibe eine Stachelbeere und sagen nun: »Guten Appetit«.

Nun, vor dem Dessert zum Chillen, ein neuer, geiler Hilt von der Rückseite unserer neuen Scheibe.

Schöner junger Mann
schau mich nicht so an
ich atme durch die Nacht
Du hast mich hui gemacht
hui, hui, hui, hui, hui

Schöner junger Mann
schau mich nicht so an
Deine Haare sind so schön gemacht
Du hast mich hui gemacht
hui, hui, hui, hui, hui

Schöner junger Mann
schau mich nicht so an
das Feuer ist entfacht
Du hast mich hui gemacht
hui, hui, hui, hui, hui

Als Nachspeise kreieren wir ein kleines, intimes Souffleé als Pas de Deux für eine sexuell, erotische Stimmungslage.

Wir nehmen je ein Kilogramm Erdbeeren und Brombeeren aus der Kühltruhe und überbrühen diese Konsistenz in einem warmen Wok mit kochender Vanillesoße bis die Flüssigkeit zwischen 70 und 80 Grad hat. Dann nehmen wir zehn getrocknete Backpflaumen, höhlen sie mit dem Küchenspeitel aus und füllen die vorbereitete Nussnougatcreme hinein. Wenn die gut gesüßte Flüssigkeit etwas abgekühlt ist, lassen wir die Backpflaumen darauf schwimmen. Dann nehmen wir den Spritzbeutel und füllen ihn mit Brei von einer gepressten Süßkartoffel auf und dressieren den Inhalt in Wellen als Deko über die Süßspeise. Um den Rand kommen noch Sultaninen.

Wir stecken nun in die Mitte eine Kerze und das romantische Blinddate mit Candlelight Dinner kann beginnen.

Serviervorschlag: In der kalten Jahreszeit empfehlen wir Flambieren. Im Sommer ist eine Kaltschale angebracht.

Mit diesen Vorschlägen für alternative Fernsehunterhaltung möchte ich langsam das Ende des ersten Teils einleiten, 50 Jahre meiner Memoiren. Mit 80 müssen jetzt noch zehn bis fünfzehn Jahre vergehen, bis sich der Stoff für den zweiten Teil angesammelt hat. Stand heute bin ich leider immer noch der Auffassung, dass die Menschheit mehrheitlich irgendwie etwas Übles, Krankhaftes, Schmieriges für die Welt geblieben ist. Es widert mich an, dass es 50 Jahre gedauert hat, bis die Erkenntnisse des Club of Rome, aufgeschrieben in »Die Grenzen des Wachstums«, unterstrichen von Reaktionen der Natur in Form von Katastrophen und Seuchen, ein größeres Bewusstsein geschaffen haben. Es wäre meine größte Freude, wenn die Aussagen des Umwelt-Checkpoint-Charlie-Programms »Rockoperette Scheiße« von 1972 nicht eingetreten wären.

Die wirklich große Hoffnung sind die Kinder und Enkel, an die vor lauter Fress- und Konsumsucht nicht gedacht wurde. Sie haben das sinnlose, zerstörerische Treiben erkannt und kämpfen radikal für eine gleichberechtigte Verbindung mit allem Leben und dafür, dass unser Planet blau bleibt und liebevoll. »Schritt für Schritt ins Paradies«. Apropos Paradies. Wahrscheinlich leben wir da schon, ohne es bemerkt zu haben. Noch hat die Wissenschaft im Universum keinen anderen Planeten gefunden, auf dem Leben existiert. Daher spricht vieles dafür, dass es sich bei der Menschheit – wie mehrmals angesprochen, siehe »Weltmeisterschaft im Fratzenschneiden« oder »Der Mensch entstand durch Kannibalismus« – um eine Fehlentwicklung der Evolution handelt. Ein weiterer Hinweis darauf ist das menschliche Paarungsverhalten. Zu jeder Zeit kann dem nachgegangen werden, um sich ununterbrochen zu vermehren und als epidemisches Ungeziefer überall auszubreiten. Bei allem Spaß, wenn es z. B. wie bei Tieren und Pflanzen auf eine bestimmte Phase beschränkt wäre, würde man nichts vermissen.

Seit Beginn ist die Menschheit dabei, sich immer wieder in Kriegen und Völkermorden abzuschlachten. Alle anderen Lebewesen werden auf Grund ihrer Nützlichkeit ausgebeutet und unterdrückt oder in ihrem Lebensraum eingeschränkt. Obwohl durch die Geschichte immer wieder Künstler, Dichter und Denker die Möglichkeit eines friedlichen Zusammenlebens aufgezeigt haben. Leider hat bisher nur eine kleine Minderheit das erkannt. Den großen Rest sehe ich als »intelligente Idioten«, die die Masse der »dummen Idioten« manipulieren.

Genug jetzt des Menschheitspessimismus. Wir haben die Pflicht optimistisch zu sein. Unsere Kinder und Enkelkinder möchten auf einem lebenswerten Planeten leben und Mutter Erde wird ihnen dabei helfen. Sie setzt mit dem Klimawandel und den damit einhergehenden Katastrophen Zeichen und Grenzen, dass, hoffentlich nicht zu spät, selbst der letzte Depp begreift, dass es so nicht weiter geht.

Bis dahin, Schwestern und Brüder, viel Freude am Leben – Der Kampf geht weiter.

DISKOGRAPHIE

Grüß Gott mit hellem Klang LP 1969
Aufgenommen live an der Uni Erlangen. Tonstudio CPM – G. Tannhäuser
Uwe v. Trotha (Sprache, Geheul), Harald Linder (Gesang), Malte Bremer (Gitarre), Werner Waltenberger (Bass), Joachim Krebs (Keyboards), Werner Hess (Schlagzeug).

Frühling der Krüppel LP 1978
Uwe v. Trotha (Sprache), Jürgen Bräutigam (Gesang), Wilfried Sahm (Gitarre), Joachim Krebs (Keyboards), Lothar Stahl (Schlagzeug).

Die Durchsichtige LP 1979
Aufgenommen live, abgemischt in der Zuckerfabrik Stuttgart, Gunni Heidler (Ton)
Uwe v. Trotha (Sprache), Jürgen Bräutigam (Gesang, Bass), Wilfried Sahm (Gitarre), Lothar Stahl (Schlagzeug).

Krawall im Schweinestall LP 1981
Aufgenommen im Sunrise Tonstudio, Robert und Heinrich, Kirchberg/Schweiz
Uwe v. Trotha (Sprache), Jürgen Bräutigam (Gesang), Wilfried Sahm (Gitarre), Lothar Stahl (Schlagzeug).

Feuer und Flamme LP 1981
Soundspot Studio, Frank Lichtner (Ton)
Uwe v. Trotha (Sprache, Gesang), Jürgen Bräutigam (Gesang, Bass), Wilfried Sahm (Gitarre), Lothar Stahl (Schlagzeug).
Gastmusiker: Joachim Krebs (Keyboards), Derek Hauffen (Keyboards).
Als Gäste die Frauen des Rotznasentheaters (Gesang): Petra Meinzer, Hedwig Kaffenberger, Regina Rätz, Manuela Kraus

Checkpoint Charlie – Gurglersinfonie LP und CD 1990
Studio Klang und Hammer – Konstanz, K. H. Backes (Ton)
Komponisten: Therofal, Hubl Greiner, Uwe v. Trotha (Texte, Sprache)
Therofal: (Gesang, Sprache, Klavier, Keyboards, Bass, Gitarre, Spieluhr, Akkordeon, Melodika).
Gäste: Shirley Hofmann (Posaune), Helmut Bieler-Wendt (Violine, Bariton Violektra, Pandeiro), Harry Coltello (Gitarre), Stefan Gansewig (Gitarre – Sachsengirl), Rupert Volz (Gitarre, Trompete – Hitler), Wieslaw Morzig (Stimme des einsamen Polen), K. H. Backes (Keyboards), Hubl Greiner (Atabaqui, Pandeiro, Quica, Metallplatten, Radio).

Die lasterhaften Balladen und Lieder des Francois Villon CD
Uwe v. Trotha (Sprache), Wilfried Sahm (Gitarre), Lothar Stahl (Trommeln)

Veröffentlichungen auf Samplern:
– ***Vlotho: Umsonst und Draußen***, 1977, 1978, 1979
– ***Wo ist zu Hause, Mama***, Trikont 1995
– ***Ein Komet ist ein schmutziger Schneeball***, Faruk Musik 1997
– ***Kraut***, Bear Family Production ltd. 2020

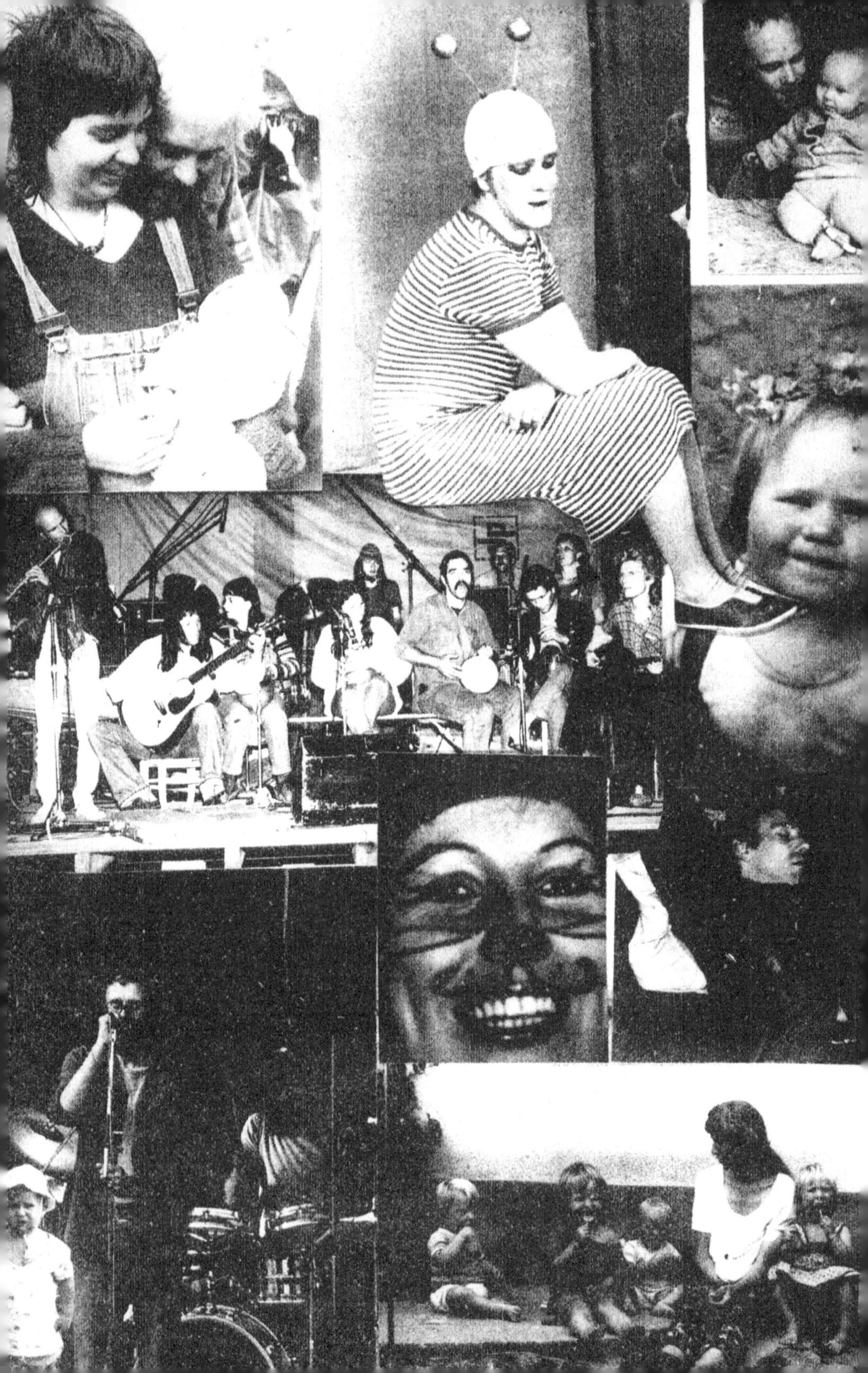

DANKSAGUNG

Danke an alle Mitwirkenden aus den Wimmelbildern meines Lebens, deren solidarische Energie im lustvollen Kampf für eine bessere Welt mich getragen hat.

Danke an alle Lebensgefährtinnen- und gefährten in unserer Landkommune »Familie Hesselbach«, mit denen die Parole »Anarchie ist machbar, Herr Nachbar« den Beweis erbrachte, und natürlich meine Gefährten von Checkpoint Charlie, die vor diesem Hintergrund, auf dem Weg durch Freude und Gefahr, unsere Botschaft möglich machten. Genauso gilt der Dank Angelika Fritz, nicht nur für die Übertragung meiner handschriftlichen Sauklaue, sondern auch für mentale Verstärkung.

Ebenso an Peter Engert für im Vorfeld hilfreiche lektorische und fotografische Bearbeitung sowie Felix Mescoli für wertvolle Hinweise. Nicht zuletzt unserem Mixer Manne, Manfred Ostermay, ohne dessen guten Sound wir alt ausgesehen hätten. Dem treuesten Fan und Unterstützer Winfried Schlögel. Bela Galore, Musikjournalist, dessen tolles Interview im Trust gleich bei mehreren Verlagen Interesse am Manuskript des »Bastards« erweckte und Jonas Engelmann vom Ventil Verlag für Betreuung und Lektorat.

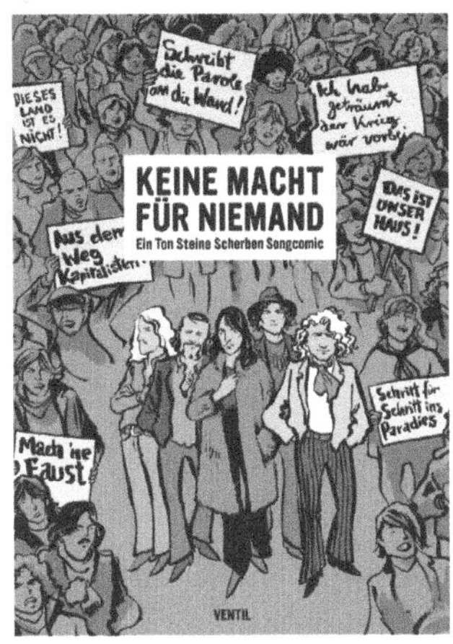

Buskies/Engelmann (Hg.)
Keine Macht für Niemand
Ein Ton Steine Scherben Songcomic

Comicstrips zu einem der wichtigsten Alben der deutschen Musikgeschichte

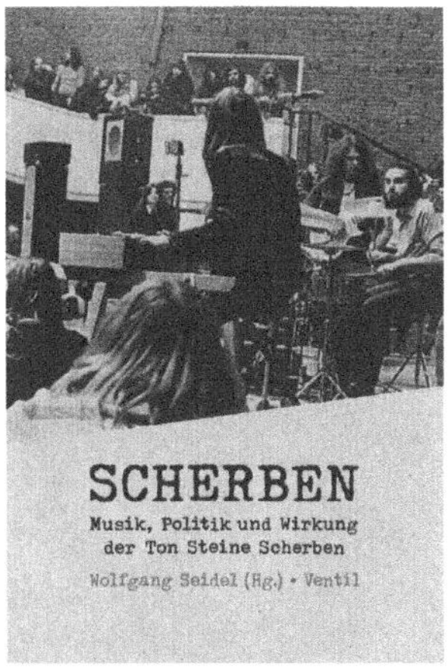

Wolfgang Seidel
Scherben
Musik, Politik und Wirkung der Ton Steine Scherben

Erweiterte Neuauflage

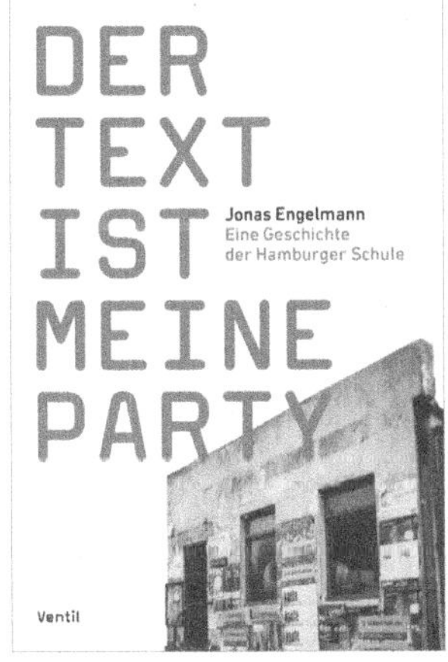

Jonas Engelmann
Der Text ist meine Party
Eine Geschichte der Hamburger Schule

Die Chronik einer der prägendsten deutschen Musikszenen

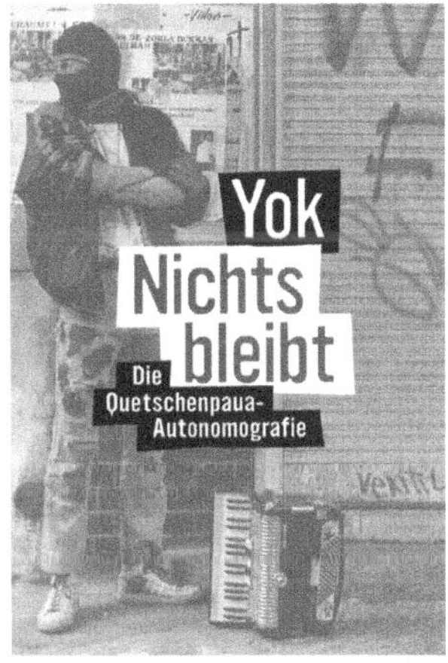

Yok
Nichts bleibt
Die Quetschenpaua-Autonomografie

Ungeschminkter Einblick in eine linke Subkultur aus autonomer Perspektive

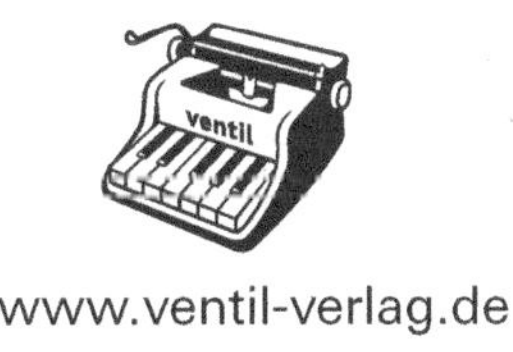

www.ventil-verlag.de